Abriß der Bibelkunde

Claus Westermann

Abriß der Bibelkunde

Altes Testament
Neues Testament

Studienausgabe

Calwer Verlag Stuttgart

CIP-Kurztitelaufnahme der Deutschen Bibliothek

Westermann, Claus:
Abriß der Bibelkunde : Altes Testament, Neues Testament / Claus Westermann. – Studienausgabe. – Stuttgart : Calwer Verlag, 1979.
ISBN 3-7668-0620-3

ISBN 3-7668-0620-3

Umschlag: M. Muraro
Satz: acomp, Wemding
Druck: aprinta, Wemding

Inhaltsverzeichnis

Vorwort

Auf vielfachen Wunsch kommt die Bibelkunde, die längere Zeit nur in ihrem alttestamentlichen Teil zugänglich war (Kurze Bibelkunde des Alten Testaments, Calwer Verlag [3]1978) wieder unter Einschluß des Neuen Testaments (Abriß der Bibelkunde, Altes und Neues Testament, in Handbücherei des Christen in der Welt, 1962) heraus.
Was eine Bibelkunde, die an den biblischen Büchern entlanggeht, nicht leisten kann, ist in den neu hinzugekommenen Randbemerkungen wenigstens angedeutet: die Querzusammenhänge, die für das Verstehen der Bibel ebenso wichtig sind wie die Längszusammenhänge. Diese Querverweise am Rand können natürlich keinerlei Vollständigkeit beanspruchen; sie wollen nicht mehr, als zu eigener, selbständiger Weiterführung solcher Zusammenhänge anregen. Den eigenen Randbemerkungen des Lesers (oder besser: des in der Bibelkunde Arbeitenden) soll der breite Rand dienen, er möchte mit voller Absicht eben dazu einladen. Er mag auch darauf aufmerksam machen, daß es dem Verfasser dieses Buches nicht darum geht, die eigenen Erkenntnisse weiterzugeben, sondern um das Vertrautwerden des Lesers mit der Bibel, wie er selbst sie liest, wie er selbst sie versteht. Beim Neuen Testament habe ich mich deshalb auch im Wesentlichen auf Hinweise auf die Beziehungen des Neuen zum Alten Testament beschränkt.
Die wenigen Literaturangaben sind nur wegweisend gemeint; Zusammenfassungen zur Literatur der einzelnen biblischen Bücher sind an anderem Ort zu finden.

C. Westermann

Abkürzungen der biblischen Bücher

Gen	Genesis	Est	Ester
Ex	Exodus	Dan	Daniel
Lev	Leviticus	Esr	Esra
Num	Numeri	Neh	Nehemia
Dtn	Deuteronomium	1 Chr	1. Chronika
Jos	Josua	2 Chr	2. Chronika
Ri	Richter		
1 Sam	1. Samuel	Mt	Matthäus
2 Sam	2. Samuel	Mk	Markus
1 Kön	1. Könige	Lk	Lukas
2 Kön	2. Könige	Joh	Johannes
Jes	Jesaja	Apg	Apostelgeschichte
Dtjes	Deuterojesaja	Röm	Römerbrief
Jer	Jeremia	1 Kor	1. Korinther
Ez	Ezechiel (Hesekiel)	2 Kor	2. Korinther
Hos	Hosea	Gal	Galater
Jo	Joel	Eph	Epheser
Am	Amos	Phil	Philipper
Ob	Obadia	Kol	Kolosser
Jon	Jona	1 Thess	1. Thessalonicher
Mi	Micha	2 Thess	2. Thessalonicher
Nah	Nahum	1 Tim	1. Timotheus
Hab	Habakuk	2 Tim	2. Timotheus
Zeph	Zephania	Tit	Titus
Hag	Haggai	Past	Pastoralbriefe
Sach	Sacharja	Phlm	Philemon
Mal	Maleachi	Hebr	Hebräer
Ps	Psalmen	Jak	Jakobus
Spr	Sprüche	1 Petr	1. Petrus
Hi	Hiob	2 Petr	2. Petrus
Hhld	Hoheslied	1 Joh	1. Johannes
Ruth	Ruth	2, 3 Joh	2., 3. Johannes
Klgl	Klagelieder	Jud	Judas
Pred	Prediger	Apk	Apokalypse

Die ganze Bibel

Bei einem ersten Blick über die ganze Bibel sehen wir nebeneinander die große Fläche des Alten und daneben die kleinere des Neuen Testaments, beide zusammengesetzt aus vielen kleineren, wie auf einer Landkarte; und wie bei der Landkarte zeigen die kleineren Flächen einmal selbständige Gebiete an, die dann zu größeren Einheiten zusammengewachsen sind. Alle Schriften des Alten und des Neuen Testaments waren einmal selbständig, bis sie zu den Sammlungen vereint wurden, in denen sie uns jetzt vorliegen. Wie man eine Landkarte als eine auf eine Fläche gebrachte Geschichtsdarstellung sehen kann, so weist die Bibelkunde, die selbst die biblischen Schriften nur flächenhaft darstellen kann, ständig auf die in diesen Flächen, ihren Abschnitten und ihren Umrissen nur angedeutete Geschichte, aus der heraus sie entstanden. Denn die eigentliche Ganzheit der Bibel ist die einer großen Geschichte; nur auf diese Geschichte bezogen können wir die Schriften und Bücher und Teile der Bibel in ihrem eigentlichen Zusammenhang lesen, so nur erschließt sich uns ihr Sinn.
Im Inhaltsverzeichnis der Lutherbibel ist die große Einteilung im Alten wie im Neuen Testament die gleiche: Geschichtsbücher, Lehrbücher und prophetische Bücher. Doch hat diese Einteilung nur den Sinn einer vereinfachenden Übersicht; sieht man genauer hin, so haben die unter diesen Überschriften erscheinenden Bücher einen sehr verschiedenen Charakter.
Im Alten wie im Neuen Testament bildet den Anfang wie auch den Grundstock der ganzen Sammlung eine Gruppe von erzählenden oder berichtenden Büchern: die fünf Bücher Mose (die wir von jetzt ab mit dem wissenschaftlichen Namen Pentateuch nennen) und die vier Evangelien. Dieser Grundstock der Bibel in beiden Testamenten soll den Leser der Bibel darauf stoßen und dabei festhalten, daß dies die eigentliche Weise des Redens der Bibel ist: sie erzählt eine Geschichte. Daß hierin das Alte und das Neue Testament übereinstimmen, ist keineswegs zufällig; es ist für beide gleich wesentlich. Sie haben darüber hinaus vieles gemeinsam: beide berichten sie, wie es zu Gottes Geschichte mit seinem Volk im Alten wie im Neuen Bund kam; in der Mitte beider ist von der den Bund begründenden Rettungstat Gottes berichtet. Beide Sammlungen sind nicht Geschichtsdarstellung im modernen Sinn, sondern Zeugnis oder Bezeugung, der der Glaube und das Bekenntnis der hier Redenden zugrundeliegt. Damit hängt es eng zusammen, daß im Pentateuch wie auch in den Evangelien fast durchgehend die einzelnen Ereignisse, aus denen sich die Geschichte zusammensetzt, von mehreren Zeugen berichtet werden, wobei diese zwei, drei

oder vier Berichte zwar der Sache nach, nicht aber wörtlich übereinstimmen, so wie das Zeugenberichten entspricht. Anders ist nur, daß in den Evangelien diese Zeugenberichte in voneinander gesonderten Büchern nebeneinander bestehen blieben, während sie im Pentateuch zu einem durchgehenden Bericht zusammengearbeitet wurden. Nur das fünfte Buch Mose, das Deuteronomium, blieb neben den anderen eine gesonderte Darstellung. Hier geht die Entsprechung zum Neuen Testament sogar so weit, daß das Deuteronomium wie das vierte Evangelium, das neben den drei anderen (den Synoptikern) ebenfalls eine Sonderstellung hat, im wesentlichen aus längeren Reden besteht.
Von hier ab werden die Unterschiede größer als das Gemeinsame. Im Neuen Testament folgt auf die Evangelien die Apostelgeschichte, eine Nachgeschichte, die den Weg der Boten Jesu Christi in die Welt hinein darstellt. Im Alten Testament schließt an den Pentateuch die Darstellung der Geschichte Israels vom Buch Josua bis zum zweiten Königsbuch. Deren alte Bezeichnung, die, ‚Vorderen Propheten', gibt den im Gang dieser Geschichte auftretenden Propheten bzw. dem durch sie ergehenden Gotteswort die entscheidende Bedeutung für diesen Geschichtsabschnitt. Das nun noch folgende Chronikwerk (die beiden Bücher der Chronik, Esra und Nehemia) gehört der alten Ordnung nach nicht mehr zu den Geschichtsbüchern, sondern zu den Schriften, also zum dritten Teil des Kanons. Das ist in der wesentlich anderen Art ihrer Geschichtsdarstellung (s. u.) begründet. Die eigentlichen Geschichtsbücher des Alten Testaments schließen mit dem Exil ab.
Im Neuen Testament folgen auf die Apostelgeschichte die Apostelbriefe, im Alten auf die ‚Vorderen Propheten' die Prophetenschriften. Sie entsprechen einander auch darin, daß es hier wie dort um Botschaft und Botendienst geht. Im Dienst der Apostel wie der Propheten wurde das Werk Gottes an seinem Volk allein durch das Wort getan, das sie verkündigten; hier wie dort geschah dieser Dienst unter Anfechtungen und wurde nur von kleinen Gruppen angenommen. Was den Inhalt der Botschaft betrifft, so fällt der Gegensatz in die Augen: die Apostel waren Boten der frohen Kunde, des Evangeliums, die Propheten waren großenteils Boten des Gerichts; wo sie aber eine frohe Kunde zu bringen hatten, wiesen sie in die Zukunft, während die Apostel mit ihrer Botschaft auf das wiesen, was geschehen war.
Nach der Einteilung der Lutherbibel bildet die Offenbarung des Johannes als das einzige prophetische Buch den dritten Teil des Neuen Testaments und ist in dieser Bezeichnung neben die Prophetenbücher des Alten Testaments gestellt. Das entspricht unserem Verständnis der Prophetie nicht mehr. Die Offenbarung des Johannes ist eine Apokalypse, ein Buch also, das von den ‚letzten

Dingen‘ handelt und entspricht darin nicht den Prophetenbüchern, wohl aber dem Buch Daniel, dessen zweiter Teil auch eine Apokalypse ist.
Der dritte Teil des Alten Testaments, in der Lutherbibel ‚Die Lehrbücher‘ genannt, in neueren Bibeln ‚die poetischen Bücher‘ oder ähnlich, hat im Neuen Testament gar keine Entsprechung. Während wir beim ersten Teil der Geschichtsbücher eine sachliche wie formale Entsprechung fanden, bei den Apostelschriften und Prophetenbüchern eine formale Entsprechung bei weithin gegensätzlichem Inhalt, ist bei diesem dritten Teil im Neuen Testament eine Entsprechung gar nicht vorhanden. – Den Kern dieses dritten Teiles des Alten Testaments bilden die Psalmen. Sie sind Gebete und Lieder in einem. In das Neue Testament wurden Gebete und Lieder als Sammlungen gar nicht aufgenommen, sie wurden neben dem Neuen Testament besonders tradiert. Dazu enthält dieser dritte Teil des Alten Testaments einen weiteren Komplex, der im Neuen Testament keine Entsprechung hat: die Weisheit in den Büchern der Sprüche.
An diese beiden Hauptgruppen des dritten Teils wurden dann noch einzelne Schriften angefügt: Das Buch Hiob zuerst, das etwa in der Mitte zwischen Psalmen und Weisheit steht. Dazu die fünf Festrollen (megilloth), das sind fünf kleine, ganz verschiedenartige Bücher, die als Lesungen für fünf Feste dienten: das Büchlein Ruth, das eine Episode aus der Richterzeit erzählt und deshalb später dem Richterbuch angefügt wurde; das Hohelied, eine Sammlung von Liebes- oder Hochzeitsliedern, die nur durch ihre messianische Deutung in die Bibel kamen; der Prediger Salomo, eine späte Weisheitsschrift; die Klagelieder, die nahe zu den Psalmen gehören, aber, da sie dem Jeremia zugesprochen wurden, zu seinem Buch kamen; das Buch Esther, eine das jüdische Purim-Fest begründende Erzählung. – Schließlich die Daniel-Apokalypse und das Chronik-Werk, bestehend aus den beiden Büchern der Chronik und Esra-Nehemia. – So ist der dritte Teil des Alten Testaments eine sehr lockere Gruppe einzelner Schriften, die zu verschiedenen Zeiten und aus verschiedenen Anlässen zu der Sammlung heiliger Schriften hinzukamen; die eigentlichen Hauptstücke dieses dritten Teils bilden Psalmen und Weisheit.

Das Alte Testament

1. KAPITEL

Der Pentateuch

Pentateuch bedeutet: Gefüge der fünf. Der Name wurde in der wissenschaftlichen Arbeit eingeführt, um zu zeigen, daß an der Stelle der fünf Bücher einmal ein einziges, die fünf in sich fassendes heiliges Buch bestand, die Thora, die dann später in die fünf Bücher geteilt wurde. Aber das sind nur die beiden letzten Stadien dieses Gefüges; davor haben Jahrhunderte an seinem Werden gewirkt.

Ein Blick über seinen Inhalt ist leicht gewonnen, wenn wir von seinem Abschluß ausgehen. Im letzten Kapitel des Dtn wird erzählt, wie dem Mose vor seinem Sterben das Land gezeigt wird, das Gott seinem Volk verheißen hatte:

> Und der Herr ließ ihn das ganze Land schauen,
> Gilead bis gen Dan,
> ganz Naphtali und das Land Ephraims und Manasses,
> und das ganze Land Juda bis an das westliche Meer . . .
> Und der Herr sprach zu ihm:
> Dies ist das Land . . .!

In diesen Worten, dem Mose vor seinem Sterben gesagt, kommt ein Geschehen zum Abschluß, dessen Einsatz das Buch Exodus an seinem Anfang zeigt. Auch hier ist es ein Wort Gottes, an Mose gerichtet. Bei der Berufung des Mose (Ex 3) wird zu ihm gesagt:

> Ich habe das Elend meines Volkes in Ägypten gesehen
> und ihr Schreien über ihre Treiber habe ich gehört . . .
> Ich bin herabgekommen
> um es aus der Gewalt Ägyptens zu erretten
> Und es aus jenem Land herauszuführen
> in ein schönes, weites Land . . .

Die beiden eben zitierten Worte vom Anfang des zweiten und vom Ende des fünften Mosebuches bezeichnen den Bogen, der sich von der Verheißung zur Erfüllung zieht. Es wird an ihnen klar, warum der Pentateuch, das Gefüge der fünf Mosebücher, als eine Einheit verstanden werden muß.

Der Bogen der Verheißung setzt nicht am Anfang des Pentateuch, sondern erst am Anfang des zweiten Buches ein, bei der Errettung der Israeliten aus Ägypten. Daran wird deutlich, daß das erste Buch, die Genesis, eine besondere Stellung im Ganzen des Pentateuch hat: sie ist Vorgeschichte des im Pentateuch berichteten Geschehens. Der aus Dtn 34 zitierte Satz geht weiter:

> Dies ist das Land,
> das ich Abraham, Isaak und Jakob
> zugeschworen habe, indem ich sagte:
> deinen Nachkommen will ich es geben.

Hier setzt der Bogen der Verheißung schon bei den Vätern ein. Die ganze Vätergeschichte (Gen 12–50) ist durchzogen von dieser Verheißung, die mit der Abrahamgeschichte beginnt:

> Und der Herr sprach zu Abraham:
> Geh aus deinem Vaterlande
> und von deiner Freundschaft

und aus deines Vaters Hause
in ein Land, das ich dir zeigen will . . .

Aber in der Vätergeschichte, die wir als Vorgeschichte erkannten, ist diese Verheißung in einen sehr viel weiteren Rahmen gestellt. Das Wort an Abraham endet so:

und in dir sollen gesegnet werden
alle Geschlechter der Erde!

Diese weitgespannte Verheißung aber ist nur recht zu hören auf dem Hintergrund der ersten elf Kapitel des Buches Genesis, der sog. Urgeschichte, in der die von Gott geschaffene Menschheit in einer eigentümlichen Spannung wachsend, sich ausbreitend und dennoch unter einem Fluch stehend und allseitig bedroht erscheint. Inmitten dieser Menschheit beginnt Gott einen Weg mit Abraham, und dieser Weg soll einmal allen zum Segen werden. Es zeigt sich die erste, tiefgreifende Entsprechung zwischen Altem und Neuem Testament: Wie Gott in dem einen, Jesus von Nazareth, Fleisch wird zum Heil für alle, so ruft Gott hier das eine Geschlecht aus den Völkern heraus, um durch dieses eine alle Geschlechter der Erde zu segnen: die hier einsetzende Verheißung weist über die ganze Geschichte dieses zu einem Volke werdenden Geschlechts hinüber zu den Worten im Neuen Testament, die von der Zeit der Erfüllung reden; der Anfang von Gen 12 weist hinüber zu Johannes 3, 16:

Also hat Gott die Welt geliebt,
daß er seinen einzigen Sohn gab . . .

Damit haben wir die wichtigsten den Aufbau des Pentateuch zeigenden Punkte gewonnen: Er beginnt mit einer Vorgeschichte, die die Urgeschichte (Gen 1–11) und die Vätergeschichte (Gen 12–50) umfaßt. Vom Anfang des Buches Exodus bis zum Ende des Deuteronomium zieht sich der Bericht vom Auszug aus Ägypten bis unmittelbar vor das Betreten des verheißenen Landes.
Aber so einfach dieser Aufbau erscheint und so leicht er aus den wenigen zitierten Stellen zu gewinnen ist, so schwierig wird er, wenn man näher in seine Architektonik eindringt. Das bisher Gesagte könnte den Eindruck erwecken, als sei der Pentateuch eine in sich geschlossene, fortlaufende Erzählung, von der Weltschöpfung an über die Berufung Abrahams und den Auszug aus Ägypten bis zur Ankunft an der Schwelle des gelobten Landes. Zu einer solchen fortlaufenden Erzählung ist das Gefüge des Pentateuch tatsächlich in seiner Endgestalt geworden, aber die Männer, die ihm diese Gestalt gaben, haben es mit äußerster Vorsicht und weiser Zurückhaltung getan, um ja nicht zu verdecken und zu verwischen, daß es sich um eine große Fülle in sich selbständiger Traditionen handelt, die ihr eigenes, selbständiges Leben hatten und in denen die Stimmen vieler und sehr verschiedener Zeugen zu Worte kamen.

Dies sei zunächst einmal an einem unmittelbar einleuchtenden Beispiel gezeigt: Das Dtn enthält in seinen vier letzten Kapiteln den Abschluß der Geschichte von der Wüstenwanderung, die in Exodus bis Numeri berichtet wird. Das in sich ganz selbständige Buch Dtn wurde dieser Geschichte in der Weise eingefügt, daß man es an den Schluß, aber vor den Bericht vom Tod Moses und der Bestimmung des Josua zum Nachfolger einsetzte. In den so entstandenen Schluß des Pentateuch wurden dann noch ein großer Psalm (Dtn 32, das Lied Moses) und eine Sammlung von Stammessprüchen (Dtn 33, parallel Gen 49) aufgenommen. Was sich hier in den Schlußkapiteln des Pentateuch zeigt, gilt für dieses große Werk im ganzen; es ist nicht als eine fortlaufende Erzählung geschrieben worden, sondern aus lebendigen Traditionen allmählich gewachsen und gefügt.

Seine Bausteine oder Grundelemente sind die einzelnen Geschichten, die im Gefüge des Ganzen noch so deutlich zu erkennen sind wie etwa die unbehauenen Findlingsteine in den Wänden alter Dorfkirchen. Diese einzelnen Geschichten, ob die von Abrahams Weg nach Ägypten, Jakobs Flucht zu Laban, von Kain und Abel, von der Errettung am Schilfmeer, von der Gotteserscheinung im feurigen Busch oder von der wunderbaren Speisung in der Wüste, – diese einzelnen Geschichten sind alle erzählte und nicht geschriebene Geschichten. Sie wurden Jahre, Jahrzehnte, Jahrhunderte in mündlicher Erzählung weitergegeben, bevor sie schriftlich niedergelegt und zu größeren Gebilden zusammengefügt wurden. Wahrscheinlich gingen auch eine Zeitlang mündliche und schriftliche Überlieferung nebeneinander her, bis schließlich die großen zusammenfassenden Werke entstanden, die in der wissenschaftlichen Arbeit die ‚Quellen' des Pentateuch genannt werden (neuerdings spricht man von Traditionsschichten). Aber ‚Quellen' sind sie nur aus unserer zurückblickenden Sicht, Quellen nämlich, aus denen der Pentateuch entstand. Sieht man sie an ihrem Ort, dann sind sie vielmehr Werke, die eine lange Periode des Wachsens aus verschiedenartigen Quellen abschließen und zusammenfassen. Man unterscheidet die beiden älteren [der Jahwist (J) und der Elohist (E), nach dem Gebrauch des Gottesnamens] Werke, die etwa im 9. und 8. Jhdt entstanden, von dem jüngeren, der Priesterschaft (P), die erst während des Exils oder bald nach ihm abgeschlossen wurde und das große Priestergesetz in sich enthält. Für alles Nähere muß auf die Einleitungen in das Alte Testament verwiesen werden. Das Wichtigste zum Entstehen des Pentateuch ist aber damit noch nicht gesagt. Der eigentliche Impuls zum Entstehen dieser Quellenwerke liegt in einem Bekenntnis, das auf die Anfänge der Geschichte Israels zurückgeht, das ‚geschichtliche Credo' (von Rad), das in wenigen Sätzen die grundlegenden Heilstaten Gottes an seinem Volk zusammenfaßt. Es begegnet z. B. in der Schilderung des Darbringens der Erstlingsgaben durch einen israelitischen Bauern (in Dtn 26, 1–11), bei der er dieses Bekenntnis der großen Taten Gottes spricht. In ihm begegnen tatsächlich alle großen Themen von der Väterzeit an bis zum Hineinkommen in das gelobte Land. Der Kern dieses großen Werkes ist also ein gottesdienstähnliches Bekenntnis, das die ganze Fülle der alten Traditionen des Volkes um sich und in sich sammelte.

Damit ist uns zugleich der Ansatz zur bibelkundlichen Erschließung des Pentateuch gegeben. Der Pentateuch ist von einer Mitte her erwachsen, dem ersten Teil des Buches Exodus, dem Bericht von der Errettung der Israeliten aus Ägypten. Von dieser Mitte aus ist das Ganze einfach darzustellen: stellen wir es uns zunächst in konzentrischen Kreisen vor, so bildet Exodus 1–15 den inneren Kreis; sehr nahe mit dieser Geschichte der Errettung gehört die Geschichte der Bewahrung zusammen: Ex 16–18 und Num 10–34, der Weg durch die Wüste (dazwischen, von Ex 19 – Num 10 die große Einschaltung der Sinai-Perikope, die wir zunächst beiseitelassen). Den zweiten Kreis bildet die Vorgeschichte des in der Mitte Geschehenden, nämlich die Vätergeschichte, Gen 12–50. Sie ist mit der Geschichte von der Errettung am Schilfmeer verklammert durch die Joseph-Erzählung, in der der Schauplatz von Kanaan nach Ägypten verlegt wird. Den äußersten Kreis schließlich bildet die Urgeschichte, Gen 1–11, die nur ganz lose mit der Mitte verbunden ist; ein Prolog, der die Geschichte des Gottesvolkes in den weiten Horizont der Menschheitsgeschichte stellt. Die so gewonnenen konzentrischen Kreise zeigen uns den Pentateuch in seinem Werden um die Mitte herum; für die Auslegung der verschiedenen Teile müssen wir dieses Bild der konzentrischen Kreise immer bewahren, wenn wir nun der Reihenfolge der biblischen Bücher uns anschließend mit der Urgeschichte beginnen.

Die Urgeschichte, Genesis 1–11

Diese 11 Kapitel handeln vom Menschen und von der Welt vor und abgesehen von Gottes Geschichte mit seinem Volk. Sie sind so etwas wie ein Prolog oder eine Ouvertüre, in der das eine große Grundmotiv der Bibel anklingt: in allem, was die Bibel Alten und Neuen Testaments von Gottes Geschichte mit seinem Volk berichtet, geht es um die

C. Westermann, Genesis 1–11: Erträge der Forschung, 1972, Wiss. Buchges. Bd 7.

Die wichtigsten Texte zur Schöpfung: Psalmen, Deuterojesaja, Hiob.

Menschheitsgeschichte als ganze, geht es um die ganze von Gott geschaffene Wirklichkeit. In diesen 11 Kapiteln ersteht vor uns der welt- und menschheitsgeschichtliche Rahmen, in den dann von Kapitel 12 ab Gottes Geschichte mit seinem Volk gefügt wird. Die Urgeschichte Gen 1–11 weist hinüber zur Endgeschichte der Bibel, der Offenbarung Johannes, in der die Geschichte des Gottesvolkes wieder einmündet in Welt- und Menschheitsgeschichte.

Der Weg vom Uranfang in die Geschichte hinein wird in drei Stammbäumen dargestellt, Kap. 5, 10 und 11. Um diese drei Stammbäume, die den Weg von der Schöpfung bis zum Beginn der Geschichte zeigen, gliedern sich die Ereignisse der Urgeschichte:

C. Westermann, Schöpfung, 1971.

Stammbäume: in der Vätergeschichte, bei den Königen und Priestern (1 u. 2 Chr, Stammbaum Jesu.

Vgl. Kp 19 Sodom und Gomorrha.

Vgl. Apg 2 (Pfingsten).

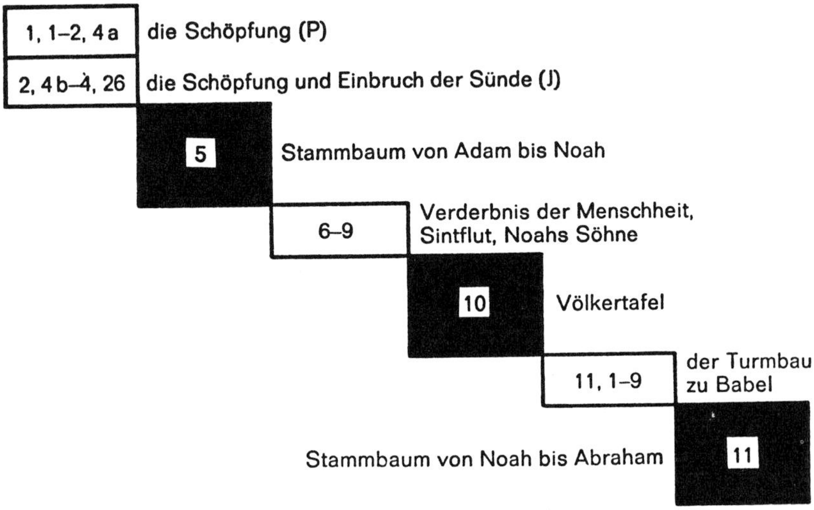

Vgl. Ps 33, 9; Schöpfungspsalmen; Jes 40, 12–31; Hi 38–41.

1, 1–2, 4a Die Schöpfungsdarstellung der Priesterschrift ist bestimmt von einem stark ausgeprägten Prosa-Rhythmus, der fast litaneiartig klingt; das Ganze wirkt wie ein Lied von der Schöpfung, die in sieben Tagewerken alles Geschaffene umfaßt:

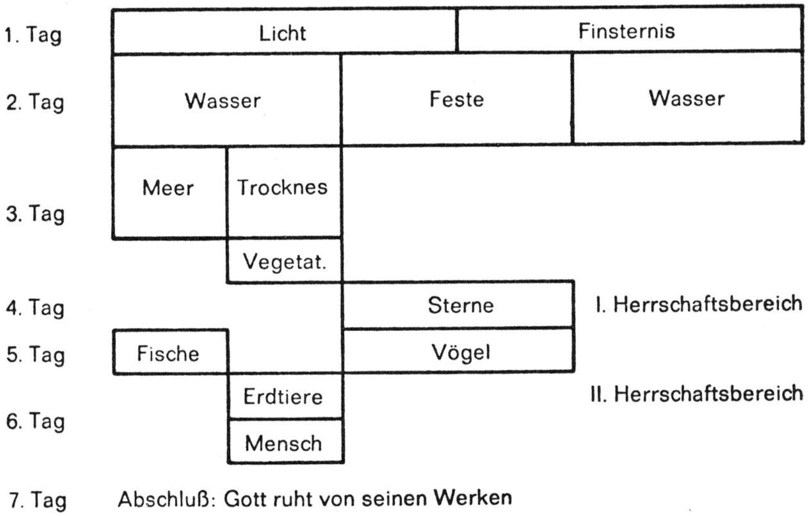

Durch die ganze Darstellung ziehen sich zwei Aussagereihen, die den Rhythmus der Schöpfungswerke bestimmen, die eine stellt nur die Phasen eines Befehls dar, der ausgeführt wird, die andere zeichnet ein verschiedenartiges Handeln des Schöpfers:

Und Gott sprach . . .	Gott machte, schied . . .
Es sei . . .	Gott nannte . . .
Und es ward so.	Gott segnete . . .
Und Gott sah, daß . . .	Gott setzte
Und es ward Abend . . .	(zu herrschen) . . .

Sein erstes Ziel hat das Schaffen Gottes im Menschen:

Gott schuf den Menschen nach seinem Bilde,
nach dem Bilde Gottes schuf er ihn (1, 27).

Gottes Ebenbild: begründet die Würde des Menschen u. die Menschenrechte; Christus als Gottes Ebenbild.

Das letzte Ziel seines Schaffens ist angedeutet im Ruhen des siebenten Tages, das von fern auf den Sabbat und damit auf das Ziel der Schöpfung weist.

2, 4b–3, 24 Die Schöpfung und der Einbruch der Sünde (J). Eine in sich selbständige Schöpfungsdarstellung, die einmal den Anfang des jahwistischen Geschichtswerkes bildete. Die ganz andere Sprache ist auf den ersten Blick zu erkennen; es ist eine einfache Erzählung, die von 2, 4b bis zum Ende des 3. Kapitels ein fortlaufendes Geschehen berichtet. Während die Schöpfungsdarstellung der Priesterschrift von der Frage geleitet wird: Woher kommt alles, was ist?, ist die leitende Frage in 2–3: Warum ist der Mensch so wie er ist, ein fehlsames, auf seinen Tod zugehendes Wesen? Die Erzählung ist so aufgebaut:

Zur Erschaffung des Menschen gehört: Lebensraum, Lebensmittel, Arbeit, Gemeinschaft, Gottesbeziehung.

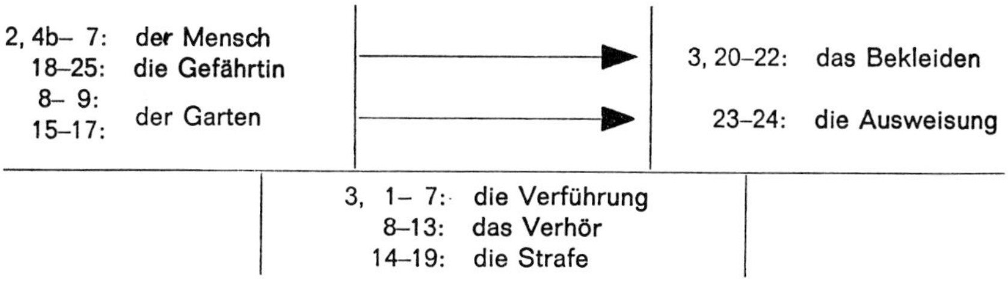

In der Mitte der Erzählung steht die Frage Gottes: Adam, wo bist du? In dieser Frage geht Gott dem Menschen nach, der sich vergangen hat und sich nun verstecken will. In diesem Nachgehen liegt beides: daß Gott den Menschen in seinem Ungehorsam stellt (Verhör und Strafe), und daß er dennoch dem Verurteilten das Leben läßt (die Gnade des Bekleidens). Ungelöst bleibt das Rätsel, wie aus Gottes Schöpfung die Verführung zum Bösen kommen kann.

Sünde – Geschichtsbücher, Gerichtspropheten, Ps (z. B. Ps 51);
Sünde im NT (z. B. Rö), (bei Augustin u. den Reformatoren).

4, 1–16 Kain und Abel: das Weiterwirken des Bösen. In der Mitte der Geschichte steht die Warnung, die Kain empfängt (6–7). Die Steigerung des Bösen besteht darin, daß Kain trotz der Warnung zum Mörder seines Bruders wird. Das Böse ist so stark, daß es der Verführung nicht mehr bedarf, daß es sogar den Warnruf verwirft. Dem entspricht die Schwere des Vergehens: der Brudermord (8–12). Daß Kain, wenn auch ‚unstet und flüchtig' (12) weiterlebt, bedeutet: Gott vertilgt den sogar des Brudermordes fähigen Menschen dennoch nicht.

Zum Vergehen gegen Gott tritt der Frevel gegen den Bruder. In 3, 8–19 u. 4, 9–16 die Gründzüge der Gerichtsverhandlung; der Angeklagte behält das Recht auf Gehör. Vgl. 2 Sam 12; Jer 26; Joh 19, 6–16; Apg 24–26.

4, 17–26 Die Kainiten

17–22: dieser Mensch ist fähig, Kulturwerke zu schaffen
23–24: das Lamechlied: die äußerste Möglichkeit des Kain-Sohnes
25–26: der dritte Sohn, Seth, und das Anrufen des Namen Jahwes

Auch die Verzweigung der Arbeit steht unter dem Segen Gottes: Technik, Künste u. Wissenschaften. Zu ihr befähigt die „Weisheit"; vgl. Spr.

5 Stammbaum von Adam bis Noah. In den ersten Versen (1–3) leitet P von der Schöpfung zur Menschheitsgeschichte über: die gesamte Schöpfung zielte auf den Menschen als Gottes Gegenüber. Nach Gottes Bild schuf Gott den Menschen (5, 1); Adam zeugt einen Sohn (Seth) nach seinem Bild (5, 3) und nun folgt Generation auf Generation, von Adam bis Noah. Wenn in der uns monoton

Genealogien = Stammbäume: Im AT: Gen 4, 17–26; 5; 10; 11, 10–31; 25, 12–17; 36, 9–14
Im NT: Mt 1, 1–17; Lk 3, 23–38.

klingenden Aufzählung ein Menschenleben in die trockenen Daten gefaßt wird: Er wurde geboren – er zeugte einen Sohn – er lebte noch X Jahre und zeugte Söhne und Töchter – seine Lebenszeit betrug X Jahre – dann starb er –, so ist für den Hörer der alten Welt darin die ganze Fülle und Buntheit des Lebens enthalten. Bis zum heutigen Tag bilden diese nüchternen Daten den unentbehrlichen Untergrund alles geistigen, politischen und persönlichen Lebens; alle Dramatik des Menschseins baut auf diesen Urdaten auf.
Die hohen Lebensalter (Methusalem 969 Jahre) weisen darauf hin, daß sich vor der bekannten Geschichte eine tief in die Vergangenheit sich ziehende Vorzeit erstreckt, deren Perioden in den Lebensaltern dieser Urväter angedeutet sind. Eigentümlich und unerklärt mitten darin (24) die Entrückung des Henoch, der „mit Gott wandelte".
Das 5. Kapitel schließt unmittelbar an Kapitel 1 an und gehört wie dieses zur *Priesterschrift.* Hier kann man den besonderen Weg der Priesterschrift deutlich erkennen. Sie zieht sich von der Schöpfungsgeschichte bis zum Tod Moses (vielleicht gehören noch einige Stücke des Josuabuches zu ihr) und hat eine ganze Reihe ausgeprägter Merkmale, eine auffällig monotone Sprache und läßt auf Schritt und Tritt ihre Herkunft aus Priesterkreisen erkennen. In der Genesis ist sie ganz bestimmt von einem festen Schema der Generationenfolge, in das sie die Ur- und Vätergeschichte fügt; jeder Abschnitt beginnt: „Dies ist die Geschichte . . ." (ellä toledot; das hebräische toledot entspricht dabei etwa dem lateinischen genesis):

1. Gen 1– 5: die Geschichte der Welt (2, 4a) und des Menschen (5, 1)
2. 6–10: die Geschichte Noahs (6, 9) und seiner Söhne (10, 1. 32)
3. 11–25: die Geschichte Sems (11, 10) und Terachs (11, 27)
4. 25–35: die Geschichte Ismaels (25, 12) und Isaaks (25, 19)
5. 36–50: die Geschichte Esaus (36, 1. 9) und Jakobs (37, 2)

Im einzelnen ergibt sich daraus der auf S. 15 skizzierte Aufbau der Generationenfolge von Adam bis zu den Söhnen Jakobs, das heißt den Stämmen Israels.

Zur Sintfluterzählung gibt es Parallelen aus der ganzen Welt. Vgl. bes. das Gilgamesch- u. das Atramchasis-Epos (beide babylonisch). Dazu C. Westermann, Bibl. Kommentar, Genesis 1–11, BK Neukirchen, 1974; [2]1975, S. 66–72. Noah wird erwähnt Ez 14, 14.20 u. Jes 54, 9.

6–9 Die Sintflut. Den Anlaß zur Sintflut stellt die Einleitung 6, 1–4 dar, die Entstehung von Riesen aus der Verbindung von göttlichen Wesen mit Töchtern der Menschen; ein Beispiel für die Verderbnis der Menschheit. Dies ist eine der wenigen Stellen in der Bibel, die einen Mythus enthält bzw. auf einen Mythus anspielt. Er ist ein Hinweis auf die mythische Epoche der Menschheitsgeschichte, die *vor* Gottes Geschichte mit seinem Volk liegt. Sie ist von J hier aufgenommen als ein Beispiel der Grenzüberschreitung (wie Kap. 3; 4; 11), die die Kluft zwischen Gott und Menschen erweitert.
Die Sintflutgeschichte (6, 5–9, 17) ist so deutlich aus zwei ursprünglich selbständigen Erzählungen zusammengefügt, daß hier einmal beispielhaft die Fügung aus den zwei Linien dargestellt sei:

J		P	
6, 5– 8	Gottes Entschluß. Noah		
		6, 9–12	die Geschichte Noahs
		13–22	Gottes Bund mit Noah (Auftrag z. Bau d. Arche)
7, 1–23*	die Flut	7, 11–24*	die Flut
8, 2–13*	das Ende der Flut	8, 1–5. 13–19*	das Ende der Flut
8, 20–22	Noahs Opfer und Gottes Verheißung		
		9, 1– 7	der Segen u. d. Gebot
		8–17	der Bund
9, 18–27	die Söhne Noahs		
		9, 28	Noahs Lebenszeit u. Tod

Die Verheißung, daß eine solche Flut nie wiederkehren soll, bezieht sich auf das Bestehen der Schöpfung bis Gott ihr ein Ende setzt. Es vollzieht sich im Rhythmus der Schöpfung („Sommer u. Winter, Tag u. Nacht") in dem sich das segnende Wirken Gottes vollzieht.

Das Opfer-Motiv Noahs 8, 20 ist die Erfahrung des Rettens, das Motiv des Opfers von Kain u. Abel 4, 3–4 die Erfahrung des Segnens Gottes.

Daß hier zwei Berichte zu einem vereint wurden, kann jeder Leser wahrnehmen an einzelnen Unstimmigkeiten und an den Doppelungen.
In dieser Geschichte ist besonders auffällig der Wechsel der Gottesnamen (Jahwe und Elohim, vgl. z. B. 6, 22 mit 7, 5), eine Fülle von Wiederholungen (z. B. Befehl, in die Arche zu gehen 6, 18; 7, 1); dazu kommen Unstimmigkeiten: je ein Paar von allen Tieren (6, 19f.; 7, 15f.) oder von den reinen je sieben Paar, von den unreinen je zwei (7, 2); die Flut dauert 61 Tage lang (7, 4) oder ein Jahr und 10 Tage (8, 13).

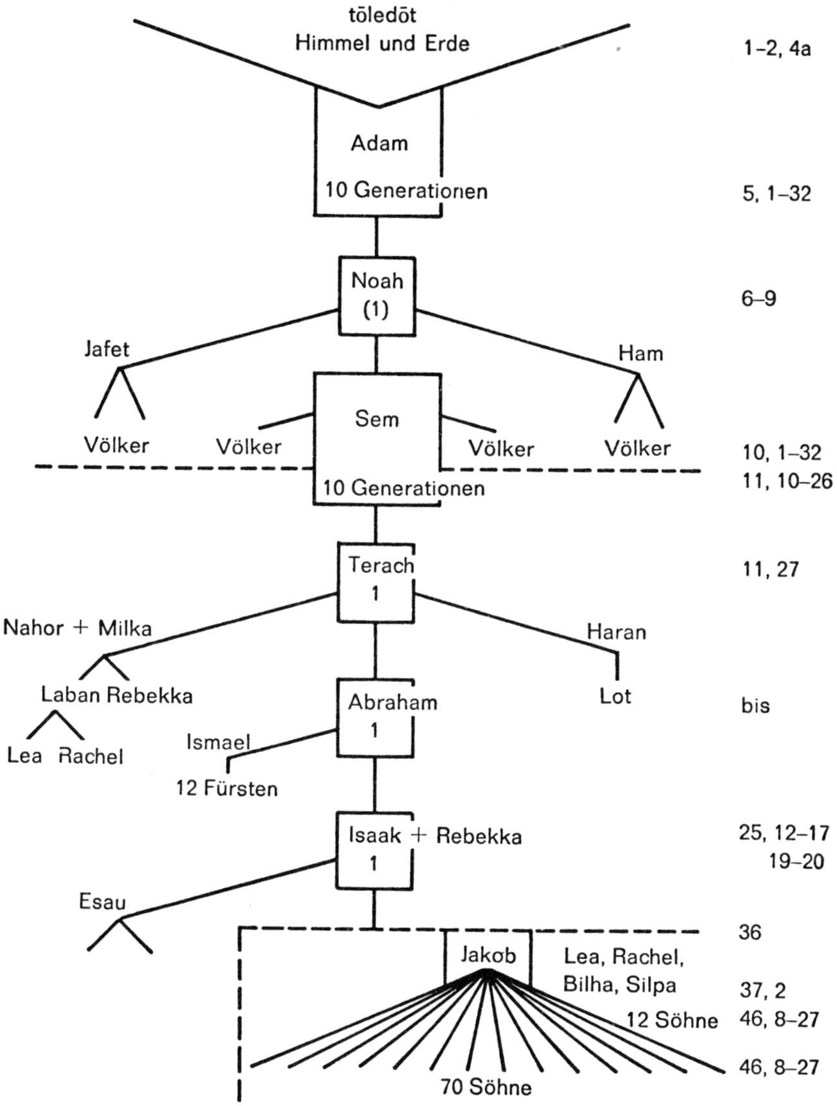

Kap. 1	Himmel und Erde	
5–9	Die Menschheit	
10	Völkertafel	1. Verzweigung: die Völker der Erde
11	Söhne Sems	
(11, 27	Söhne Terachs)	
12–25	Söhne Abrahams	2. Verzweigung: die Semiten
(25–36	Söhne Isaaks)	
37–50	Söhne Jakobs	3. Verzweigung: die Israeliten

Zu dem Nebeneinander zweier Berichte sagt Zimmerli, ‚Prophezei' 2 1957: „Es sind zwei Zeugen, die von der Sintflut berichten, ein jeder hat seine Eigenart. Aber es ist einerlei Gotteshandeln, das in diesem Geschehen an der Welt geschieht. Dieses eine soll in seiner zweifachen Brechung, aus zweier Zeugen Mund, gehört werden" (II. S. 44).
Gehört werden soll aus dieser Geschichte vor allem, daß die Majestät des Zornes Gottes über die Sünde der Menschen das Vernichten in gewaltigen Katastrophen einschließt und die Erhaltung und Bewahrung unserer Erde ein Wunder seiner Güte ist. Eigenartig kommt beides zum Ausdruck in dem scheinbaren Widerspruch zwischen Einleitung und Schluß des jahwistischen Berichts: daß des Menschen Trachten böse ist, begründet am Anfang (6, 5) den Vernichtungsbeschluß, am Ende (8, 21) den Beschluß, die Sintflut nie wieder zu schicken: ein tiefes Wort zur Unfaßbarkeit des Gegenübers von menschlicher Bosheit und göttlicher Güte.

An der Wende der Epochen, die die Flutgeschichte bezeichnet, wird der Menschheit eine die Menschheitsgeschichte umfassende Verheißung gegeben: „Solange die Erde steht . . ." (8, 22) und das erste grundlegende Gesetz für alles menschliche Zusammenleben: „Wer Menschenblut vergießt . . ." (9, 6).

Die Genealogie als vorgeschichtliche Darstellung von weiteren Zusammenhängen in Zeit (Kp 5) und Raum (Kp 10); s. Genesis, BK I/1, S. 8-24.

10 Die Völkertafel. Während Kapitel 5 das Wachsen der Menschheit in die Tiefe der Geschichte hinein in der Folge der Geschlechter beschrieb, geht es in der Völkertafel Kapitel 10 um das Sich-Ausbreiten der Menschheit in die Weite der damals bekannten Welt. Wieder sind zwei Darstellungen zusammengefügt; den Grundstock bildet die Völkertafel des P (1–7. 20. 22–23. 31–32), sie sind ergänzt durch J (8–19. 21. 24–30). Die Völkertafel ist aufgebaut in drei großen Völkerkreisen, herkommend von den drei Söhnen Noahs, Sem, Ham und Jafet. Die moderne Bezeichnung Semiten und Hamiten ist dieser Völkertafel entnommen, deckt sich aber nur zum Teil mit den betreffenden Völkerkreisen hier. – Für die Bibelkunde ist an diesem Kapitel wichtig, daß hier der Grund gelegt ist für den Universalismus der Bibel. Wenn Gott sich aus den Völkern *ein* Volk erwählt (von Kap. 12 ab), so weist doch die dem *einen* Volk gegebene Verheißung hinüber zu „allen Geschlechtern der Erde" (12, 3); der letzte Heilswille Gottes richtet sich auf das Ganze seiner Schöpfung. Der Blick auf die Völker kehrt wieder in den Völkersprüchen der Propheten (Jes 13–21; Jer 45–51 und oft), bei den Liedern vom Gottesknecht (Jes 42; 49; 50; 52f.), den Gott zum Licht der Völker bestimmt hat, in der Heidenmission der Apostel im Neuen Testament.

Näheres u. Abbildungen s. A. Parrot, Sintflut u. Arche Noah – Der Turm von Babel – Ninive u. das AT, 1955. Zu 11, 1–9 vgl. Apg 2, das Sprachenwunder und die Aufzählung der Völker 2, 9ff. entsprechend Gen 10.

11, 1–9 Der Turmbau zu Babel. Neben dem Ja Gottes zu den Völkern der Erde in ihrer Vielfalt und Weite steht hart diese Erzählung vom Turmbau, die die Gefährdung der Völker im Streben nach Übersteigerung der Macht zeigt. Erstaunlich treffend wird hier auf ein Gesetz der Geschichte vorausgewiesen: daß nämlich solche Übersteigerung der Macht notwendig zur Zerstörung der Gemeinschaft führt. Den biblischen Gegenpol zu dieser Geschichte unmittelbar vor der Berufung Abrahams bildet die Pfingstgeschichte (Apg 2), in der das Sprachenmotiv wiederkehrt, hier in dem Sinn, daß der Predigt von Christus eine heimliche Kraft innewohnt, die zwischen den Sprachen der Völker ein neues Verstehen ermöglicht.

Zu den Genealogien BK I/1 S. 8–24.

11, 10–32 Stammbaum von Noah bis Abraham* ist die genaue Entsprechung zu Kapitel 5; dort war die Epoche vor der Flut in zehn Generationen, in zehn Zeiten gefaßt, hier die Epoche nach der Flut bis hin zu Abraham wiederum in zehn Generationen, zehn Zeiten. Umsomehr fällt der Unterschied auf, daß hier die Lebensdauer sehr viel kürzer ist; die Priesterschrift will damit ein Wissen von der Verschiedenheit der großen Geschichtsepochen der Frühzeit des Menschen zum Ausdruck bringen. Die zweite Epoche ist den Menschen der Gegenwart näher als die erste; eine erste Ahnung von geschichtlichen Perioden in der Entwicklung der Menschheit. Die feste Zahl von Generationen und der feierlich-monotone Stil der Aufzählung bringen den Rhythmus einer Ordnung zum Ausdruck, die die Priesterschrift in allem Geschehenen walten weiß. Es ist Gottes Weg durch die Geschichte, die von der Urzeit an aus seinem Plan hervorgeht.

* Der Stern bedeutet, daß der betr. Abschnitt nicht alle Verse umfaßt.

Die Vätergeschichte, Genesis 12–50

Der Kreis der Vätergeschichten ist eine kleine Welt für sich. In ihrer jetzigen Gestalt stellt sie nur die Geschichte einer Familie in drei Generationen dar; dahinter aber erstreckt sich eine weit in die Tiefe der Geschichte sich ausdehnende Epoche, die Epoche der wandernden und der halbseßhaften Sippe, die in den Vätergeschichten aufbewahrt und der Volksgeschichte vorgefügt wurde. Sie ist mit der Volksgeschichte verbunden durch das Motiv der Verheißung, das in 12, 1–3 dem Ganzen vorangestellt ist und dann durch alle Teile immer wiederkehrt. Diese theologische Klammer bindet den Komplex der Vätergeschichten zu einem Ganzen zusammen, dazu kommt die ‚biographische' Klammer, die jeden der drei Kreise der Vätergeschichten, den Abraham-, den Jakob-Esau- und den Josephkreis je als eine Lebensgeschichte zusammenfügt. Dieses zwiefache Zusammenfügen ist mit einer erstaunlichen Freiheit zustandegebracht; wir werden vom ersten Satz an in den Fluß einer Erzählung hineingenommen, die uns dem Weg des Abraham aus seiner Heimat folgen läßt wie dem Schicksale seiner Söhne und Enkel und Urenkel bis zu jenem feierlich schönen Abschluß des Leichenzuges, der den Leichnam des Vaters Jakob in die Heimat zurückbringt, nachdem er seinen geliebten Sohn im Glanz seines hohen Amtes in Ägypten wiedergefunden hat.

Zur Vätergeschichte Literatur s. C. Westermann, Genesis 12–50: Erträge der Forschung, Bd. 48, 1975 (Wiss. Buchges.).

Zum Motiv der Verheißung: C. Westermann, Die Verheißungen an die Väter, 1976. Vgl. die Verheißungen Gen 8, 20–22; 12, 1–3; Ex 3, 7f.; Nu 22–24; Dtn 8, 7–10 (Land); die Heilsverheißungen in der Prophetie und in der Apokalyptik (C. Westermann, Der Weg der Verheißung durch das AT: ThB 55, 1974, 230–249).
Im NT die Erfüllung der Verheißung als durchgehendes Motiv; z. B. Lk 4, 16–22.

Die Bausteine dieser fortlaufenden Erzählung aber sind einzelne Geschichten, die erst durch die Einfügung Glieder dieses Ganzen wurden, vorher aber als Einzelgeschichten erzählt und im Erzählen über Generationen hin weitergetragen wurden. Dabei geschah es auch, daß sich manche Züge der Geschichten im Wandern durch die Zeit und durch die Lande wandelten, daß neue Züge hinzukamen und alte zurücktraten, ja, daß sogar die Hauptperson in der Geschichte wechselte. So begegnet etwa die Geschichte mit dem Motiv ‚Gefährdung der Ahnfrau' dreimal; zweimal ist sie von Abraham (Gen 12 und 20), einmal von Isaak erzählt (Gen 26). Für diesen Teil der Bibel gilt in ganz besonderem Maß, daß ein wirkliches Vertrautwerden mit den Texten auf keine andere Weise möglich ist als durch ein allmähliches Sich-Einlesen *in die einzelnen Geschichten.* Nur so können wir dem geheimen Leben dieser alten Geschichten näher kommen, wobei es eine wesentliche Hilfe ist, wenn wir versuchen, die Geschichten nachzuerzählen, und zwar möglichst im gesprochenen Wort, in dem sie einmal lebten.

Die Bibelkunde kann aus diesem Grund bei den Vätergeschichten nur einen äußerst bescheidenen Dienst tun; wenn der Leser hier dem Hinweis nicht folgt, die Geschichten selbst zu lesen und immer wieder zu lesen, bis sie selbst zu sprechen beginnen, werden ihm die Linien, die in der Bibelkunde gezeigt werden können, wenig helfen.

Die Abraham-Geschichten (Gen 12–25)

Zu den zwei Zeugen (J und P), die wir in der Urgeschichte antrafen, tritt von der Abraham-Geschichte an ein dritter: E (der Elohist). Ob er einmal eine selbständige Schrift darstellte oder nur eine spätere Ergänzung und Weiterführung des älteren Jahwisten ist, konnte bis jetzt nicht geklärt werden; jedenfalls tritt er an wichtigen Punkten von Gen 15 (?) an als eine klar profilierte besondere Stimme neben den Jahwisten, dem er zeitlich und sachlich erheblich näher steht als der viel späteren Priesterschrift. Das die ganze Vätergeschichte bestimmende Leitmotiv der den Vätern gegebenen Verheißung tritt in den Abrahamgeschichten dreistimmig auf, und zwar thematisch betont in den Kapitelanfängen von Kap. 12 (J), 15 (E?) und 17 (P). Beim Jahwisten kehrt es noch

Die Gestalt Abrahams hat ihren Ort in drei Religionen: dem Judentum, dem Christentum und dem Islam. Abraham im NT: Mt 3, 9; Rö 4; Jak 4, 29 u. ö.

Zu den Abrahamtexten vgl. jetzt den Kommentar BK I/2, C. Westermann, S. 139–149, wo einiges anders gesehen wird. Z. B. ist mir fraglich geworden, ob in Gen 12–25 E (der Elohist) anzunehmen ist. In Gen 12–25 führt eine Linie von Saras Unfruchtbarkeit (11, 30) über die Verheißung eines Sohnes (15, 2.3; 16, 11; 17, 15.16.19.21; 18, 10.14) zur Geburt eines Sohnes (21, 1–7).
Vgl. Verheißung und Geburt eines Sohnes im Königtum, in den Messiasverheißungen (Jes 9, 1–6) und im NT Lk 1–2.

mehrfach wieder (12, 6–7; 13 14–18; 5, 7–18, 18 9–16). Die Verheißung wird in die Form des Bundes gefaßt beim Jahwisten (15) in der uralten Form eines Ritus, ohne daß dabei die Vokabel Bund vorkommt, bei P in einem ausdrücklichen, feierlichen Bundesschluß (17). Verheißen wird Abraham zunächst ein Sohn. Alle drei Quellen kommen darin zusammen, daß Abraham ein Kind geboren wird; in der Erzählung von der Geburt Isaaks, 21, 1–7 sprechen alle drei mit. Man kann die Geschichten des Abrahamkreises um die Geburtsgeschichte als die Mitte ordnen: die meisten Geschichten vorher gehen auf diese Geschichte zu, die ihr folgenden kommen von ihr her.

Die Verheißung des Kindes ist unausgesprochen enthalten in der Segensverheißung 12, 1–3; ausgesprochen als Verheißung von Nachkommen in 13, 14–18; in 18, 9–16 (beim Besuch der drei Männer bei Abraham) präzisiert: Abraham soll von Sara einen Sohn bekommen. Diese drei Stellen stehen bei J; dazu kommen bei E die Verheißung von Nachkommen (15, 1–6) mit der besonderen Zusage, Abraham werde einen leiblichen Sohn bekommen und bei P 17, 5f. die allgemeine Verheißung von Nachkommen und 17, 15–22 die besondere: Abraham wird von seiner Frau Sara einen Sohn bekommen.

Zwischen der allgemeinen Verheißung (12) und der bestimmten Ankündigung des Kindes von der Sara stehen die beiden Gefährdungen der Mutter:

a) die kreatürliche Gefährdung: Sara bleibt kinderlos (15, 2f.; 16, 1). Hierzu gehört die Erzählung von Abrahams Nebenfrau Hagar, die ihm den Ismael gebiert: Kap. 16 (J, die Verse 1a. 3. 15f. von P) und Kap. 21, 8–21 (E).

b) die Gefährdung durch Menschen: die Erzählung von Sara in Ägypten 12, 10–20 (J) und das gleiche Motiv Sara bei Abimelek, Kap. 20 (E).

Mit der Nachkommenschaft ist das Land verheißen. Gott gebietet dem Abraham den Aufbruch „in ein Land, das ich dir zeigen will“ (12, 1) und beim Durchziehen Kanaans verheißt er ihm: „Deinen Nachkommen will ich dieses Land geben“ (12, 7).

Um das Land geht es bei den Stationen des Weges Abrahams (12, 6–9 und 13, 14–18, J), bei der Trennung von Lot (13, 1–13 und 19 J und P), beim Motiv des Brunnenstreites (21, 22–34 E) und bei dem Kauf des Grabplatzes (23, P).

Von den der Geburt Isaaks folgenden Geschichten sind einige schon genannt; der Jahwist bringt danach nur noch eine große Erzählung, in der die Linie der Verheißung weitergeführt wird zur nächsten Generation: die Brautwerbung um Rebekka (24). In der Erzählung vom Erwerb des Grabplatzes (23, P) führt die Priesterschrift das Motiv der Landverheißung zum Abschluß: von dem ‚Land der Fremdlingschaft‘ erwirbt Abraham ein kleines Stück als sein Eigentum, den Platz für das Grab der Sara und für sein Grab.

Eine ganz eigenständige Weiterbildung des Motivs von der Verheißung des Sohnes bringt der Elohist in 22: die Gefährdung des Erben und Trägers der Verheißung durch Gottes Gebot, den Sohn zu opfern. Hier ist das Grundmotiv der Abrahamgeschichten bis in eine große Tiefe theologischer Durchdringung geführt. In Kap. 25 folgen nur noch Stammbäume und der Bericht von Abrahams Tod und Begräbnis in der von ihm erworbenen Höhle Makpela.

Nur das 14. Kapitel fällt ganz aus diesem relativ geschlossenen Kreis der Abraham-Geschichten heraus; allein hier ist Abraham Krieger, allein hier spielt die politische Geschichte der Umwelt in die Vätergeschichten hinein, allein hier begegnet ein Priester mit gottesdienstlichem Ritus. Es ist ein rätselhafter Fremdkörper mitten in der Vätergeschichte, in einer späten, an die Priesterschrift erinnernden Form überliefert, aber sicher einen Kern sehr alter Überlieferungen enthaltend, in denen von den Vätern Israels ganz anders gesprochen wurde als in den uns bekannten Vätergeschichten.

Damit ist der Kreis der Abraham-Geschichten im wesentlichen beschrieben. Von der Verheißung – dem verheißenen Sohn – dem verheißenen Land erzählen diese Geschichten. Die Mitte ist die Geburt des Sohnes; die beiden Pole sind dessen Verheißung und

Die Abrahamgeschichten bei J, E und P

J	E	P	
12, 1–3: Befehl und Verheißung an Abraham 6–9: Wanderung Abrahams 12, 10–20: Sara in Ägypten 13, 2–13: Trennung von Lot 13, 14–18: Verheißung		11, 27. 31–32 12, 4–5: Wanderung (13*: Trennung von Lot) (14: Krieg der Könige)	Auszug
15: Bundschluß	15: Verheißung an Abraham (?)	17: Bundschluß	Bund
16: Hagar und Ismael 18: Besuch bei Abraham 19: Sodom	(21: Hagars Vertreibung) 20: Sara bei Abimelek	(16*: Ismaels Geburt)	
21, 1a. 2a. 7: Geburt Isaaks	21, 1b. 6: Geburt Isaaks	21, 2b–5: Geburt Isaaks	Geburt des Sohnes
24: Werbung um Rebekka	21, 8–21: Hagars Vertreibung 22–34: Brunnenstreit 22: das Opfer	23: Makpela (Saras Tod und Begräbnis)	
25, 1–6. 11: Nachkommen Abrahams		25, 7–10: Abrahams Tod und Begräbnis	Tod
		12–20: Nachkommen Abrahams	

Geburt; es ist hier eine ferne Ähnlichkeit mit der Vorgeschichte der Evangelien angedeutet; auch dort (Luk 1–2) ist ein Hauptmotiv – wenn auch in anderem Zusammenhang – Verheißung und Geburt des Kindes. Hier wie dort ist es ein Motiv der Vorgeschichte, ein dem Bericht von der Rettung vorangestelltes Geschehen.

Vgl. rückblickend Kp 10 („alle Geschlechter der Erde") und vorblickend Ex 3, 7–8 (Verheißung für Israel), sowie Jes 19, 18–25, bes. V 24: „ein Segen inmitten der Erde". Dazu im NT Rö 9–11.

12, 1–3 In dieser Einleitung der Vätergeschichten hat der Jahwist die theologische Fundierung für die ganze Vätergeschichte gegeben:
a) Der Befehl: „Geh aus deinem Lande . . ." (1) ist entsprechend dem Anfang der Volksgeschichte in Ex 1ff. das Herausrufen des rettenden und bewahrenden Gottes.
b) Die Verheißung: „Ich will dich segnen . . ." (2–3) verbindet den theologischen Grundbegriff der Vätergeschichte (Segen) mit dem theologischen Grundbegriff der Volksgeschichte (Verheißung) und schafft damit die Klammer zwischen Volksgeschichte und Vätergeschichte.
c) Der Segen, der dem Abraham verheißen wird, ist in drei Kreisen entfaltet: Der Segen macht aus Abraham ein großes Volk mit einem großen Namen (2). – Das Schicksal der Nahen entscheidet sich in ihrer Haltung zu Abraham (3a). – Das Schicksal der Fernen (alle Sippen der Erde) ist das Ziel des dem Abraham verheißenen Segens (3b).
Mit dem letzten Satz weist die Verheißung weit über Abraham hinaus auf die fernen Ziele des Handelns Gottes mit seiner Schöpfung. So ist 12, 1–3 das Verbindungsglied zwischen der Urgeschichte und der mit Abraham beginnenden besonderen Linie der Heilsgeschichte.

Vgl. Kp 20 u. 26.
Zu dem Motiv: Der Mächtige und die schöne Frau, Gen 6, 1–4 u. 2 Sam 11–12.

12, 10–20 Abraham und Sara in Ägypten. Eine ältere Erzählung wird vom Jahwisten in seinen, durch die Verheißung (12, 1–3) eingeleiteten Zusammenhang gestellt: Abraham wird in seiner Not zwischen Hunger und Gewalt in der Fremde wunderbar bewahrt; aber gleichzeitig wird er beschämt in seinem Kleinglauben, in dem er seine Frau, die Mutter der ihm verheißenen Nachkommen, drangeben wollte. Die späteren Fassungen in Kap. 20 und 26 zeigen die Tendenz, Abraham (bzw. Isaak) zu entschuldigen; sie zeigen auch, wie diese Erzählung eine für Israel typische Glaubensprüfung darstellt, die immer neu durchdacht und neu gefaßt wurde.

Vgl. Rö 4 und Hebr 11, 8–12.

15 Bundschluß und Verheißung enthält zwei voneinander unabhängige Erzählungen: 1–6 und 7–21. Beide sind Ausgestaltungen von Vorgängen, die in ihren Grundelementen noch zu erkennen sind: 15, 1–6 enthält eine an Gott gerichtete Klage Abrahams in zwei Varianten (2 und 3), eine Heilszusage Gottes an Abraham (1), eingeleitet durch das „Fürchte dich nicht!", und ein mit der Heilszusage verbundenes Zeichen (5). Den Schluß bildet das Wort vom Glauben Abrahams, der ihm von Gott zur Gerechtigkeit gerechnet wurde; dieser Schluß ist der Geschichte wahrscheinlich erst in ihrem spätesten Wachstumsstadium angefügt worden.

15, 7–21 hat zu seiner Mitte einen sehr alten Bundesschlußritus (9–12. 17), der in seinen einzelnen Teilen für uns nicht mehr zu deuten ist, als Ganzes wahrscheinlich eine Schwurhandlung darstellt, in der sich Gott bindet, Abrahams Nachkommen das gelobte Land zu geben (7 und 18). Die Ausdeutung im einzelnen (13–16) ist später hinzugekommen.

13 Abraham und Lot
1– 4: Abraham wandert vom Südland bis Bethel
5–13: Abraham trennt sich von Lot
14–17: Verheißung von Land und Nachkommenschaft
18: Niederlassen bei der Terebinthe Mamres zu Hebron

Bei der Trennung von Lot (5–13) liegt das Motiv des Wachsens zugrunde; hier bedingt es Mangel an Weide, in 21, 22ff. Mangel an Wasser. Es beginnen die Auseinandersetzungen um Lebensraum und Lebensmittel; und darin wird die Segenskraft Gottes gejaht, daß diese Auseinandersetzungen in den Vätergeschichten friedlich geführt werden. Abraham läßt Lot das bessere Land wählen in der Gewißheit, daß Gott ihm Genüge geben wird.

Literatur: W. Schatz, Genesis 14: Eine Untersuchung: Europäische Hochschulschr. 23, Bd 2 1972.

14 Abraham befreit Lot
1–11: Der Krieg der Könige
12–16: Abraham besiegt den König Kedar-Laomer und befreit Lot
18–20: Melchisedek segnet Abraham
17. 21–24: Der König von Sodom bekommt sein Gut von Abraham zurück

Zu 18–20: Melchisedek ist König von Salem (Jerusalem?) und zugleich Priester des El eljōn; er nimmt Abraham durch den Segen in seine Kultgemeinschaft auf, und Abraham erkennt dies durch seine Abgabe an. Hier ist Melchisedek als Ahnherr des vorisraelitischen Jerusalemer Priestergeschlechts gesehen; im Psalm 110, 4 wird diese Melchisedek-Tradition auf den davidischen König übertragen und so ist sie in Hebr 7 übernommen.

Vgl. Ps 110, 4 u. Hebr 7; die Gestalt des Priesterkönigs geht zurück auf das sakrale Königtum (C. Westermann, Das sakrale Königtum in seinen Erscheinungsformen u. seiner Geschichte: Theol. Bücherei 55, 1974, 291–308.

16 Hagar und Ismael
1– 3: Hagar wird Abrahams Nebenfrau
4– 6: Streit der Frauen und Flucht Hagars
7–14: Erscheinung und Verheißung des Engels bei Lahai-roi
15–16: Hagar gebiert Abraham den Ismael

Der „Bote Gottes" (mal' ak jahweh) im AT ist zu unterscheiden von den Engeln als himmlischen Wesen wie in Jes 6; der Bote Gottes begegnet in Menschengestalt auf der Erde mit einem Gruß (wie Lk 1, 28, der „englische Gruß"); vgl. den Exkurs in BK I/2 289–291.
Zu dem Begriff „Bund" (eigentlich: bindende Versicherung) E. Kutsch: THAT I, 1971, S. 339–352.

17 Gottes Bund mit Abraham (P)
3– 8: Bundesverheißung: Beistand, Nachkommenschaft, Land
9–14: Das Bundesgebot: die Beschneidung
15–16: Segnung und Verheißung von Nachkommen an Sara
17–18: Abrahams Einwand
19–22: Verheißung eines Sohnes von Sara, Isaak
23–27: Ausführung der Beschneidung

18 Besuch der drei Männer bei Abraham
1– 8: Abraham lädt die Boten Gottes ein und bewirtet sie
9–16: Verheißung des Kindes und Saras Lachen
17–32: Ankündigung der Zerstörung Sodoms und Abrahams Eintreten für die Stadt

19 Untergang Sodoms
1– 3: Lot lädt die Boten Gottes ein und bewirtet sie
4–11: Der Frevel der Leute von Sodom
12–23: Die Boten Gottes retten Lot vor dem Untergang (nach Zoar)
24–28: Schwefel und Feuer auf Sodom und Gomorrha, Lots Weib (26)
29–38: Abkunft der Moabiter und Ammoniter von Lots Töchtern
20, 1–18: Abraham und Abimelek (siehe zu 12, 10–20)
21, 1– 7: Isaaks Geburt

Vgl. Gen 6–9; Sodom u. Gomorrha werden oft erwähnt, z. B. Dtn 29, 22; Jes 1, 10; Jer 23, 14; Am 4, 11; Ez 16, 46.48; Mt 10, 5; 11, 23.

21, 8–21 Hagar und Ismael
8–14: Vertreibung der Hagar
15–19: Errettung des Kindes und Verheißung
20–21: Gott war mit Ismael

In 16 flieht Hagar, in 21 wird sie vertrieben; dort geschieht das vor der Geburt Ismaels, hier ist er schon ein Knabe. Das Besondere dieser Geschichte ist die wunderbare Rettung des Knaben vor dem Verdursten in der Wüste. Dabei zeigt sich ein Grundzug des Handelns Gottes: er hört das Schreien seiner leidenden Kreatur und errettet aus Todesnot (21, 17); so wird es dann in den Lobpsalmen Israels gesungen. Auch von Ismael, dem Stammvater eines Israel feindlichen Volkes, heißt es: „Gott war mit ihm" (21, 20).

22 Das Opfer (E)
1 a: Gott versuchte Abraham
  2: Gottes Befehl
  3–10: Abraham führt den Befehl aus
    3– 8: Der Weg
      6–8: Das Gespräch zwischen Vater und Sohn
        8: Gott ersieht sich
    9–11: Das Opfer
→ 12: Verbot des Gebotenen. Begründung: „denn nun weiß ich . . ."

13: Ersatzopfer des Widders
14: Benennung des Ortes: Gott ersieht sich
19: Heimweg
15–18: eine spätere Ergänzung: Erneuerung der Verheißung an Abraham

Diese Erzählung hat die nachfolgenden Generationen tief beeindruckt. In der jüdischen Tradition: Erzählung von der akeda (= Bindung Isaaks);
im NT vgl. Rö 8, 32; Jak 2, 21–23; Hebr 11, 17; bei den Reformatoren, in der bildenden Kunst (Rembrandt).
In neuerer Zeit begegnet sie hoher Anerkennung (S. Kierkegaard, „Lobrede auf Abraham") oder völliger Ablehnung (I. Kant); vgl. G. v. Rad, Das Opfer des Abraham: Kaiser-Traktate 6, 1971.

Die Erzählung ist durch viele Jahrhunderte erzählt worden, bis sie diese Endgestalt bekam. Ihr liegt eine Erzählung von der Ablösung des Menschenopfers durch das Tieropfer zugrunde, von der aber in der jetzigen Gestalt kaum noch eine Spur ist. Sie ist in einen theologischen Rahmen gefügt: Gott versucht Abraham, 1a und 12b. Die eigentliche Mitte aber ist der Satz, den Abraham in seinem Schmerz zu seinem Sohn sagt, und mit dem er dann aufatmend und Gott lobend den Ort des Geschehens benennt: Gott ersieht (sich). Dieses Gotteslob ist das Ziel der Geschichte.

In der Höhle Makpela werden auch begraben Abraham Gen 25, 9; Jakob 49, 30 u. Joseph 50, 13. „Hethiter" ist hier eine spätere Bezeichnung der vorisraelitischen Bewohner Palästinas. Vgl. die Grablegung Jesu in einer Höhle Mt 27, 57–60.

23 Erwerb der Höhle Makpela (P)
1– 2: Der Tod Saras
3–18: Erwerb des Grabplatzes, des Feldes Efron mit der Höhle Makpela von den Hethitern
19: Begräbnis Saras in der Höhle Makpela
20: Bestätigung dieses einen Landbesitzes Abrahams

In den ganz kurzen Bericht von Saras Tod (1–2) und Begräbnis (19) hat die Priesterschrift die sehr ausführliche Darstellung des Erwerbs der Grabstätte gefügt. Sie will damit offenbar auf die Wichtigkeit der ‚Heimat' in diesem besonderen Bezug hinweisen: wenigstens der Ort, an dem der Mensch am Ende seines Lebens zur Ruhe gebettet wird, soll ihm selbst gehören. Die Priesterschrift hebt in der Vätergeschichte, ganz in der Linie der Stammbäume weitergehend, die drei wichtigsten Punkte im Menschendasein heraus und verbindet sie je mit einer Handlung, die noch nicht im eigentlichen Sinn gottesdienstlich, aber doch feierlich-rituell ist:

17:	bei der Geburt: die Beschneidung
23:	beim Tod: das Begraben
28, 1–9:	bei der Hochzeit: das Segnen der Eltern

In der Heraushebung dieser drei Handlungen nimmt die Priesterschrift die Geschichte der Familie in die Gottesgeschichte hinein.

Vgl. Gen 11, 22.24, rück- u. vorblickend Gen 29.

24 Werbung um Rebekka
1– 4: Auftrag Abrahams an seinen ältesten Knecht
5– 9: der Schwur des Knechts
10–11: Reise zur Stadt Nahors
12–14: Bitte um das weisende Zeichen
15–25: Begegnung mit Rebekka am Brunnen
26–27: Dankgebet
28–33: Einladung und Einkehr
34–49: Ausrichten des Auftrages
50–54: Die Gewährung
54–60: Entlassung und Segnung Rebekkas
61: Abreise mit Rebekka
62–67: Ankunft, Begegnung mit Isaak und Heirat

Eine kurze Notiz, daß Isaak seine Frau aus der fernen Verwandtschaft, eine Enkelin Nahors, heiratete, ist zu einer schönen, stillen Erzählung von der Brautwerbung um diese Rebekka durch einen Verwalter Abrahams gestaltet. Sie will weiter nichts als die selbstverständliche Verbundenheit der großen und kleinen Entscheidungen im Menschenleben mit dem Walten und Willen Gottes zeigen. Die entscheidende Begegnung am Brunnen, ein schönes Bild des Alltags der Menschen in diesem Kreis, ist in Bitte und Lob gefaßt und alles ist getragen von dem einfältigen Glauben an Gottes Walten bis in die einfachen Vorgänge des Alltags hinein. Bei der Entlassung segnen die Brüder Rebekka; Vers 60 ist ein Beispiel des Abschiedssegens.

25 1– 6: Abrahams Nachkommen
7–11: Abrahams Tod und Begräbnis in der Höhle Makpela
12–18: Stammbaum Ismaels

Die Jakob-Esau-Geschichten (Gen 25–36)

Der Aufbau der Geschichten des Jakob-Esau-Kreises ist wesentlich anders als der des Abraham-Kreises, wie schon ein erster Blick auf diesen mittleren Kreis der Vätergeschichten zeigt. Während 12–25 wesentlich aus Einzelgeschichten besteht, die nur durch das Hauptmotiv der Verheißung (der Nachkommenschaft bzw. des Sohnes und des Landes) recht locker zusammengehalten sind, bildet 25–36 deutlicher und ausgeprägter in sich einen Zusammenhang. Er ist erreicht durch die Darstellung des Konfliktes zwischen Jakob und Esau in zwei Akten (25–27 und 32–33), der erste endet in der Flucht Jakobs, der zweite spielt sich bei seiner Rückkehr ab; dazwischen steht die Episode bei Laban (29–31) mit ihrer eigenen Spannung und Dramatik.

Das Thema dieses zweiten Kreises der Vätergeschichte liegt am Tage: der Konflikt zwischen Bruder und Bruder. In diesem Konflikt geht es um den Segen. Segen hat im ältesten Sprachgebrauch den Sinn: Kraft der Fruchtbarkeit. Das Dtn redet vom dreifachen Segen: Segen des Leibes (Kindersegen), Segen der Herde (des Viehes), Segen des Landes. Der Segen des Landes kommt aber erst in der Zeit der Seßhaftigkeit hinzu, so handelt es sich hier in den Vätergeschichten um den Segen des Leibes und den Segen der Herde. Im Abraham-Kreis geht es um den Segen des Leibes in dem einfachen Sinn, daß überhaupt ein Kind geboren wird, in dem der Segen von Abraham aus weitergehen kann; darum liegt hier der Ton auf dem Vater-(Eltern)-Kind-Verhältnis. Im zweiten Kreis rückt der Segen in eine ganz neue Problematik: wie soll der Segen bei mehreren Söhnen und Erben weitergehen? Darum liegt hier der Ton auf dem Verhältnis des Bruders zum Bruder; das Problem ist dabei das der Erstgeburt, das Privileg des Älteren, das als solches hier schon vorausgesetzt, aber in einer unbedingten Geltung in Frage gestellt wird. Vom Begriff des Segens her wird der Aufbau des Jakob-Esau-Kreises klar: im Anfang (25–28) und im Schluß (32–33) geht es um die Erlangung, in der Mitte (29–31) um die Auswirkung des Segens; wobei dort der Segen des Leibes, in der Mitte der Segen der Herde im Vordergrund steht. – Man darf aber diese Elemente des Aufbaus nicht überbetonen und nicht isolieren; ganz deutlich wird auch das Eltern-Kinder-Verhältnis, das im Abraham-Kreis im Vordergrund stand, im Jakob-Esau-Kreis weitergeführt. Entsprechend spielt das Bruderverhältnis in allen drei Kreisen der Vätergeschichte mit, aber jeweils deutlich unter verschiedenen Aspekten:

I. Kreis:	Sohn der Frau – Sohn der Magd:	der Sohn
II. Kreis:	Zwei gleichgestellte Söhne:	der Ältere
III. Kreis:	Viele gleichgestellte Söhne:	der Jüngste

Es geht aber bei diesen verschiedenen Arten von Bruderschaft auch um das Zusammenleben der Israeliten untereinander und mit den Stämmen und Völkern neben ihnen: es gibt die völlige Scheidung (Ismael = die Ismaeliter); aber auch Ismael bleibt Sohn des Urvaters und von Gott bejaht; die bleibende Spannung (Esau = Edom) und das Miteinanderleben trotz der Spannungen (die zwölf Brüder).

Auch das Verhältnis der Quellen zueinander ist in 25–36 anders als in 12–25. J und E gehen weithin parallel, viel stärker als in 12–25; P dagegen steht ganz daneben und bietet keine vollständigen Geschichten, sondern nur einzelne Bemerkungen und Notizen und eine andere Darstellung des Verhältnisses von Jakob zu Esau.

Bruderpaare im AT: Gen 4: Kain u. Abel, Gen 16; 17; 21: Ismael u. Isaak; Jakob u. Esau; Joseph u. seine Brüder. Dann politisch: Israel u. Juda; schließlich religiös: die Jünger Jesu als Brüder. Immer gehört zum Brudersein sowohl die Verantwortung wie der Konflikt.

Sie entfalten, wie Konflikte ihren Ursprung in familiären Strukturen und Vorgängen haben, wo sie unvermeidbar sind, aber bewältigt werden können. Von da reichen sie in alle Bereiche menschlichen Zusammenlebens; auch in das politische u. das religiöse. Von den politischen Konflikten handeln die Geschichtsbücher (1 Sam bis 2 Kön); den stärksten religiösen Konflikt stellen die Prophetenbücher dar. Auch im NT gibt es Streit zwischen Jesus u. seinen Gegnern, Streit zwischen den Jüngern u. zwischen den Aposteln.

Erster Teil: Die Erstgeburt (25–28).
Zwei Geschichten stehen in der Mitte:

Jakob betrügt Esau um die Erstgeburt	27, 1–40
Jakob flieht vor Esau	27, 41–45

Vorher zwei diese Mitte vorbereitende Erzählungen: Geburt Esaus und Jakobs, 25, 21–26 (J) und die Übertragung des Abrahamsegens auf Isaak, 26, 2–5. Nicht in diese Linie gehören 26, 7–33: Isaak und Abimelek, eine Parallele zu 20 und 26 (s. o.); die Erzählung vom Linsengericht 25, 27–34 ist eine Variante zu 27; in beiden wird Esau durch Jakob überlistet, in beiden verliert Esau sein Erstgeburtsrecht an Jakob.

Nachher die Frauen Jakobs und Esaus (nach P) und Jakobs Traum auf der Flucht (E) mit erneuter Verheißung.

Zweiter Teil: Jakob bei Laban (29–31).
Zwei Geschichten stehen in der Mitte:

Jakob heiratet Lea und Rahel 29, 15–30
Das Gebot der Rückkehr 31, 3

Vorher Jakobs Ankunft bei Laban und Dienst 29, 1–14; sein Kindersegen 29, 31–30, 24; sein Viehsegen 30, 25–34.

Nachher Jakobs Flucht vor Laban und Vertrag mit ihm 31, 1–55.

Dritter Teil: Die Begegnung der Brüder (32–36).
In der Mitte steht die Schilderung der Begegnung 33.

Vorher Jakobs Vorbereitung der Begegnung und Gebet 32, 1–21 und der Gotteskampf um Jabboq 32, 22–32.

Nachher Jakob läßt sich in Sichem nieder, 33, 18–20, die Wallfahrt von Sichem nach Bethel mit Erneuerung der Verheißung 35, 1–15. Alles noch Folgende liegt außerhalb dieser Linie und ist lose angefügt: Kap. 34, die Schändung der Dina und das Blutbad zu Sichem; Geburt Benjamins und Rahels Tod 35, 16–20; Rubens Schandtat 35, 21–22; Jakobs 12 Söhne und sein Tod, 35, 23–29. Esaus Nachkommen, die Edomiter, Kap. 36.

Der erste Teil Kapitel 25–28

25, 21–26 *Geburt Jakobs und Esaus, das Linsengericht,* ist eine sehr eigenartige Geburtsgeschichte. Es verbergen sich hinter ihr uralte Gebräuche: wir begegnen wieder dem Motiv der Kinderlosigkeit; der Mann Rebekkas tritt vor Gott für sie ein (so wie Mose und die Propheten für ihr Volk, Hiob für seine Freunde), und Gott erhört ihn (21). Unter den Schmerzen der Schwangerschaft erhebt Rebekka die Klage: „Wenn so, warum lebe ich?", die wir bis ins Hiobbuch wiederfinden. Aus dieser Klage erwächst eine Gottesbefragung; die Antwort ist ein Gottesspruch über die Kinder, die sie gebären wird, zukunftsmächtiges Wort (22–23).

27–34 Eine Erzählung, die einmal einen ganz anderen Sinn hatte, die nämlich den Bauern gegen den Hirten ausspielte, hat der Jahwist kunstvoll der Jakobsgeschichte eingefügt und ihr einen ganz neuen Sinn gegeben: sie zeigt nun, wie der Segen scheinbar in Menschenhände gerät und Gottes Willen entzogen wird, genau wie später Kapitel 27. Darin aber wird das Ziel der Geschichte vorbereitet: wie Gott verborgen der Herr des Segens bleibt.

26 Gewiß gab es auch einmal einen Kreis von Isaak-Geschichten; sie sind uns nicht erhalten. Kapitel 26 ist eine später und breit ausgeführte Variation des Motivs von der Gefährdung der Ahnfrau (wie 12 und 20) mit allerlei Ergänzungen.

Diese Erzählung zeigt das früheste Stadium der Geschichte des Segens im AT: der Segen wird vom Vater er-

27 Jakob betrügt Esau um den Erstgeburtssegen
1– 4: Isaak will Esau segnen
5–13: Rebekkas Anschlag
14–24: Der Betrug

25–29: Die Segenshandlung und das Segenswort
30–40: Enttäuschung Esaus, der Esau-Spruch
41–45: Esaus Anschlag und Rebekkas Fluchtplan

28, 1–9 mit 26, 34f. und 27, 46: Esaus und Jakobs Frauen (P). Die Jakob-Esau-Erzählung ist von der Priesterschrift stark abgewandelt; der Betrug ist getilgt; es ist nur eine Spannung zwischen den Brüdern, weil Esau gegen den Willen der Eltern zwei kanaanäische Frauen genommen hat. Jakob dagegen ist seinen Eltern gehorsam; er reist zu Laban (mit dem Segen des Vaters; hier ist es keine Flucht), um sich eine Tochter von ihm zur Frau zu holen. Am Ende nimmt auch Esau noch eine Frau aus der Verwandtschaft (28, 9).

teilt, er wird wirksam, indem er ausgesprochen wird. Wort u. Handlung gehören zusammen. Vgl. C. Westermann, Der Segen in der Bibel . . ., 1968; G. Wehmeier, Der Segen im AT, 1970.

28, 10–22 *Jakobs Traum*
10–11: Jakob übernachtet an heiliger Stätte
12: Der Traum von der Himmelstreppe
13–15: Gottes Verheißung an Jakob
16–19: Jakob gründet das Heiligtum Bethel
20–22: Jakob tut ein Gelübde (der Zehnten)

Dies ist eine der grundlegenden Gottesbegegnungen in der Bibel. In der Mitte steht der Ausruf Jakobs, wie er die Heiligkeit des Ortes entdeckt (16–17):

> Wirklich, Jahwe ist an dieser Stätte zugegen,
> und ich habe es nicht gewußt!
> Wie schauerlich ist diese Stätte!
> Das ist nichts anderes als eine Wohnung Gottes,
> und dies ist das Tor des Himmels!

Traumoffenbarung oft im AT; vgl. Gen 37. Durch eine Gotteserscheinung wird ein heiliger Ort begründet; vgl. Ex 19; Gen 32, 1–2. 22–32 u. ö.

Aber gerade bei einer Geschichte, wie dieser ist es wichtig, sich klar zu machen, daß sie Spuren aus langen Zeiten an sich trägt. Längst bevor Israel nach Kanaan kam, war Bethel ein Heiligtum (etwa von 2000 ab). Unter Jerobeam I. hatte es seinen Höhepunkt (damals etwa entstand diese Geschichte), Josia zerstörte es (nach 622). Gen 28 zeigt besonders eindrücklich, wie die Geschichte uralter Heiligtümer in Gottes Geschichte mit seinem Volk, hier mit dem Vater Jakob, aufgenommen wird.

Der zweite Teil Kapitel 29–31

Gegenüber dem göttlichen Segen (Jakob ist der Gesegnete) tritt die menschliche List (30, 27–43) und treten die Institutionen hervor: Dienst u. Lohn (29, 12–14), Vertrag (31, 43–55). Wirtschaft, Erwerb, Besitz erhalten ihre Bedeutung.

29 Jakob bei Laban
1–11: Begegnung mit Rahel am Brunnen
12–14: Aufnahme und Dienst bei Laban
15–30: Dienst um Rahel und Lea
31–35: Lea gebiert dem Jakob Ruben, Simeon, Levi und Juda

Vgl. ein anderes Gespräch am Brunnen Joh 4, 5–26.

30 Jakobs Söhne
1– 8: Bilha, Rahels Magd, gebiert dem Jakob Dan und Naphtali
9–13: Silpa, Leas Magd, gebiert dem Jakob Gad und Asser
14–21: Lea gebiert dem Jakob Issashar und Sebulon
22–24: Rahel gebiert dem Jakob Joseph

Neben die Rivalität der Männer tritt die der Frauen. Die Erfahrungen, Hoffnungen u. Freuden der Mütter spiegeln sich in den Namen, ihrer Kinder. Vgl. die Namen Kain (4, 1), Isaak (17, 18) u. viele andere.

31 Trennung von Laban (30, 25–31, 55)
30, 25–26: Jakob bittet Laban um Entlassung
27–43: Mehrung der Herden Jakobs, Überlistung Labans
31, 1– 3: Befehl Gottes: Kehre zurück!
4–16: Gespräch Jakobs mit seinen Frauen
17–21: Jakob flieht
22–30: Laban holt Jakob ein und schilt ihn
31–35: Laban sucht den gestohlenen Teraphim
36–42: Jakob schilt Laban
43–55: Jakob und Laban schließen einen Vertrag
32, 1– 2: Engelbegegnung bei Mahanaim

Teraphim sind Hausgötter, deren Besitz einmal Erbanspruch einschloß; vgl. Ri 17, 5; 18, 17ff.; Hos 3, 4.

Begegnung mit einem Boten Gottes, nur fragmentarisch erhalten.

Diese drei Kapitel beschreiben einen Ausschnitt des Lebens der israelitischen Stämme in früher Zeit, gefaßt in die Erlebnisse Jakobs in der Fremde. Sie dürfen nicht wie eine Biographie gehört werden und noch weniger wie eine erbauliche Schilderung; sie reden vom wirklichen Leben der wandernden Sippen, an das wir unsere Maßstäbe nicht anlegen dürfen. Auf zwei Szenen sei besonders hingewiesen: die Brunnenszene am Anfang (29, 1–11), eines der schönsten Beispiele dafür, welche Bedeutung die Bibel der einfachen menschlichen Begegnung gibt, und den Vertragsschluß (31, 43–55) am Ende, in dem alle Elemente des Bundesschlusses aus der frühen Zeit erhalten sind. Der Vers 53 zeigt, daß jeder der Partner bei seinem Gott schwört und damit in dieser frühen Zeit die anderen Götter der anderen Völker einfach als eine Tatsache hingenommen werden.

Der dritte Teil Kapitel 32–36

32 3–21: Die Vorbereitung des Zusammentreffens mit Esau
3– 6: Jakob schickt Boten zu Esau
7– 8: Jakob teilt seine Leute in zwei Lager
9–12: Das Gebet
13–21: Jakob schickt Esau ein Geschenk entgegen

Musterbeispiel einer Botensendung; vgl. Botenspruch in der Prophetie.

Das Gebet ist nachträgliche Erweiterung des kurzen Hilferufes V 11.

22–32: Der Gotteskampf am Jabboq
22–23: Der Flußübergang
24–25: Kampf und Schlag auf die Hüfte
26–31: das Erringen des Segens. Jakob wird Israel
30: Benennung des Ortes Pnuēl
32: Ein Ritus, der aus dem Geschehen abgeleitet wird

Die einzige Stelle im AT, wo Segen durch einen Kampf errungen wird.
Umbenennung Jakobs in Israel; vgl. Abram-Abraham; Saraj-Sara Gen 17.

Auch hinter dieser Erzählung vom Gotteskampf am Jabboq steht eine viel ältere, vorisraelitische Sage vom Kampf eines Mannes mit einem Flußgeist, der ihn am Übergang hindern will. Der Jahwist hat sie in die Vätergeschichte aufgenommen, um in ihr andeutend zu zeigen, daß es im Verhältnis des Menschen zu Gott und dann im besonderen im Verhältnis Israels zu Gott die äußerste, unheimliche Möglichkeit des Kampfes mit Gott gibt; ein Kampf, in dem Israel zwar siegt, aber als ein Geschlagener siegt. Daß der Segen, der doch nur von Gott geschenkt werden kann, in äußersten Grenzsituationen zu einem erkämpften Segen sich wandeln kann, das wird als eine der unbegreiflichen Wirklichkeiten im Gegenüber von Gott und Mensch in dieser Unbegreiflichkeit stehen gelassen.

33 Begegnung mit Esau
1: Einleitung der Begegnung
2: Aufstellung des Heeres
3: die Unterwerfung, dazu 6–7
4: Die Versöhnung
8–11: die Vergebung und ihre Besiegelung
12–17: Trennung der Versöhnten
18–20: Jakob läßt sich in Sichem nieder

Versöhnung u. Vergebung kann, wie hier, auch in einer Trennung wirksam werden.

Diese Erzählung wird nur verständlich, wenn man sich klar macht, daß das Niederfallen Jakobs vor Esau (des Gesegneten vor dem Ungesegneten!) wirkliche, volle Unterwerfung bedeutet. Die Gebrochenheit des Segens, der eben darin *Gottes Segen* bleibt, wird von Jakob erfahren in einem Leben, das zwar an Nachkommen und Herden reich ist, aber von einer Flucht zur anderen führt, Dienste in der Fremde und schließlich die Unterwerfung unter den nicht gesegneten Bruder bringt. Wunderbar zeigt die Erzählung, wie es dennoch zu Vergebung und zu Versöhnung kommt.
Damit ist der Jakob-Esau-Kreis abgeschlossen, es folgen nur noch der Beschluß und Anhänge.

34 Schändung der Dina und Blutbad zu Sichem
1– 7: Schändung der Dina, Tochter Jakobs
8–12: Werbung um Dina durch Hemor, Sichems Vater
13–24: Forderung und Ausführung der Beschneidung als Bedingung
25–31: Niedermachen der ohnmächtigen Sichemiten

Die Erzählung dieses Kapitels gehört nicht zur Jakobsgeschichte, sie gehört nach ihrem Charakter vielmehr in das Richterbuch. Es geht in ihr um die Selbstbehauptung der israelitischen Stämme zwischen den Kanaanäern, über die hier grausam und hinterlistig ein Sieg erfochten wird.

35 1–7: Die Wallfahrt von Sichem nach Bethel
1: Gebot, nach Bethel zu ziehen
2–3: Aufforderung Jakobs an sein Haus
4: das Abtun der fremden Götter
5–6: Weg nach Bethel (Gottesschrecken)
7: Altarbau und Namengebung

Die Wallfahrt (Prozession) zu einem Heiligtum ist ein wichtiger Bestandteil des Kultes im AT; vgl. Ps 24; 122; vgl. auch Lk 2, 41–52.

A. Alt fand, daß hinter dieser Erzählung eine gottesdienstliche Handlung steht, eine Wallfahrt vom Heiligtum Sichem zum Heiligtum Bethel; der Vorbereitungsakt, das Abtun der fremden Götter (Abrenuntiation) findet in Sichem statt, der Hauptakt des Festes in Bethel. Unsere Erzählung begründet diesen Brauch in einem einmaligen Geschehen, dem von Gott gebotenen Weg Jakobs von Sichem nach Bethel, bei dem schon alles geschah, was später zu der Begehung gehörte.

8: Tod und Begräbnis Deboras, der Amme Rebekkas
9–15: Gotteserscheinung und Verheißung in Bethel
Jakob wird Israel (P)

Parallel zu Gen 28, 10–22; zu der Verheißung 35, 11–12 vgl. Gen 17, 4–8; auch hier Umbenennung.

Hier erzählt die Priesterschrift die Erzählung 28, 10–22 noch einmal, dabei fallen alle der alten Zeit zugehörigen Züge fort; es bleibt nur die Verheißung und die Errichtung eines Steines, hier abgewandelt zu einem Gedenkmal. Auch diese Erzählung will die Gründung von Bethel erzählen.

16–20: Geburt Benjamins und Rahels Tod
21–22: Rubens Schandtat
23–29: Verzeichnis der Söhne Jakobs,
Jakobs Tod und Begräbnis (P)

Die Vätergeschichten erwachsen aus Stammbaumnachrichten u. münden wieder in solche ein. Geburt, Heirat u. Tod bleiben das Gerüst dessen, was in ihnen geschieht.

36 *Esau und die Edomiter*
1– 8: Esaus Nachkommen, sein Zug nach Edom (P)
9–14: Söhne Esaus
15–19: Die Fürsten der Edomiter
20–30: Die Söhne Seïrs, des Horiters
31–39: Die Könige, die in Edom regierten
40–42: Die Fürsten der Edomiter

Dem Stammbaum Ismaels am Ende der Abrahamgeschichten (25, 12–18) entspricht der Esaus am Ende der Jakob-Esau-Geschichten. Das Kapitel enthält nur Listen und Stammbäume. Geschichtlich besonders wertvoll ist die Königsliste 31–39, die sogar den Zeitpunkt erkennen läßt, an dem in Edom eine Dynastie begann.

Die Joseph-Geschichten (Gen 37–50)

Während der Abrahamkreis aus Einzelgeschichten besteht, die nur sehr locker aneinander und zu einem Ganzen gefügt sind, der Jakob-Esau-Kreis schon deutlicher zu einer Einheit komponiert ist (vor allem durch die Flucht und die Rückkehr Jakobs, die die drei Teile verbinden), begegnet uns in der Joseph-Erzählung *eine* geschlossene Erzählung, die von Kapitel 37 bis 50 als eine Kette miteinander eng verbundener Ereignisse in stetigem Fluß von dem Konflikt in Kap. 37 bis zur endgültigen Lösung in Kap. 50 führt. Man hat daher die Joseph-Geschichte als eine Novelle bezeichnet, mit Recht, wenn man von dem Unterschied absieht, der durch den zeitlichen Abstand bedingt ist.

Literatur: C. Westermann, Gensis 12–50: Erträge der Forschung, Bd 48, 1975, 56–68.

Die Funktion der Joseph-Geschichte im Ganzen des Pentateuch besteht in der Verknüpfung des Schauplatzes der Vätergeschichte – die Väter wandern und siedeln in Kanaan – mit dem der Volksgeschichte, die mit der Befreiung aus Ägypten beginnt. Sie antwortet auf die Frage: Wie sind die Väter nach Ägypten gekommen? Die Antwort darauf ist zunächst: *Jakob* ist aus Anlaß einer Hungersnot nach Ägypten gezogen; und auf die weitere Frage: *Wie* ist Jakob nach Ägypten gekommen? antwortet die Josephgeschichte: der jüngste Sohn Jakobs wurde von seinen Brüdern nach Ägypten verkauft, wurde dort ein großer Mann und hat dann Jakob dorthin nachkommen lassen. Aber nun haben die alten Erzähler, J und E, aus diesem Übergang, der nur berichtete, wie Jakob nach Ägypten kam, eine in sich geschlossene, selbständige Erzählung ganz eigenen Charakters entstehen lassen. Von allen Teilen der Genesis steht die Joseph-Erzählung unserem Empfinden am nächsten. Sie geht von einem Konflikt in einem kleinen Menschenkreis, der Familie Jakobs, aus; die Auswirkungen des Konfliktes werden, sich steigernd, bei den beteiligten Personen und Gruppen bis ins Detail gezeichnet und das Geschehen so zu einem ersten Höhepunkt, der Klage des alten Vaters (37, 31–35) geführt. Die Erzählung setzt mit dem zweiten Akt auf einem neuen Schauplatz ein: Joseph in Ägypten. Sein Aufstieg am Hof des Pharao wird, auch wieder in bunter, lebendiger und spannender Schilderung bis zur Erhöhung des Joseph zu einem Minister des Pharao geführt. Der dritte Akt nimmt das Motiv des ersten wieder auf: die Hungersnot zwingt die Brüder des Joseph wieder zu einer Reise nach Ägypten. In steilem Gefälle geht es nun auf den Höhepunkt zu, die Versöhnung Josephs mit seinen Brüdern, wobei die Kunst des Erzählers diese Versöhnung auf eine Situation treffen läßt, die der Konfliktsituation am Anfang ganz nahe ist. So wird das Ganze einer echten, das Geschehen straff zusammenfassenden Lösung zugeführt, in deren Folge auch die Trauer des Vaters in dankbare Freude gewandelt wird. Der Frieden des Menschenkreises, in dem das Drama sich abspielte, ist wiederhergestellt, und dabei ist die Hungersnot für Jakobs Familie gebannt, der alte Vater kann in Frieden sterben.

Deutlicher als sonst sind in der Josephgeschichte die zwei Erzählungsfäden (J und E) zu erkennen, die in ihr miteinander verwoben sind; vieles in ihr wird erst klar, wenn man sie nebeneinander sieht:

In den Träumen meldet sich das Problem des Königtums an: darf ein Bruder über seine Brüder Herr sein?

Vgl. Gen 4, 2–16.

In diesen Kapiteln spiegelt sich der Eindruck des Pharaonenreiches auf das frühe Israel, u. a. die Möglichkeit der Vorratswirtschaft.

J	E
Der Konflikt (37)	
I. 37, 3–4: d. Grund (d. Rock) 12–17: Auftrag des Vaters	37, 5–11: Grund (d. Träume)
II. 18–30*: die Tat	18–30*: die Tat
III. 31–35*: das Verbergen der Tat	32–35*: das Verbergen der Tat
Joseph in Ägypten (39–41)	
I. 39, 1–23: Josephs Erhöhung und Fall 2– 5: J. bei dem Ägypter 6–20: J.'s unverdienter Fall 21–23: Erhöhung im Gefängnis	39, 1. 2. 4. 6.: Joseph als Gefängnisdiener (fragmentarisch)
II. Joseph und die beiden Beamten im Gefängnis 40, 1b. 5b. 14b. 15b. (fragmentarisch)	40: Joseph und die beiden Beamten im Gefängnis 2– 5: die Träume der beiden 6–19: die Deutung 20–23: das Eintreffen

III. 41: Josephs Erhöhung 40, 31: Ankündigung einer Hungersnot 41, 33–36*: Ratschlag an Pharao 39–45*: Einsetzung des Joseph 45–57: Joseph in seinem Amt	41: Josephs Erhöhung 1–32: die Träume des Pharao 34–37*: Ratschlag an Pharao 41–44*: Einsetzung des Joseph	Bei den Träumen des Pharao tritt (anders als 37, 5–11) die Deutung hinzu; die Traumdeutung galt als hohe Kunst der Weisen.

Wiederherstellung des Friedens (42–45)

42*: Erste Reise der Brüder nach Ägypten 43: Zweite Reise der Brüder (überwiegend J)	42*: Erste Reise der Brüder nach Ägypten (überwiegend E) 43*: Zweite Reise der Brüder nach Ägypten (nur wenige Sätze	Oft ist im AT eine Hungersnot auslösendes Motiv für eine Erzählung: Gen 12, 10; 26, 1; 41, 27; 2 Sam 21, 1; Ruth 1, 1; Apg. 7, 11.
44: Der Becher 1–12: Abreise und Anklage unterwegs 13–43: Vernehmung in Josephs Haus 18–34: Rede Judas		Hier zuerst in der Bibel das Motiv des stellvertretenden Leidens; vgl. Jes 52, 13–53, 12.
45: Joseph gibt sich zu erkennen 1–7*: die Lösung 21–28: Entlassung und Heimkehr der Brüder	45: Joseph gibt sich zu erkennen 2–15*: die Lösung 4–8: Joseph deutet das Geschehene 21–27*: Entlassung und Heimkehr der Brüder	Vergebung vermag den zerbrochenen Frieden in der Familie Jakobs zu heilen.

Abschluß der Joseph- und der Vätergeschichte (46–50)

I. 46–47, 12*: Jakob kommt nach Ägypten	46–47, 12*: Jakob kommt nach Ägypten	
II. 47, 13–26: Joseph macht Ägypten dem Pharao leibeigen		
III. 48–49: Jakobs Segen und Tod 47, 29–31: der Schwur 48*: Jakob segnet Josephs Söhne 49, 33: Jakobs Tod	48–49: Jakobs Segen und Tod 48: Jakob segnet Josephs Söhne	
IV. 50, 1–14*: Jakobs Begräbnis	50, 3–10*: Jakobs Begräbnis	Auch die Josephgeschichte endet mit dem Tod u. der Beerdigung, zu dem Grabplatz 49, 30 u. 50, 13; vgl. Gen 23.
V.	50, 15–21: Endgültige Versöhnung der Brüder	
VI. 50, 22–26*: Josephs Tod	50, 22–26*: Josephs Tod	Aus der Erzählung erwächst eine theologische Deutung.

Zwei Kapitel gehören ursprünglich nicht in die Josephsgeschichte hinein: Kap. 38, die Erzählung von Juda und Tamar, ist eine ganz in sich geschlossene Einheit, die an dieser Stelle eingefügt wurde, weil in Kap. 37 von Juda die Rede ist. Das Kapitel kann in mancher Hinsicht mit dem Büchlein Ruth verglichen werden; in beiden geht es um eine alleinstehende Frau, die wieder einen Platz in der Sippe bekommt.

Kap. 49, der Jakob-Segen, ist eine sehr alte Sammlung von Stammessprüchen (eine Parallele dazu ist Deuteronomium 33), die in Gen 49 als ein Segen Jakobs (in Dtn 33 als ein Segen Moses) über die 12 Söhne als Väter der 12 Stämme gefaßt sind. In ihnen werden die einzelnen Stämme charakterisiert, sie ermöglichen uns wertvolle Einblicke in das Leben und die Geschichte der Stämme vor ihrem Zusammenschluß zum Volk Israel.

Der Segen des sterbenden Vaters (vgl. Gen 27) dient als Rahmen einer Sammlung von Sprüchen über die Stämme Israels; die Söhne Jakobs sind hier Repräsentanten der 12 Stämme.

Das Nebeneinander zweier Erzählungsfäden in der Josephgeschichte ist für das Erfassen des Ganzen wichtig, weil die Mitte dieses Ganzen bei J und E etwas verschieden liegt. Der Gang des Geschehens stellt sich bei J und E so dar:

J	E
1. Vorliebe des Vaters	1. Josephs Träume
2. Tat der Brüder	2. Tat der Brüder
3. Bei dem Ägypter	
4. Unverdienter Fall	
5. Im Gefängnis	3. Joseph im Gefängnis
6. Joseph wird Minister	4. Joseph wird Minister

Während bei J das kontingente Einzelgeschehen, das reale Auf und Ab in den Ereignissen herausgearbeitet wird, bemüht sich E, die großen Linien zu zeigen. Dem entspricht es, daß bei E die Mitte anders gesehen wird als bei J; E bringt die Erzählung auf eine Summa, eine Folgerung, in die das Ganze gefaßt wird:

50, 20: Ihr habt über mich Böses gedacht,
Gott hat es zum Guten gedacht,
um zu tun, wie (es) heute (offenbar ist),
zu erhalten viel Volks.

Und noch einmal ganz ähnlich in 45, 5–7. In diesen beiden Worten wird das göttliche Handeln dem menschlichen entgegengesetzt und darin geht die Erzählung als ganze in ein Lob des Gottes ein, der so wunderbar wendet, was die Menschen verdarben. J dagegen stellt nicht das göttliche dem menschlichen Handeln gegenüber, sondern sieht das Wunderbare gerade darin, wie Gottes Handeln *im* Handeln der Menschen sich durchsetzt. Die Mitte der ganzen Geschichte ist bei ihm nicht in einen allgemeinen Satz gefaßt, sondern sie liegt unausgesprochen im Höhepunkt der Erzählung selbst: Unter dem Eindruck der falschen Anklage sagt Juda als der verantwortliche Bruder 44, 16: „Gott hat die Schuld deiner Knechte an den Tag gebracht" und zieht dann daraus die Folgerung in dem Gesuch an Joseph, selbst die (unverdiente!) Strafe auf sich zu nehmen (18–34). Auf dieses Bejahen der alten Schuld folgt nun das lösende, die Versöhnung heraufführende Wort Josephs (45). So wird der zerbrochene Frieden in Jakobs Familie wieder heil und *darin* hat Gott wunderbar gehandelt. – Im Nebeneinander dieser beiden Darstellungen desselben Geschehens nehmen wir das Nebeneinander der Gottes Taten bezeugenden Stimmen wahr, ganz ähnlich wie in den Evangelien. Beide Darstellungen weisen in ihrer Mitte über sich hinaus in die Zukunft des Handelns Gottes mit seinem Volk hinein.

Von Exodus bis Numeri

Im Buch Exodus wird das Grundthema der Geschichte Gottes mit seinem Volk entfaltet. Diese Geschichte beginnt mit der Rettung aus einer Not (1–14); darauf antwortet das Lob der Geretteten (15). Der Rettung folgt die Bewahrung (16–18; fortgesetzt in Num 10–20), und dieser Bewahrung durch Gott entspricht auf Seiten der Menschen das Wahren des Gehorsams gegenüber Gottes Gebot und Gesetz (Ex 19–23). Das rettende und bewahrende Handeln Gottes und das die Gebote Gottes bewahrende Handeln der Menschen wird zusammengefügt, wird aneinander gebunden in der Bundschließung (24). Der Bund aber wird sofort von Israel gebrochen (32, goldenes Kalb), und damit tritt auf seiten Gottes nun das richtende, strafende Handeln hinzu (32–33). Wenn damit die Geschichte des Gottesvolkes nicht zu Ende ist, so ist das allein das Werk der vergebenden Güte Gottes; er erneuert den Bund trotz des Abfalles (34).

In diesem Aufriß des Buches Exodus sind alle Grundelemente gegeben,die von nun an die Geschichte des Gottesvolkes bestimmen. Es kommt hinzu die große Erweiterung der Gesetzgebung (19–23) durch die Priesterschrift, die an dieser Stelle das ganze, allmählich gewachsene Gesetz einfügt: Ex 25–31; 35–40, das ganze Buch Leviticus und Numeri 1–10. Erst nach dieser großen Einschaltung folgt der Aufbruch von Sinai und die Fortsetzung des Weges durch die Wüste (Num 10–20), unmittelbar an Exodus anschließend. Mit Num 20 beginnt ein neuer Teil: die Eroberung des Ostjordanlandes (20–24; 32), aber nur in wenigen Episoden angedeutet. Am Ende des Buches Numeri wird die Einschaltung des Priestergesetzes durch eine Reihe von Nachträgen abgeschlossen (25–31; 33–36).

Die Bücher Exodus, Leviticus, Numeri bilden also eine fest in sich geschlossene Einheit. Die drei Bücher enthalten in einem fortlaufenden Zusammenhang die Geschichte vom Auszug aus Ägypten bis zur Eroberung des Ostjordanlandes mit der großen Einschaltung des Priestergesetzes. Damit ist nun deutlicher, daß der Pentateuch *drei* Hauptteile enthält:
Ur- und Vätergeschichte (Gen), Auszugsgeschichte (Ex, Lev, Num), Rede Moses (Dtn).

1–14 Gottes rettende Tat. Dieser erste Teil des Exodusbuches hat ein deutliches Gefälle: er geht von der Not der in Ägypten bedrückten Israeliten aus und führt zur Errettung hin. In ihr geschieht, was am Anfang (3, 7–8) angekündigt wurde. Hier findet sich das für die ganze Bibel bestimmende Urbild der Verheißung. Die Ankündigung der Errettung ergeht nicht direkt an das Volk, sondern durch einen Mittler, Mose. Er gehört daher notwendig in das Gesamtgeschehen hinein. So muß von dem Mittler berichtet werden, vor allem seine Berufung 3–4 (dazu 6, P), in deren Mitte die Ankündigung steht, die er seinem Volk zu bringen hat. Eingefaßt ist die Berufungsgeschichte in die der Not des Volkes entsprechende Behinderung des Mittlers von außen und von innen: Geburt, Flucht, Rückkehr, das Sich-Sträuben: 2–5. Dann folgt in 7–11 das merkwürdige und schwere Zwischenstück vom Kampf Moses mit dem Pharao in den Wundern und Plagen, und in 12–14 kommt dieser Teil zu seinem Ziel: dem Auszug und der Errettung vor den Verfolgern. Da es sich hier um Grundvorgänge des Wirkens Gottes an seinem Volk handelt, lassen sich von jedem einzelnen der hier begegnenden Motive Linien durch die ganze Bibel ziehen:

Die Geschichte des Volkes Israel beginnt mit der Rettung aus einer sozialen Not; sie blieb grundlegend für das Gottesverhältnis Israels; vgl. das erste Gebot Ex 20, 2 und das „geschichtliche Credo" Dtn 26.

1. Die Ankündigung der Errettung in 3, 7–8 ist verbunden mit der Landverheißung. Diese weist zurück auf die an die Väter ergangene Verheißung des Landes, von 12, 1–3 an durch die Vätergeschichte hindurch. Die Verheißung der Errettung aus Ägypten ist schon bald erfüllt, von Ex 3 bis Ex 14 spannt sich ein nur kleiner Bogen. Das Eintreffen der Landverheißung ist im Buch Josua berichtet (Jos 11, 23); aber damit steht doch noch etwas aus; Israel bleibt auch in seinem Land gefährdet. Eine ganz neue Verheißung ergeht 2 Sam 7 für das Königtum. Dann tritt die Gerichtsankündigung in den Vordergrund, aus der dann schließlich die über die Geschichte Israels hinausweisende Heilsverheißung erwächst; sie wird im Neuen Testament als erfüllt verkündigt.
2. Die Ankündigung ergeht durch einen Mittler. Hiermit beginnt die Geschichte des Mittlers, die sich in mancherlei Wandlung von Mose bis zu Christus hinzieht (Richter, Könige, Propheten, der Gottesknecht).
3. Die Berufung des Mose setzt sich fort in den Berufungsgeschichten der Propheten (Am 3; Jes 6; Jer 1; Ez 1–3; Jes 40).

1 Die Bedrückung in Ägypten ist von allen drei Zeugen berichtet: 1–7 (P), 8–14 (E). Jeder der drei Teile schließt: Israel nimmt trotz aller Bedrückung zu. Hier ist das Motiv des Segens (= Wachstumskraft) aus den Vätergeschichten aufgenommen. Daß Israel die Bedrückung in Ägypten nie vergaß, zeigt z. B. die Begründung mancher Gebote gegen soziale Unterdrückung, die daran erinnert.

Der Frondienst ist im ganzen Vorderen Orient bekannt; die großartigen Bauten Ägyptens wären ohne ihn nicht möglich gewesen. Der Prophet Deuterojes. versteht auch das babylonische Exil als Frondienst (Jes 40, 2).

2–6 In der Mitte steht die Gotteserscheinung Kap. 3. Sie enthält alle Elemente des biblischen Heiligkeitsbegriffes (vgl. Jes 6). – Mose sträubt sich gegen die Berufung (vier Einwände – vier Zusagen) wie Jeremia. Im 5. Kapitel, bei der ersten Verhandlung mit dem Pharao, beginnt das die Geschichte des Auszuges begleitende Motiv des Murrens: Jede neue Belastung weckt das Murren, das sich stets gegen den Mittler, gegen Mose wendet. Dann fleht Mose zu Jahwe, und der hilft zum nächsten Schritt. – In Kap. 6 berichtet P noch einmal die Berufung.

Zu der Berufung des Mose sind die Berufungen der Propheten Jes 6; Jer 1; Ez 1–3; Jes 40, 6–8 zu vergleichen. Mit Ex 3, 7–8 beginnen die Verheißungen für Israel.

7–11 Der Kampf. In 7–11 werden neun Plagen berichtet, die, sich steigernd, den Pharao schließlich zum Entlassen der Israeliten bewegen. Die zehnte Plage wird in Kap. 11 angekündigt, sie trifft erst ein im Zusammenhang des Passahfestes (12), mit dem der Auszug beginnt. Sie wollen alle die Zeichen und Wunder vollbringende Macht Gottes hervorheben, die allein die Herausführung Israels aus Ägypten bewirkte. Wahrscheinlich reicht aber diese eigenartige Form der Plagengeschichte so tief in die Vergangenheit, daß uns ein volles Verstehen verwehrt ist. – Häufig wird später an sie erinnert (z. B. Dtn 4, 34; Ps 105, 27; 135, 9).

Die Plagen in Ägypten sind zu verstehen aus der Sicht ohnmächtig Unterdrückter.

12–14 12, 1–13, 16: *Das Passah.* Dies ist das deutlichste Beispiel dafür, wie in Israel die großen Feste mit der Geschichte des Gottesvolkes verbunden worden sind. Das Passahfest war vorher ein altes Hirtenfest; es wurde später verbunden mit dem Mazzötfest (Fest zu Beginn der Weizenernte). Bräuche und Begehungen des Festes sind hier ganz eingeschmolzen in das Israels Geschichte begründende Ereignis und haben fortan den Sinn, dieses Ereignis feiernd wachzuhalten. Besonders eindrücklich zeigt das 12, 11: „Ihr sollt es essen als die da hinwegeilen".

Mit der Einsetzung des Passah beginnt die Verbindung des Gottesdienstes mit der Geschichte, vgl. die Festkalender Ex 23, 14–17; 34, 22–24; Dtn 16, 13–15.

13, 17–14, 31: *Israels Befreiung, der Durchzug durchs Meer.* Die Darstellung ist aus mehreren Berichten zusammengewachsen. Man spürt es vor allem daran: in der ältesten Schicht bestand das Wunder nur darin, daß ein natürlicher Vorgang genau im Augenblick höchster Not die Rettung brachte; in den späteren Darstellungen wurde das Wunder dann überhöht. Auch bei dieser Gefahr murren die Israeliten gegen Mose (14, 10–12) und Mose ist allein zwischen Volk und Gott.

Von der Befreiung (aus dem Zustand des Frondienstes) ist die Rettung (aus einer akuten Bedrohung) zu unterscheiden.

15 Das Mirjamlied ist das älteste uns erhaltene Lied in der Bibel:

Laßt uns singen dem Herrn!
Hoch hat er sich erhoben,
Roß und Wagen stürzte er ins Meer!

Dies war die unmittelbare Antwort, das jubelnde Aufatmen der Geretteten. Es ist in 15, 19–20 als Lied der Mirjam (Schwester Aarons) eingeleitet, das sie nach dem Ereignis anstimmte. Weil dies aber eine so entscheidende Stunde in der Geschichte Israels war, wurde das Lied später zu einem großen Geschichtspsalm erweitert (2–18), an dessen Anfang das Mirjamlied noch einmal gesetzt wurde (1). Im Alten Testament gehört die Antwort des Lobes so sehr zu den Erfahrungen der Taten Gottes hinzu, daß durch die Geschichtsbücher hindurch oft Psalmen in der gleichen Weise wie hier dem Bericht eingefügt wurden (Beispiele: Ri 5, ein Siegeslied; 1 Sam 2; 2 Sam 22; Jes 38).

Die Reaktion der Geretteten ist das Gotteslob; vgl. Gen 22, 14; Ex 18, 10; 1 Sam 25, 32 u. die Lobpsalmen; Lk 1, 68; Rö 7, 25; 11, 33–36.

16–18 Hier fängt ein neues Thema an: zur Rettung tritt die *Bewahrung.* Es ist aber nicht die Bewahrung durch das stetige Ernähren aus dem Boden und durch die Ordnung stetiger Institutionen, sondern die Bewahrung durch eine Kette von Wundern. Dabei geht es um die elementaren Nöte des Menschseins: Hunger, Durst, Verzweiflung.
1. Durst: 15, 22–27, Mara. Drei Tage wandern die Israeliten in der Wüste ohne Wasser, um dann auf „bitteres" Wasser zu stoßen! Wieder setzt das Murren ein, wieder schreit Mose zu Gott – und er hilft. Dazu gehört 17, 1–7, das Wasser aus dem Felsen (und Num 20, 1–13).

Das AT unterscheidet das Brot des Segens (von dem bes. das Dtn spricht) u. das Brot der Rettung (von dem Ex 16–18 spricht). Die Traditionen von der Wüstenwanderung wurden bewahrt, damit dieser Unterschied nicht vergessen werde.

Das Buch Exodus

1–11 Die Not		1. Bedrückung in Ägypten 2– 6: Mose (3: Verheißung) 7–11: Mose und Pharao (Wunder und Plagen in Ägypten)
12–14 Die Rettung		12–13: Passah und Aufbruch 13–14: Marsch durch die Wüste, Verfolgung und Errettung
	15 Loblied	15, 1 = 21: das Mirjamlied 2–18: zum Geschichtspsalm erweitert
16–18 Die Bewahrung		15, 22–27: Wassr (und 17, 1–7) 16: Wachteln und Manna 17: Sieg über die Amalekiter 18: Besuch Jethros. Einsetzung von Richtern
	19–23 Gesetz	19: Gotteserscheinung am Sinai 20: Dekalog 21–23: Bundesbuch
24 Der Bund		24: Bundesmahl und -opfer Die Tafeln. Die Herrlichkeit Gottes
	25–31 Gesetz	25–31: Anweisungen zur Herstellung des Heiligtums und der heiligen Geräte
	32–33 Bruch	32: das Gottesbild, seine Vernichtung. Fürbitte Moses 33: Befehl zum Aufbruch Zelt der Begegnung
34 Der neue Bund		34: Erneuerung der Gesetzestafeln. Der kultische Dekalog
	35–40 Gesetz	35–40: Ausführung der Anweisungen von 25–31

2. Hunger: Kapitel 16 berichtet von der Errettung aus Hungersnot in der Wüste Sin. Es zeigt, wie tief sie sich dem Volk eingeprägt hat; der ursprünglich einfache und kurze Bericht ist stark angewachsen und ist so wie wir ihn lesen, umrankt von Wundererzählungen, die schon mehr Auslegung des Ereignisses als einfache Darstellung sind. Das gleiche Motiv kehrt Num 11, 4–35 wieder und auch in den Speisungswundern Jesu.

3. Bedrohung von Feinden: 17, 8–16, die Amalekiterschlacht. Dies ist der erste Kampf, der von Israel berichtet wird. Daß Israel als Gottes Volk selbst seine Schlachten zu schlagen hat, reicht von hier bis zum Ende der Königszeit, bis zum Exil. Bei dieser ersten Schlacht ist entscheidend das Eintreten des Mose vor Gott für sein Volk: „Solange Mose seine Arme hochhielt, hatte Israel die Oberhand . . .“ In Vers 16 ist ein altes Kriegslied erhalten.

Zu diesem Kriegs- (Kampf-)-lied vgl. Nu 21, 14f.; Ri 11, 34 u. das Deboralied Ri 5.

4. Innere Schwierigkeiten: 18, der Besuch Jethros.

Eine besonders schöne, klare Erzählung, diese Begegnung zwischen Mose und Jethro, seinem Schwiegervater, einem midiantischen Priester. Sie hat ihr Ziel in dem Widerhall der großen Tat Gottes aus dem Mund eines Nichtisraeliten: „Gelobt sei der Herr, der euch aus der Gewalt der Ägypter errettet hat!" (18, 10; ähnlich die Königin von Saba 1 Kön 10, 9).

18, 13–27: auf den Rat Jethros setzt Mose Richter ein, die ihm helfen sollen, die Ordnung zu bewahren. Diese Erzählung zeigt, daß Israel in der Frühzeit auch von anderen Völkern gelernt und manches von ihnen übernommen hat.

Die Theophanie am Sinai begründet den Gottesdienst Israels; sie enthält die Elemente heiliger Ort, heilige Zeit, Mittler des Heiligen. Die Theophanie begründet den hlg. Ort, sie hat ihr Ziel in einem aus ihr ergehenden Wort Gottes.

19–24 Das Gesetz und der Bund. Entsprechend der Einleitung des ersten Gebotes: „Ich bin der Herr, dein Gott . . .", ist der ganze große Gesetzesteil des Pentateuch eingeleitet durch eine Theophanie (19), die dieses „Ich bin der Herr, dein Gott" darstellt. Gott erscheint vor seinem Volk in seiner Majestät, um ihm seinen Willen kundzutun. Diesen Sinn hat Kap. 19 als Einleitung des Gesetzesteiles. Dabei hat die Schilderung der Gottesbegegnung in Kap. 19 eine deutliche Beziehung auf den Gottesdienst (19, 10–15). Mose hat hier eine andere Mittlerfunktion als bisher: er tritt zwischen die Heiligkeit Gottes und das vor dieser zurückscheuende Volk; er ist der Mittler des Heiligen, der Gottes gebietende Weisung (tôrā) empfängt und weitergibt; auch dies eine dem Wesen nach gottesdienstliche Funktion.

Vgl. Dtn 5; Ex 34 u. Lev 19; der Vergleich zeigt, daß der Dekalog aus kleinen Gebotsreihen entstanden ist.

20–23 Dekalog und Bundesbuch, 20; 1–17: Ursprünglich gehört zur Sinaitheophanie *nur* der Dekalog (das Zehngebot). Er ist eine in sich abgeschlossene Gebotsreihe, die der ältesten Schicht der Gebote und Gesetze in Israel angehört. Er hat die Bedeutung eines Fundaments aller Gebote und Gesetze, die Funktion eines ‚Grundgesetzes' hier und ebenso in Dtn 5, wo er noch einmal, ganz wenig verändert, begegnet. Die Zuordnung zur Sinaitheophanie deutet darauf hin, daß er in früher Zeit seinen ‚Sitz im Leben' im Gottesdienst hatte, wie das auch die Form der direkten Anrede zeigt.

Diese älteste Gesetzsammlung zeigt den Übergang zur seßhaften Lebensweise.

21–23: Das Bundesbuch: Es ist in der frühen Zeit der Ansiedlung in Kanaan entstanden, jedenfalls noch vor der Königszeit. Die in sich geschlossene Sammlung, die deutlich erkennen läßt, wie die alten, rein israelitischen Gottesgebote (ganz in der Art des Zehngebots) in Kanaan mit Rechtssatzungen der Einheimischen verbunden und zu einem Ganzen vereint wurden (A. Alt: Apodiktisches und kasuistisches Recht). Inhaltlich zeigt das Bundesbuch schon den stark sozialen und humanen Zug, der dann im deuteronomischen Gesetz noch stärker heraustrat.

Zu dem Bundschluß Ex 24, 3–8 vgl. die prophetische Anklage des Bundesbruchs, z. B. Jer 11, 3; 31, 32. In Dtn 5, 2 wird an den Bundschluß Ex 24, 3–8 erinnert; Jer 31, 32–34 wird ein neuer Bund verheißen.

24 Der Bundesschluß. Er wird recht verschieden von den drei Zeugen berichtet: J hat einen sehr altertümlichen Bericht (1. 9–11) von einem Bundesmahl oben auf dem Berg in der Gegenwart Gottes (10), das Mose mit siebzig Ältesten hält. E stellt ausführlich eine Bundes-Opferfeier dar, bei der ein Teil des Blutes auf den Altar, ein Teil auf das Volk gesprengt wird (3–8); bei P erscheint Gottes Herrlichkeit in der Wolke auf dem Berg (15–18).

Verbindet den Pentateuch mit der Gerichtsprophetie: es enthält den Abfall des Volkes von Gottes Geboten, die Anklage und die Gerichtsankündigung.

32–34 Bundesbruch und Erneuerung der Gesetzestafeln. Hier beginnt, was nun die Geschichte Israels bestimmen wird: das Volk hält die im Bund geschlossene Treue nicht. Das Anfertigen eines Gottesbildes (32, 1–6) ist Vergehen gegen eines der Grundgebote. 32, 7–35 berichtet, was auf diesen Bundesbruch hin geschieht. Hierbei zeigt sich die für das AT so bezeichnende ‚Inkonsequenz' Gottes: Er ist zur Vernichtung des Volkes entschlossen, dann aber führt er sie doch nicht durch. Warum, das bleibt im Letzten unerklärt, aber wesentlich daran beteiligt ist das Eintreten des Mittlers für die Schuldigen. Diese Linie führt nach vielen Etappen schließlich zum Amt des Christus.

Wie in Ex 12 das Passah mit dem Auszug, so ist hier eine kultische Institution, das „Zelt der Begegnung", mit der Sinai-Offenbarung verbunden.

33: Andeutend ist ein Heiligtum aus der Zeit des Wanderns beschrieben: das ‚Zelt der Begegnung', in dem Gott dem Mose begegnet und durch ihn die Fragen beantwortet, die die Israeliten vor Gott bringen (7–11). Am Ende steht die seltsame und schwer deutbare Erzählung, wie Mose Gott bittet, sein Angesicht sehen zu dürfen (18–23).

34: Die Erneuerung der Gesetzestafeln. Kapitel 34 steht 19 sehr nahe; während auf die Sinaioffenbarung dort der Dekalog (20) folgt, steht an dessen Stelle in 34 der sogenannte ‚kultische Dekalog', der in den Grundgeboten dem von 20 nahe steht, dann aber gottesdienstliche Gebote enthält. 34, 29–35: das Antlitz Moses (P) behält einen Abglanz der Herrlichkeit Gottes, er muß beim Herabkommen eine Hülle vor dem Gesicht tragen (vgl. 2 Kor 3).
Die Erneuerung der Gesetzestafeln in 34 bedeutet nicht einen neuen Bund, sondern nur die Fortsetzung des in 24 geschlossenen Bundes *trotz* des Abfalles. Von einem *neuen* Bund redet das Alte Testament erst am Ende der hier beginnenden Epoche (Jer 31, 31–34); und diese Worte von einem neuen, anderen Bund weisen über das Alte Testament hinaus.

Das Priestergesetz

Gesetzescorpora im Pentateuch. Nach Kap. 24 und 34 setzt die große Einschaltung des Priestergesetzes ein, die von hier bis Num 10 reicht. Es ist wiederum in sich geschichtet; so enthält es in Lev 17–26 ein Gesetzescorpus, das einmal selbständig war und später dem großen Priestergesetz eingefügt wurde. Auch die Sammlungen der Opfergesetze Lev 1–7 und der Reinheitsgesetze 11–15 waren einmal selbständig.
Die Aufeinanderfolge der Gesetzescorpora im Pentateuch:

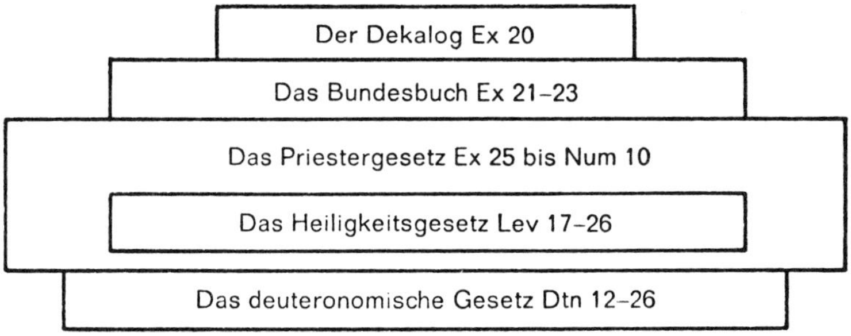

Zeitlich ist die Reihenfolge etwas anders:

I. Dekalog Ex 20 (dazu ähnliche Reihen)	: Frühzeit
II. Bundesbuch Ex 21–23	: Richterzeit
III. Deuteronomisches Gesetz Dtn 12–26	: 7. Jahrhundert (vor Josia)
IV. Heiligkeitsgesetz Lev 17–26	: 6. Jahrhundert
V. Priestergesetz Ex 25 bis Num 10	: 6.–5. Jahrhundert abgeschlossen

Die wichtigsten Berührungen: Der Dekalog ist noch einmal in Dtn 5 enthalten; einige seiner Gebote in Ex 34 (sogenannter kultischer Dekalog) und Lev 19. Das deuteronomische Gesetz ist in vielen Partien dem Bundesbuch ähnlich.

Beispiele der Hauptformen:

Gebot:	Gott sollst du nicht lästern (Ex 22, 28)
Satzung:	Wenn jemand seinen Sklaven oder seine Sklavin mit dem Stocke schlägt, so daß sie ihm unter der Hand sterben, so soll er bestraft werden (Ex 21, 20).

Satzung, paränetisch erweitert:	Wenn du auf dem Felde deine Ernte schneidest und eine Garbe auf dem Felde vergissest, so sollst du nicht umkehren, sie zu holen; dem Fremdling, der Waise, der Witwe soll sie gehören, auf daß der Herr dein Gott dich segne bei aller Arbeit deiner Hände (Dtn 24, 9).
Kultsatzung:	Wenn jemand einen Fehler begeht, indem er irgendeines von den Verboten des Herrn unwissentlich übertritt, ... so soll er einen fehllosen Widder aus der Herde nach deiner Schätzung als Schuldopfer zum Priester bringen, und der Priester erwirkt ihm Sühne für das unwissentliche Vergehen ... (Lev 5, 17f.)

Die wichtigsten Unterschiede: I, II und III haben es mit allen Gemeinschaftsformen des Volkes zu tun, IV und V fast nur mit der Kultgemeinde. I besteht nur aus Geboten, II aus Geboten und Gesetzen, III aus paränetisch erweiterten Geboten und Gesetzen, V aus Kultsatzungen, IV steht in der Mitte zwischen III und V.

Ex 25–31 und 35–40 I. Teil des Priestergesetzes

Der hier beginnende, bis Lev 16 reichende Abschnitt ist der ausführlichste u. wichtigste Text zum Kult (Gottesdienst) im AT.
Ein anderer Textkomplex zum Kult ist der Psalter. Sonst nur kleinere, verstreute Texte.
In der Geschichte des Gottesdienstes stellt Ex 25- Lev 16 ein spätes Stadium dar. In der Geschichte des Gottesdienstes im AT kann man vier Stadien unterscheiden:
1. Der Gottesdienst in der Väterzeit (Gen 12–50);
2. in der Zeit der Landnahme (Ri u. Jos);
3. zur Zeit des Königtums (Sam u. Kön);
4. in der (exilischen u.) nachexilischen Zeit (Priesterschrift u. Chr).

Die Bedeutung der Priester für das alte Israel war höher, als ihre ziemlich seltene Erwähnung erkennen läßt. Eine Geschichte des Priestertums läßt sich in einigen Zügen erkennen. Erst in der Spätzeit gab es eine Priesterhierarchie. Hebr 7–9: Christus als Hoherpriester.

25–31: Heiligtum, Priester, heilige Geräte
- 25: Lade, Tisch und Leuchter
- 26: Das heilige Zelt (die Stiftshütte)
- 27: Brandopferaltar und Vorhof
- 28f: Investitur der Priester (Aaron und seine Söhne)
- 29: Riten zur Priesterweihe
- 30–31, 11: Nachträge: Räucheraltar, Salböl u. a.
- 31, 12–17: Sabbat

35–40: Ausführung des in 25–31 Gebotenen
- 40, 34–48: Die Wolke läßt sich auf das hl. Zelt nieder

Kap. 25–31 ist als ein Auftrag Gottes an Mose formuliert in persönlicher Anrede; jedem dieser Aufträge entspricht in 35–40 der Bericht der Ausführung:

25, 1: Und der Herr sprach zu Mose: Sage den Israeliten, sie sollen eine Abgabe für mich erheben ...	35, 4: Und Mose sprach zu der ganzen Gemeinde Israel: Dies ist's, was der Herr geboten hat: Nehmt aus eurem Besitz eine Abgabe ...

Hier zeigt sich das Grundschema der Priesterschrift von der Schöpfungserzählung an: Alles Geschehende beruht darauf, daß Gott gebietet und das von ihm Gebotene ausgeführt wird. Mit dieser Formulierung „Und der Herr sprach zu Mose ..." ist nicht so etwas wie ein Diktat all dieser Anweisungen Gottes an Mose gemeint; die Form bringt zum Ausdruck, daß der von Israel geübte Gottesdienst bis in alle Einzelheiten auf Gottes Willen zurückgeht. Auch kann nicht gemeint sein, daß diese ausführlichen Einrichtungen alle schon in der Wüste Sinai entstanden; sie setzen vielmehr das seßhafte Leben voraus. Der Sinn ist der gleiche: die ganze Fülle der gottesdienstlichen Formen und Einrichtungen, wie sie im Lauf der Geschichte entstanden, werden so auf den Anfang, den Bund Gottes mit seinem Volk am Sinai, gegründet.

Das Buch Leviticus; *II. Teil des Priestergesetzes*

Lev 1–7 Opfergesetz

1: Anweisung für das Brandopfer
- 1– 2: Einleitung: Gottes Auftrag an Mose
- 3– 9: Anweisung für das Brandopfer eines Rindes
- 10–17: Brandopfer anderer Tiere: Schaf, Ziege, Taube

2: Anweisung für das Speiseopfer 3: Heilsopfer 4: Sündopfer 5: Schuldopfer
6–7: Nachträge

Lev 1–7 war einmal eine selbständige Sammlung von Opfervorschriften, die dann der Priesterschrift eingefügt wurde. Neben Bestimmungen für die Priester enthält die Sammlung Anweisungen für den Laien. Sie lassen eine geprägte Sprache erkennen, wurden daher lange mündlich überliefert und eingeprägt. Erst im spätesten Stadium haben die Opfer durchweg den Zweck bekommen, Sühne zu erwirken (z. B. 1, 4), früher standen die Opferarten in ganz verschiedenen Vorgängen. Der immer wiederkehrende Schlußsatz: „Ein Brandopfer ist es; ein Feueropfer des Beruhigungsgeruches für den Herrn" ist im Sinn einer Vergeistigung des Opfervorganges gemeint: nicht die Opfermaterie ist das Wesentliche (etwa im Sinn einer Speise für Gott), sondern die im Opfer geschehende Huldigung.

Die Opfergesetze (urspr. selbständig) beschreiben das Opfer in einer späten Phase; in früherer Zeit ist zwischen dem Opfermahl (Gemeinschaftsmahl) u. dem Brandopfer zu unterscheiden.

8–10 Weihe der Priester

8: Weihe Aarons und seiner Söhne
9: Die erste Opferdarbringung durch Aaron und seine Söhne
10: Frevel Nadabs und Abihus,
Vorschriften für die Priester.

Ex 40 Ende hat die Fertigstellung des Heiligtums berichtet. Daran schließt unmittelbar die Weihe der Priester 8–10 an; 1–7 wurde hier eingeschoben, weil vor dem ersten Opfer die Opferbestimmungen nötig schienen. Die Weihe Aarons (8) enthält eine erdrückende Fülle von Riten, die Handlung (9) fast sämtliche Opferarten. Der eigentlich Opfernde ist Aaron, die Söhne Aarons haben nur Hilfsdienste zu verrichten. Darin ist schon eine Gliederung in höheres und niederes Priesteramt vorausgenommen. Der Opfergottesdienst schließt mit dem Segen (9, 22). In dem Frevel und der Bestrafung Nadabs und Abihus spiegelt sich ein Kampf innerhalb der Priestergeschlechter, von dem wir sonst nichts wissen.

Dieses Kp schließt den Abschnitt von Ex 25 bis hierhin ab. Jetzt kann der erste Gottesdienst stattfinden. Die auf dem Sinai offenbarte Herrlichkeit (kābōd) Gottes (Ex 24, 15–28) ist im Gottesdienst gegenwärtig (Lev 9, 23b). Der Gottesdienst schließt mit dem Segen (V. 22.23a), der jetzt Privileg der Priester ist.

11–15 Reinigungsgesetze

Auch dies ist eine ursprünglich selbständige Sammlung, die der Priesterschrift eingefügt wurde. Die Reinheitsvorschriften hatten für den Alltag des Israeliten eine hohe Bedeutung, das zeigt sich bis ins Neue Testament, wo der Bruch mit diesen Gesetzen (Apg 10) entscheidende Bedeutung für die Loslösung der christlichen Gemeinden von der jüdischen bekommt.

11: Reine und unreine Tiere
12: Wöchnerinnen (zu 6–8 vgl. Luk 2, 24)
13–14: Aussatz am Menschen, an der Kleidung, am Haus
15: Unreinigkeit durch Ausflüsse

Die Grenze dieser Reinigungsgesetze zeigt sich vor allem darin, daß die Reinigung einer Wöchnerin genau so als Sühnehandlung verstanden wird (12, 7) wie ein Sühneopfer.

Den Reinigungsgesetzen liegen uralte vorisraelitische Riten zugrunde. Ihre Geltung ist im NT aufgehoben: Mt 15, 10–20 u. Apg 10.

16 Der große Versöhnungstag

Das Kapitel ist ein Anhang; der Versöhnungstag ist erst spät, nach Esra, eingeführt worden. Er gehört in denselben Zusammenhang wie das Einordnen ganz verschiedenartiger Opfer in das Sühneschaffen; in dieser späten Zeit wuchs das Bewußtsein, trotz aller Opfer vor Gott nicht bestehen zu können. Daher der Zweck des Versöhnungstages: „Von allen euren Sünden sollt ihr rein werden vor dem Herrn" (16, 30). In dieser Konzentration des ‚einmal – für alle' sieht der Hebräerbrief (9) den Hinweis auf den Opfertod Jesu Christi. – Das Hinausjagen eines Bockes für Asasel (8–10) ist ein sehr alter Ritus, der noch dem Animismus angehört; der ursprüngliche Sinn ist, daß einem bösen Wüstendämon ein Opfer gebracht wird. Im Zusammenhang des Versöhnungstages ist daraus eine Zeichenhandlung geworden, die das Hinausschaffen der Sünde des Volkes darstellt.

Vgl. Hebr. 2, 17; 9, 13.

17–26 Das Heiligkeitsgesetz

17. 3– 9: Jede Schlachtung muß am heiligen Ort geschehen
10–16: Verbot des Blutgenusses

Das Gebot der Nächstenliebe ist im NT übernommen: Mt 5, 43.

„Heilig" als Leitwort (Lev 19, 2); Heiligkeit Gottes, insbesondere im Zusammenhang des Gottesdienstes: Gott wird als der Heilige verehrt, Jes 6, 3 u. viele Psalmen (z. B. 22, 4). Werden Menschen als heilig bezeichnet („ihr sollt heilig sein"), so ist ihre Bezogenheit auf Gott gemeint, ebenso in den Briefen des NT (z. B. 1 Kor 1, 2).

18:		Ehegesetze
19f.:		Gebote und Gesetze verschiedener Art
		2: Eingang: Ihr sollt heilig sein, denn ich bin heilig, der Herr, euer Gott
	3– 4:	Gebote, dem 1.–4. Gebot des Dekalogs entsprechend
	5– 8:	Vorschrift zum Heilsopfer
	9–18:	Gemeinschaftsgebote
		18: Du sollst deinen Nächsten lieben wie dich selbst!
	19–37:	Verschiedene Gebote (vgl. Ex 34)
		32: Vor einem grauen Haupt sollst du aufstehen . . .
20,	1– 8:	Abgötterei
	10–21:	Verbotener Geschlechtsverkehr
	22–26:	Mahnung (26 = 19, 2)
21–22:		Priester und Opfer
23:		Festgesetze
	1–3:	Sabbat; 4–8 Passah; 9–44 Erntefeste
24:		Leuchter und Schaubrote, 10–23: Einzelgesetze (und 26, 1–2)
25:		Sabbatjahr und Halljahr
26,	3–13:	Bedingte Heils- und (14–39) Unheilsankündigung
		40–45: Schließliches Erbarmen Gottes

Das Heiligkeitsgesetz ist so benannt nach der Mahnung im Eingang von Kapitel 19, die noch mehrfach wiederkehrt: 20, 7. 26; 21, 6. 8; vgl. 22, 31–33. Es ist ähnlich wie das Bundesbuch (Ex 21–23) eine Gesetzessammlung, die für sich bestand, bevor sie der Priesterschrift eingefügt wurde. Es hat zwei Teile: Gebote und Satzungen für die Gemeinschaft 19–20, dazu 18; für Gottesdienst und Kirchenjahr 21–25, dazu 17. Es ist aus vielen einzelnen Teilen allmählich entstanden. Mit dem Priestergesetz hat es gemeinsam, daß es als Gottesrede gefaßt ist, mit dem Deuteronomium, daß die Gebote zum Teil in paränetischem Rahmen stehen (z. B. 18, 2–5: allgemeine Mahnung zum Halten der Gebote; 6–23: Ehegebote; 24–30: Einschärfung des Gebotenen). Eine solche Schlußparänese findet sich auch in 20, 22–24. Besonders erinnert an das Deuteronomium das Schlußkapitel 26: Segen und Fluch, die zu bedingter Heils- und Unheilsankündigung abgewandelt sind. Zeitlich gehört das Heiligkeitsgesetz zwischen das Deuteronomium und die Priesterschrift.

Nachträge in Numeri; *III. Teil des Priestergesetzes*

Den Vollzug des Segens im Gottesdienst zeigen viele Ps: 24, 5; 28, 9; 29, 11; 67, 2; 118, 26; 129, 8.

Die Wolkensäule ist gemeint als Zeichen der Führung des Volkes auf dem Weg durch die Wüste. „Gebot" ist hier als Weisung verstanden, die für das wandernde Gottesvolk lebenswichtig ist.

Lev.	27:	Vorschriften für Gelübde und Zehnten
Num.	1–2:	Zählung und Lagerordnung der Stämme
	3–4:	Musterung der Priester- und Levitengeschlechter
	5–6:	Verfahren in besonderen Fällen
	6, 22–27:	Der priesterliche Segen
	7:	Opfergaben der Stammesfürsten
	8:	Weihe und Dienst der Leviten
	9, 1–14:	Nachtrag zum Passsahgesetz
	15–23:	die Wolkensäule
	10, 1–10:	Zwei silberne Signaltrompeten

In der Mitte dieses dritten Teiles stehen Num 1–4, eine Bestandsaufnahme des ganzen Volkes, wobei jetzt im Unterschied zu den Geschlechtsregistern am Anfang die große Scheidung zwischen dem Volk (1–2) und den Priestern (3–4) eingetreten ist; die Priester wiederum sind in eigentliche Priester und Leviten gegliedert. Damit bekommen nun auch die Leviten (erst im Nachtrag) eine eigene Weihe und eine eigene Dienstordnung (8). Zu den Listen gehört auch noch das Verzeichnis der Spenden der Stammesfürsten bei der Einweihung des Altars (7).

Dazu sind einige Bestimmungen für besondere Fälle nachgetragen; dabei ein typisches Ordal (Gottesgericht) beim Verdacht des Ehebruches in Kap. 5. – Die beiden Schlußabschnitte von der Wolkensäule und den Signaltrompeten (9, 15–10, 10) leiten schon über zum Aufbruch vom Sinai. Den Schluß des Ganzen bildete der priesterliche Segen (was noch folgt, ist nachträglich angefügt) Num. 6, 22–27. Von diesem sogenannten Mosesegen: „Der Herr segne dich und behüte dich . . ." ist zurückzuweisen auf den Segen in der Urgeschichte und in den Vätergeschichten (Gen 1; Gen 12, 1–3; 27; 49) und vorauszuweisen auf den Segen in den Psalmen (besonders 67 und 121) und die Briefschlüsse im Neuen Testament. Der Segen zieht sich durch die ganze Bibel Alten und Neuen Testaments.
Zum dritten Teil des Priestergesetzes gehören außerdem weitere Nachträge innerhalb von Num. 10–36:

Num. 15: Bestimmungen zum Speis- und Trankopfer, zu Erstlingsgaben, Quasten an der Kleidung
32–36: Steinigung eines Sabbatschänders
19: Reinigung mit der Asche einer roten Kuh
25, 6–13: Begründung des Priesterrechts für Pinehas
27: Die Einrichtung der Erbtöchter
28–29: Weitere Bestimmungen für Opfer und Feste
30: Gültigkeit von Gelübden
31: Midianiterfeldzug mit Anweisungen über die Beute
33–34: Verzeichnis der Stationen der Wüstenwanderung
Anweisungen für die Besetzung Kanaans
35: Einrichtung von Levitenstädten und Freistädten
36: Nachtrag zu den Bestimmungen für Erbtöchter

An diesen Nachträgen zum Priestergesetz, die noch auf Num 10 (Aufbruch vom Sinai) folgen, wird es offenkundig, daß die Fülle der Bestimmungen des Priestergesetzes in einem langen Werdeprozeß entstanden sind. Nur so ist es zu erklären, daß nach dem Abschluß des Priestergesetzes in Num 6 noch so viel nachgetragen wurde, was an seinem jetzigen Ort mitten im Bericht vom zweiten Teil der Wüstenwanderung und dann anschließend an den Bericht von der Eroberung des Ostjordanlandes weit entfernt ist von dem Vorgang der Gesetzgebung am Sinai. Bezeichnend sind für diese späten Nachträge zum Gesetz die Begründungen einer Bestimmung durch die Erzählung eines Falles, der zu dieser Bestimmung führte (15, 32–36 und 25, 6–13; vgl. Lev 24, 10–16). Auf einen alten Ritus weist das Gewinnen eines kultischen Reinigungsmittels aus der Asche einer roten Kuh (Kap. 19); der dahinterstehende Ritus erinnert an den des Versöhnungstages. Diese Reinigungsart ist in Hebr 9 aufgenommen als Gegenbild zu der durch das Opfer Christi möglichen Reinigung.

Num 10–20 Der Weg durch die Wüste

Der Abschnitt Num 10–20 schließt unmittelbar an Ex 6–18, die Bewahrung (der Rettung folgend), an (vgl. Ex 19, 1 mit Num 10, 11). Beide Abschnitte beschreiben den Weg durch die Wüste und enthalten weithin die gleichen Motive; wir folgen der dortigen Aufzählung der Motive:

Einleitung: *10, 11–36: Aufbruch vom Sinai*

Die kurze Notiz vom Aufbruch (entsprechend Ex 16, 1) ist erweitert durch eine Liste der Marschordnung (10, 13–28) und eine Bemerkung zur Wegweisung durch den Schwiegervater des Mose, der hier nicht Jethro, sondern Chobab heißt (29–32) und durch die Lade; hierbei die Ladesprüche (33–36), die zu den ältesten Überlieferungen Israels gehören.

20, 2–13 1. Durst: Die Geschichte ist Ex 17, 1–7 parallel; auch sie ist bestimmt vom Murren des Volkes und dem Wunder, das Gott durch den Mittler wirkt.

11 2. Hunger:* Auch diese Geschichte entspricht den Speisungswundern Ex 16; auch hier ist ein kurzer Bericht breit ausgeführt. Wichtig ist vor allem die ausführliche Klage des Mose, der unter der Last seines Führungsamtes zu Gott schreit.

Das Motiv des Murrens bei der Wüstenwanderung (Ex 15, 24; 16, 2; 17, 3; Nu 14, 2.27; 16, 7; 20, 2f. 13) soll zeigen, daß ein Klagen oder

Aufbegehren unter äußerster Belastung nicht nur menschlich, sondern auch vor Gott möglich ist. Die Antwort Gottes darauf ist meist ein Helfen, nur in wenigen Fällen ein Strafen.

3. Innere Schwierigkeiten. Gegenüber Ex 16–18 treten in Num 10–20 die inneren Schwierigkeiten häufiger und schroffer heraus.

11 Einsetzen von Ältesten,* entsprechend Ex 18.
Der Bericht ist verwoben mit dem Speisungswunder: Auf die Klage des Mose angesichts des hungrigen, sich empörenden Volkes ist Gottes Antwort a) das Speisungswunder, b) die Geistbegabung von 70 Ältesten, die Mose die Last des Volkes tragen helfen sollen. Eigenartig ist dabei, daß diese Geistbegabung nach Art des Prophetengeistes, etwa bei Elia und Elisa, geschildert wird.

Auflehnung gegen die Führung durch Mose gehört zu dem Menschlichen, das auch im wandernden Gottesvolk nicht fehlt. Es kehrt in jeder Epoche auf verschiedene Weise wieder. Es fehlt auch in der frühen Christenheit nicht, wie es die Apg u. die Briefe der Apostel zeigen.

12 Auflehnung Mirjams und Aarons
Die Erzählung beruht auf für uns im einzelnen nicht mehr erkennbaren Rivalitäten um die prophetische oder priesterliche Führung des Volkes; wieder wird die Entscheidung von Gott erwartet und gegeben. Nach der Strafe ist Mose der Fürbitter.

13–14 Die Kundschafter. Hier beginnt ein ganz neuer Abschnitt: der Übergang ins Kulturland. Die Erzählung von den Kundschaftern zeigt, daß auch dabei das Volk Kleinglauben und Schwanken zeigt; die Strafe ist ein langer Aufschub des Eintreffens der Verheißung.

16–17 Empörung Korachs, Dathans und Abirams. Zwei Berichte zweier verschiedener Aufstände sind hier verschmolzen. Die älteren Quellen (JE) berichten einen Aufstand der Rubeniten Dathan und Abiram gegen Mose; es geht dabei um ein höhnendes Bestreiten der Landverheißung. Bei der Empörung der „Rotte Korach" dagegen geht es um den Anspruch der Priesterwürde, die sie Mose und Aaron nicht allein zuerkennen, sondern auch für sich haben wollen. Hier redet P, dem die Erzählung als Begründung für eine Ordnung des Priester- und Levitenamtes (18) dient.
Der Nachdruck liegt in diesem zweiten Teil der Wüstenwanderung auf den inneren Schwierigkeiten: die Darstellung zeigt, wie mit dem Nahen der Erfüllung neue Gefährdungen des Gottesvolkes aus ihm selbst erwachsen; um die Ordnung und um die Leitung des Gottesvolkes wird es im nächsten großen Abschnitt in der Geschichte, der Zeit der Seßhaftigkeit, wesentlich gehen.
Daneben aber tritt das vierte Thema aus Ex 16–18, die Gefährdung von außen, zunächst in den Vordergrund im letzten Teil des Buches Numeri, der dann unmittelbar übergeht in die Bücher Josua und Richter.

Num 20–36 Eroberung des Ostjordanlandes
20, 14–21: Die Endomiter verweigern den friedlichen Durchzug
22–29: Tod Aarons (P)
21, 1– 3: Sieg über die Kanaanäer bei Chorma
4– 9: Die eherne Schlange
10–20: Stationenverzeichnis; 17–18: Brunnenlied
21–31: Amoriter verweigern den Durchzug; Sieg über die Amoriter
33–35: Sieg über Og von Basan
22, 1: Ankunft gegenüber von Jericho
22–24: Bileam (Überwindung Moabs)
22, 2–23,6: Auftrag des Moabiterkönigs an den Seher Bileam
23, 7–10: 1. Spruch Bileams: Wer zählt die Myriaden Israels?
11–17: Wiederholung des Auftrags
18–24: 2. Spruch Bileams: Zu segnen bin ich beauftragt!
25–30: Dritter Versuch Balaks
24, 1– 9: 3. Spruch Bileams: Wer dich segnet, sei gesegnet!
10–14: Balak schickt Bileam fort

15–18: 4. Spruch Bileams: Es geht auf ein Stern aus Jakob
20–25: Nachträge und Schluß
25, 1– 5: Israel hängt sich an den Baal-Peōr
6–15: Pinehas tötet einen Israeliten mit einer Midianiterin (P)
31: Sieg über die Midianiter (P)
32: Ruben, Gad und halb Manasse erhalten Wohnsitze in Ostjordanland. Sie versprechen, sich an der Eroberung des Westjordanlandes zu beteiligen

Läßt man in Num 20–36 die Gesetzesteile beiseite, nimmt man außerdem die Bileam-Perikope 22–24 für sich, so bleiben für den eigentlichen Bericht von der Eroberung des Ostjordanlandes nur etwa zwei Kapitel (Ende 20, 21, 31), dazu ein Kapitel, das die Inbesitznahme des Ostjordanlandes durch die zweieinhalb Oststämme darstellt. Schon damit wird es klar, daß uns nur wenige fragmentarische Einzelheiten überliefert sind, nicht aber eine zusammenhängende Darstellung der Eroberung des Ostjordanlandes. Fragt man nach der ‚Mitte' dieses Abschnittes, so können es nur die beiden ganz ähnlichen Erzählungen sein, in denen ein Kampf mit den Edomitern (20, 14–21) und mit den Amoritern (21, 21–31) notwendig wird, weil diese den friedlichen Durchzug Israels verweigern. Hier hebt also die Darstellung hervor, daß bei der Einnahme des Ostjordanlandes jedenfalls die wichtigsten Kämpfe *nicht* Eroberungsfeldzüge waren, die Israeliten vielmehr einen friedlichen Durchzug wollten, bis sie in die Gebiete kämen, die ihnen verheißen waren.
Die Erzählung von der ehernen Schlange (21, 4–9) ist die letzte Gestaltung des Motivs vom Murren des Volkes unter der Not der Wüstenzeit. Anders als bei den bisherigen Geschichten dieses Motivs ist hier, daß Gott nicht einfach die Schlangenplage aufhebt, sondern ein Zeichen errichten läßt, das nur denen, die zu ihm blicken, Rettung bringt. Hier ist zum erstenmal das Glauben mit der Rettungstat Gottes verbunden.

22–24 Bileam. Die Bileam-Geschichte ist eine in sich geschlossene Perikope, die einmal für sich überliefert wurde. Es ist der einzige größere Zusammenhang im Alten Testament, in dem uns ausführlich das Sehertum begegnet, das später im Prophetentum aufging. Das Ganze ist durchzogen von der jubelnden, dankbaren Freude an dem Segen, den Gott seinem Volk inmitten der Übermacht anderer Völker zugewandt hat. Der eigentlich ungeschichtliche Segensbegriff wird hier (ähnlich wie in Gen 12, 1–3) der Geschichte Gottes mit seinem Volk eingefügt: der nichtisraelitische Seher Bileam, der bestellt ist, im Auftrag des Moabiterkönigs Israel durch Fluchsprüche zu schwächen, muß dieses Volk segnen, weil Jahwe, der Gott dieses Volkes es so will und er allein Herr des Segens und des Fluches ist. Den Empfang dieses Spruches schildern die Eingangsverse:

In der Segensschilderung (oder Heilsschilderung) des Sehers Bileam liegt eine von der Heilsankündigung unterschiedene Form vor: sie schildert einen Zustand. Im AT sehr früh (hier u. in den Stammessprüchen wie z. B. Gen 49, 10–12, Judaspruch) und sehr spät in der späteren Prophetie (z. B. Jes 11) und der Apokalyptik (Jes 65, 17–26).

So spricht Bileam, der Sohn Beors,
so spricht der Mann erschlossenen Auges,
so spricht, der göttliche Reden vernimmt,
der Gesichte des Allmächtigen schaut,
hingesunken und enthüllten Auges . . . (24, 3–4. 15–16)

Und in den Sprüchen zeigt sich, wie aus dem Segen die Verheißung erwächst: der Seher schaut die noch verborgene Entfaltung des Segens, der über eine Gemeinschaft gesprochen ist. Im Seherspruch liegt eine der Quellen der Heilsverheißung. Die Verbindung von Segen und Verheißung findet sich ähnlich im Jakob- und Mosesegen (Gen 49 und Dtn 33).

Das Deuteronomium

Das ganze Buch Dtn ist als eine Rede, die Mose beim Abschluß der Wüstenwanderung vor dem Jordanübergang in der Steppe Moabs gehalten hat (1, 1–5), stilisiert. Von den meisten Forschern wird es mit dem Gesetzbuch in Verbindung gebracht, das der Reform Josias (621) zugrundelag (2 Kön 22), seine Entstehung in den Jahrzehnten davor angenommen. Seine Mitte bildet das deuteronomische Gesetz (Dt) Kap. 12–26; davor zwei große Einleitungsreden 1–4 und 5–11; danach Schlußreden 27–30 und Schluß des Pentateuch 31–34. Gegenüber den anderen Gesetzescorpora ist das Dtn durch und durch mit Paränese verwoben, einmal durch Rahmenstücke, dann auch innerhalb der Gesetze selbst. Für diese Paränese ist der wichtigste Zug die Begründung des Gesetzes durch die Geschichtserinnerung; die Mahnung zum Halten der Gebote ruht auf dem Verkündigen der großen Taten Gottes. So wie die Vergangenheit bestimmt ist von Gottes Heilstaten an seinem Volk, so die Zukunft vom Segen Gottes und – falls das Volk den Gehorsam verläßt – vom Fluch. Segen ist im Deuteronomium ein zentraler theologischer Begriff.

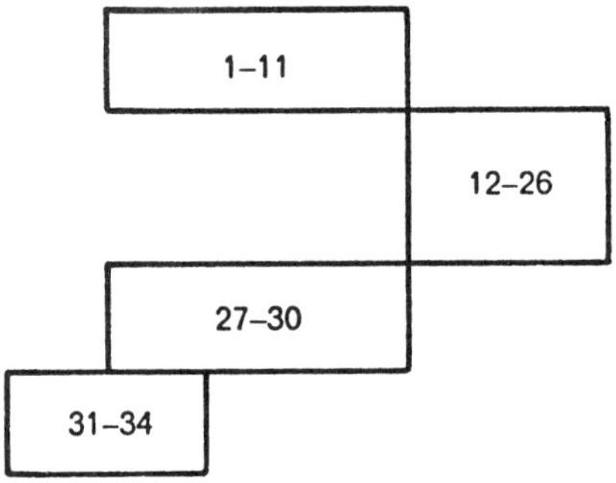

1–11: Einleitungsreden

12–26: Das deuteronomische Gesetz

27–30: Schlußreden

31–34: Abschluß des Pentateuch

Der Aufbau zeigt, wie im AT Geschichte u. Gottes Wort zusammengehören: Gottes Gebot (Dtn 5 f.) ist eingefaßt von der Geschichte (Dtn 1–3; 7–10). Dabei wird das Gebot als unmittelbares Gotteswort (Dtn 5) vom Gesetz (Dtn 12–26) unterschieden.

1–11 Die Einleitungsreden. In ihrer Mitte steht Kap. 6, Grundbekenntnis und Grundgebot (4–5), verbunden mit der Entfaltung des Grundgebotes (= 1. Gebot) im Dekaolg (5). Dieser Mitte gehen voraus und folgen die Vergegenwärtigung der näheren (1–3) und der ferneren (7–10) Geschichte des Volkes vom Auszug aus Ägypten an bis in die Stunde vor dem Jordanübergang.

1– 3: Rückblick vom Horeb bis zur Eroberung des Ostjordanlandes
- 1: Vom Horeb bis Kadesh (entsprechend Num 10–20)
- 2, 1–25: Wanderung durch die Gebiete der ostjordanischen Völker (entsprechend Num 21)
- 2, 26– 3, 20: Eroberung und Besiedlung des Ostjordanlandes (entsprechend Num 21; 32–35)
- 3, 21–29: Josua zum Nachfolger Moses bestimmt

4: Einleitung des Gesetzes
- 15–25: Warnung vor Bilderdienst und Gestirndienst
- 25–31: Ankündigung des Exils und der Umkehr
- 32–40: Lob Gottes, der Israel erwählt hat

Der Text ist charakteristisch für das Erwählungsbewußtsein Israels.

5: Der Dekalog
- 4, 44–49 und 5, 1–5: Einleitungssätze
- 5, 6–21: Der Dekalog
- 22–23: Mittlerschaft des Mose

Vgl. Ex 20 (u. dort genannte Texte).

6: Bekenntis und Gebot

4– 5: Der *eine Gott* und der *ganze* Gehorsam
6–19: Einschärfung des Gebots (10–11: Das Geschenk des Landes)
20–25: Das geschichtliche Credo als Antwort auf die Frage der Kinder

7–10: Vorblick auf die Eroberung des Westjordanlandes
7, 1–11: Bannbefehl
16–26: Fürchte dich nicht! Verheißung des Landes
18–19: Erinnerung an die Errettung aus Ägypten (entsprechend Ex 1–15)

8–10: Mahnung und Warnung
8: Im Blick auf Gottes Erhalten (entsprechend Ex 16–18)
9–10: Im Blick auf Israels Halsstarrigkeit (entsprechend Ex 32–34)

11: Mahnungen und Warnungen allgemeiner Art

Bekenntnis zum Einssein Gottes, nach den hebräischen Anfangsworten genannt „Šemaʿ jisrael" noch heute in den Gottesdiensten der jüdischen Gemeinde. Zur Einzigkeit Gottes vgl. außer dem 1. Gebot Jes 43, 10–11.
Vgl. das „geschichtliche Credo" mit dem „theologischen Credo" Dtn 6, 4–5! Weitere Texte Dtn 26, 5–9; Jes 24, 2b–13; Ps 136.

In der Mitte des Ganzen steht das Bekenntnis zu dem *einen* Gott, der als der *eine* den *ganzen* Gehorsam fordert (6, 4–5):

> Höre, Israel! Jahwe, unser Gott, Jahwe ist einer!
> Und du sollst Jahwe deinen Gott lieben von ganzem Herzen,
> von ganzer Seele und mit aller deiner Kraft!

Darauf folgt eine Einschärfung dieses Grundgebotes, das das ganze Leben der Israeliten bestimmen soll (6–9); nie sollen sie vergessen, daß alles, was ihnen eigen, von Gottes Güte gegeben ist (10–13). Am Ende des Kapitels wird das Bekenntnis zu dem *einen* Gott entfaltet in einem geschichtlichen Credo (von Rad), das Gottes Heilstaten an Israel in seiner Geschichte zusammenfaßt (20–25); es ist das Grundelement der Tradition in Israel; von den Eltern soll es den Kindern auf deren Frage weitergereicht werden.
Die in 1–3 zurück, in 7–10 vorblickende Rede des Mose im Tal gegenüber Baal-Peōr umfaßt dann das gesamte Geschehen von der Bedrückung in Ägypten an bis zur Eroberung des Ostjordanlandes, von jenem Punkt in der Mitte her, aus der von Gott geschenkten Stunde eines Neuanfanges, deshalb gleichzeitig erinnernd und mahnend, die Geschichte *vor* dem Aufbruch vom Horeb mit dem Vorblick, die Ereignisse *danach* mit dem Rückblick verbindend. Bedenkt man dabei, daß dem Kreis, in dem das Deuteronomium entstand, nur die alten Quellen, P aber noch nicht vorlag, deckt sich die Zusammenfassung Dtn 1–3; 7–10 im Überblick mit Exodus-Numeri:

Zur Verbindung des Deuteronomiums (Dtn) mit dem deuteronomistischen Geschichtswerk (Dtr) M. Noth, Überlieferungsgeschichtliche Studien, 1943; ³1973.

Dtn 1:	Num 10–20	Dtn 7:	(Ex 1–15)
2:	21	8:	Ex 16–18
3:	21; 32–35	9–10, 11:	Ex 32–34

Nach der These M. Noths sind in Dtn 1–11 die Einleitungen des großen deuteronomistischen Geschichtswerkes und die Einleitung des deuteronomischen Gesetzes miteinander verwoben. Für die erstere hält er Kapitel 1–3. Da aber 7–10 nahe mit 1–3 zusammengehören, können 1–3; 7–10 Einleitung des Geschichtswerkes sein. Deutlich heben sich davon das 4. und das 11. Kapitel je als spätere Hinzufügungen ab, beide wahrscheinlich im Exil hinzugekommen. Kapitel 4 ist eine in sich geschlossene, großartige Darstellung der geschichtlichen Erwählung Israels, in der Mitte die Warnung vor Gestirn- und Bilderdienst. Es erinnert in manchem an Deuterojesaja. Kapitel 11 enthält eine Fülle von Mahnungen und Warnungen allgemeiner Art.
Die ursprüngliche Einleitung des deuteronomischen Gesetzes ist dann Kap. 6, das das Bekenntnis zu dem einen Gott (entfaltet in 12 und 13) und das erste Gebot als Fundament aller anderen in die Mitte rückt. Diese Einleitung wurde in Kap. 5 mit dem Dekalog verbunden, um so deutlich zu machen, daß das deuteronomische Gesetz sich auf dem Grunde des altüberlieferten Zehngebotes versteht.

12–26 Das deuteronomische Gesetz. Am Anfang und am Ende des deuteronomischen Gesetzes stehen längere Abschnitte, an denen die besondere Absicht dieses Gesetzes deutlich wird:

Die Zentralisationsforderung ist unmittelbare Auswirkung des Bekenntnisses zur Einzigkeit Gottes (Dtn 6, 4–5).

12: Das Zentralisationsgesetz: Der Ort, den der Herr erwählt.
2–12: Gott erwählt *einen* Ort für alle Opfergottesdienste
13–27: Die dadurch begründete Unterscheidung von Opfer und Schlachtung

Mit dieser Zentralisationsforderung hängen zusammen die Bestimmungen über Zehnten 14, 22–29, Erstlinge 15, 19–23, Feste 16, 1–17.

12, 29–13, 18: Verleitung zu anderen Göttern
26, 1–11: Darbringung von Erstlingen, ein Bekenntnis enthaltend
12–15: Darbringung des Zehnten, ein Gebet enthaltend

Die Kapitel 14–25 enthalten eine Fülle ganz verschiedener Gebote und Gesetze; bezeichnend für das deuteronomische Gesetz ist die häufige Verbindung mit Paränese und Geschichtserinnerung. Folgende wichtige Gruppen:

Der auffällig betonte soziale Zug in den Gottesvolk-Geboten entspricht der sozialen Anklage bei den Propheten; hier wie dort das Eintreten für die Schwachen u. Benachteiligten.

1. Die Gottesvolk-Gebote tragen einen auffallend humanen und sozialen Zug und gehen darin über das bloß Rechtliche hinaus:
   15, 1–18: Die Armen und die Sklaven
   22, 1–12: Gebote der Bewahrung
   24, 6–22: Gebote für die Bedürftigen (und 25, 1–3)

Zu den Königsgesetzen, die eigentlich nur die Macht des Königs eingrenzen, vgl. die königskritische Haltung des Dtr u. einiger Prophetenworte.

2. Standesgesetze
   16, 18–20; 17, 8–13: Der Richter
   17, 14–20: Der König
   18, 1– 8: Der Priester
   18, 14–22: Der Prophet
3. Kriegsgesetze: 20, 1–20; 21, 10–14; 23, 9–14
4. Speiseverbote: 14, 3–21
5. Verbote der Vermischung: 22, 5–11
6. Sexuelle Verbote: 22, 13–29; 24, 1–4; 25, 5–12
7. Verbote für Versammlung: 23, 1–8 und Heerlager 23, 9–14

Das deuteronomische Gesetz ist das letzte, das noch das ganze Volksleben umfaßt; vom Heiligkeitsgesetz an (vgl. S. 59) beschränkt sich das Gesetz auf die gottesdienstliche Gemeinde. Wichtig ist an ihm vor allem die Verbindung aller Lebensgebiete mit dem Grundgebot des ungeteilten Gottesgehorsams; ebenso das leidenschaftliche Bemühen um soziale Gerechtigkeit.

27–30 Schlußreden

27, 1–13: Anweisungen beim Betreten des Landes
1–8: Errichten eines Altars bzw. zweier Steine mit den Gesetzen
11–13: Segen und Fluch von Ebal und Garizim
27, 14–26: Fluchtafel (das Volk antwortet Amen)
28: Segen und Fluch
29–30, 10: der Moab-Bund (ein Nachtrag im Exil)
30, 11–20: Der Abschluß des deuteronomischen Gesetzes
11–14: Die Nähe des Gesetzes
15–20: die Entscheidung: So wähle denn das Leben!

Segen u. Fluch sind für das nun beginnende seßhafte Leben des Volkes Israel bestimmend. Der Segen Gottes ist jetzt bedingt; er ist an die Gehorsamsforderung gebunden.

Der ursprüngliche Abschluß des deuteronomischen Gesetzes ist wahrscheinlich nur 30, 11–20, ein für das Verständnis des Gesetzes im Alten Testament besonders wichtiges

Wort, weil es zeigt, wie sehr das Gesetz als ein reines Gnadenangebot Gottes verstanden werden konnte (G. v. Rad, AT-Theologie, Bd. I, S. 197).
Eindeutig wird hier das Gesetz als erfüllbar und dem Vermögen des Menschen nahe und faßbar bezeichnet; wer es wählt, der wählt das Leben.

Für die Beurteilung des Gesetzes im AT besonders bezeichnend: Das Gesetz ist Gabe zum Leben u. ist erfüllbar, Vgl. Ps 119.

Der andere, ebenfalls ursprünglich zum deuteronomischen Gesetz hinzugehörende Abschnitt der Schlußstücke ist Kap. 28 (Segen und Fluch); die darin vollzogene Besiegelung des Gesetzes gehört seit alters zum Erlaß eines Gesetzes hinzu. Jedoch ist Kap. 28 eine stark erweiterte Abwandlung; an die Stelle der einfachen Segens- und Fluchformeln ist eine bedingte Heils- (1–14) und Unheilsankündigung (15–66) getreten. Letzteres ist eines der erschütterndsten Dokumente im Alten Testament; es ist ungeheuerlich, was hier an Unheilsdrohungen zusammengetragen ist. Dahinter steht der tiefe Glaube an Gottes richtende Heiligkeit.
Ganz locker angefügt ist die Fluchtafel 27, 14–26, eine alte apodiktische Reihe aus der Frühzeit Israels, mit dem Dekalog und ähnlichen Reihen zusammengehörend; sie zeigt, daß diese alten Gebotsreihen ihren Ort im Gottesdienst haben, die Gemeinde muß zu jedem der Worte das Amen sprechen.

Die Fluchtafel stellt eine Reihe von Vergehen unter den bedingten Fluch; das gottesdienstliche Amen als Bestätigung der Gemeinde hier belegt.

Eine dritte Formulierung des Besiegelns in Fluch und Segen enthält die Anweisung 27, 11–13, Fluch und Segen von den Bergen Ebal und Garizim aus auf das Land zu legen; sicher steht dahinter ein alter Ritus, der aber nur noch blaß durchscheint. Zwei Anweisungen für das Betreten des Landes wurden vorgefügt (27, 1–8). Eine spätere Darstellung der Bundeserneuerung ist die des sogenannten Moab-Bundes (nach der Überschrift 29, 1) 29–30, 10, in der die meisten Bestandteile wenig abgewandelte Wiederholungen aus Einleitungs- und Schlußreden des Deuteronomiums sind.

So eng sind Segen u. Fluch mit dem Leben Israels im verheißenen Land verbunden, daß sie beim Betreten auf das Land gelegt werden.

31–34 Abschluß des Pentateuch

Diese Kp gehören eigentlich als Abschluß von Exodus bis Numeri an das Ende des Buches Numeri. Das Dtn wurde nachträglich eingefügt.

31, 1– 8: Bestellung des Josua (dazu 31, 14. 15. 23)
9–13: Die Tradition des Gesetzes (dazu 24–27; 32, 45–47)
31, 16–22 und 28–30: Einleitung des Liedes
32, 1–43: Das Lied Moses, ein Geschichtspsalm
33: Der Segen Moses (Stammessprüche, vgl. Gen 49)
32, 48–52 und 34: Moses Tod

Der Schritt von der mündlichen zur schriftlichen Tradition: In einem früheren Stadium Gebote in direkter Anrede im Gottesdienst, später Vorlesen des Gesetzbuches.

In diesen Schlußstücken wird der Pentateuch abgeschlossen mit der Einsetzung Josuas zum Nachfolger und dem Bericht vom Tod des Mose. Aber diese beiden Schlußberichte sind stark überarbeitet und erweitert. Die Bestellung des Josua beginnt 31, 1–8, wird in 14–15 im Zusammenhang einer Gotteserscheinung im Offenbarungszelt wieder aufgenommen und dann noch einmal 31, 23. Hinzugekommen ist ein die Tradition des Gesetzes festlegender Abschnitt 31, 9–13; weitergeführt in 24. 26 und 32, 45–47. Wichtig ist die Anweisung, daß das Gesetz alle sieben Jahre am Läubhüttenfest laut zu verlesen ist; hier ist klar ausgesprochen, daß das Gesetz den eigentlichen Ort seiner Verkündigung im Gottesdienst hat.
Der Bericht vom Tod Moses ist eingeleitet durch das Geheiß Gottes, er solle auf den Berg Nebo steigen, um von dort das verheißene Land zu schauen, das er selbst nicht mehr betreten darf (32, 48–52, P). Die Schlußworte heben die Einzigkeit des Mose in seinem Mittleramt hervor (34, 10–12). Mehr noch entspricht dem Charakter der Mosetradition die kurze Bemerkung: „Aber niemand kennt sein Grab bis auf den heutigen Tag“ (34, 6).

Am Ende des Pentateuch ein Psalm, der Gott lobt über seinem Wirken in Israels Geschichte; vgl. Ex 15 am Ende der Befreiung aus Ägypten.

Dem Schlußteil eingefügt sind zwei Dichtungen: einmal das „Lied Moses", ein großartiger Geschichtspsalm, der die ganze dramatische Geschichte Gottes mit seinem ungehorsamen Volk in sich faßt; darin der Satz:

> Sehet nun: ich, ich bin's!
> Und außer mir ist kein Gott.
> Ich töte und mache lebendig.
> Ich zerschlage und mache heil! (32, 39)

Zu der Sammlung von Stammessprüchen vgl. Gen 49; zu der Epiphanie Dtn 33, 2.26.27 vgl. Ri 5, 4–5.

Kapitel 33, der Mosesegen, ist eine in sich geschlossene Sammlung von Stammessprüchen, die der von Genesis 49 ganz nahe steht. Sie ist eingekleidet in eine Epiphanie Gottes (33, 2. 26. 27) und schließt mit einem Heilswort für Israel (33, 28–29). Besonders reich und ausführlich ist der Segensspruch über Joseph (13–17).

2. KAPITEL

Die „Vorderen Propheten"

Von Josua bis II. Könige

Mit Recht ist in der alten Einteilung dieser Teil der Geschichtsbücher für sich genommen. Die Geschichtsbücher vom Buch Josua bis zum 2. Königsbuch handeln von der Zeit der Seßhaftigkeit, vom Betreten des Landes an (Jos 1ff.) bis zum Verlassen des Landes (babylonisches Exil). Dabei ist die Bezeichnung ‚vordere *Propheten*' nicht als umfassende Inhaltsangabe dieser Bücher zu verstehen, sondern als Hinweis darauf, daß sich das Bleiben im Land am Gehorsam oder Ungehorsam dem Wort der Propheten gegenüber entschied. Nach einer von vielen geteilten These M. Noths haben wir Josua – 2 Könige als *ein* geschlossenes Geschichtswerk, das deuteronomistische Geschichtswerk anzusehen, da alle diese Bücher in den Rahmen einer Darstellung gefügt sind, die auf Schritt und Tritt die gleiche Prägung erkennen läßt. Die Sprache dieser Rahmenstücke stammt aus der Schule des Deuteronomiums. Besonders deutlich ist sie zu erkennen in Jos 1; Ri 2, 6ff.; 1 Kön 8. Die Mitte des ganzen Geschichtswerkes bilden Entstehung und Anfänge des Königtums in 1 und 2 Sam; nur diese sind ausführlich dargestellt (von Samuel bis Salomo; in der Mitte das Königtum Davids). Es gehen vorauf in Josua und Richter die Bewegungen und Kämpfe bis zur Festsetzung im Lande, es folgen die geschichtlichen Ereignisse von der Trennung in die Staaten Israel und Juda (1 Kön 12) bis zum Zusammenbruch des einen (2 Kön 17) wie des anderen (2 Kön 22), diese aber nur in kurzem Abriß.

Mit der so gezeigten Linie wird die Absicht der Gesamtdarstellung deutlicher: Israel hat die große Chance, die ihm mit der Gabe des Königtums anvertraut war, in einer langen Geschichte des Ungehorsams und des Abfalls vertan.

Zum deuteronomistischen (Dtr, dtr) Geschichtswerk: M. Noth, Überlieferungsgeschichtliche Studien, 1943; [3]1973; A. Jepsen, Die Quellen des Königsbuches, 1935; [2]1956; H. W. Wolff, Das Kerygma des deuteronomistischen Geschichtswerks: ZAW 73, 1961, S. 171–186 = Theol. Büch. 22, 1964; [3]1973, S. 308–124; C. Westermann, Theologie des AT in Grundzügen, 1978: ATD, Ergänzungsreihe 6, S. 185–187.

Das Buch Josua

Das Buch Josua hat einen sehr einfachen Aufbau: die Kapitel 1–12 berichten von der Eroberung des Westjordanlandes, von dessen Verteilung unter die Stämme der Mittelteil 13–21 handelt; beschlossen wird beides durch den Bericht von der Heimkehr der östlichen Stämme (22) und dem Abschluß des Wirkens Josuas in einer Rede (23) und dem Landtag zu Sichem (24).

A. Alt, Josua: ZAWBeih 66, 1936, 13–19 = Kleine Schriften I 1953, S. 176–192; M. Noth, Das Buch Josua: HAT I 7, 1938; [2]1953.

13–21 Der Mittelteil enthält die Verteilung des Landes, beginnend mit dem Ostjordanland (13), dann die Verteilung des Westjordanlandes vom Süden (14: Kaleb, 15: Juda) zur Mitte (16–17: Joseph) nach Norden (18–19: Nordstämme); am Ende die Aufzählung der sechs Freistädte (20) und der Leevitenstädte (21). Diese bloß aufzählende, uns langweilig erscheinende Landverteilung ist tatsächlich die Mitte des Josuabuches, denn sie bringt die Erfüllung der Verheißung, die zuerst den Vätern, dann den in Ägypten frönenden Israeliten gegeben worden war:

Die Erfüllung der Landverheißung in der Mitte zwischen der Verheißung des Landes (Väter- u. Auszugsgeschichte, insbesondere Dtn, aber hier bedingt) u. der Ankündigung des Verlustes des Landes in der Gerichtsprophetie.

Gen 12, 7: Deinen Nachkommen will ich dieses Land geben.
28, 13: Das Land, auf dem du ruhst, will ich dir und deinen Nachkommen geben
Ex 3, 8: . . . in ein schönes, weites Land, in ein Land, wo Milch und Honig fließt.

Die Erfüllung dieser Verheißung wird am Ende des Mittelteils des Josuabuches feierlich festgestellt:

Jos 21, 43: So gab der Herr den Israeliten das ganze Land, wie er es ihren Vätern geschworen hatte; . . .
45: Nichts fiel dahin von all dem Guten,
das der Herr dem Hause Israel versprochen hatte;
es kam alles.

Daß aber zu dem Eintreffen der Verheißung die Verteilung bis ins einzelne gehört, entspricht einem Grundzug des israelitischen Denkens, der sich besonders im Deuteronomium zeigt: *alle,* die zum Volk Israel gehören, haben als Söhne Abrahams oder Söhne Jakobs an dessen Segen und daher auch an der Gabe des Landes Anteil; für *alle* hat es Gott seinem Volk geschenkt; so ist sorgfältig darauf zu achten, daß alle Stämme, Sippen und Familien bei der Verteilung bedacht werden.

Vgl. die Berufung Moses (Ex 3; 6) u. die Berufung der Propheten (Jes 6; Jer 1; Ez 1–3). Jos 1: Beispiel einer dtr Rede, die das im Buch Jos dargestellte Geschehen zusammenfaßt u. deutet. Wie in Dtn ist die Inbesitznahme des Landes an die Bedingung des Gesetzesgehorsams geknüpft.

1 und 23–24 Dieser Mitte entspricht ein Rahmen, der der Erfüllung der Landverheißung eine theologische Deutung gibt: die Gabe des Landes beruht allein auf der Zusage Gottes, die im 1. Kapitel noch einmal in einem Zuspruch an Josua entfaltet wird und von der der Befehl zum Aufbruch getragen ist: „Sei nur getrost und sehr freudig! . . .“ Dabei wird Josua ermahnt, fest an den Geboten zu halten, die Gott dem Volk gegeben hat. Josua gibt den Befehl zum Aufbruch an die Unterführer weiter, die Gottes Zusage aufnehmen und den Ruf zu festem Vertrauen an Josua zurückgeben. Beschlossen wird das Buch von dem ‚Landtag zu Sichem‘, einem Bundschluß, bei dem Josua, Abschied nehmend, noch einmal an das Volk die Frage richtet, ob es an dem Gott festhalten will, der es aus Ägypten befreit und bis hierher geführt hat. Zum Zeugen für das Ja, das das Volk darauf spricht, richtet Josua einen Stein auf; damit ist der Bund zwischen Gott und dem Volk bestätigt. Der Zusage Gottes, in der er sich seinem Volk verspricht (1), entspricht die Zusage des Volkes, das sich auf Josuas Frage hin an diesen Gott in freiem Entschluß bindet (24). Das Wesen des Bundes kommt in diesem Kapitel zu einem klaren Ausdruck. – Das 23. Kapitel ist eine Parallele zu 24, eine Abschiedsrede Josuas an das Volk, die aber stärker als 24 eine Mahnung zum Festhalten an Gott und seinem Gebot ist. Die vom Deuteronomium geprägte Sprache zeigt sich hier auffällig. Noch einmal hebt Josua feierlich hervor, daß Gottes Verheißungen eingetroffen sind (23, 14 = 21, 45).

Vgl. Joh 6, 66–71: Im AT wie im NT ist das Bekenntnis Antwort auf eine Frage in einer Situation, aus der das Ja oder Nein gefordert ist. In Jos 24, 1–13 ist das „geschichtliche Credo“ wiederholt, s. Marg. zu Dtn 26, 5–9.

Das Josuabuch ist ein Beispiel dafür, wie aus einzelnen Erzählungen in einem allmählichen Prozeß der Überlieferung ein zusammenhängender Bericht entsteht; das zeigt bes. das Verhältnis von Kp 10–11 zu 2–9.

2–11 Für den eigentlichen Bericht von der Eroberung des Westjordanlandes bleibt nur ein verhältnismäßig kleiner Teil: die Kapitel 2–11. Die Mitte dieses Teils 1–12 ist Kapitel 6, die Eroberung Jerichos. Die ersten 5 Kapitel führen auf die Eroberung Jerichos hin, vom Befehl zum Aufbruch (1) über die Erkundung Jerichos (2) und den Jordanübergang (3–4) bis zu den letzten Vorbereitungen (5).
Der zweite von den Israeliten eingenommene Ort ist Ai (7–8), vor dessen Eroberung ein Rückschlag kommt, weil ein Israelit sich an dem Jahwe zugeeigneten Banngut vergriffen hat (7). Die nächste Stadt, Gibeon, wird friedlich unterworfen, weil die Gibeoniten durch eine List einen Vertrag bekommen (9). Bis hierhin erstreckt sich das eroberte bzw. besetzte Land auf das Gebiet eines einzigen, noch dazu kleinen Stammes, Benjamin. Das Feldlager bleibt, wie aus 10, 6 hervorgeht, in Gilgal nahe am Jordan. Das heißt: in Jos 2–6 und 7–9 ist nur die Besetzung des Stammesgebietes Bejamins beschrieben. Welche Folgerungen daraus zu ziehen sind, muß hier beiseite bleiben (vgl. dazu den Josua-

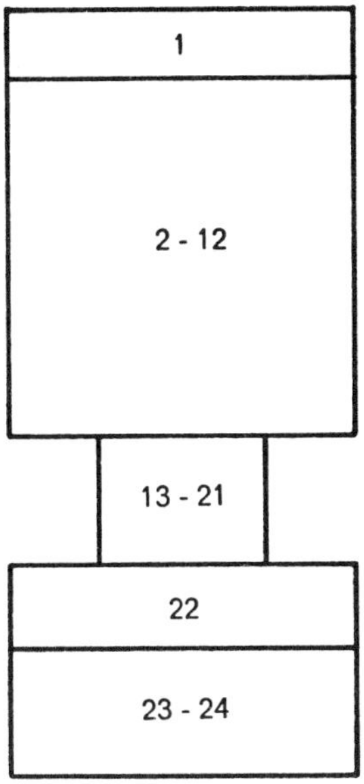

1: Befehl zum Aufbruch

- 2: Die Kundschafter
- 3– 4: Übergang über den Jordan
- 5: Vorbereitungen

6: Eroberung Jerichos

- 7– 8: Eroberung Ais (7: Achans Diebstahl)
- 9: Vertrag mit den Gibeoniten
- 10: Sieg über die Könige des Südens
  - 28–43: Eroberung des Südens
- 11: Sieg über die Könige des Nordens
  - 16–23: Eroberung des ganzen Landes
- 12: Liste der besiegten Könige

13–21: Verteilung des Landes unter die Stämme

- 22: Rückkehr der Oststämme
  Altarbau am Jordan
- 23: Abschiedsrede Josuas
- 24: Landtag zu Sichem

Kommentar von M. Noth); es ist nur bibelkundlich festzustellen, daß von den zehn Kapiteln des Josuabuches, die die Inbesitznahme Kanaans berichten, acht auf das Gebiet Benjamins beschränkt sind.

In den beiden noch folgenden Kapiteln dieses Teiles (10–11) wird auffällig schematisch zu Anfang je ein Sieg über Könige des Südens (10, 1–15) und über Könige des Nordens (11, 1–9) berichtet. Beidemal folgt eine Aufzählung der Eroberungen im Süden (10, 28–43) und im Norden (11, 10–15); anschließend die Eroberung des ganzen Landes (11, 16–23).

2–9: Die Eroberung des Gebietes um Gilgal, eines schmalen Landstreifens westlich des Jordans, wird in diesen Kapiteln nicht als ein fortlaufendes Geschehen berichtet, bei dem sich eines aus dem andern ergibt; sie setzt sich vielmehr aus Einzelerzählungen zusammen, von denen jede für sich erzählt werden könnte – und erzählt worden ist, bevor sie zu einem Ganzen zusammengefügt wurden. Am Ende der meisten dieser Erzählungen steht die Formel ‚bis auf diesen Tag'; jedesmal wird damit auf die Besonderheit eines Ortes hingewiesen:

Die zwölf Steine am Jordan bei Gilgal	4, 9, 20ff.
Der Ort Gilgal	5, 9
Die Zugehörigkeit einer Sippe Rahab zu Israel	6, 25
Ein Steinhaufen im Tal Achor bei Jericho	7, 26
Die Trümmerstätte Ai	8, 28
Ein Steinhaufen an der Stelle des Tores von Ai	8, 29
Kanaanäische Tempeldiener an einem israelitischen Heiligtum	9, 27
Steine vor dem Eingang einer Höhle bei Makkeda	10, 27

Die ätiologischen (d. h. die nach dem Grund einer gegenwärtigen Erscheinung in einem Ereignis der Vergangenheit fragenden) Sagen oder Erzählungen, sofern sie nach der Besonderheit eines Ortes fragen, sind bezeichnend für die Zeit der Landnahme, des Seßhaftwerdens.

Die so gebrauchte Formel ‚bis auf diesen Tag' ist das Kennzeichen einer sogenannten ‚ätiologischen Ortssage', d. h. einer Sage, die auf die Frage nach einer solchen örtlichen Besonderheit antwortete. ‚Sage' bedeutet in diesem Zusammenhang nicht eine ‚ausgedachte' im Gegensatz zu ‚wirklicher' Geschichte, sondern dem Wortsinn entsprechend eine mündlich entstandene und mündlich weitergegebene Erzählung (‚Sage'), die an dem Ort, dessen Geschichte sie erklärt, von Mund zu Mund weitergegeben wurde. Es ist sehr wahrscheinlich, daß der Mittelpunkt dieser Tradition ein Heiligtum, wahrscheinlich Gilgal war. Viel später wurden sie zu einem Ganzen zusammengefügt und bekamen so ihre Bedeutung für ganz Israel.

Die Erzählung von den Kundschaftern (2) will zeigen, wie die Zusage Gottes (1) dem Heere Israels voraufläuft und Türen öffnet. Der Durchzug durch den Jordan (3–4) ist wie eine feierliche Prozession geschildert; sicher steht hinter der Formung dieser Geschichte eine einst in Israel gefeierte Prozession mit der Bundeslade. Ganz deutlich sind an der Erzählung mehrere Stimmen beteiligt. 4, 21–22 ist ein schönes Beispiel für den einfachen Traditionsvorgang: das Zeichen, das die Väter setzten, gibt das Gotteslob weiter, wenn die Kinder nach seinem Sinn fragen und Älteren erzählen, warum diese zwölf Steine einmal aufgerichtet wurden.

Zur Beschneidung vgl. Gen 17; zum Passahmahl Ex 12.

Der erste Schritt zur Eroberung des Landes wird kultisch vorbereitet durch die Beschneidung (5, 1–9) und ein Passah-Mahl in Gilgal (10–12). Die Gabe des Manna hört jetzt auf; mit dem Betreten des Landes beginnt die Ernährung durch die Erträgnisse des Landes. 5, 13–15: die Erscheinung eines Engels mit einem Schwert vor Josua, ein Fragment, das einmal mit der Verheißung der Einnahme Jerichos endete (6, 27).

Das Manna hört auf: an die Stelle des Brotes der Rettung (Wüstenwanderung, Murrgeschichten) tritt nun das Brot des Segens.

Die Schilderung der Eroberung Jerichos, ein Beispiel dafür, wie im AT ein größerer geschichtlicher Zusammenhang (die Eroberung Kanaans) durch Darstellung eines Einzelereignisses rückschauend gedeutet wird.

Die Eroberung Jerichos (6) ist als ein Wunder Gottes geschildert, bei dem die Israeliten nur eine gottesdienstliche Prozession um die Stadt zu machen haben (ähnlich wie 3–4). Die Mauern stürzen, und damit ist die Stadt eingenommen. Einen historischen Bericht können wir darin nicht sehen, das ist auch nicht die Absicht. Die Geschichte will bezeugen, daß das Eigentliche in der Eroberung Kanaans das Handeln Gottes war. – Die Erzählung von Achans Diebstahl (7) zeigt einen Wesenszug des ‚Heiligen Krieges‘: durch den Frevel eines einzigen wurde das ganze Heer gelähmt, mit der Sühnung des Frevels war die Lähmung beseitigt. Der Schuldige wird durch das Los ermittelt; zur Sühnung seiner Schuld gehört, daß er sie bejaht und darin Gott die Ehre gibt (7, 19). – Das Kapitel 9, die List der Gibeoniten, zeigt an einem Beispiel, was an sehr vielen Stellen geschah: die Unterwerfung und friedliche Eingliederung von Gruppen der Kanaanäer.

Kapitel 10 erzählt von einem Abwehrkampf gegen eine Koalition kanaanäischer Könige, die sich gegen das eindringende Volk verbündet hatten (1–4). Sie belagern Gibeon, das sich an Josua um Hilfe wendet (5–6); Josua zieht nachts heran und schlägt sie (7–15): die fünf Könige werden gefangen genommen und getötet (16–27). Auch diese Schlacht also wird noch im benjaminitischen Gebiet geschlagen. Nun folgt in 10, 28–43 eine summarische Aufzählung der Eroberungen im Süden.

Kapitel 11 bildet eine deutliche Parallele zu Kapitel 10, das in ähnlicher Weise die Eroberung des Nordens summarisch darstellt. Wieder steht am Anfang eine Koalition kanaanäischer Könige (des Nordens), die sich zusammentun gegen Israel und es bei den Wassern von Merōm (in Galiläa) angreifen (1–5). Sie werden von den Israeliten vollständig geschlagen (6–9) und an diesen Sieg schließt sich die Eroberung des Nordens (10–15), die auch nur summarisch dargestellt ist, wobei die Städte um Hāzōr, dessen Reste gerade jetzt ausgegraben wurden, genannt sind. In 11, 16–23 folgt die Eroberung des ganzen Landes. Mit einer Liste der besiegten Könige (12) schließt der erste Teil ab.

22 Der Schlußteil enthält außer den beiden Reden Josuas (23; 24) nur den Bericht von der Rückkehr der ostjordanischen Stämme, die sich an der Eroberung des Westjordanlandes beteiligt hatten, in ihre Heimat (22). Dabei entsteht ein Konflikt durch den Bau eines Altars am Jordan (10), der von den anderen Israeliten zunächst als Treubruch und gottesdienstliche Absonderung der Ostjordanstämme verstanden wird (11–20), dann aber von denen als Zeichen des bleibenden Zusammenhaltens erklärt wird (21–29), womit der Konflikt gelöst ist (30–34).

Das Buch der Richter

Das Buch der Richter ist in einer anderen Weise dreiteilig als das Josuabuch. Dort gehörten die drei Teile zu einem Ganzen, hier muß man den ersten (1, 1–2, 5) und den dritten (17–21) Teil für sich nehmen. Das eigentliche Richterbuch hat seine Einleitung in 2, 6–3, 6 und sein Corpus in den Richtergeschichten, 3, 7–16 und ist so eine fest geschlossene Größe. 17–18 und 19–21 sind zwei in sich selbständige Anhänge, die mit dem

Richterbuch nur dadurch verbunden sind, daß das in ihnen Berichtete in der gleichen Zeit spielt. 1, 1–2, 5 wurde dem Richterbuch nachträglich vorgefügt. Es ist der Abriß einer anderen Darstellung der Landnahme der Israeliten.

Innerhalb der Richtergeschichten 3–16 sind zwei Reihen voneinander zu unterscheiden: die der sogenannten großen und der sogenannten kleinen Richter. Eine Reihe von Erzählungen über Stammeshelden, die in Stunden schwerer Bedrohung zu Befreiern wurden, ist an einer Stelle, bei Jephta, mit einer Reihe aufeinanderfolgender Träger eines gesamtisraelitischen Richteramtes verbunden. Diese Reihe steht 10, 1–12, 15, wird aber gesprengt durch die Erzählung von dem ‚großen' Richter Jephta 10, 6–12, 7. M. Noth hat das so erklärt: Jephta gehört zu beiden Reihen, in seiner Person kommen beide Reihen zusammen. Möglich ist, daß die Bezeichnung ‚Richter' von der Reihe 10–12 (das waren wirkliche Richter) auf die Stammeshelden überging. Damit ergibt sich der Aufbau des Richterbundes:

W. Richter, Die Bearbeitung des „Retterbuches" in der deuteronomischen Epoche: BBB 21, 1964; Ders., Traditionsgeschichtliche Untersuchungen zum Richterbuch: BBB 18, 1963.

Zur Unterscheidung der großen u. der kleinen Richter: Hier zeigt sich zuerst die Unterscheidung zwischen einem lebenslangen, stetigen, u. einem für eine besondere Situation notwendigen, zeitlich begrenzten Amt. Der gleiche Unterschied in anderer Weise bei Priestern u. Propheten.

Aufbau des Richterbuches

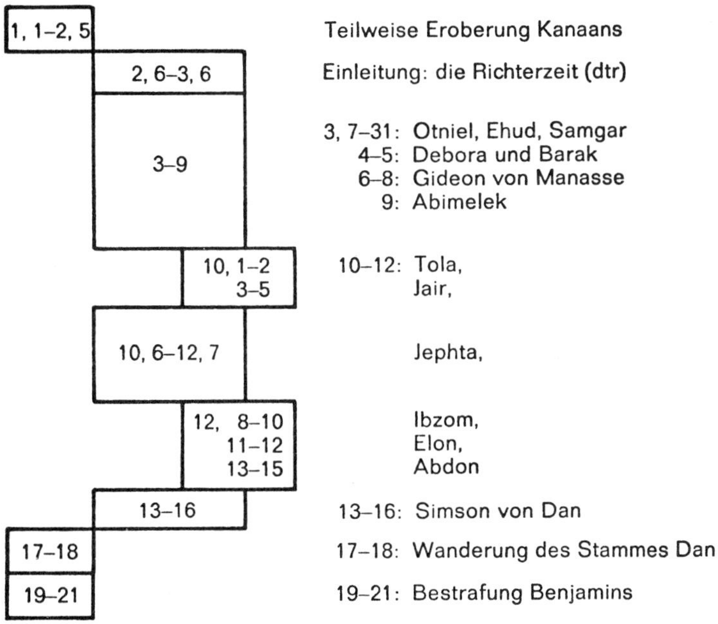

1, 1–2, 5 Teilweise Eroberung Kanaans
1, 1–18. 22–26: Süd- und Mittelkanaan (z. T.)
19–21. 27–36: Die nicht eroberten Gebiete
2, 1–5: Der Engel bei Bökim

Dieses 1. Kapitel des Richterbuches muß eigentlich angesehen werden wie ein ganzes biblisches Buch. Es ist der Sache nach eine Parallele zum Buch Josua und handelt von der Eroberung Kanaans im ganzen, aber es ist offensichtlich ein aufs Äußerste zusammengedrängter Auszug, dabei noch fragmentarisch und in sich uneinheitlich. Durch die redaktionelle Überleitung „Nach dem Tode Josuas . . .", Ri 1, 1 ist das Nebeneinander in ein Nacheinander verwandelt und die in sich geschlossene Darstellung wird zu einer Einleitung des Richterbuches. Der Sinn dieser Vorfügung ist leicht zu erkennen: die harten

Das Nebeneinander zweier verschiedener Darstellungen der Landnahme im Buch Josua u. in Ri 1 hat eine Parallele in dem Nebeneinander zweier verschiedener Darstellungen der Entstehung des Königtums in 1 Sam 7–12.

Kämpfe der einzelnen Stämme in der Richterzeit sind schwer verständlich für den Leser, der vom Buch Josua herkommt; sie werden aber verständlicher auf dem Hintergrund von Ri 1, wo fast wie ein Kehrvers der Satz wiederkehrt: „der Stamm . . . vermochte nicht einzunehmen . . .“. Man kommt nicht daran vorbei, daß die Darstellung der Eroberung Kanaans in Ri 1 anders ist als die des Josuabuches. Die letztere spricht aus sehr weitem Abstand, in dem vom Ergebnis her der Vorgang der Eroberung die Linien vereinfacht hat; dort sieht es so aus, als hätte Israel vom Jordanübergang an in einem geschlossenen Zug, an dem sich alle Stämme beteiligten, in kurzer Zeit das ganze Land erobert. In Ri 1 dagegen gehen die Stämme einzeln und an verschiedenen Orten vor und können sich nur an wenigen Stellen festsetzen.

2, 1–5 ist eine sicher sehr alte, aber später übermalte Geschichte von einer Engelserscheinung. Ursprünglich sollte sie wahrscheinlich den Namen Bōkim (= die Weinenden) erklären.

Zusammenfassende theologische Deutung eines Geschichtsabschnittes, typisch für das dtr Geschichtswerk; ein Versuch, die Vielfalt geschichtlicher Erscheinungen als ein Geschehen zwischen Gott u. seinem Volk auf eine Linie zu bringen, die das Erkennen größerer Zusammenhänge ermöglicht.

2, 6–3, 6 Die Richterzeit. Der Satz in 2, 6: „Als Josua das Volk entlassen hatte . . .“ schließt deutlich an den Schluß des Josuabuches (24: Landtag zu Sichem) an. Kapitel 2 entspricht den Rahmenkapiteln des Josuabuches; auch hier wird die Epoche der Richterzeit zusammenfassend theologisch gedeutet. Die Geschichte verläuft in einem Viertakt:

Abfall (. . . und dienten anderen Göttern)
Unterdrückung durch Feinde
Hilfeschrei zu Gott
Befreiung durch Erweckung eines ‚Richters‘.

Die Wirkung der Befreiung hält zwar immer nur an, solange die Generation lebt, die sie erfuhr; doch hat Israel erst einmal vierzig Jahre lang Ruhe, bis dann der Abfall von neuem beginnt.

3, 7–16 Die Richtergeschichten. Die Geschichten selbst passen nicht immer in den ihnen in Kap 2 gegebenen Rahmen. Aus ihnen geht eindeutig hervor, daß die Richter nur je in einem Stamm oder einer kleinen Stämmegruppe wirkten. Auch war ihr Richteramt nicht ein stetiges, das sie auf Lebenszeit innehatten, sondern trat in Kraft, wenn eine besondere Bedrängnis auftrat.

Zu dem Begriff rūaḥ = Geist vgl. C. Westermann, Theologie . . ., 1978, S. 65 Exkurs, u. ausführlich THAT II, S. 726–753.

3, 7–31 Der Bericht über Otniel 3, 7–11 enthält wenig konkrete Angaben, sein Wirken läßt sich geschichtlich nicht genauer bestimmen. Aber hier begegnet schon der für die Richtergeschichten theologisch wichtigste Begriff: „Der Geist des Herrn kam über ihn“ 3, 10. Dieser Begriff ‚Geist Gottes‘ begegnet in den Richtergeschichten häufig [dazu kommen zwei weitere wichtige Kreise: bei den frühen Propheten (Elia, Elisa) und in einer Gruppe später Heilsweissagungen]. 3, 12–30: Ehud befreit Benjamin durch ein Attentat auf den Moabiterkönig Eglon. Über Samgar ist nur die kurze Notiz 3, 31 erhalten.

Das Debora-Lied gehört zu den Siegesliedern; vgl. den Artikel „Siegeslied“ in BHHW S. 1790f. Im Richterbuch noch ein kurzes Siegeslied der Philister, Ri 16, 23.24; auch hier ist es gleichzeitig Gotteslob. Zu der Epiphanieschilderung Ri 5, 4–5 vgl. Ex 14; Hab 3, 3–15; Dtn 33; Jes 64, 1–2; Ps 80, 2–3.

4–5 Von dem gleichen Ereignis handelt ein Bericht (4) und ein Siegeslied (5), im wesentlichen übereinstimmend. *Das Debora-Lied* ist das einzige ausführliche Siegeslied, das uns im Alten Testament erhalten ist; es gehört zu den ältesten Dichtungen des Alten Testaments. Es ist von einer besonderen Schönheit und Frische, sicher noch unmittelbar unter dem Eindruck des Sieges entstanden. Der Aufbau des Liedes:

3: Einleitung
4– 5: Epiphanie Gottes (Gott kommt, seinem Volk zu helfen)
6– 8: Schilderung der Not
9–12: Das Aufgebot und Aufstehen Deboras und Baraks
13–18: Lob und Tadel an die Stämme
19–22: Andeutende Schilderung des Sieges
23: Fluch über Meros
24–27: Heil über Jael, die Sisera tötete
28–30: Das vergebliche Warten der Mutter Siseras
31: Schluß: So müssen umkommen, Herr, alle deine Feinde! Die dich aber lieben, sind wie die Sonne, die aufgeht in ihrer Pracht

6–9 Gideon. Die Gideon-Geschichten zeigen am besten die Eigenart des ‚charismatischen Führertums'. Ausgangspunkt ist die Bedrückung durch die Midianiter (6, 1–6). Da kommt ein Bote Gottes zu einem Bauernsohn und beruft den zunächst Widerstrebenden zum Befreier (6, 11–24). Angesichts des feindlichen Heerlagers kommt Gottes Geist über ihn und sein Aufgebot rafft die Männer seines und der Nachbarstämme zusammen (6, 33–35). Er bittet Gott um ein Zeichen, daß er die Feinde in seine Hand gegeben hat (6, 36–40), und nun folgt die Befreiungsschlacht (Kap. 7), die nach Gottes Hinweis (7, 1–8) nur von dreihundert Mann geschlagen wird. – Es werden noch weitere Taten von Gideon berichtet (8, 4–21). Die ihm angetragene Königswürde lehnt er ab (8, 22–23), aber aus dem Gold der Beute läßt er ein ‚Ephod' herstellen, und die Israeliten trieben damit Bilderdienst. – Sehr lebendig und anschaulich schildert Kap. 9, wie Gideons Sohn Abimelek versucht, sich ein Königtum zu schaffen und wie er scheitert. Das Kapitel ist das früheste Beispiel von Geschichtsschreibung im engeren Sinn im Alten Testament. Zwei politische Konzeptionen kommen miteinander in Konflikt: Abimeleks Versuch lehnt sich an das kanaanäische Stadtkönigtum an, gegen ihn steht die alte israelitische Stammesverfassung, die neben den Ordnungen und Autoritäten der Sippe einen Herrscher nicht anerkennen will. Sie kommt zu einem lebendigen Ausdruck in der Jotham-Fabel 9, 7–15 von den Bäumen, die einen König über sich salben wollten.

Die Rettung durch den „charismatischen Führer"; anders die Rettung am Schilfmeer, Ex 14, die Rettung im Königtum, 2 Sam 17–25 u. die Rettung aus dem Exil, Jes 45. Die Rettung Israels ist nur in einer Geschichte der Rettungstaten Gottes zu verstehen.

Der gescheiterte Versuch Abimeleks gehört in die Vorgeschichte des Königtums. Die Jothan-Fabel Ri 9, 7–15 ist ein Zeugnis der dort wieder begegnenden königsfeindlichen Richtung.

10–12 Jephta. Die charismatischen Führer wurden auf sehr verschiedene Weise zu Befreiern berufen; Jephta ist ein Bandenführer (ähnlich wie später David auf seiner Flucht vor Saul) und wird von den Ältesten Gileads zum Führer im Kampf gegen die Ammoniter geholt. (11, 1–11). Er verhandelt zunächst mit den Ammonitern, aber umsonst (11, 12–28). Da kommt der Geist Gottes über ihn (29), und der Befreiungskampf beginnt. Hier tut Jephta das Gelübde, das ihm seine einzige Tochter nimmt (11, 30–40); eine Erzählung, die nur aus jener Zeit verständlich ist und die unbedingte Geltung eines Gelübdes zum eigentlichen Gegenstand hat.

13–16 Simson

13, 1–24: Geburt Simsons
25: Er wird vom Geist ergriffen
14 : Simsons Hochzeit, Krafttaten und Rätsel
15, 1– 8: Simsons Rache an den Philistern
9–17: Simson erschlägt 1000 mit dem Eselskinnbacken
18–19: Klage des Verdurstenden und Trankwunder
16, 1– 3: Simson spielt mit den Stadttoren
4–21: Delila entlockt Simson sein Geheimnis
23–31: Simson rächt sich im Tod an den Philistern

Die Simsongeschichten sind in ihrem wilden Übermut und ihren sehr profanen Motiven

Die Verschiedenheit der Rettergestalten u. ihres Wirkens in der vorstaatlichen Zeit Israels ist ein Zeichen für ihre Nähe zur Wirklichkeit. Der Begriff „Geist Gottes" bringt zum Ausdruck, daß im Wirken Gottes zur Rettung seines Volkes das Verbindende gesehen wird.

auch ein Bestandteil der Geschichte Gottes mit seinem Volk. Simsons Leben wird von der Geburt bis zum Tode erzählt (nur bei wenigen Männern der Bibel!); er ist ein ‚Geweihter' und vollbringt viele Krafttaten, die zwar nicht zu einem Sieg über die Philister führen, wohl aber in der Zeit der Philisterherrschaft ein Zeichen sind, daß bei den Unterdrückten noch Wunder Gottes geschehen können. In seinem Tod ragt Simson weit hinaus über das, was er im Leben darstellte.

Vgl. die uns erhaltene Rechtstradition aus der Frühzeit, insbesondere das Bundesbuch Ex 21–23.

10, 1–5; 12, 8–15 Die ‚kleinen Richter'. Von ihnen ist nur die Liste erhalten, die über jeden dieser Richter einige gleichbleibende Notizen gibt. Sie weist auf das Amt eines ‚Richter Israels' aus früher Zeit, das wohl vor allem der Rechtstradition diente und ein Amt auf Lebenszeit war. Aus der Anordnung geht hervor, daß wenigstens einer der charismatischen Führer, Jephta, gleichzeitig Richter Israels war; vielleicht war er nicht der einzige. Die Funktionen dieses Amtes können wir nur vermuten. Wahrscheinlich ist es später auf den König übergegangen.

Wichtig für die Frühgeschichte des Priestertums in Israel; das früheste Stadium: in der Väterzeit keine Priester (vgl. Gen 22); hier eine Übergangszeit, dann feste Verbindung von Priestergeschlechtern mit Heiligtümern an festen Orten (z. B. 1 Sam 1–3).

17–18 Erster Anhang: Die Daniten rauben Michas Gottesbild. Eine sehr frühe Erzählung aus einem Zusammenhang, in dem das Bilderverbot noch nicht in Geltung stand. Ein ephraimitischer Bauer schafft sich eine eigene Hauskapelle mit einem Gottesbild und stellt dafür einen wandernden Leviten als Priester an. Die Daniten, von den Philistern verdrängt, suchen neue Wohnsitze und rauben unterwegs das Heiligtum samt dem Priester. Das Heiligtum bekommt seinen neuen Sitz an dem Ort, den die Daniten erobern.

Zu vergleichen die Stammessprüche Gen 49 u. Dtn 33.

19–21 Zweiter Anhang: Frevel der Benjaminiten und dessen Sühnung. Der Frevel ist eine schwere Verletzung des Gastrechtes durch die Leute von Gibea zusammen mit geschlechtlicher Ausschreitung (19). Jetzt tritt der Fall ein, daß der Stämmeverband für die Sühnung des Frevels Sorge tragen muß (20, 1–10). Die Benjaminiten weigern sich, die Übeltäter auszuliefern, so ist ein Feldzug gegen den ganzen Stamm notwendig (11–48). Dem Rest des schwer geschlagenen Stammes ist das Weiterexistieren nur durch einen Frauenraub möglich (21).
Durch beide Anhänge geht wie ein Kehrvers der Satz: „Zu jener Zeit gab es noch keinen König in Israel; ein jeder tat, was ihn recht dünkte" (21, 25).

Die vier Königsbücher

Die vier Königsbücher (1 Sam – 2 Kön) umfassen die Geschichte des Königtums, d. h. die Epoche der Geschichte Israels, in der Israel ein selbständiger Staat (nach Salomo zwei Staaten) war, von der Entstehung des Königtums an bis zum babylonischen Exil. Die Epochen dieses Geschichtsabschnittes sind aber sehr ungleich auf die vier Königsbücher verteilt: das 1. Samuelbuch berichtet von Samuel (1–25), Saul (9–31) und Davids Anfängen (16–31); das 2. Samuelbuch nur von David; 1 Kön 1–11 berichtet von Salomo; 1 Kön 12–2 Kön 17 von der Geschichte der beiden Teilreiche Israel und Juda; 2 Kön 18–25 von Juda. Die Hälfte der Königsbücher also berichtet von nur zwei Königen, die andere Hälfte von allen anderen (es sind zusammen 42).

1 Sam 1	Samuel	25
9	Saul	31
16	David	31
2 Sam 1	David	24
1 Kön 1	Salomo	11
1 Kön 12	Geschichte der beiden Teilreiche	2 Kön 17
2 Kön 18	Geschichte Judas	25

Die bibelkundliche Darstellung dieser vier Bücher muß sich auf die Herausarbeitung der großen Linien und Felder beschränken; die exakte Zusammenstellung der Daten und Fakten ist Aufgabe der Geschichte Israels. Durch die vier Königsbücher ziehen sich nebeneinander und zum Teil ineinander zwei Linien: eine geschichtliche und eine prophetische. Sie gehören ja zu den ‚Vorderen Propheten', und zeitlich decken sich weithin Geschichte des Königtums und Geschichte der Prophetie. In die prophetische Linie gehören an größeren Komplexen:

1 Sam 1–3: Jugendgeschichte Samuels
7; 8; 10, 17–27; 12, 13, 7–15; 15: Prophetische Samueltradition
2 Sam 7; 12; 24: Nathan und Gad.
1 Kön 13, 1–14, 18: Gottesmann in Bethel, Ahia
1 Kön 17–22
2 Kön 1–9
13, 14–21 } Elia, Elisa
2 Kön 19–21: einzelne Prophetenworte

Die beiden Schwerpunkte liegen bei der Entstehung des Königtums (etwa 8 Kapitel in 1 Sam) und im Höhepunkt der Geschichte des Nordreichs (etwa 15 Kapitel zwischen 1 Kön 17 und 2 Kön 9); beides zusammen würde einem großen biblischen Buch entsprechen. Die prophetischen Traditionen machen also einen recht erheblichen Teil der Königsbücher aus.
Dazu kommt eine zweite wichtige Unterscheidung zwischen größeren Gebilden, die einen Geschichtsabschnitt im Zusammenhang darstellen und chronikartigen Zusammenstellungen kurzer Nachrichten und Notizen, die in ein zeitliches Schema gefügt sind; die größeren Gebilde finden sich nur in 1. und 2. Samuel.

1 Sam 4–6 und 2 Sam 6: Die Ladeerzählung
1 Sam 9–14: Die Geschichte von Sauls Aufstieg
1 Sam 16–2 Sam 5: Die Geschichte von Davids Aufstieg
2 Sam 9–20 und 1 Kön 1–2: Die Geschichte von Davids Thronnachfolge

Von Salomo ab beginnt die chronikartige Zusammenstellung. Man kann in ihr folgende Linien erkennen (nach Jepsen, Die Quellen des Königbuches, 1953):
1. Eine ‚synchronistische Chronik' (auf dem Prinzip beruhend, die Regierungsdauer der Könige von Juda und Israel jeweils aufeinander bezogen, also synchronistisch anzugeben), die von Salomo bis Hiskia die Daten der Könige von Juda und Israel enthält und dazu in kurzer Form einige wichtige Ereignisse, die es aber immer mit dem Königshaus zu tun haben, also sicher eine am Königshof geführte amtliche Chronik.
2. Sie ist erweitert durch Abschnitte aus einem breiteren Annalenwerk, das in den Königsbüchern mehrfach erwähnt, aber als Ganzes uns nicht erhalten ist; hierzu gehört z. B. die Beschreibung der Bauten Salomos.

Vgl. K. Gutbrod, Das Buch vom König (1. Sam), BAT 11 I, ^{4}1975.

K. Gutbrod, Das Buch vom Reich (2. Sam), BAT 11 II, ^{2}1973.

J. Fichtner, Das erste Buch von den Königen, BAT 12 I, ^{2}1979.

K. D. Fricke, Das zweite Buch von den Königen, BAT 12 II, 1972.

3. Die deuteronomistische Fassung hat die Beurteilung der einzelnen Könige von den Grundlinien des Deuteronomiums aus hinzugefügt und dementsprechend die prophetischen Traditionen (s. o.) mit hineingenommen, um zu zeigen, wie den Königen der Wille Gottes immer wieder gesagt und sie dem immer wieder entgegen gehandelt haben. Ihr Ziel ist es, nach dem Zusammenbruch dem Rest Israels vor Augen zu halten, daß Gott angesichts des Ungehorsams der Könige und des Volkes so handeln mußte und eine Zukunft für den Rest allein im Gehorsam gegen Gottes Willen liegt.

Der Aufbau der vier Königsbücher läßt sich dann so darstellen:

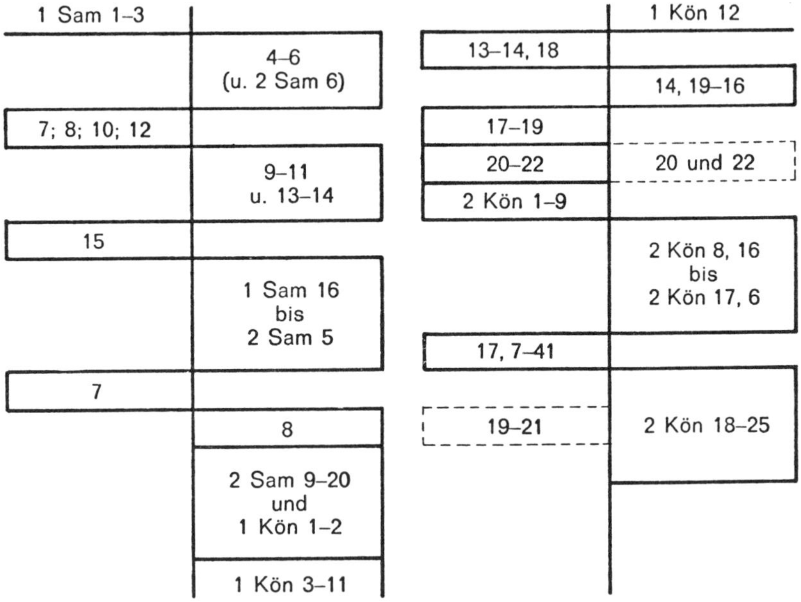

Suchen wir in der Länge und Vielfalt der Königsbücher nach einer Mitte, an der wir uns bibelkundlich orientieren können, so wird es eine solche für die vier Königsbücher nicht geben können, da hier zu Verschiedenartiges zusammengefaßt ist. Wohl aber ist es für die Teile möglich, eine solche Mitte zu finden.

1. Das 1. Samuelbuch zielt von Anfang an auf 2 Sam 7, die Verheißung Nathans an David und sein Haus. Samuels Jugendgeschichte (1–3) spielt in Silo, dem Ort, an dem die Lade steht. Die in 1 Sam 4–6 beginnende Ladegeschichte wird erst in 2 Sam 6 zuendegeführt und leitet unmittelbar über zu der *Nathanverheißung* (7). Von der Ladegeschichte eingeklammert sind die beiden Geschichtenkreise vom Aufstieg Sauls (9–14) und vom Aufstieg Davids (16–2 Sam 5). Hier macht schon dieser Aufbau offenkundig, daß die Nathan-Verheißung das Ziel der Komposition ist. Vom Inhalt her wird das voll bestätigt: die gesamte Erzählung von der Entstehung des Königtums bekommt ihre Krönung in der Zusage Gottes an das davidische Könighaus, daß es bestehen und bleiben soll als eine Gabe Gottes für sein Volk.

2. Kurz danach setzt die Geschichte von Davids Thronnachfolge ein (2 Sam 9–20; 1 Kön 1–2); ihr Zielpunkt ist die Bemerkung am Schluß von 1 Kön 2: „Und das Königtum war gefestigt in Salomos Hand“. In der nun folgenden Geschichte Salomos (1 Kön 3–11) ist als das Wichtigste der Tempelbau herausgehoben (5–8), und dabei ist der Höhepunkt

das *Gebet Salomos bei der Tempelweihe (8)*. In ihm wird die Bedeutung des Tempels und des Gottesdienstes darin für das ganze Volk und seine Geschichte breit entfaltet: Er ist neben dem davidischen Königtum (2 Sam 7) der wichtigste Faktor in dieser Geschichte. Hier hat also die Königsgeschichte ihren zweiten Ruhepunkt.

3. Die gleich danach, in 1 Kön 12 beginnende Geschichte der beiden Teilreiche hat einen wesentlichen Schwerpunkt in den sie begleitenden Prophetengeschichten; ihr Ziel aber hat sie eindeutig im Bericht vom Zusammenbruch zunächst des Nord- dann des Südreichs. Bei der Erzählung vom Untergang des Nordreiches legt der Darsteller wieder einen solchen Ruhepunkt ein und erklärt, neben dieser Geschichte stehend, warum es so kommen mußte. Was er hier sagt, gilt genau so für den Untergang Judas, aber dort wird eine solche Betrachtung nicht mehr angestellt. In diesem, den Zusammenbruch deutenden Wort 2 *Kön 17, 7–23* können wir den Zielpunkt des dritten Teiles der Königsgeschichte sehen.

Mit Hilfe dieser drei Richtpunkte: 1. Nathanverheißung; 2. Tempelweihgebet Salomos und 3. Wort zum Untergang Nordisraels wird man leicht eine Übersicht über die ganze ausgedehnte und komplizierte Königsgeschichte gewinnen können. Ihre wesentlichen Abschnitte sind von diesen Punkten her in ihrer Abfolge und in ihrem Gefälle sinnvoll zu erklären, zugleich zeigen sich in diesen drei Kapiteln wesentliche Linien der Gesamtkonzeption der Königsgeschichte.

Erster Teil: Samuel, Saul und David

1 Sam 1–3 Samuel in Silo

1, 1–18: Das Gelübde der Hanna
19–28: Samuels Geburt und Übergabe an das Heiligtum in Silo
2, 1–10: Das Lied der Hanna
11–26: Samuel in Elis Dienst, Elis Söhne
27–36: Ein Gottesmann kündigt Eli Unheil an
3, 1–18: Gottes Ruf an Samuel, Gerichtswort über Eli
19–21: Samuel zum Propheten betraut

Vgl. das Gelübde Jephtas Ri 10–12 u. das Gelübde als Teil vieler Psalmen.

Diesem Ps am Anfang entspricht ein Ps am Ende der Samuelbücher: 2 Sam 22.

1. Von den nicht sehr vielen Geburtsgeschichten der Bibel steht je eine am Eingang der Vätergeschichte (Isaaks Geburt), der Volksgeschichte (Moses Geburt), der Königsgeschichte (Samuels Geburt). Es ist jedesmal die Geschichte einer wunderbaren Geburt oder Bewahrung des Kindes; die Geburt Samuels gehört in die Reihe der Geschichten, in denen einer lange kinderlos gebliebenen Frau ein Kind geschenkt wird. Das Motiv zieht sich von den Abrahamgeschichten bis Luk 1 durch die Bibel (vgl. dazu „Gottes Engel brauchen keine Flügel", C. Westermann ^{3}1978).

2. In einer auffälligen Dichte kommen in diesem Eingangsstück der Königsbücher Geschichte, Prophetie und Psalmen zusammen: Das Ganze ist ein Bericht, der die Königsgeschichte damit einleitet, daß er Samuel einführt, der die ersten beiden Könige salbte. Er steht insofern am Abschluß einer Epoche, als er dem Hause Elis, des Ladepriesters in Silo, das Ende ankündigen muß. Hierin übt Samuel die Funktion der späteren Gerichtspropheten aus; in 3, 1–18 ist eine prophetische Berufung angedeutet. Es wird damit stillschweigend gezeigt, wie mit dem Beginn des Königtums auch die Prophetie beginnt. – Zugleich aber enthält dieser Eingang die Hauptelemente der Psalmen: die Klage der Hanna, ihr Gelübde und ihren Lobpsalm. Der klagenden Frau spricht der Priester Eli die Erhörung zu: „Gehe in Frieden! Der Gott Israels wird dir geben, was du von ihm erbeten hast." Dies ist das deutlichste Beispiel einer ‚Heilszusage' im Alten Testament. Wie in Ex 15 dem Hilfeschrei und der Errettung aus der Not das Loblied der Erretteten folgte, so

Ein Zusammenhang zwischen Priestertum u. Prophetie wieder gegen Ende der Prophetie: Jeremia u. Ezechiel kommen aus einem Priestergeschlecht.

Zum Priestertum Elis vgl. rückblickend Gen 22 (kein Priester) u. Ri 17–18, vorblickend 1 Kön 8 u. Ex 25-Lev 9.

auch hier; aber hier ist es die Not und das Loblied eines einzelnen. Das Lied der Hanna könnte im Psalter stehen, es ist ein beschreibender Lobpsalm, der das umwandelnde wunderbare Tun Gottes preist. „Der Herr tötet und macht lebendig; er führt in die Hölle und wieder hinaus“ (2, 6).

3. Der Grund für die Gerichtsankündigung an Eli ist der Mißbrauch des Opfers durch seine Söhne. Auch hier klingt ein Motiv an, das dann für die Folgezeit eine beherrschende Bedeutung bekommen wird: die Verderbnis des Gottesdienstes, die eine der Hauptanklagen der späteren Propheten ist.

Zur Lade s. rückblickend Nu 10, 33–36, vorblickend 2 Sam 6 u. 1 Kön 8, 1–9.

1 Sam 4–6; (2 Sam 6) Geschichte der Lade

4, 1–11: Sieg der Philister über Israel bei Aphek
Verlust der Lade
12–22: Unheilsbotschaft und Tod Elis, Geburt des Ikabod
5 : Die Lade bei den Philistern, im Dagon-Tempel, von Stadt zu Stadt
6 : Zurück nach Beth Schemesch und Kirjat Jearim

1. Die äußere Lage Israels vor dem Königtum ist bestimmt durch die Übermacht der Philister. Hier am Anfang (4, 1–11) wie am Ende des 1 Sam (31) wird von einer schweren Niederlage Israels berichtet. In dieser Gefahr liegt die Hauptursache für die Notwendigkeit einer zentralen Staatsgewalt; daher der Wunsch nach einem König. Die Gefahr zeigt sich besonders darin, daß sogar die Gegenwart der Lade die schwere Niederlage nicht verhindern kann (4, 3–11).

2. Nun aber erweist die von den Philistern erbeutete Lade sich trotz der Niederlage als mächtig und richtet bei den Philistern schweren Schaden an (5). Hier klingt zum erstenmal das Motiv an, daß Gottes Volk schwer geschlagen werden kann und sein Gott dennoch seine Wunder tut.

3. Die Lade wird von den Philistern freiwillig zurückgesandt; aber ihre unheimliche Kraft kann Leben schaffen und töten; in 2 Sam 6, 7 tötet sie den Mann, der sie berührt, obwohl er sie nur vor dem Fallen sichern wollte. Wir treffen hier in der Lade-Erzählung noch auf Spuren des uralten, längst vorisraelitischen Mana-Glaubens, nach dem ein Gegenstand krafthaltig sein kann, und diese Kraft zerstörend wie auch lebenschaffend wirkt. Er findet sich in sehr frühen Schichten vieler Religionen und ist nicht spezifisch israelitisch, auch nicht spezifisch biblisch. In diesen Erzählungen von der Lade ist aber ein Moment enthalten, das auch für den Gottesglauben des Alten Testaments wichtig und wesentlich ist: Gottes Handeln bleibt unberechenbar; es ist niemals von den Menschen ganz zu fassen, warum Gott hier segnet und dort tötet.

Vgl. Ri 9

7–12 Die Entstehung des Königtums

Das Königtum begrüßend	vor dem Königtum warnend
	7: *Darstellung der Richtertätigkeit Samuels* Sieg über die Philister bei Eben ha ēzer
	8: *Israel begehrt einen König*

Vgl. die verschiedene Darstellung der Landnahme in Jos 2–12 u. Ri 1.

9, 1–10, 16: Saul zum König gesalbt

9, 1–10: Sauls Vaterhaus, die Eselinnen
11–25: Zusammentreffen mit Samuel; das Opfermahl
26–10, 1: Samuel salbt Saul
10, 2–13: Die Zeichen; Saul unter den Propheten
14–16: Das Geschehen bleibt geheim
21b–27: Jubel und Ablehnung

10, 17–27: *Israel bekommt einen König*
17–19: Ihr habt heute euren Gott verworfen!
20–21: Auslosung

11: *Sauls Sieg und Königserhebung*
1– 4: Die Boten von Jabesch-Gilead
5–10: Geist Gottes und Aufgebot
11: Sieg über die Ammoniter
12–15: Saul in Gilgal zum König erhoben

Vgl. Ri 6–8.

Zu 11, 11–15 vgl. Jes 42, 1–4, das erste Gottesknechtlied.

12: *Abschied Samuels*
1– 5: Samuel legt Rechenschaft ab
6–13: Abschluß der Richterzeit durch den Wunsch nach einem König
14–18: Zeichen für das Unrecht
19–25: Trost und Mahnung

1. Die Entstehung des Königtums in Israel wird in Kap. 8–12 offenkundig verschieden in den zwei oben gezeigten Linien dargestellt. In der einen wird das Königtum jubelnd und dankbar begrüßt als Gabe Gottes an sein Volk, durch die er ihm aus schwerer Bedrängnis hilft. In der anderen wird zwar auch Gottes Ja zum Königtum anerkannt, aber auf seiten der Menschen ist der Wunsch nach einem König ein ‚schweres Unrecht', ein Verwerfen Gottes. Dies ist die offenbar spätere, deuteronomistische Darstellung (die allerdings ältere Elemente in sich enthält!), die unter der Last der geschichtlichen Erfahrung dieses Urteil vom Ende her spricht, entsprechend dem deuteronomischen Urteil über die Schuld der Könige. Was aber zunächst als ein krasser Widerspruch erscheint, bewahrt bei tieferem Hinsehen einen geschichtlich bedeutsamen Tatbestand: daß nämlich in Israel das Königtum durch seine ganze Geschichte hindurch unter den beiden Aspekten stand, die in den beiden Linien der Darstellung seiner Entstehung so eigentümlich gegeneinander stehen.

2. Dem geschichtlichen Hergang am nächsten steht wahrscheinlich 1 Sam 11. An dieser Stelle ist Saul genau wie einer der charismatischen Führer (Ri) gezeichnet, der auf Grund seiner Bewährung (wohl angesichts der Philistergefahr) zum König erhoben wird. 1 Sam 11, 1–11 ist neben Ri 6–7 die deutlichste Schilderung des charismatischen Führers, der angesichts der tödlichen Bedrohung eines israelitischen Gemeinwesens (die Stadt Jabesch ist von den Ammonitern belagert) von der Kraft (= Geist) Gottes ergriffen, ein Aufgebot zusammenrafft und die Bedrohten befreit. Damit, daß er dann zum König ausgerufen wird (11, 11–15; auch hier zeigt sich schon eine königsfeindliche Gruppe 12–13), ist die Richterzeit abgeschlossen. Diesen Abschluß der Richterzeit stellt auch Samuel in seiner Rede (12, 6–13) ausdrücklich fest, unter negativem Aspekt.

Eine der Reden, in denen der dtr Verfasser seine Deutung des betreffenden Geschichtsabschnittes ausdrückt; ebenso 2 Sam 15.

3. Die schöne Erzählung 9, 1–10, 16 enthält eine Fülle wichtiger Züge aus dem Leben der Frühzeit Israels; Samuel ist Priester und zugleich Seher, es begegnet die alte Form des Opfermahls als Gemeinschaftsmahl, zum erstenmal kommen hier Prophetenscharen vor, ähnlich wie die Prophetengruppen um Elisa.

Samuel als Priester; vgl. 1 Sam 1–3.

4. Das von Samuel 8, 10–18 angekündigte ‚Königsrecht' gehört in die Nähe der Jothamsfabel Ri 9: auch hier wird die wirtschaftliche Seite der neuen Ordnung des Königtums nach ihrer negativen Seite dargestellt, eine kulturgeschichtlich wichtige Kritik, die wohl einen sehr alten Kern hat.

5. Dasselbe gilt für Samuels Rechenschaftsbericht 12, 1–5, eine regelrechte öffentliche Entlastung vom Richteramt, die dem starken, rechtlich-sozialen Zug im Bundesbuch und Deuteronomium entspricht.

In 13, 7–15 u. Kp 15 spiegelt sich das spätere Spannungsverhältnis zwischen Königtum u. Prophetie; vgl. die Worte der Propheten gegen Könige, z. B. Jer 21–22.

13–31 Sauls Königtum

13–14: Kämpfe mit den Philistern

13, 1– 7: Aufgebot und Zerstreuung
7–15: Erste Verwerfung durch Samuel (vorzeitiges Opfer)
15–22: Aufstellung der Heere bei Michmas
(19–22: keine Schwerter!)

14, 1–15: Heldentat Jonathans
16–23: 31: Sieg auf dem Gebirge Ephraim
24–30: Das Enthaltungsgebot
32–35: Beute und Opfer
36–46: Verfolgung, Bruch des Enthaltungsgebots durch Jonathan
47–52: Abschlußbericht: Sauls Kriegstaten, Sauls Familie

15: Sauls zweite Verwerfung durch Samuel
16, 14–23: Ein böser Geist kommt über Saul;
Davids Saitenspiel
18: David wird Sauls Rivale, gewinnt Sauls Tochter
19–27: Saul verfolgt David
28: Saul bei der Totenbeschwörerin in Endor
31: Niederlage und Tod Sauls auf dem Gebirge Gilboa

1. Der Bericht von Sauls Aufstieg reicht nur bis 1 Sam 14. Er enthält nichts weiter als eine ausführliche und äußerst lebendige Darstellung seines ersten entscheidenden Sieges über die Philister (13–14). Wesentlichen Anteil an diesem Sieg hat Jonathan, der im entscheidenden Augenblick die weit überlegenen Philister in ihrem Feldlager überrumpelt und so die Wende herbeiführt. Welche Bedeutung dieser Sieg hatte, zeigt die Bemerkung 13, 19–22: die Philister hatten ihre Herrschaft über Israel unter anderem durch das Privileg der Eisenbearbeitung (Beginn der Eisenzeit!) ausgeübt; der Kampf mußte daher gegen einen technisch überlegenen Gegner geführt werden.
2. Kapitel 14 endet 47–52 mit einem Sammelbericht, der die Geschichte Sauls abschließt. In ihm wird Sauls Königsherrschaft ganz positiv gewertet: „Er verrichtete tapfere Taten . . . und errettete Israel aus der Hand derer, die es beraubten“ (48). Was danach in Kapitel 16ff. noch über Saul gesagt wird, ist Bestandteil der Geschichte von Davids Aufstieg und gerät in ihr von vornherein auf die absteigende Linie. Nach dem kurzen Sammelbericht 14, 47–52 bestand einmal eine viel positivere Tradition über Saul, von der nur noch Reste erhalten sind. Aber das von ihm Überlieferte läßt noch erkennen, daß sein Königtum durchzogen war von einer tiefen Tragik. Auch die Taten, deretwegen er von Samuel verworfen wurde (13, 8–15; 15) waren in der Absicht getan, Jahwe und seinem Volk zu dienen. Ebenso war der Konflikt mit David ein tragischer Konflikt; auch die Geschichte von Davids Aufstieg läßt das noch erkennen. Das Ende Sauls (28 und 31) gehört zu den erschütterndsten Stunden in der Geschichte Israels.

Vgl. die Salbung Sauls, 1 Sam 9, 26–10, 1; 1 Kön 19, 15: Salbung Hasaels von Syrien; Salbung des Königs Ps 45, 8; Salbung des Propheten Jes 61, 1.

16–31; 2 Sam 1–5 Davids Aufstieg

Erster Teil: David an Sauls Hof
16, 1–13: Samuel salbt David zum König
14–23: David kommt als Knappe an Sauls Hof
17: David und Goliath

Oft begegnendes Motiv, daß der Kleine über den Großen, der Schwache über den Mächtigen siegt, vgl. Gen 14, 13–16; Ri 7, 1–8; aber auch 1 Kor 1, 27; 2 Kor 12, 9.

18, 1–16: Davids Bund mit Jonathan. Sauls Rivale
17–30: David gewinnt Sauls Tochter Michal
19, 1– 7: Jonathan söhnt Saul und David aus
8–24: Davids Flucht und Aufenthalt bei Samuel
20: Endgültige Flucht Davids. Jonathans Freundschaft

Hier ist zum erstenmal im AT von Freundschaft die Rede; die Freundestreue bewährt sich: 19, 1–7. 8–24.

Zweiter Teil: David als Freibeuter
21, 1–10: David bei Achimelek in Nob. Schwert Goliaths
11–16: Bei Achis von Gath
22, 1– 5: Sammelt eine Freischar in der Höhle von Adullam; er zieht weiter
6–23: Sauls Rache an der Priesterschaft von Nob. Abjatar flieht zu David
23, 1– 6: David befreit Kegila von den Philistern
7–13: Flucht in die Wüste Siph, Gottesbefragung
15–18: Besuch Jonathans
19–28: Siphiter wollen David ausliefern, David flieht weiter
24: David verschont Saul bei Engedi
25: Samuel stirbt. Nabal und Abigail
26: David verschont Saul in der Wüste Siph
27: David bei Achis von Gath; Beutezüge
29: David aus dem Heer der Philister entlassen
30: David rächt den Einfall in Ziklag
28–31: Sauls Ende
28: Saul bei der Totenbeschwörerin von Endor
31: Schlacht auf dem Gebirge Gilboa. Tod Sauls und seiner Söhne

Das Befragen des Orakels (Ephod als Orakelgerät) spielt hier eine wichtige Rolle; dazu C. Westermann, Die Begriffe für Fragen und Suchen im AT: Theol.-Bücherei 55, 1974, S. 162–190.

Dritter Teil: David wird König in Hebron
1, 1–16: Nachricht vom Tod Sauls und seiner Söhne
17–27: Davids Totenklage auf Saul und Jonathan
2, 1– 7: David wird in Hebron zum König Judas ausgerufen
8–32: Kämpfe zwischen David und Isbaal
3, 6–39: Abner geht zu David über und wird von Joab getötet
4: Isbaal wird ermordet; David läßt die Mörder töten
5, 1– 5: David wird König über die israelitischen Stämme
6–12: David erobert Jerusalem und macht es zu seiner Residenz
13–16: Davids Söhne
17–25: Siege über die Philister

Während die Leidklage im AT Gebet ist, ist die Totenklage eine profane Gattung; sie wird von den Propheten benutzt: Am 5, 1–3; Jer 9, 20–22 u. ö.

Hiermit beginnt die Bedeutung Jerusalems. Vorisraelitische Jerusalemer Traditionen lassen sich in den Zion-Psalmen 46; 48; 132 erkennen.

Man könnte in dieser Darstellung des Aufstieges Davids den Höhepunkt der im Alten Testament berichteten Geschichte sehen. Man müßte aber gleich hinzufügen: den Höhepunkt, dessen Höhe nur gesehen werden kann von den Tiefen, die dann folgten. In diesem Aufstieg Davids – und nur hier allein – ist Israel, was es sich ersehnte von den Vätern an und was es Jahrhunderte nach David von einer gewandelten Zukunft erhoffte. Es ist kein Bruch in diesem Aufstieg. In strahlender Kraft begegnet der junge König einer Bedrohung nach der anderen und überwindet sie als ein Held. In weitblickender Klugheit weiß er die schwierigsten Komplikationen zu meistern und die Herzen auch seiner Gegner zu gewinnen. Aber zu Kraft und Klugheit kommt noch etwas anderes: David hat Glück in einem erstaunlichen Maße; immer wieder geschieht zur richtigen Stunde das ihm Günstige. In seiner Kraft, in seiner Klugheit, in seinem Glück ist er Gesegneter, und man kann es mit Händen greifen: dieser König ist Gottes strahlendes Geschenk an sein Volk; mit ihm wird Israel einmal eine Stunde geschenkt, die erfüllt ist von Aufstieg, Glück und Erfolg. Niemals wieder kam eine so helle Epoche.
Die Erzählung ist in diesem Abschnitt von 1 Sam 16 bis 2 Sam 5 so geschlossen, so gradlinig und klar, daß er hier keinerlei bibelkundlicher Hilfen bedarf. Hier genügen die oben gegebenen Überschriften, und es kommt einzig darauf an, ob der Leser dieser

Bibelkunde von den hier gegebenen Anregungen und Linien her die Erzählung selbst zu lesen bereit ist, die ihm nun keinerlei Schwierigkeiten mehr bereiten kann. Will er ein Übriges tun, dann mag er in ein eigenes kleines Buch die ganze Erzählung vom ersten bis zum letzten Satz mit eigener Hand nachschreiben; erst dann wird sie ihm so vertraut sein, daß er David kennt, den König, der für Israel Inbegriff des Königtums und Vorbild des erwarteten Heilskönigs der Zukunft wurde.

Für das Verständnis der weiteren Geschichte sei nur noch erklärt, daß Davids Königtum, zu dem er in dieser Erzählung aufsteigt, eine zusammengesetzte Größe, ein mehrfaches Königtum ist: In 2, 1–7 wird David in Hebron von den Südstämmen, deren wichtigster Juda ist, zum König Judas ausgerufen; er ist also eigentlich und ursprünglich König der südlichen Stämmegruppe, des späteren Südreiches Judäa. In 5, 1–5 übertragen ihm die Nordstämme das Königtum Nordisraels nach dem Tod Sauls und Isbaals; das aber geschieht auf Grund eines Vertrages (5, 3) der unter Umständen wieder gelöst werden kann. König über Israel ist David also in Personalunion. Dazu kommt noch ein drittes, andersartiges Königtum: durch die Eroberung Jerusalems (5, 6–12), einer bis dahin noch jebusitischen, d. h. kanaanäischen Stadt, wird diese Stadt Davids persönliches Eigentum, es wird ‚die Stadt Davids' und er wird König Jerusalems. Da Jerusalem auf der Mittellinie zwischen den Nord- und den Südstämmen liegt, war es als Residenz besonders geeignet und seine spätere beherrschende Bedeutung wird von da aus verständlich.

Von der Geschichte vom Aufstieg Davids gehen die Grundlinien der gesamten weiteren Geschichte Israels aus: das Königtum, Jerusalem mit dem Heiligtum und die mit diesen beiden Institutionen gegebenen großen Spannungen.

Zweiter Teil: Davids Thronnachfolge

In der Geschichte von der Thronnachfolge Davids begegnen viele Familienmotive; die Vätergeschichte ist zu vergleichen.

2 Sam 6–1 Kön 2 Wieder liegt in diesem Abschnitt der Königsbücher eine in sich geschlossene Darstellung vor. Sie hat ihr deutlich erkennbares Ziel in dem abschließenden Satz (3, 1) „Und das Königtum war fest in der Hand Salomos". Wie es dazu kommt, das erzählt der Verfasser der Geschichte von der Thronnachfolge Davids. Es muß ein Mann gewesen sein, der die Ereignisse selbst miterlebt hat, ja, der selbst am Königshof an ihnen beteiligt war, anders läßt sich seine Kenntnis so vieler genauer Einzelheiten kaum erklären. Dieser Mann hat in seinem Werk echte, hervorragende Geschichtsdarstellung erreicht. (Hier sei auf zwei wichtige Arbeiten verwiesen, die dieses Werk behandeln: L. Rost, Die Überlieferung von der Thronnachfolge Davids, 1962; G. v. Rad, Der Anfang der Geschichtsschreibung im alten Israel, Ges. Aufsätze 1968, S. 148 bis 188).

Die Darstellung setzt mit dem letzten Teil der Lade-Erzählung (1 Sam 4–6 und 2 Sam 6) ein: Nachdem die Lade von David zurückgeholt worden war, wurde ihre Einholung mit einer Prozessionsfeier begangen, bei der der König vor der Lade einhertanzte. Hier fügt der Erzähler eine kleine, aus der Lade-Erzählung eigentlich herausfallende Episode an: Michal, Sauls Tochter und Davids Frau, spottet über dieses Tanzen Davids, und dann heißt es: „Michal aber, die Tochter Sauls, blieb kinderlos bis an den Tag ihres Todes". Sie war zur Mutter des Thronerben bestimmt; wer wird nun der Thronerbe werden? „Es ist dies ein Anfang, der Dunkles ahnen läßt" (von Rad). Aber dagegen steht in hellem Licht die Verheißung Nathans für Davids Haus und Davids Königtum (7); damit ist die Thematik gegeben, die nun entfaltet wird bis zu der Antwort auf die hier gestellte Frage am Ende von 1 Kön 2.

Kp 7 gehört zu den Segensverheißungen; es wird das Bleiben, der Bestand verheißen.

2 Sam 6*: Warum Michal kinderlos blieb
7: Die Nathanverheißung

8: Sammelberichte; Davids Kriege und Beamte
9: David nimmt Meribaal auf
10 und 12, 26–31: Bericht vom Ammoniterfeldzug
11–12, 25: Davids Ehebruch und Nathans Einschreiten
13: Amnons Frevel; Absaloms Rache und Flucht
14: Joab söhnt David mit Absalom aus
15: Absaloms Empörung und Davids Flucht
16, 1–14: Freunde und Feinde (Ziba und Simei)
16, 15–17, 14: Die beiden Ratgeber
17, 15–29: David flieht vor seinem Sohn
18: Absaloms Niederlage und Tod
19: Davids Trauer und unglückliche Rückkehr
20: Aufstand Sebas
1 Kön 1–2: Wie Salomo König wird

Hier zum erstenmal die soziale Anklage aus dem Mund eines Propheten.

Vgl. die Überschrift zu Ps 3: „als er floh vor seinem Sohn Absalom".

In der Mitte steht der Bericht von Davids Vergehen an seinem Hauptmann Uria und dessen Frau (10–12) während des Ammoniterfeldzuges. Dieser Bericht wiederum kommt zu seiner Höhe in den Worten Nathans an David, die David in seinem Vergehen stellen: „Du bist der Mann!". Dem geht voraus die schon genannte Überleitung aus der Lade-Erzählung (6) und die Nathanverheißung (7). Ohne notwendigen Zusammenhang mit der Thronnachfolgegeschichte folgen hier ein Sammelbericht von Kriegen und Männern Davids (8), däzu ein Bericht, der Motive von Davids Aufstieg aufnimmt: ein einziger Mann ist noch von Sauls Haus übrig, ein lahmer Sohn Jonathans. Den nimmt David, seinem einstigen Versprechen gemäß an seinen Hof (9). – Es folgt auf die Mitte 10–12 ein in sich geschlossener Komplex 13–19, der von Absaloms Aufstand handelt. In der folgenden Regierungszeit Davids hat der Erzähler nur noch einen weiteren Aufstand zu schildern (20); dann setzen schon zu Lebzeiten Davids, in dessen Spätzeit nichts mehr zu spüren ist von dem Glanz seines Aufstieges, heftige und brutale Kämpfe um den Thron ein (1–2), aus denen Salomo, Bathsebas Sohn, als Sieger hervorgeht. Aber was ist das für ein Sieg! Salomo hat das Königtum fest in seiner Hand; die Frage vom Anfang: „Wer wird sitzen auf dem Stuhle Davids?" ist beantwortet. Was aber die Geschichte von der Thronnachfolge Davids eigentlich zu sagen hat, geht in dieser Antwort nicht auf. Es wird gar nicht in Worte gefaßt; es spricht aus dem erschütternden Gefälle des Geschehens selbst, das mit seltener Kunst das Stärkste mit dem sagt, worüber es schweigt.

David steht auf der Höhe seines Königtums und bekommt von Nathan im Namen Gottes das Bleiben seines Hauses und des Königthrones zugesagt (7). Der König verträgt die ihm damit gegebene Sicherheit nicht und zerstört das Haus eines seiner Diener. Daß er die Stimme Gottes in dem Propheten Nathan, der ihn in seinem Vergehen stellt, nicht zum Schweigen bringt, sondern sich dieser Stimme beugt, sagt klarer als irgendetwas sonst von David Berichtetes, daß dieser König wirklich Gott gegenüber ist. Er muß sich nun dem stellen, was in seinem eigenen Haus, in seiner eigenen Familie geschieht. Ein Sohn nach dem anderen gerät in die Bahn von Schuld und Scheitern. Amnon verfällt einer Leidenschaft zu seiner Halbschwester Thamar; deren Vollbruder Absalom rächt sich an Amnon. Damit beginnt das erschütternde Drama zwischen David und Absalom mit Verrat, Haß und ohnmächtiger Liebe (13–19). Am Ende ist Absalom tot und David ist gebrochen. Der Endkampf um den Thron fordert den Tod eines weiteren Bruders (Adonija, 2, 13–25) und noch viel anderes Blut. – Für den Leser bleibt am Ende dieses Dramas der Kontrast zwischen der hohen Verheißung, die diesem König gegeben wurde (7) und der Wirklichkeit von Schuld und Leid im Leben dieses so hoch erhobenen Königs das eigentliche Wort, das von der Bühne dieses Dramas wegweist auf den Herrn der

Geschichte in seiner verborgenen Majestät. Wenn die Geschichte von Davids Aufstieg dem Warten auf den Messias die hellen, strahlenden Farben gab, so hat die Geschichte von der Thronnachfolge Davids von Anfang an dem Warten auf den Messias die Sehnsucht nach einer völligen Wandlung hinzugefügt.

8 und 21–24 Die Anhänge. Die Geschichte von der Thronnachfolge Davids darf nicht als eine Gesamtdarstellung von dessen Regierung angesehen werden; die Sammelberichte in Kap. 8; 21 und 23 bringen an Fakten aus Davids Regierungszeit sehr viel mehr, vor allem über seine Kriege, in denen er ein Großreich errichtete, das von Damaskus im Norden bis nahe an Ägypten im Süden, vom Mittelmeer bis an die arabische Wüste reichte. Von der Mehrzahl dieser Kriege sind uns nur kurze Notizen und summarische Übersichten erhalten. An politisch wichtigen Ereignissen der Regierungszeit Davids steht in 8, 1–15 mehr als in der ganzen Thronnachfolgegeschichte! Kapitel 8; 21 und 23 zeigen, daß es einmal eine reiche Überlieferung von Davids Kriegstaten gab. Der Schatten Sauls taucht noch einmal auf in einer grausamen Geschichte von der Rache der Gibeoniten an Sauls Nachkommen (21, 1–14) und Kap. 24 berichtet von einer weiteren, für uns schwer verständlichen Begegnung mit einem Propheten aus Anlaß einer Volkszählung, die David verboten war und deren Bestrafung er selbst wählen muß. Der Pest wird Einhalt geboten durch den Bau eines Altars auf der Tenne Araunas, dort wo dann später der Tempel erstehen sollte.

Dritter Teil: Das Königtum Salomos

1 Kön 3–11 Es gab einmal eine ‚Chronik Salomos' (1 Kön 11, 41), die dessen Königtum im Zusammenhang darstellte. Was uns in der Bibel davon überliefert ist, stellt nur einen sehr geringen Auszug aus ihr dar. Wir wissen von Salomo nur wenig.

I. 3–8 *Salomo, der Bauherr des Tempels*

3, 1–15: Einleitung
    1: Salomo heiratet eine Pharaonentochter
    2– 3: Bis zu dieser Zeit bestand der Opfergottesdienst auf der Höhe
    4–15: Die Gottesoffenbarung zu Gibeon:
        Der Wunsch des Königs
5, 15–32: Vorbereitung des Tempelbaues, Vertrag mit Hiram
6: Der Bau des Tempels
7, 1–12: Die Palastbauten
    13–51: Die Ausstattung des Tempels
8, 1–66: Die Tempelweihe
    1– 9: Die Lade wird in den Tempel gebracht
    10–13: Die Herrlichkeit des Herrn erfüllt den Tempel
        Salomons Tempelspr. („. . . im Dunkel wohnen")
    14–21: Salomo segnet die Gemeinde und begründet den Tempelbau
    23–53: Salomos Gebet, Segen und Schlußwort 54–61
    62–66: Opferfest zur Weihe
9, 1– 9: Zweite Gotteserscheinung: Verheißung und Drohung

Nur hier im AT direkte Offenbarung Gottes an einen König Israels; ein Zug des „Sakralen Königtums"; vgl. Theol. Bücherei 55, C. Westermann, 1974, 291–308.

Salomos Tempelweihgebet gehört zu den dtr Reden, die die Geschichte deutend zusammenfassen. Das Gebet erhält eine für den Gottesdienst beherrschende Bedeutung.

II. 3–5; 9–10 *Salomo, der große König*

4–5, 8: Salomos Regierung, Beamte, Hofhaltung, Größe des Reiches
5, 9–14: Salomos Weisheit (Sprüche); 3, 16–28: Das salomonische Urteil
9, 10–28: Salomos Wirtschaft, Handel und Verkehr

10, 1–13: Die Königin von Saba
14–29: Salomos Reichtum

III. 11 *Gott läßt Salomo Widersacher erstehen*

11, 1–13: Salomos ausländische Frauen und deren Gottesdienst
14–25: Hadad von Edom und Rezon von Damaskus
26–40: Jerobeam
41–43: Salomos Regierungszeit und Tod

Die Mitte und den beherrschenden Teil des Abschnittes über Salomo, 1 Kön 3–11, bildet der Tempelbau Kapitel 6–8. Wie wichtig er dem Verfasser war, sieht man schon daran, daß von allen übrigen Palastbauten nur kurz und summarisch 7, 1–12 gehandelt wird. Dem Größenverhältnis entspricht das nicht; der Tempel war im Palastkomplex nur ein kleiner Teil, etwas wie eine Hofkapelle. Die so starke Hervorhebung des Tempels ist in der Bedeutung begründet, die er später bekam. Der Tempelbau mit der Vorbereitung, Durchführung, Ausstattung, der Weihe des Hauses ist überhaupt der einzige größere Zusammenhang in 3–11. Eine besondere Betonung bekommt der Bericht noch damit, daß er gerahmt wird von einer Gottesoffenbarung an Salomo vorher und nachher. In 3, 4–15 gibt ihm Gott in der Nacht eines Opferfestes im Traum einen Wunsch frei; der König wünschte sich nicht Reichtum und Macht, sondern ein ‚hörendes Herz'; hiermit fängt das Hervorheben der Weisheit Salomos an. In 9, 1–9 bekommt Salomo auf sein Gebet (8) eine Antwort, in der Gott zusagt, seinen Namen in diesem Haus wohnen zu lassen, verbunden mit Verheißung und Warnung. Vor und nach dem Bericht vom Tempelbau sind eine Reihe einzelner Nachrichten gesammelt, die alle von Salomos Größe und Weisheit handeln:

Mit dem Tempelbau durch kanaaäische (5, 15–32) Baumeister und Handwerker erhalten auch kanaanäische Kulttraditionen Eingang; durch die Lade (8, 1–9) werden die alten Traditionen Israels mit dem neuen Heiligtum verbunden; vgl. 2 Sam 6.

Vgl. das Buch der Proverbien; Pflege der Weisheit an allen Königshöfen des Vorderen Orients; daher bezeichnet sich der Verfasser des Buches „Prediger" als König.

a) In Kap. 4 sind seine Beamten aufgezählt; 5, 1–8 handeln von der Ausdehnung seines Reiches und seiner Hofhaltung; 9, 10–28 von seinen Bauten, dem Frondienst der noch übrigen Kanaanäer, von Handel und Seefahrt, Wirtschaft und Verkehr; 10, 14–29 von seinem Reichtum.

b) So wie bei keinem König sonst wird Salomos Weisheit gerühmt. Er bittet Gott um ein hörendes, verständiges Herz (3, 4–15), er findet in einem schweren Rechtsfall den weisen Urteilsspruch (3, 16–28). „Gott gab Salomo Weisheit und hohe Einsicht"; er war weiser als die bekannten Weisen des Ostens (5, 9–11). Die Weisheitsdichtung wurde an seinem Hofe gepflegt; Salomo dichtete viele Sprüche von Pflanzen und Tieren (5, 12–13), und die Leute kamen von weither, um die Weisheit Salomos kennenzulernen (5, 14). Ausführlich wird ein solcher Besuch der Königin von Saba erzählt (10, 1–13).

Dennoch schließt der Abschnitt von Salomo mit der Andeutung kommenden Unheils: Gott läßt dem Salomo Feinde erstehen (11), Feinde von innen (Jerobeam) und von außen (Hadad von Edom und Rezon von Damaskus). Begründet wird es mit den Heiligtümern für fremde Götter, die auf den Höhen um Jerusalem für die ausländischen Frauen Salomos gebaut werden. Aber dies ist doch wohl nur als Symptom gemeint für eine Wandlung des Königtums unter Salomo, das bei aller Macht und allem Glanz überfremdet und den Königtümern der umliegenden Reiche in gefährlicher Weise angeglichen war. Zwar bleibt der Friede erhalten, solange Salomo lebt (5, 4f.), die dunklen Wolken aber ziehen schon auf.

Vierter Teil: Geschichte der beiden Teilreiche

1 Kön 12–2 Kön 17

Dieser Teil beginnt mit der Lossagung der Nordstämme vom Südreich und der Gründung eines eigenen Königtums in Nordisrael (1 Kön 12); er endet mit dem Untergang Nordisraels und dem Wort, mit dem der Geschichtsschreiber diese Epoche abschließt (2 Kön 17). Es können nur die wichtigsten Punkte hervorgehoben werden, und zwar in den beiden Linien, die die Königsbücher bestimmen (s. o. S. 85 und 87): der Könige und der Propheten.

Die Teilung in Nord- u. Südreich bestimmt von jetzt an die Geschichte Israels bis zum Untergang des Nordreiches (2 Kön 17) u. des Südreiches (2 Kön 22).

a) *Die Könige.* Jerobeam, ein Fronvogt Salomos (11, 26–40), ruft zur Lösung von Juda, weil Rehabeam, von jungen Höflingen beraten, auf die berechtigten Forderungen der nordisraelitischen Stämme nicht eingeht, sondern den Druck auf sie zu verschärfen in Aussicht stellt (12, 14). Jerobeam wird König des Nordreiches, gründet seine Residenz in Sichem und läßt in Bethel und Dan Stierbilder aufstellen. Sie waren nicht als Götzenbilder gemeint, sondern wahrscheinlich als Tragtiere des *nicht* abgebildeten Jahwe. Jerobeam will also an Jahwe, dem Gott Israels, festhalten, aber die spätere Zeit hat darin den für Israel verbotenen Bilderdienst gesehen. Für den Geschichtsschreiber stand es damit schon fest, daß dieser Weg schließlich in den Untergang führen müsse, so wie er es dann am Ende in 17, 7–23 sagt.

Nun folgt die Reihe der Könige in Israel und Juda, so miteinander synchronistisch verbunden, daß der Regierungsantritt des einen jeweils nach dem Regierungsjahr des anderen datiert wird. Diese Datierung bereitet zwar große Schwierigkeiten (die auf beiden Seiten zusammengerechneten Regierungszeiten stimmen nicht überein), im ganzen aber ist uns die Reihe der Könige im Norden wie im Süden erhalten. Dabei bekommen die Könige jeweils eine Beurteilung, die sich aber nur auf ihre gottesdienstliche Haltung bezieht; positiv werden nur wenige judäische Könige beurteilt. Der wichtigste Unterschied zwischen dem Königtum in Irael (= Nordisrael) und Juda besteht darin, daß in Israel die Könighäuser sehr häufig wechselten, es also zu keiner dauernden Dynastiebildung kam, während die davidsche Dynastie in Juda trotz mancherlei Störungen und Revolutionen bis zum Ende des Staates Juda erhalten blieb. Im Norden ist nach Jerobeam ein wichtiger König Omri (16), der als Hauptstadt Samaria gründet, und sein Sohn Ahab. Da wir von ihm fast nur aus den Elia-Geschichten hören, ist er recht negativ gezeichnet; aus dem Geschichtsverlauf aber ergibt sich, daß Ahab ein bedeutender König war und nicht ein Götzendiener, sondern ein Diener Jahwes sein wollte. Königin war die tyrische Prinzessin Isebel. Der große Gegner Israels in dieser Zeit ist Aram (Syrien), mit dem es immer wieder schwere Kämpfe gab (20 und 22). Das nächste wichtige Ereignis ist die Revolution Jehus (2 Kön 9–10), eine blutige Revolution im Namen Jahwes, in der das gesamte Haus Ahabs vernichtet wurde. Schließlich kommt für Nordisrael noch einmal eine Blütezeit unter Jerobeam II. (14, 23ff.), der Israel im alten Umfang wiederherstellen konnte; doch dies war eine Scheinblüte, der ein schneller Abstieg folgte. Die Angriffe der Assyrer führen zur Schwächung und am Ende unter dem letzten König Hosea zum Untergang des Nordreiches (17).

Was in dieser Zeit vom Südreich Juda und seinen Königen berichtet wird, ist äußerst spärlich. Zunächst versuchten die judäischen Könige, im Krieg gegen Nordisrael die alte Macht wiederzugewinnen, diese Versuche scheiterten. Dann treffen wir den König Josaphat von Juda als Verbündeten Ahabs von Israel (1 Kön 22), danach Joram von Juda als Verbündeten Ahasjas von Israel; beide werden in der Revolution Jehus getötet (2 Kön 9). Die Mutter Ahasjas usurpierte daraufhin den Thron und rottete das Könighaus aus.

Nur ein Sohn Ahasjas, Joas, wurde gerettet und durch den Priester Jojada auf den Thron gehoben, als er sieben Jahre alt war (2 Kön 11).
Von ihm werden Reformen und Erneuerungsarbeiten am Tempel berichtet (12); den Syrern mußte er Tribut zahlen. – Als die Assyrer Palästina bedrohten, versuchten Aramäer und Nordisraeliten durch einen Feldzug gegen Juda dieses zu zwingen, sich an einer Koalition gegen Assur zu beteiligen (2 Kön 16; 17; syrisch-efraimitischer Krieg 735/34). Damals trat Jesaja dem judäischen König Ahas gegenüber (Jes 7) und kündete ihm an, daß Jerusalem bewahrt bleibt.

b) *Die Propheten*
1 Kön 13, 1–14, 18 Schon in 12, 21–24 untersagt ein Gottesmann Rehabeam den Kampf mit Israel. Kapitel 13 erzählt ausführlich von einem Gottesmann aus Juda, dem ein Wort gegen den Altar zu Bethel zu sprechen geboten wird und seinem weiteren Schicksal. 14, 1–18 erzählt von einem Gerichtswort des Ahia von Silo gegen Jerobeam; 16, 1–4 von einem Gerichtswort des Propheten Jehu gegen den israelitischen König Baesa.

1 Kön 17 bis 2 Kön 9: Elia und Elisa
Dieser große Komplex von Prophetenerzählungen würde den Rahmen der Königsbücher sprengen, spielte sich nicht alles von diesen Propheten Erzählte in unmittelbarem Zusammenhang mit der politischen und der Königsgeschichte ihrer Zeit ab. Beim Lesen und bibelkundlichen Erarbeiten dieser Gruppe von Prophetenerzählungen muß uns von vornherein klar sein, daß wir Elia und Elisa nicht mit den späteren Schriftpropheten gleichsetzen dürfen. Es ist uns nicht möglich, ein geschichtliches Bild dieser Propheten zu gewinnen, und vieles hier Erzählte wird immer rätselhaft und fremd bleiben. Die beiden Erzählungsgruppen 1 Kön 17–19 (mit 21) und 2 Kön 1–9 haben darin eine Entsprechung, daß die erste mit dem Auftrag, Jehu und Hasael zu salben (19, 9–18), die zweite mit der Ausführung des Auftrages (2 Kön 8, 7–15; 9, 1–15) endet. Die Verbindung zwischen beiden bildet die Berufung Elisas (19, 19–21; 2 Kön 2).

1 Kön 17–19 und 21 Eliageschichten

17, 1– 6: Gerichtswort an Ahab und Flucht
7–24: Die Witwe in Zarpat (14: Mehlkad und Ölkrug)
18, 1–20: Elia begegnet Ahab
21–40: Das Gottesurteil auf dem Karmel
41–46: Der Regen kommt
19, 1– 8: Flucht vor Isebel
9–14: Gotteserscheinung am Horeb
15–18: Der neue Auftrag: Salbung Hasaels und Jehus (18: Die 7000)
19–21: Berufung des Elisa
21: Nabots Weinberg

Nicht als Prophetenerzählung, sondern als Personifizierung des Kampfes zwischen Jahwedienst u. Baaldienst zu verstehen.

Mit der Ankündigung einer Dürre beginnt Kapitel 17; am Ende von Kapitel 18 heißt es „und es kam ein gewaltiger Regen“ (18, 45). In den Elia-Elisa-Geschichten spielt überhaupt das vegetative Leben eine viel stärkere Rolle als bei den späteren Schriftpropheten. Wie Elia der Witwe von Zarpat hilft, sie vom Hungertod rettet (7–16) und ihren Sohn auferweckt (17–24), das zeigt das Wirken des Gottesmannes im Bereich des einfachen Lebens der kleinen Leute und erinnert – wie deutlicher noch manche Elisa-Geschichten – an Erzählungen von Jesus. Die andere Gruppe von Erzählungen zeigt Elia in der großen Politik: beim Gottesurteil auf dem Karmel, bei dem es um eine Entscheidung für das ganze Land geht (18, 20–40), der Flucht vor Isebel (19, 1–8) und dem Auftrag,

Vgl. die Rettung vom Hungertod u. die Erweckung des Sohnes der Witwe mit entsprechenden Erzählungen in den synoptischen Evangelien!

Eine besonders bezeichnende prophetische Gerichtsankündigung an einen König; vgl. Jer 20–22.

Vgl. den „himmlischen Hofstaat" in Jes 6 u. Hi 1–2.

der ein unmittelbar politisches Handeln gebietet (19, 9–18). In den Erzählungen von Nabots Weinberg (21) steht Elia den späteren Propheten am nächsten. Das Gerichtswort, das er hier zu Ahab sagt (21, 19), könnte genau so Amos sagen. Vor der zweiten Gruppe von Elia-Elisa-Geschichten ist ein Bericht vom Aramäerfeldzug eingefügt (20 und 22), in dem andere Propheten vorkommen. Sie sprechen in 20, 13–14.28 Heilsworte; 22 zeigt besonders eindrücklich das Gegenüber von Heilpropheten, die in Massen auftreten und einem einzigen Gerichtspropheten (Micha ben Jimla), dem geboten ist, Unheil anzukündigen. Die Offenbarung, die er bekam, erinnert an Jesaja 6 (22, 19).

2 Kön 1–9 Elia-Elisa-Geschichten

1, 1–17: Gerichtswort Elisas an Ahasja
2, 1–12: Elias Himmelfahrt
13–18: Elias Geist kommt über Elisa
19–25: Wundertaten Elisas
3: Heilswort und Zeichen Elisas im Moabiterfeldzug Jorams
4: Wunder Elisas um Gilgal
5: Heilung des Feldhauptmanns Naeman
6: Wunder Elisas, Hilfe im Aramäerkrieg
7: Elisa kündigt die Befreiung Samarias an
8, 1– 6: Hilfe für die Witwe
7–15: Salbung Hasaels
9, 1–15: Ein Jünger Elisas salbt Jehu

In die Geschichtstraditionen wurden die Elia-Elisa-Geschichten wegen dieses Eingreifens in das geschichtliche Geschehen aufgenommen.

Die Heilung Naemans erinnert an die Heilungen Jesu; hier wie dort ist der Heilende ein „Gottesmann"; Erzählungen wie diese wurden bei einfachen Leuten mündlich überliefert.

Das letzte von Elia berichtete Wort ist ein Gerichtswort (1, 1–17), das er dem König Ahasja sagen muß, weil dieser sich an einen fremden Gott gewandt hat. Bei Elisa verschwinden Gerichtsworte fast völlig; er ist ein Gottesmann, der erstaunliche Zeichen und Wunder tut, oft bizarr und ins Phantastische gesteigert in den Erzählungen. Wir blicken hier in einen Bereich der frühen Religion Israels, der in manchem an das abendländische Mittelalter erinnert. Diese Wundergeschichten wurden in volkstümlicher Überlieferung geprägt, deren Maßstäbe und Motive bedacht werden müssen. Eine besonders schöne Erzählung ist die von dem syrischen Feldhauptmann Naeman, den Elisa von seiner Krankheit befreit. Die Last Erde, die er erbittet, damit er in seinem Land etwas habe, das ihn mit dem Gott verbindet, der ihn heilte, ist ein sprechendes Zeichen für den Gottesglauben jener Zeit. – Elisa tritt oft im Kreis einer Prophetengruppe auf; einmal ist sogar deutlich eine Prophetenschule beschrieben (6, 1). Er gehört also in die Linie der Prophetie, die wir in Gruppen auch an Heiligtümern und am Königshof treffen, die Kult- und Heilspropheten.

Fünfter Teil: Geschichte Judas bis zum Untergang

Hier berühren sich geschichtliche u. prophetische Überlieferung.

2 Kön 18–25 In diesem letzten Abschnitt der Königsbücher kann noch von zwei judäischen Königen berichtet werden, die das volle Ja des Geschichtsschreibers bekommen: Hiskia (18–20) und Josia (22–23). Zwischen beiden regierten die gottlosen Könige Manasse und Amon (21), nach Josias Tod setzt der jähe Absturz zur ersten und zweiten Eroberung Jerusalems ein unter Jojakim, Jojachin und Zedekia (24–25).

18, 1– 8: Lob des frommen Königs Hiskia, der den Gottesdienst reinigt und die Höhenheiligtümer abschafft. Philistersieg
9–12: Salmanasser erobert Samaria
18, 13–19: Bedrohung Jerusalems durch Sanherib; Jesaja

20, 1–11: Hiskias Krankheit
12–19: Die Gesandtschaft aus Babel
21: Manasse und Amon
22–23: Josia
22, 3–11: Die Auffindung des Gesetzbuches
12–20: Bestätigung durch die Prophetin Hulda
23, 1–27: Die Gottesdienstreform
28–30: Josia fällt bei Megiddo
23, 31–35: Joahas
24, 1– 7: Jojakim
8–17: Jojachin; Belagerung und erste Wegführung
24, 18–25, 21: Belagerung und Eroberung Jerusalems
25, 22–26: Gedalja
27–30: Jojachin wird begnadigt

Das Deuteronomium wird mit dieser Reform Josias in Zusammenhang gebracht; nicht alle Könige waren Gott ungehorsam.

Zu den letzten Kapiteln vgl. die Königssprüche Jeremias, Kp 20–22.

Noch einmal ersteigt das jüdische Reich, das nun allein Israel darstellt, eine Höhe: unter dem König Hiskia, der sein Land vom Höhendienst reinigt, dem noch ein Sieg über die Philister gelingt und der die wunderbare Bewahrung der Stadt Jerusalem bei der Belagerung durch Salmanasser erfährt; unter dem König Josia, der auf Grund des im Tempel gefundenen Gesetzbuches (dem Grundstock des Deuteronomiums) eine Reformation des Gottesdienstes durchführt, der über das kleine Juda hinaus weite Gebiete wieder hinzugewinnt und mit dem eine neue, glückliche Epoche für Juda zu beginnen scheint. Dann aber kam der Sturz: Josia stellt sich dem Pharao Necho entgegen, der Assur gegen seine neuen Feinde, die Babylonier und Meder unterstützen will. Josia wird besiegt und fällt. Sein Sohn Joahas wird von dem Pharao nach Ägypten weggeführt und stirbt dort. Unter den drei letzten Königen Judas, Jojakim, Jojachin und Zedekia (zu ihrer Zeit wirkt Jeremia) geht es schnell von Stufe zu Stufe auf den gänzlichen Zusammenbruch zu (er wird noch einmal in Jer 37–43 berichtet). Jerusalem wird erobert und zerstört, ein Teil des Volkes in die Verbannung geführt; die Geschichte Judas ist wie die Israels als die eines selbständigen Staates zu Ende. Ein schwacher Hoffnungsschimmer mag sich in den letzten Worten der Königsbücher zeigen: Jojachin wird aus dem Gefängnis gelassen und erhält ehrenvolle Aufnahme am babylonischen Hof.
Die Übriggebliebenen standen nun vor der Frage: ist Gottes Geschichte mit seinem Volk zu Ende? Gibt es bei Gott noch Gnade für uns? Hier setzt die Botschaft Deuterojesajas ein.

3. KAPITEL

Die Propheten

Die Geschichte der Prophetie erstreckt sich vom Beginn der Königszeit bis über das Exil hinaus. Den Schriftpropheten geht eine Vorgeschichte der Prophetie voraus, von der wir in den Königsbüchern erfahren. Ein ungefährer Überblick mag die Hauptlinien zeigen:

	Gerichtsprophetie	Heilsprophetie (Kultprophetie)	
Vorgeschichte	Propheten in 1 Sam bis 2 Kön	Propheten in 1 Sam bis 2 Kön	
I. Periode c. 750–700	Amos Hosea Micha Jesaja		
II. Periode c. 650–600	Zephanja Jeremia Ezechiel ↓	Nahum Habakuk	
III. Periode Exil	→	Ezechiel Deuterojesaja	
IV. Periode 520–470	Maleachi ↓	Haggai Sacharja ↓	
Lehrdisputation ←		→	Apokalyptik (Daniel)

Zu den Propheten vgl. die Artikel in den Lexika und C. Westermann, Grundformen prophetischer Rede, 1960; [5]1978.

In dem Schema wurde nach den beiden Hauptarten der Prophetie unterschieden: der Heils- und Unheilsprophetie. Hinzu kommt eine die gesamte Prophetie bestimmende Unterscheidung der Adresse: das Prophetenwort kann an Israel oder an die Völker gerichtet sein. Da aber die Völkersprüche ganz überwiegend Gerichtsworte an fremde Völker sind, gehören sie auf die Seite der Heilsworte für Israel.

Zu dieser Grundunterscheidung nach der Adresse kommt eine zweite nach der Redeform. Die Prophetenbücher enthalten nicht nur A: Prophetenworte, sondern daneben B: Berichte (Teile des Buches Jesaja und Jeremia, das ganze Buch Jona) und C: zu Gott hingewandtes Reden (wie in den Psalmen; z. B. die Klagen des Jeremia; die Doxologien im Amosbuch).

Beim Lesen der Prophetenbücher ist zu beachten, daß die zwölf kleinen Propheten einmal *ein* Buch bildeten, in der Größe etwa dem Jesajabuch gleich. Aber wie dieses Zwölf-Prophetenbuch ist auch das Jesajabuch eine vielfältig zusammengesetzte Größe, aus kleineren Büchern und Sammlungen entstanden. Bei jedem der großen Prophetenbücher ist dieses allmähliche Erwachsen aus kleineren Einheiten zu bedenken.

Jesaja 1–39

Die Kapitel 40–55, heute einmütig als Prophethie aus dem Exil (Deuterojesaja) erkannt, und 56–66, gewöhnlich Tritojesaja genannt, sollen für sich besprochen werden. Dem Propheten Jesaja aus dem 8. Jahrhundert gehören nur die Kapitel 1–39 an. Zunächst ein Überblick über die großen Flächen:

Worte an Israel	Worte an die Völker und Heilsworte an Israel	Bericht	
1—11 (12)		(6—8)	
	13—23		
			24—27: Eine Apokalypse
28—32			
	33; 34—35		
		36—39	

1–12 sind eine Sammlung von Worten Jesajas, die einmal für sich bestand. In der Mitte steht der Bericht von Jesajas Berufung, der in einzigartiger Weise darstellt, was ein Prophet ist. Klar zeigt sich hier: wo Gott einem Menschen begegnet, geschieht ein Dreifaches. Gott begegnet als der Heilige (1–4); der Mensch entdeckt sich Gott gegenüber als Sünder, der einer Wandlung bedarf (5–7); der gewandelte Mensch wird von Gott als sein Bote gesandt (8–11).

Zu der Berufung Jesajas Kp 6 vgl. die anderen Prophetenberufungen, s. bei Jos 1.

Vg. W. Eichrodt, Der Heilige in Israel, BAT 17, I, ²1976.

Der Berufungsgeschichte folgt ein Bericht von der Begegnung zwischen dem Propheten Jesaja und dem König Ahas und deren Folgen während des syrisch-ephraimitischen Krieges (7–8). Darin steht das Wort „Glaubt ihr nicht, so bleibt ihr nicht!" (7, 9), und das Zeichen: eine Frau wird ihr Kind ‚Immanuel' nennen (7, 14). Wegen des Unglaubens des Königs wird der Prophet ein Wartender; er soll „die Weisung in seinen Jüngeren versiegeln" (8, 16–18). Den Abschluß dieses Teiles 6–8 bildet das Heilswort 9, 1–7: „Das Volk, das im Finstern wandelt, siehet ein großes Licht . . . Ein Kind ist uns geboren . . .!"

Das Wort „glauben" auf Gott bezogen hat seinen wichtigsten Konzentrationspunkt in der Prophetie Jesajas; vgl. den Art. in THAT I, ʾmn „fest, sicher" S. 177–209.

Die sogenannte Immanuel-Weissagung, häufig als messianische Weissagung verstanden.

Der Berufungsgeschichte (6) voraus geht eine Gruppe sehr verschiedenartiger Jesajaworte Kapitel 1–5. Vor dem Forum von Himmel und Erde erhebt Gott Anklage gegen sein Volk, das seinen Herrn nicht kennt (1, 2–3; Ochse und Esel). Besonders bezeichnend für die Prophetie Jesajas ist 1, 10–17, ein anklagender Ruf gegen den erstarrten und unechten Opfergottesdienst, der ungestört neben dem Verüben schweren Unrechts einhergeht: „Eure Hände sind voll Blut!" Ein weiteres für Jesaja typisches Gerichtswort von besonderer dichterischer Kraft ist 5, 1–7 das Weinberglied. Das prophetische Gerichtswort ist in ein Gleichnis gefaßt: Gott kündet das Vernichten des Weinbergs an, an den er so viel Mühe gewandt hat, umsonst: „Er hoffte auf Guttat – und siehe da: Bluttat! auf Rechtsspruch, und siehe da: Rechtsbruch!" An das Weinberglied schließt eine Reihe von Wehe-Worten, in denen es vor allem um die soziale Anklage geht. – Auch Heilsworte enthält die Gruppe Kap. 1–5: 2, 2–5 der Gottesberg am Ende der Tage (= Micha

Typisch für die Anklage gegen einen unecht gewordenen Gottesdienst.

Das Weinberglied ist seiner Form nach ein Gleichnis; vgl. die Gleichnisse Jesu.

Eine Zion-Tradition liegt zugrunde; sie kann bei mehreren Propheten begegnen; vgl. Mi 4.

Zu den Wehe-Worten vgl. C. Westermann, Grundformen, S. 140.

Vgl. zu den messianischen Weissagungen S. Mowinckel, He that cometh, ²1958.

4) und 4, 2–6 die wunderbare Gottesgegenwart auf dem Berg Zion am Ende der Tage. Ob diese Heilsworte von Jesaja sind oder später seinen Worten angefügt wurden, ist umstritten.

9, 7–20 (zusammen mit 5, 25–29) enthält eine Reihe von Gerichtsworten mit dem Kehrvers: „Bei alledem wendet sich sein Zorn nicht und noch ist seine Hand ausgestreckt!" und Kap. 10 ein Wehe über Assur. Der Schluß ist wieder ein Heilswort (11, 1–9) von dem Sproß aus dem Stamm Isais und seinem Friedensreich. Kap. 12 ist Abschluß des ganzen Buches 1–11; es enthält keine Propheten- sondern Psalmworte. Dieses 12. Kapitel stellt das Responsorium der Gemeinde dar, in der die Worte Jesajas gelesen und bewahrt wurden. Das Teilbuch 1–12 ist also ähnlich aufgebaut wie das ganze Buch:

Gerichtsworte über Israel	Gerichtsworte über die Völker	Heilsworte über Israel	Bericht	Gotteslob
1; 3; 5		2; 4		
			6–8	
9; 10	10	9; 11		
				12

Die Völkersprüche in den Prophetenbüchern sind Zeichen eines für Israel bezeichnenden Geschichtsbewußtseins, für das das eigene Volk mit der Familie der Völker (vgl. Gen 12, 3) zusammengehörte.

Vg. W. Eichrodt, Der Herr der Geschichte (Jes 13–23 u. 28–39), BAT 17, II, 1967.

13–23 Gerichtsworte gegen die Völker. Diese Sammlung von Völkersprüchen wird so erklärt, daß an eine Gruppe von Jesajaworten an umliegende Völker später weitere Völkersprüche von Unbekannten angefügt wurden, die nur aus sehr viel späteren geschichtlichen Situationen zu erklären sind.

Die Worte Jesajas in dieser Sammlung richten sich gegen Aram und Israel (17, 1–7; Zeit des syrisch-ephraimitischen Krieges), gegen Assur (14, 24–27; 17, 12–14; 18), gegen Philistäa (14, 28–32), gegen Ägypten und Äthiopien (20); aber auch gegen Juda und Jerusalem (22, 1–14) und einen seiner Minister (22, 15–25). – Alle diese Worte gegen fremde Völker haben es indirekt mit Juda zu tun; entweder will Jesaja seinem Volk die Angst vor den Mächten nehmen oder er will es davor warnen, sich auf eine der Mächte zu verlassen. In Kap. 20 wird Jesaja geboten, nackt und barfuß zu gehen als Zeichen wider Ägypten und Äthiopien, dem Rückhalt einer Koalition gegen Assur. Denselben Sinn hat das Wort an eine äthiopische Gesandtschaft (18), in dem ein für Jesajas Botschaft bezeichnendes Bild vom Abwarten Gottes steht: „Ruhig will ich zusehen, an meinem Ort, wie flimmernde Glut beim Sonnenlicht, wie Taugewölk in der Ernteglut . . .". Dem entspricht ganz das Wegweisen von den fieberhaften militärischen Vorbereitungen zu dem, der die Geschichte lenkt. „. . . Aber ihr schauet nicht auf den, der es tat, und nach dem, der es so lange vorbereitet hat, sahet ihr nicht" (22, 11).

Spätere, den Worten Jesajas angefügte Völkersprüche:

13: Untergang Babels
14, 1–23: Triumphlied auf den Sturz des Königs von Babel
21: Der Späher wartet auf den Untergang Babels

Dies alles sind Worte unbekannter Propheten aus der Zeit des babylonischen Exils, die den Untergang Babylons ankündigen. Das Spottlied auf den Tod des Königs von Babel ist eine großartige Dichtung, die in erstaunlicher Weise das Empfinden der Menschen damals wiedergibt: „Nun hat Ruhe, hat Rast die ganze Welt, bricht aus in Jubel . . . Wie bist du vom Himmel gefallen, du strahlender Morgenstern!" Die Todesgrenze menschlicher Macht kommt in diesem Gedicht zu einem ergreifenden Ausdruck. Hinzu kommen eine Reihe von Gerichtsworten gegen andere Völker:

15–16: gegen Moab,
19: gegen Ägypten,
23: gegen Tyrus

Dem Gerichtswort über Ägypten 19, 1–17 folgt in 18–25 ein sehr auffälliges Heilswort. In einer für das Alte Testament eigentlich unerhörten Weise wird hier auf einen Völkerfrieden vorausgeblickt: „An jenem Tage wird eine gebahnte Straße von Ägypten nach Assyrien führen . . .", in dem Israel keinen Vorrang unter den anderen hat: „An jenem Tage wird Israel der Dritte im Bunde sein neben Ägypten und Assyrien, ein Segen inmitten der Erde". Gesegnet ist dann Ägypten und Assyrien wie Israel.

Eines der wichtigsten Zeugnisse des Universalismus im AT; vgl. Gen 1–11 und Dtjes.

24–27 Die Jesaja-Apokalypse. Diese vier Kapitel könnten ein biblisches Buch für sich sein. Sie sind eine Apokalypse, eine Schilderung des Weltendes, die zu den jüngsten Teilen des Alten Testamentes gehört, neben der Daniel-Apokalypse. Sie berührt sich in vielem mit der Offenbarung Johannes im Neuen Testament, in die auch einzelne Worte aus Jesaja 24–27 übernommen sind; auch ist ähnlich, daß Schilderungen der Endzeit von Lobliedern unterbrochen werden. – Gewaltig ist die Schilderung des Weltendes: „Es welkt, zerfällt die Erde, verwelkt, zerfällt die Welt, es verwelkt die Höhe wie die Erde . . ." (24, 4). „Es zerbricht, zerbirst die Welt, es zerspringt, zersplittert die Erde . . . hin und her taumelt die Erde wie ein Trunkener . . ." (24, 19f.). – Nirgend im ganzen Alten Testament wird so wie hier das Ende der Todesgestalt unserer Welt gesehen: „Vernichten wird er den Tod auf ewig. Und abwischen wird Gott der Herr die Tränen von jedem Anlitz" (25, 8). „Deine Toten werden leben, werden auferstehen" (26, 19).

Vgl. Sacharja, Tritojesaja, Joel, Daniel u. die Offenbarung Joh. im NT; dazu Theologien des AT u. Lexikonartikel.

28–32 Der „assyrische Zyklus". Dieser Abschnitt gehört sachlich neben 1–11. Er enthält wie dieser im wesentlichen Gerichtsworte gegen Israel-Juda. Wieder sind wie dort Prophetenworte ohne Zusammenhang aneinandergereiht:

28, 1– 4: *Wehe* dem stolzen Kranz der Trunkenen Ephraims!
7–13: Priester und Prophet schwanken vom Rauschtrank!
14–22: Die Spötter und der Eckstein
23–29: Pflügt der Pflüger allezeit?
29, 1– 8: *Wehe,* Ariel!
9–12: Ein Geist des Tiefschlafs
13–16: Lippenbekenntnis und Verstecken vor Gott
17–24: Heilswort: Nur noch ein kleines
30, 1– 5: *Wehe* den widerspenstigen Söhnen
6– 7: In der Wüste des Südlandes (Hilfe bei Ägypten)
8–14: Schreibe es nieder! Söhne, die nicht hören wollen
15–17: Im Stillesein und Vertrauen würdet ihr stark sein
18–26: Heilswort: Erbarmen wird er sich deiner!
27–33: Zuchtrute über Assur
31, 1– 3: *Wehe* denen, die nach Ägypten hinabziehen um Hilfe! Die Ägypter sind Mensch und nicht Gott!
4– 9: Der Herr wird Jerusalem beschirmen
32, 1– 8: Heilswort: König und Volk der Zukunft
32, 9–14: Ihr sorglosen Frauen!
32, 15–20: Heilswort: Bis ausgegossen . . .
33, 1: *Wehe* dir, Verwüster!
33, 2–24: Eine prophetische Liturgie

Zu den Wehe-Worten vgl. Marg. zu Kp. 10.

Vgl. Jes Kp 7–8.

Wie die Übersicht zeigt, beginnt jedes Kapitel (außer 32) mit einem Wehe-Wort, und meist steht am Ende eines Kapitels bzw. Abschnittes ein Heilswort. Dies offenbar eine Anordnung des Sammlers, der mit ihr zum Ausdruck bringen wollte, daß das Wehe!, das dem Propheten in seine Zeit zu rufen geboten war, zwar die Verkündigung Jesajas so beherrscht wie das hier in dem eigentümlichen monotonen Wehe! am Anfang jedes Kapitels zum Ausdruck kommt, daß aber dieses Wehe! nicht Gottes letztes Wort war.

Vgl. Marginalie zu Jes Kp 7–8; dazu Rö 1, 16–17.

Auf einige der Worte dieses Abschnittes sei besonders aufmerksam gemacht: 28, 14–22. Den Herren in Jerusalem, die auf ihre Bündnisse ihre Sicherheit gründeten, kündigt Jesaja an: Gott wird ein ‚fremdes Werk' tun, und das bedeutet den völligen Zusammenbruch dieser Sicherheit. Aber in diesem Zusammenbruch legt Gott ein neues, anderes Fundament in Zion, das allein dem Glaubenden Sicherheit gewährt:

> Siehe, ich lege in Zion einen Stein,
> einen bewährten Stein,
> einen kostbaren Grundeckstein:
> Wer glaubt, wird nicht zuschanden.

Hierzu die Vergleichssprüche in der Weisheit (z. B. Prov 26) u. die Gleichnisse Jesu.

28, 23–29: Auf dieses Wort vom Eckstein folgt ein im ganzen Jesajabuch einzigartiges Wort, in dem Jesaja nicht als Bote Gottes, sondern von sich aus, als ein Mensch unter Menschen spricht. Es ist seiner Art nach ein Streitgespräch und setzt voraus, daß Jesaja angegriffen wurde, weil der Verlauf der Geschichte seinen Ankündigungen zu widersprechen schien: das von ihm angekündigte Unheil kam nicht. Darauf antwortet Jesaja mit einem Gleichnis von der Arbeit des Bauern, die notwendig je zu ihrer Zeit verschieden sein muß. Das aber hat der Bauer von dem Herrn gelernt, der zu seiner Zeit das Notwendige tut: „Wunderbar ist sein Rat und groß seine Weisheit!"

Ein Ruf zum Glauben ist auch das Wort 30, 15–17: Denen, die sich auf ihr Rüsten und ihre Waffen verlassen, sagt Jesaja das Zerbrechen alles dessen an, worauf sie sich verlassen; aber gleichzeitig weist er auf die andere Möglichkeit:

> So spricht der Heilige Israels:
> In Umkehr und Ruhe liegt euer Heil,
> in Stillehalten und Vertrauen bestünde eure Stärke!
> Doch ihr habt nicht gewollt.

Die Bezeichnung „der Heilige Israels" ist für die Prophetie Jesajas bezeichnend; vgl. Jes 6.

In genau gleichem Zusammenhang steht das Wort 31, 1–3:

> . . . aber auf den Heiligen Israels schauen sie nicht . . .
> Denn Ägypten ist Mensch und nicht Gott,
> ihre Rosse sind Fleisch und nicht Geist.

Die Gerichtsworte in 28–32 stellen dar, was Jesaja unter Glauben verstanden hat; der Begriff hat durch ihn seine Prägung bekommen.

Den Abschluß dieser Sammlung 28–32 (33, 1 gehört noch dazu) bildet das 33. Kapitel, das Gunkel eine ‚prophetische Liturgie' genannt hat. Aus der Klage des Volkes (2. 7–9) erhebt sich ein Heilswort, das in die Endzeit voraussieht.

Die Kapitel 34–35 sind ein Anhang; 34 schildert in starken Farben den Untergang Edoms und aller Heiden, und 35 stellt dagegen das künftige Heil, die ungetrübte Freude der Endzeit. Er mündet aus in die Ankündigung der Heimkehr:

> Die Befreiten des Herrn werden heimkehren
> und nach Zion kommen mit Jauchzen;
> ewige Freude über ihrem Haupt,
> Freude und Wonne wird bei ihnen einkehren,
> und Leid und Seufzen werden fliehen.

36–39 Ein Bericht: Bedrohung und Rettung Jerusalems

36: Sanheribs Feldzug gegen Jerusalem
Der Feldherr Rabsake fordert zur Übergabe auf

37, 1– 7: Jesaja kündigt die Rettung der Stadt an
8–13: Neue Aufforderung zur Übergabe
14–20: Hiskias Gebet
21–35: Heilswort Jesajas für Hiskia
36–37: Abzug Sanheribs
38: Hiskias Krankheit, Heilung und Dankgebet
39: Die Gesandtschaft aus Babel und Spruch Jesajas

Der Zusammenhang zwischen Prophetie u. Geschichte, der sich in diesen Kapiteln zeigt, ist für die Prophetie als ganze bezeichnend; vgl. die frühere Bezeichnung der Geschichtsbücher als „Vordere Propheten“.

Die vier Kapitel stimmen weithin überein mit 2 Kön 18–20; hinzugefügt ist das Gebet Hiskias in Kap. 38. Wenn das Jesajabuch mit diesem Kapitel aus der Geschichte Israels abgeschlossen wird, so wird damit gesagt, daß die Propheten Israels ein Wesensbestandteil dieser Geschichte sind (beim Jeremiabuch ist es ähnlich). Es soll aber zugleich gezeigt werden, daß der Prophet Jesaja, als Künder des Gerichts von Gott gesandt, im Tiefsten solidarisch war mit der Geschichte seines Volkes. Auch wenn Jesaja immer wieder seinem König Gottes Gericht ansagen mußte: in der Stunde, in der der König den Brief mit der Übergabeforderung des assyrischen Feldherrn im Tempel vor Gott ausbreitet und zu ihm fleht für die bedrohte Stadt Jerusalem, da stehen König und Prophet miteinander vor dem Herrn, von dem der eine wie der andere alles erwartet.

Jesaja 40–55: Deuterojesaja

Mit dem Exil ist die Zeit der Gerichtsprophetie beendet: das von den Propheten des achten und siebenten Jahrhunderts angekündigte Gericht Gottes ist eingetroffen. Die Propheten des Exils (Deuterojesaja, Ezechiel und andere, unbekannte) haben den Auftrag, dem geschlagenen und zerstreuten Rest des Volkes zu verkünden, daß Gott trotz allem sein Volk nicht verlassen hat, daß es noch Heil von ihm erwarten kann.

C. Westermann, Das Buch Jesaja, Kapitel 40–66, 1966; [2]1970.

Eben dies spricht der Prolog des Deuterojesaja-Buches 40, 1–11 aus, in dem alle wichtigen Motive seiner Verkündigung gesammelt sind: Gott gebietet, sein Volk zu trösten; die Zeit des Frondienstes geht zu Ende, der Weg der Heimkehr wird bereitet (1–5). Der Klage des Volkes entgegen, das keine Hoffnung mehr hat, bekommt der Bote von Gott den Auftrag, dessen durch den Untergang bleibendes Wort zu verkünden. Die Verse 6–8 deuten die Berufung des Deuterojesaja an. Gott bleibt der Herr der Geschichte; er bleibt Sieger und seine Beute ist sein Volk, das er in die Heimat führt (9–11).

Vgl. den Prolog des Johannes-Evangeliums, der ebenfalls das Ganze zusammenfassend einleitet.

Vgl. Marg. zu Jos 1.

Die Botschaft des Deuterojesaja geht, wie das schon der Prolog zeigt, in zwei Richtungen; sie soll das geschlagene und verzweifelte Volk aus seiner Klage heraus zu neuer Hoffnung rufen, zugleich aber soll sie beweisen, daß der Gott des geschlagenen Volkes Israel dennoch in der Geschichte weiterwirkt. In der ersten Richtung liegen die unmittelbar an Israel gerichteten Worte: das sind einmal die Disputationsworte und Gerichtsworte, in denen der Prophet den Klagen, Einwänden und Anklagen Israels antwortet (40, 12–31; 43, 22–28; 45, 18–19; 49, 14–23. 24–26; 50, 1–3), dann die Heilsworte, in denen Israel Gottes Zuwendung und Gottes Hilfe zugesagt wird (die Heilsorakel 41, 8–13. 14–16; 43, 1–4. 5–7; 44, 1–5. 12–13; 54, 1–6, und Heilsankündigungen 49, 7–12; 41, 17–20; 42, 14–17. 18–25; 43, 16–21; 45, 14–16; 48, 1–11. 17–19; 54, 7–10). Diese Heilsworte bestimmen die ganze Botschaft Deuterojesajas.

Zu den Redeformen Deuterojesajas s. C. Westermann, Sprache und Struktur der Prophetie Deuterojesajas: Theol. Bücherei 24, 1964, 92–160.

In der anderen Richtung liegt eine Gruppe von Worten, die eine Rechtsverhandlung zwischen Jahwe, dem Gott Israels und den Göttern (bzw. deren Völkern) darstellen. Es

geht in dieser Rechtsverhandlung um den Anspruch, wer die Geschichte lenkt (41, 1–5. 21–29; 43, 8–15; 44, 6–8. 21–22; 45, 9–13. 20–25; 46, 9–11; 48, 12–16). Hierzu gehört auch das Wort über Kyros 44, 24–45,7. Eine dritte Gruppe von Worten kommt hinzu. In ihnen wird der Trostruf des Prologs (40, 1–2 und 9–11) durch die ganze Botschaft Deuterojesajas hindurch aufgenommen in einem antwortenden Loblied, das jetzt schon, die kommende Befreiung gläubig vorausnehmend, den Retter preist und sich der Befreiung freut (42, 10–13; 44, 23; 45, 8; 48, 20–21; 49, 13; 52, 7–12). Meist endet ein längerer Abschnitt mit einem solchen ‚eschatologischen Loblied'.
Schließlich sind als vierte Hauptgruppe die Gottesknechtlieder zu nennen [42, 1–4 (mit 5–9); 49, 1–6; 50, 4–9 (mit 10–11); 52, 13–53, 12]. In diese vier Gruppen können zwar nicht alle Worte Deuterojesajas aufgeteilt werden, sie können aber als Leitlinien dienen.

Die Verbindung von Gottes Schöpfungs- u. Geschichtswirken ist für Dtjes bezeichnend.

1) Die Worte Dtjes in 40, 12–31 sind an die in Vers 27 Angeredeten gerichtet: „Warum denn sagst du, Jakob, und sprichst du Israel: Mein Geschick ist dem Herrn verborgen und mein Recht geht an meinem Gott vorüber? Weißt du es nicht . . .?" In vier Bestreitungen reißt der Prophet sein Volk aus dieser Resignation heraus; er weist es auf den Unfaßbaren (12–17), den Unvergleichlichen (18–24 und 25–26), auf seinen Gott, den Schöpfer und Herrn der Geschichte gegenüber den Völkern (12–17), den Mächtigen (18–24), den scheinbar sieghaften Gestirngöttern (25–26). Aber er weist auf den, der sich aus seiner Höhe in die Tiefe der Not seines Volkes neigt, den Müden neue Kraft gibt – für den Heimweg (27–31). – In diesem Kapitel zeigt sich die Nähe Dtjes zur Sprache der Psalmen; hinter 40, 12–31 ist deutlich die Struktur des beschreibenden Lobpsalms zu erkennen.
In der gleichen Linie liegen die Streitgespräche 49, 14–23. 24–26; 50, 1–3. Sie wenden sich gegen die Klagen der Verbannten, Gott habe Israel verlassen 49, 14), verstoßen (50, 1) oder er könne ihm nicht mehr helfen (49, 24–26). Gegen einen anderen Einwand richtet sich 43, 22–28: Israel habe doch eine lange Zeit hindurch seinem Gott gedient, ihm ununterbrochen seine Opfer dargebracht. Dem antwortet Dtjes in der Linie der früheren Propheten: Nicht Israel hat Gott mit seinen Opfern gedient, es hat vielmehr Gott mit seinen Sünden Arbeit gemacht; und nun will Gott aus reiner Gnade seine Sünden vergeben. 45, 9–13 richtet sich gegen den Einwand, wie denn Jahwe, der Gott Israels, durch einen fremden König, durch Kyros, die Wendung des Geschickes Israels herbeiführen könne. Deuterojesaja antwortet mit dem Hinweis auf die Weite des Horizontes dessen, der diese Welt ins Sein rief.

In diesen Gerichtsreden bringt Dtjes die Einzigkeit Gottes zum Ausdruck; vgl. das erste Gebot des Dekalogs u. Dtn 26, 4.

2) Mit Kapitel 41 setzt die Reihe der Gerichtsverhandlungen zwischen Jahwe und den Göttern der Völker ein, in denen der geschlagene und damit nach antiker Anschauung aus der Geschichte ausgeschiedene Gott den siegreichen Göttern der Völker gegenüber den Anspruch erhebt, dennoch Herr der Geschichte zu sein. Zwei Argumente kann er gegen sie vorbringen: Er ist es, der die kommende Wende in der Geschichte herbeiführt, indem er den Kyros erweckt. Und er ist es, der den Geschichtsverlauf vorher ankündet. Beides aber, das Handeln und das Ankündigen erweist ein Bleiben Gottes über Höhen und Tiefen, auch über Zusammenbrüche hinweg. Er ist „der Erste und der Letzte" (41, 4); das Frühere und das Künftige ist bei ihm aufgehoben (41, 22). Eine solche die Geschichte überbrückende Kontinuität können die Götter der Völker nicht aufweisen, damit ist ihr Anspruch hinfällig (41, 24–29). Israel aber ist Zeuge dieser Treue Gottes, auch wenn es ‚blind und taub' ist, es hat doch Augen und Ohren (43, 8) und kann trotz seines Kleinglaubens bezeugen, daß er allein Gott ist und außer ihm kein Heiland (43, 8–15; 44, 6–8). Wenn dann aber eingetroffen ist, was Gott jetzt ankündigt, wenn auch das gewaltige babylonische Reich gestürzt ist, dann ergeht die Einladung zum Heil auch an die ‚Entronnenen der Völker': „Laßt euch retten, alle Enden der Erden, denn ich bin Gott und keiner mehr" (45, 20–25). Und einmal werden sich alle Knie vor ihm beugen. In diese Linie gehört auch das Kyroswort 44, 24–45, 7. Nach einer feierlichen Einleitung, in der sich Gott selbst als Schöpfer und Herrn der Geschichte darstellt (44, 24–27), ergeht das Wort an den Perserkönig: „So spricht der Herr zu seinem Gesalbten, zu Kyros, dessen Rechte ich halte: . . . Ich selber gehe vor dir her . . .!". Ein kühnes Wort, Gottes Gesalbter, ein fremder König, der anderen Göttern dient! Gleich das folgende Wort 45, 9–13 zeigt, wie es sofort Anstoß und Ärgernis erregte. Aber so kann von Gottes Handeln geredet werden, denn auch dies geschieht „um meines Knechtes Jakob willen und Israels, meines Erwählten" (45, 4).

Hier zum erstenmal im AT das Missionsmotiv: die „Entronnenen der Völker" werden zum Heil Jahwes eingeladen.

Zu Kyros als Retter Israels vgl. die Wandlungen in der Geschichte der Rettungstaten Gottes vom Auszug aus Ägypten bis zu Christus; C. Westermann, Theologie des AT in Grundzügen: ATD Ergänzungsreihe 6, 1978, S. 29–37.

3) Den Trost den Deuterojesaja dem Volk in der Tiefe zu bringen hat, faßt der Prophet in die eigentümliche Form des ‚Heilsorakels'. Das erste folgt gleich auf 41, 1–5 in 41, 8–13. In dieser Form wurde dem Flehenden, der im Tempel sein Herz vor Gott ausschüttete, eine Antwort von Gott zuteil (diese Beziehung der Heilsworte Deuterojesajas zum priesterlichen Heilsorakel für den Klagenden hat Begrich gefunden). In der Mitte dieser Heilszusage steht der Ruf „Fürchte dich nicht", begründet mit einem Nominalsatz und einem perfektischen Verbalsatz:

Die gottesdienstliche Form des Heilsorakels zieht sich durch die ganze Bibel, z. B. Gen 15, 1.

> Fürchte dich nicht, denn ich bin mit dir! (41, 10)
> Fürchte dich nicht, denn ich habe dich erlöst . . . (43, 1)

Jeder der Verbannten, der dieses Heilsorakel in der Verkündigung Deuterojesajas hörte, kannte es aus dem Gottesdienst. Wenn es jetzt dem Rest des Gottesvolkes in seine hoffnungslose Lage gesagt wurde, dann mußten die Hörer spüren, daß mit diesem Wort die Geborgenheit in Gottes Heilshandeln zu ihnen in die Fremde kam. Diese Heilszusagen (die Stellen s. o.) sind einander sehr ähnlich, das ist durch ihre liturgische Prägung bedingt. Sie werden aber erweitert in freieren, in die Zukunft weisenden Heilsankündigungen, die von der kommenden Befreiung sagen. Da wird von dem Weg in die Heimat gesprochen (41, 17–20), für den die Wüste in einen Fruchtgarten gewandelt wird, auf dem Gott sein Volk wunderbar leiten wird (42, 14–17; 49, 9–11; 43, 2). Aus allen Fernen werden sie zurückkommen (43, 5–7; 49, 12). Der neue Auszug wird ein so gewaltiges Geschehen, daß davor der Auszug aus Ägypten verblaßt (43, 16–21; 48, 1–11). Aus den Trümmern wird wunderbar Neues erwachsen (49, 17–23). In 51, 9–52, 6 ist die Heilsbotschaft Deuterojesajas noch einmal in ein gewaltiges Gedicht gefaßt; es setzt mit einer Klage des Volkes ein, das aus seiner Not Gott herbeiruft: „Wach auf, du Arm des Herrn!", und Gott antwortet, indem er seinerseits das Volk aus seiner Trauer und Müdigkeit herausruft: „Raffe dich auf, erhebe dich, Jerusalem!" (51, 17–23), „Wache auf, waffne dich mit deiner Stärke, Zion!" (52, 1–6) und mündet aus in das Freudenlied 52, 7–12: „Wie lieblich sind auf den Bergen die Füße des Freudenboten, der . . . Heil verkündet, zu Zion spricht: dein Gott ist König!" In Kapitel 54, 8 ist dieser Ruf zum Heil an das vereinsamte Zion auf seine Höhe geführt: „Im Aufwallen des Zorns verbarg ich einen Augenblick mein Antlitz vor dir, aber mit ewiger Gnade habe ich mich dein erbarmt!"

Das 55. Kapitel kehrt wieder zum Anfang, zum Prolog zurück: dort war entgegen der Klage des Volkes das Wort Gottes als das durch die Katastrophe Bleibende der Grund der Trostbotschaft. Und nun wird abschließend noch einmal in einem Gleichnis gesagt, daß das Wort Gottes ausrichten wird, wozu es Gott gesandt hat, „es kehrt nicht leer zu mir zurück, sondern wirkt, was ich beschlossen". Und dann folgt in den letzten Versen des Buches noch einmal wie im Prolog 40, 9–11 die Ankündigung des Weges in die Heimat 55, 12–13.

Zur Rahmung der Verkündigung Dtjes in 40, 8 u. 55, 10–11 (Wort Gottes) vgl. die Bedeutung der Prophetie als Wort Gottes im NT (z. B. Joh 1, 1–18) u. in der Reformation (Luthers Auslegung des Römerbriefes).

4) Die Gottesknechtlieder sind durch das Buch hindurch ohne Zusammenhang eingefügt, stehen aber miteinander in engem Zusammenhang. 42, 1–4 ist ein Wort Gottes an den Knecht, in 49, 1–6 und 50, 4–9 spricht der Knecht selber; 52, 13–53, 12 ist gerahmt in ein Wort Gottes über den Knecht: 52, 13–15 und 53, 11–12; das Wort dazwischen, 53, 1–10, ist von einer Gemeinde gesprochen, die auf das Leiden des Knechtes zurücksieht.

Gottesknechtslieder: In der Ziellinie der gesamten Geschichte der Prophetie weisen die Gottesknechtslieder am deutlichsten auf Christus. Vgl. die Erwähnungen im NT, aber auch Phil 2 u. noch das Apostolicum.

42, 1–4 ist der Designation eines Königs nachgebildet: Gott designiert den Knecht als seinen Erwählten, rüstet ihn aus und gibt ihm seine Aufgabe: „er soll das Recht zu den Völkern hinausbringen". Die Verse 2 und 3 beschreiben die Weise seines Wirkens: „das geknickte Rohr zerbricht er nicht" und dessen Ziel: „bis daß er auf Erden das Recht aufrichtet".

49, 1–6 Der Knecht spricht selbst; in 1–3 beruft er sich auf seine Erwählung durch Gott (entsprechend 42, 1–4). Dann sieht er auf sein bisheriges Werk an Israel zurück, das er als vergeblich ansehen müßte, könnte er sich nicht auf Gott verlassen (4). Nun aber bekommt er von Gott den weit größeren Auftrag: „So mache ich dich zum Licht der Völker!" (5–6).

50, 4–9 Der Knecht spricht von seinem Amt. Es ist ein Wortamt, mit dem er dem Müden helfen soll (4). Dieses Amt aber bringt ihn in das Leiden, dem er sich nicht entzieht (5–6); er verläßt sich geduldig auf die gewisse Hilfe Gottes, der für ihn eintreten wird (7–9).

52, 13–53, 12 beginnt wie 42, 1–4: Gott bestätigt den von ihm erwählten Knecht und, seine Erniedrigung andeutend, versichert er ihm Gelingen und Erhöhung. Nun spricht in 53, 1–10 eine Gruppe, ein Kreis von Menschen, der selbst durch das Werk des Knechtes gewandelt wurde. Sie

sahen seine tiefe Erniedrigung und hielten ihn für einen Verworfenen (53, 1–3). Aber dann bekennen die Gewandelten: Das alles geschah für uns! Sie haben das stellvertretende Leiden des Gottesknechtes erkannt (53, 4–6). Erschüttert sehen sie auf seinen Weg bis in den Tod zurück, einen Tod in Schande (7–9). Dennoch wissen sie, daß Gott seinen Knecht durch Leiden, Schande und Tod hindurch erhöht (10). Den Abschluß bildet noch einmal ein Gotteswort über den Knecht: Er wird ihn für sein stellvertretendes Leiden und Sterben erhöhen und belohnen.
Auf die kaum übersehbare Diskussion über die Gottesknechtlieder kann hier nicht eingegangen werden. Die Frage, ob hier von einem einzelnen oder von Israel geredet wird, ist wohl dahin zu beantworten, daß der Knecht wirklich ein einzelner ist, der aber in seinem Geschick und in seinem Amt für den ‚Knecht Gottes' steht, wie er sich durch die ganze Geschichte Israels zieht und den Gottesknechtliedern am nächsten kommt in dem Amt des Moses und des Propheten Jeremia. Es ist immer anerkannt worden, daß diese Gottesknechtlieder von allen Texten des Alten Testamentes am deutlichsten auf das Neue Testament hinüberweisen.

Jesaja 56–66: Tritojesaja

Vgl. W. Zimmerli, Zur Sprache Tritojesajas: Schweizer Theol. Umsch. 3/4, 1950. Voraussetzung sind die Abschnitte zur Zeit nach dem Exil in den Werken zur Geschichte Israels.

Vgl. W. Kessler, Gott geht es um das Ganze (Jes 55–66 u. 24–27), BAT 19, ^{2}1976.

Die Kapitel 56–66 sind Anhänge an die Botschaft Deuterojesajas oder die Botschaft eines dritten unbekannten Propheten, die dem Buch noch zugefügt wurden. Der Abstand von 40–55 ist so offenkundig, daß sie nicht dem gleichen Propheten Deuterojesaja zugerechnet werden können. Am wichtigsten ist folgender Unterschied: Während Deuterojesaja *nur* Bote des Heils ist, sind in 56–66 Heils- und Gerichtsbotschaft miteinander verbunden. Das ist durch die neue Lage bedingt: 56–66 sind *nach* dem Exil und wieder im Land Juda gesprochen. Deutlich spiegelt sich in diesen Propheten die tiefe Enttäuschung darüber wider, daß die Rückkehr aus dem Exil nicht die Heilszeit einleitete, sondern ein hartes, karges und gefährdetes Sich-Einrichten in der alten Heimat.
Den Kern bilden die Kapitel 60–62 (mit 57, 14–20), in denen für die enttäuschten Rückkehrer die Heilsbotschaft Deuterojesajas erneuert wird. Der hier spricht, weiß sich von Gott beauftragt, die frohe Botschaft zu erneuern (61, 1–3). An Zion ergeht der Ruf: „Mache dich auf, werde licht! denn dein Licht kommt, und die Herrlichkeit des Herrn strahlt auf über dir!" Ein Bild der Heilszeit wird entworfen, in dem sich die Nöte der Gegenwart spiegeln: Die noch Zerstreuten kommen zurück (60, 4), mit ihnen kommt Fülle und Reichtum (6ff.); die Völker, die bisher Israel geknechtet hatten, müssen nun zu seinem Heil dienen (10–16); die Trümmer werden wieder aufgebaut (61, 4) und Freude wird einkehren (61, 3). Auf Zion wartet eine Verherrlichung: „Du wirst eine herrliche Krone in der Hand des Herrn sein"; und nahe an Deuterojesaja anklingend, wird das Kommen des Heils angekündigt (62, 10–12; 57, 14–20). Diesen Heilsworten steht 66, 6–14 nahe.

Vgl. Lk 4, 14–21.

Einen völlig anderen Ton vernehmen wir am Anfang der Sammlung. Ein hartes, schroffes Gerichtswort über die Wächter und Hirten des Volkes (56, 9–12), die nur für sich selbst sorgen und ein ebenso scharfes Gerichtswort über die Götzendiener (57, 1–13) leiten die Sammlung ein. Der Bote bekommt den Auftrag: „Gleich der Posaune erhebe deine Stimme und verkünde meinem Volk seine Untreue und dem Hause Jakob seine Sünden!" Dies muß mit Macht verkündet werden, denn die Israeliten berufen sich vor Gott auf ihr Fasten und gründen Ansprüche darauf: „Warum fasten wir und du siehst es nicht?" Mit derselben Schärfe und Klarheit wie die vorexilischen Propheten deckt der Prophet den unechten Gottesdienst auf und fordert statt dessen Recht und Barmherzigkeit: „Ist das ein Fasten, das mir gefällt, daß man den Kopf hängen läßt wie die Binse und in Sack

Vgl. die Anklage gegen unechten Gottesdienst, s. o. Jes 1, 10–17.

und Asche sich bettet? Ist nicht das ein Fasten, wie ich es liebe: daß du ungerechte Fesseln öffnest, daß du den Hungrigen dein Brot brichst?" – Ähnlich wendet sich 59, 1 gegen den Vorwurf, daß Gott nicht helfen könne: „. . . sondern eure Missetaten scheiden euch von Gott!", und es folgt ein dunkles Bild von den Sünden des Volkes 59, 4–8, das in 9–20 in eine Klage des Volkes übergeht: „Wir harren auf Licht, und siehe da, Finsternis"; ein Sündenbekenntnis folgt in 12–15 a. Auf dieses Sündenbekenntnis hin kündet Gott sein helfendes Eingreifen an 15 b–21. Von der Schuld des Volkes, insbesondere dem Götzendienst, spricht noch 65, 1–7 und 66, 1–4; dies ist wieder ein Wort zu dem unecht gewordenen Gottesdienst, dem das einfache Rechttun entgegengehalten wird. – Bezeichnend für Tritojesaja sind die Worte, in denen sich deutlich eine Scheidung zwischen Gerechten und Frevlern anbahnt: 65, 8–16; 66, 5 (und 17); 66, 22–24. Den einen wird Heil, den anderen das Gericht angekündigt.

Vor den Kapiteln 60–62, der Heilsbotschaft in der Mitte, ist in 59, 9–20 eine Klage des Volkes angedeutet. Anschließend an 60–62 folgt eine ausführliche Klage des Volkes in 63, 7–64, 12, eingeleitet durch einen Geschichtspsalm (er ersetzt den Rückblick auf Gottes früheres Heilshandeln), der in 63, 15 mit der Bitte einsetzt und in 64, 12 mit der bangen Frage endet: „Willst du, o Herr, bei all dem zurückhalten, schweigen und uns beugen über die Maßen?" – (Ähnlich endet Klgl. 5!).

Vgl. die Klagen des Volkes im Psalter, z. B. Ps 80. In 64, 1 ist die Epiphanie vorausgesetzt, s. Marg. zu Ri 5, 4–5. Umdichtung: „O Heiland, reiß die Himmel auf . . .".

Die Randkapitel 56–58 und 65–66 enthalten außer den schon genannten Gerichtsworten noch verschiedene völlig andere Worte: a) In 56, 1–8 und 58, 13–14 geht es um das Halten des Sabbats. Der Sabbat hatte durch das Exil eine erhöhte Bedeutung bekommen und war zu einem Bekenntniszeichen geworden: auch Fremdlinge und Verschnittene bekommen durch das Halten des Sabbats einen Platz im Gottesvolk (entgegen Deuteronomium 23). b) Ausgesprochen apokalyptisch sind die Verheißungen in 65, 16 b–25 von einem neuen Himmel und einer neuen Erde (vgl. Offenbarung 21, 1) und in 66, 15–24. c) Merkwürdig fremd wirkt in der Botschaft des Tritojesaja 63, 1–6, eine Art Siegeslied in dem Bild von dem Keltertreten, das in grellen Farben von der kommenden Vernichtung der Völker durch Gott spricht. Im Gegensatz dazu wird in 66, 18–21 angekündigt, daß auch die Völker (sie werden nach den Namen der Völkertafel Gen 10 aufgeführt) am Ende die Herrlichkeit Gottes sehen und dem Herrn Opfergaben bringen werden.

Die nachexilische Prophetie geht in die Apokalyptik über.

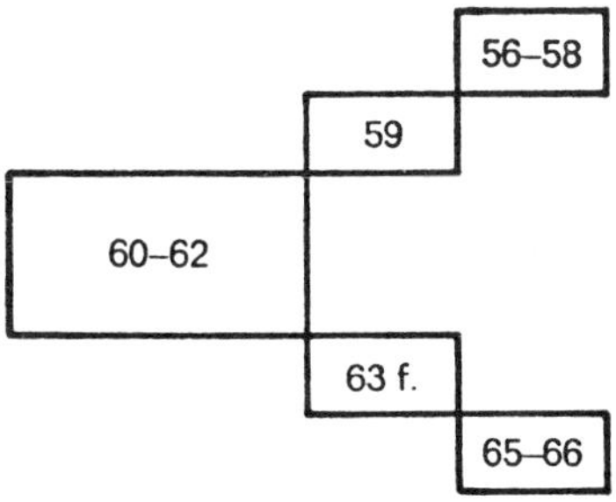

56–58: Gerichtsworte (u. a.)
59: Volksklage (angedeutet)
60–62: Die erneuerte Heilsbotschaft
63 f.: Volksklage und Gottes Antwort
65–66: Gerichtsworte und apokalyptische Heilsworte

Jeremia

Im Unterschied zum Jesajabuch haben es die 51 Kapitel des Jeremiabuches alle mit dem einen Propheten Jeremia zu tun. Wir erfahren von ihm so viel wie sonst von keinem Propheten. Die drei Hauptredeformen der Prophetenbücher treten bei Jeremia besonders klar heraus: Prophetenwort (Botenwort), Bericht, das zu Gott hin gewandte Reden. Hiermit verbindet sich noch eine andere Dreiteilung, die sich aus dem Entstehen des

Zu Jeremia neben den Kommentaren s. C. Westermann, Jeremia, ^{2}1972, Bibl. Seminar im Calwer Verlag.

Jeremiabuches ergibt: drei Schichten, aus denen es erwachsen ist, die leicht zu erkennen sind. Die erste (A) besteht nur aus Prophetenworten, die aneinandergereiht gesammelt worden sind. Die zweite (B) ist eine Erzählung von Ereignissen, die im Zusammenhang des Ergehens eines Wortes des Propheten geschahen, vor allem von Leiden, die dem Propheten aus seiner Verkündigung erwuchsen. Man kann sie geradezu die Leidensgeschichte Jeremias nennen. Sie stammt wahrscheinlich von dem Freund und Schreiber Jeremias, Baruk (Kap. 45). Die dritte Schicht (C) ist eine Bearbeitung von Jeremiaworten in einem breiten, predigtähnlichen Stil, dem Stil des deuteronomistischen Geschichtswerkes. Eine Fülle gleicher Worte und Wendungen begegnen hier wie dort. Die Schicht A umfaßt wesentlich Kap. 1–25; die Baruk-Erzählung beginnt in 19, wird fortgesetzt in 26–29 und reicht dann zusammenhängend von 36–45. Die C-Schicht ist so mit den anderen beiden verwoben, daß sie keine selbständigen Abschnitte bildet. In seiner jetzigen Gestalt ist das Buch Jeremia einfach und übersichtlich aufgebaut:

1–25: Gerichtsworte an Juda-Israel
25 und 46–51: Gerichtsworte an die Völker
30–35: Heilsworte an Juda-Israel
26–29 und 36–45: Jeremias Leidensgeschichte
52: Geschichtlicher Anhang (= 2 Kön 24, 18–25, 30).

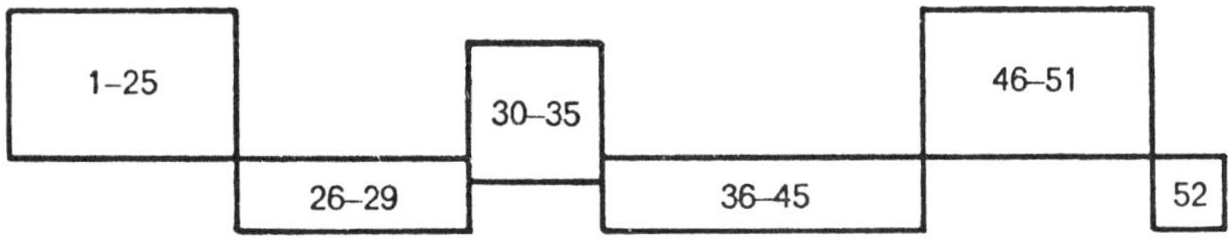

1–25 Worte Jeremias an das eigene Volk

1–10: Berufung und Gerichtsworte
11–20: Klagen und Gerichtsworte
21–25: Worte an die Führenden und Abschluß

Außer Jes 6 u. Ez 1–3 ist Jes 40, 1–6 u. Jos 1 zu vergleichen. Die Berufung unterscheidet neben anderem den Propheten vom Priester.

1–10 Die Berufung Jeremias (vgl. Jes 6; Ez 1–3) ist vor allem darin von der des Jesaja unterschieden, daß Jeremia sich gegen den Auftrag wehrt: „. . . ich bin noch zu jung!“ Schon hier zeigt sich, daß in der Prophetie Jeremias die menschliche Seite des Amtes so stark heraustritt wie sonst bei keinem Propheten. Die Berufung ist verbunden mit einem Doppelgesicht (1, 11–16), das zwischen der Einsetzung (1–10) und der Aussendung (17–19) eingefügt ist. Das erste Gesicht sagt ihm: Gott wacht über seinem Wort, das zweite: Es kommt eine Katastrophe über das Land. Darin sind die beiden Teile der Gerichtsankündigung angedeutet, Gottes Eingreifen und die Folge dieses Eingreifens. Die Begründung dieses Eingreifens ist in 16–17 nur angedeutet. In der dann folgenden Aussendung (17–19) wird dem Jeremia die Schwere seines Auftrages nicht verhehlt: „Ich mache dich zur ehernen Mauer“.

Vgl. die Anklage gegen den unecht gewordenen Gottesdienst bei Jesaja (1, 10–17), Amos (2, 8; 4, 4–5), Tritojes (57, 1–13) u. a.

In der Mitte der Kapitel 2–10 steht die Tempelrede Kap. 7. Man muß sie zusammen mit Kap. 26 lesen, wo die auf diese Rede folgenden Ereignisse berichtet werden. Jeremia kündigt hier etwas für die Ohren seiner Zuhörer Schreckliches an: Der Tempel Jerusalems wird wie Silo werden, d. h. wie das in der Richterzeit von den Philistern zerstörte Heiligtum der Lade (vgl. 1 Sam 1–6). Er begründet die Ankündigung: Ihr habt den Tempel zur Räuberhöhle gemacht! Damit nämlich, daß sie ihr frevelhaftes Leben durch den Tempelgottesdienst sichern wollten wie ein Räuber seine Beute in seiner Höhle sichert. Kap. 26 berichtet, wie dieses Gerichtswort Jeremia fast das Leben gekostet hätte.

Die der Tempelrede (7, 1–15) folgenden Worte (7, 16–20. 21–28; 7, 30–8, 3) handeln auch vom Gottesdienst.
In Kap. 2–6 ist 2, 1–13 ein für Jeremias Verkündigung charakteristisches Wort: Jeremia erhebt Anklage gegen das treulose Volk. Er stellt sie auf den Hintergrund all der Wohltaten, die Gott seinem Volk erwiesen hat (3–7), weist auf die anderen Völker: „hat je ein Volk seine Götter vertauscht?" und ruft Himmel und Erde zu Zeugen dieses unerhörten Treubruchs auf:

Der „Rückblick auf Gottes früheres Heilshandeln" zeigt das Geschichtsbewußtsein der Propheten.

> Erschreckt darüber, ihr Himmel,
> und entsetze dich sehr, o Erde!
> Denn zwiefach Böses hat mein Volk getan:
> Mich haben sie verlassen,
> Brunnen lebendigen Wassers,
> um sich Zisternen zu graben
> rissige Zisternen, die kein Wasser halten!

In 4, 5–29 wird in einem fast balladenartigen Gedicht das Herankommen eines Feindes aus dem Norden (vgl. 1, 14f.) geschildert; der Aufbruch des Feindes: „Schon steigt aus seinem Dickicht herauf der Löwe, der Würger der Völker", die Panik, die er auslöst, die überstürzte Flucht in die festen Städte, das Anrücken des Feindes bis vor die Hauptstadt Jerusalem. Vom Feind aus dem Norden handeln auch 5, 15–17; 6, 1–8. 22–26.

4, 23–26 gleicht einem Seherspruch, der sich an manchen Stellen mit dem Prophetenwort verbunden hat.

Die Aufgabe des Propheten ist nicht nur das Ankündigen des Gerichtes, es ist ihm aufgegeben, alles zu tun, was doch noch zu einer Umkehr führen könnte. Sind nicht doch Gruppen oder einzelne im Volk, die gehorsam blieben? So hat Gott den Propheten zum Prüfer bestellt: er soll die harte Masse des Volkes wie ein Metallprüfer mit Feuer lösen, ob sich noch ein guter Kern herausstellt (6, 27–30); er bekommt den Auftrag, Nachlese zu halten am Weinstock seines Volkes (6, 9–15); er geht von den einfachen Leuten zu den Gebildeten und Führenden, ob nicht *einer* da sei, der Gutes tue (5, 1–6).
In den Kapiteln 8–10 kehrt immer wieder der Ton der Klage, mit dem dieser Abschnitt 8, 4–7 einsetzt: Klage über die Unbegreiflichkeit des Abfalls. Dieser Abfall ist so unverständlich (4–5) und unnatürlich (6–7): „Der Storch am Himmel kennt seine Zeiten . . . mein Volk will nichts wissen von der Weise des Herrn" (vgl. Jes 1, 3). Gott will bei seinem Volk ernten und findet – den unfruchtbaren Feigenbaum! (8, 13). 8, 18–22 ist eine Klage des Volkes, das schwerkranke Volk schreit um Hilfe: „Ist denn kein Balsam in Gilead?" 9, 16–21 ist ein Ruf zur Totenklage. Dieser Form bedient sich der Prophet, die vorausgenommene Totenklage ist eine unheimliche Ankündigung (vgl. Am 5, 1–2). Der Tod ist in diesem Lied eine Person, wie in den Liedern und Totentänzen des Mittelalters: „Der Tod ist in unser Fenster gestiegen, ist in unsere Burgen gedrungen!" Auch 9, 9 ist eine Klage über das verödete Land. Das Ende dieses Abschnittes 10, 19–20. 23–25 bilden noch einmal Worte der Klage, 23–25 ist ein Stück aus einem Klagegebet.

Wie viele Psalmenformen hat sich auch die Klage mit dem Prophetenwort verbunden; bei Jer als Klage des Propheten u. als Klage Gottes.

11–20 Klagen und Gerichtsworte. Nur innerhalb dieses Teiles stehen die Klagen oder Konfessionen Jeremias (in 11; 15; 17; 18; 20). Etwas Ähnliches begegnet bei keinem anderen Propheten, nur die Klage des Mose und die des Gottesknechtes in Deuterojesaja sind ähnlich. In diesen Worten spricht nicht der Bote Gottes, sondern der in diesem Amt leidende Mensch. Sie sind ein erschütterndes Zeugnis dessen, was der Mensch Jeremia gelitten hat; ein in die Zukunft weisendes Zeichen dafür, welche Bedeutung jetzt dem Leiden des von Gott Beauftragten zukommt.

Die Klagen des Propheten, nur bei Jer begegnend (in Spuren schon als Klage des Mose), verbinden das Leiden der Propheten unter ihrem Auftrag mit dem Leiden des Gottesknechtes (s. o.).

11, 18–12, 6: Die Leute von Anatot. Dem Propheten gehen plötzlich die Augen darüber auf, daß seine Nachbarn gegen ihn, den Nichtsahnenden, einen Anschlag geplant haben. Wie kann Gott es zulassen, daß er, der es so ernst mit Gott nimmt, ihnen wehrlos ausgeliefert ist? Jeremia bekommt eine Antwort, die ihm noch Schwereres ankündigt, aber doch deutlich macht, daß Gott auf seiner Seite ist.

15, 10–20: Von deiner Hand gepackt. Eingeleitet mit einem Weheruf klagt Jeremia Gott seine Einsamkeit: „Von deiner Hand gepackt saß ich einsam; denn du hast mich mit Zorn gefüllt!" Gern wäre er im Kreise Fröhlicher, er sehnt sich nach Liebe und Wärme. Seine Einsamkeit wird ihm unerträglich: „Warum ist mein Schmerz andauernd, meine Wunde unheilbar?" In seinem Schmerz läßt er sich zu einer schrecklichen Anklage hinreißen: „Du bist mir geworden wie ein Trugbach!" In der Antwort verweist Gott ihm sein Reden und ruft ihn zurück. Aber gerade hier erneuert er seine ihm bei der Berufung gegebene Verheißung: „Ich bin mit dir, dich zu erretten." 17, 14–18 und 18, 18–23 richten sich gegen die Feinde Jeremias und er redet hier so wie in den Feindklagen der Psalmen geredet wird. Den Feinden entgegen klammert er sich fest an Gott und seine Zusage.

Dieses Wort aus den Klagen Jeremias spricht am deutlichsten aus, daß die Propheten nicht aus sich heraus gewirkt haben.

20, 7–11: Feuer in meinen Gebeinen. Jeremia kann es nicht mehr aushalten, „denn das Wort Jahwes ist mir zum Schimpf und Hohn geworden den ganzen Tag!" Nun möchte er die Last abwerfen: „Ich aber dachte: Ich will nicht mehr an ihn denken und will nicht mehr in seinem Namen reden! Aber da ward es in meinem Herzen wie brennendes Feuer . . . Ich mühte mich, es auszuhalten, – aber ich schaffte es nicht." Hier hören wir den Menschen und den Propheten Jeremia, hin- und hergerissen zwischen dem Wort seines Herrn, das ihm Schimpf und Schande und dem Wort seines Herrn, das ihm Freude und Wonne bringt.

20, 14–18: Warum bin ich geboren? Diese letzte Klage Jeremias ist wie ein Aufstöhnen aus tiefster Verzweiflung (vgl. Hiob 3). Er kann in seinem Leben keinen Sinn mehr finden, er verflucht den Tag, an dem er geboren ist. Auch auf diese Klage hat Jeremia eine Antwort bekommen, Gott hat ihn nicht in dieser Verzweiflung versinken lassen.

Vor jeder dieser Klagen, ihnen eigentümlich entsprechend, steht ein Auftrag Gottes an den Propheten.

Zum Verbot der Fürbitte vgl. Am 7 u. 8, die Visionen des Amos.

11, 1–14 leitet den Abschnitt 11–20 ein und am Ende dieser Einleitung wird Jeremia die Fürbitte verboten (noch einmal 14, 11).

14, 1–15, 4 ist eine Volksklage in schwerer Dürre. Jeremia leidet mit dem Leid seines Volkes und möchte ihm ein Heilswort sagen. Aber er wird scharf abgewiesen: „Wenn selbst Moses und Samuel vor mich träten, mein Herz würde sich diesem Volk nicht zuwenden." Jeremia steht allein zwischen der Not seines Volkes und dem Zorn seines Gottes; aus dieser Einsamkeit steigt seine Klage auf.

Der Prophet ist mit seiner ganzen Existenz an seinem Dienst beteiligt, vgl. den Gottesknecht.

16, 1–13: Jeremia muß mit seinem Leben ein Zeichen geben für das nahende Gericht. Er darf keine Frau und keine Kinder haben (1–4); er darf nicht an der Trauer (5–7), nicht an der Freude (8–9) seiner Nachbarn teilhaben. „Von deiner Faust gepackt saß ich einsam."

Hier wird das Empfangen eines Gotteswortes besonders deutlich.

18, 1–12: Jeremia beim Töpfer. Der Prophet erhält den Auftrag, in die Werkstatt eines Töpfers zu gehen. Dort kommt Gottes Wort zu ihm: „Kann ich nicht wie dieser Töpfer mit euch verfahren, Haus Israel?"

19, 1–20, 6: Der Prophet im Kerker. (Zum Verständnis ist wichtig, daß diese Geschichte 19, 1–2a. 10–11. 14–15; 20, 1–6 mit einer zweiten verquickt ist: 19, 2b–9. 11b–13: ein Gerichtswort im Hinnomtal). Jeremia bekommt den Auftrag, vor dem Scherbentor einen irdenen Krug zu zerbrechen. Wie er das, diese Handlung deutende, Gerichtswort im Tempelvorhof wiederholt, wird er von dem Tempelaufseher, dem Priester Paschchur geschlagen und in den Block gelegt. Bei seiner Entlassung am nächsten Morgen sagt er dem Paschchur Gottes Strafe an. In der auf diesen Bericht folgenden Klage hören wir: „Das Wort Jahwes ward mir zu Schande und Schimpf."

Außerdem stehen in 11–20 eine ganze Reihe von Gerichtsworten; dazu gehört auch die Gleichnishandlung 13, 1–11, das Vergraben des Gürtels, und das Gleichniswort 13, 12–14 von den Weinkrügen. Mitten darin steht in 17, 5–11 eine kleine Sammlung von Weisheitsworten, darunter das Wort: „Es ist das Herz ein trotzig und verzagt Ding; wer kann es ergründen?"

21–24 Worte an die Führenden

Nicht das Wirken der Könige insgesamt wird verurteilt, sondern nur klare Abweichungen von den Geboten.

21–22: Worte gegen Könige
- 21, 1–10: Antwort an Zedekia
- 21, 11–22, 9: An das Königshaus
- 22, 10–30: An einzelne Könige
  - 10–12: Sallum (Joahas): Er kommt nicht wieder!

13–19: Jojakim: Ein Eselsbegräbnis!
20–30: Jojachin: Der abgerissene Siegelring
23, 1– 8: Wehe den Hirten!
23, 9–40: Worte gegen die Propheten
9–12: Prophet und Priester sind Frevler geworden!
13–15: Die Propheten Samarias – die Propheten Jerusalems
16–24: Das Gesicht des eigenen Herzens
25–32: Was hat das Stroh mit dem Korn gemein?
33–40: Ihr seid die Last!
24: Das Gleichnis von den beiden Feigenkörben

23, 5–8 gehört zu den messianischen Verheißungen wie Jes 11.

In diesen Kapiteln sind Worte Jeremias nach sachlichen Gesichtspunkten gesammelt und geordnet: Worte über die Könige und über die Propheten sind zusammengestellt, dazwischen ein Wort über die Hirten, wobei ‚Hirten' ein zusammenfassendes Wort für die Führenden ist. In den Königssprüchen spiegelt sich der letzte Abschnitt der Geschichte der Könige Judas recht genau: Noch ist Jerusalem erfüllt von der Klage über den Tod des Königs Josia, da kündigt Jeremia an, daß der vom Pharao nach Ägypten abgeführte Sohn und Nachfolger Josias, Joahas (Sallum), nie wiederkehren wird. Ein scharfes Gerichtswort richtet Jeremia gegen Jojakim: Ein gewaltsamer Tod und die Schändung seines Leichnams werden ihm angekündigt. Die Begründung ist eine Anklage gegen den König: er hat seine Macht dazu ausgenutzt, seine Untertanen auszubeuten. Dabei weist ihn Jeremia auf seinen Vater Josia, bei dem Recht und Gerechtigkeit herrschten. Mehrere Worte über Jojachin (22, 20–30) haben mehr den Charakter einer Klage: Erschüttert steht Jerusalem vor seinem Geschick, nach nur drei Monaten Regierung wird er nach Babylon weggeführt, weggeschleudert wie ein wertloses Gefäß.

23, 9–40 wirft ein helles Licht auf die Gegnerschaft zwischen dem Gerichtspropheten Jeremia und den Heilspropheten, „die da rufen Heil! Heil!, und ist kein Heil"; die sich auf ihre Träume berufen und einen „Gott aus der Nähe" verkündigen, der den Hörern bequem ist. Aber Gott hat sie nicht geschickt: „Bin ich denn ein Gott aus der Nähe, spricht der Herr, und nicht ein Gott aus der Ferne . . .?" „Ist nicht mein Wort wie ein Feuer, wie ein Hammer, der Felsen zerschmeißt?"

Der Gegensatz zwischen Gerichts- u. Heilsprophet wie 1 Kön 22.

Das Gleichnis von den zwei Feigenbäumen (Kap. 24) schließt die Worte an die Führenden ab. Der dem Verderben anheimgegebene Teil des Volkes – das will das Gleichnis sagen – ist gerade nicht die Gruppe der Weggeführten, sondern der in Jerusalem unter Zedekia verbliebene Teil.

25, 1–14 ist Abschluß der ganzen Sammlung Kapitel 1–24. Das Stück gehört der C-Schicht an und ist ein Musterbeispiel für diese exilische Bearbeitung der Jeremia-Worte. Bezeichnend ist, daß hier rückblickend das Wirken Jeremias summiert „Seit dem 13. Jahr Josias . . . bis auf den heutigen Tag, nun schon 23 Jahre lang . . ." und mit dem der früheren Propheten zusammengefaßt wird: „Und immer wieder hat der Herr zu euch alle seine Knechte, die Propheten, gesandt, – aber ihr habt nicht gehört". Ganz ähnlich zusammenfassend spricht auch das die Kapitel 11–20 einleitende Stück 11, 1–8, das ebenfalls der exilischen Bearbeitung angehört.

Diese deuteronomistische Zusammenfassung des Wirkens Jeremias (vgl. 11, 1–8) ebenso summarisch vereinfachend wie die deuteronomistische Beurteilung des Königstums.

25, 15–38 und 46–51 Gerichtsworte über die Völker. In 25, 15–38 leitet das Bild vom Taumelbecher die Völkersprüche ein: „Nimm diesen Becher voll schäumenden Weines aus meiner Hand und laß daraus trinken alle Völker, zu denen ich dich sende, daß sie trinken und taumeln und toll werden vor dem Schwert, das ich unter sie sende . . ." (25, 15f.) In einer früheren Gestalt des Jeremiabuches schlossen hier die Völkersprüche 46–51 an, wie das noch die Septuaginta zeigt. Für diese Kapitel 46–51 gilt, was schon zu Jesaja 13–23 gesagt war; nicht alle Worte in 46–51 stammen von Jeremia; die Völkersprüche sind ihrer Herkunft nach anonym und in allen Sammlungen von Völkergeschichten sind Worte verschiedener Propheten, die wir nicht kennen, aufgenommen.

25, 15–38:	Der Taumelbecher für die Völker (mit Zusätzen)		
46:	Ägypten		
47:	Philistäa	49, 23–27:	Damaskus
48:	Moab	28–33:	Arabische Stämme
49, 1– 6:	Ammon	34–39:	Elam
7–22:	Edom	50–51:	Babel

Vgl. die Völkersprüche in Jes 13–23 u. a. Zum Wirken Gottes in der Geschichte anderer Völker vgl. Gen 10; Jes 10; Jes 45.

In den beiden Worten über Ägypten (46, 3–12 und 13–26) ist die Niederlage Pharao Nechos am Euphrat vorausgesetzt: der Sieger über den König Josia (609) wird geschlagen und dieser Niederlage folgen Eroberungszüge Nebukadnezars bis nach Ägypten hinein. Auch Philistäa, der einst so mächtige Feind Israels, wird von dem Sturm überrannt (47). Von den Nachbarn Israels fällt ein Volk nach dem anderen; großartig die Dramatik dieser Völkerzusammenbrüche. Daß Gott Herr der Geschichte ist, findet in diesen Völkerworten Jeremias einen besonders starken Ausdruck. Daß aber Gottes Wirken in der Geschichte der Völker nicht allein in den Katastrophen gesehen werden kann, die sie treffen, zeigt der Satz am Ende des Elamspruches (49, 39): „Am Ende der Tage will ich das Geschick Elams wieder wenden, spricht der Herr", der ähnlich auch 46, 26; 48, 47; 49, 6 wiederkehrt. Es sind spätere Zusätze, die zeigen, wie Israel bei der einseitigen Sicht des Wirkens Gottes in der Geschichte nicht stehenbleiben konnte. Die Sprüche über Babylon in 50–51 (es sind etwa 15 Sprüche) sind außer 51, 59–64 während des Exils der Sammlung der Völkersprüche angefügt worden.

30–33 Heilsworte. Diese vier Kapitel sind eine eigene kleine Sammlung; sie enthält viele verschiedenartige Heilsworte aus verschiedenen Zeiten, von Jeremia an bis in die nachexilische Zeit.

In dieser Situation, in der die Vernichtung Jerusalems beschlossen ist, kann Jeremia nicht mehr die Rettung, wohl aber das den Zusammenbruch überdauernde Segenswirken Gottes verheißen.

1. Ganz sicher von Jeremia selbst gesprochen ist das mit dem Ackerkauf verbundene Heilswort Kap. 32. Während der Belagerung Jerusalems – Jeremia ist Gefangener auf dem Wachthof des Königspalastes – bekommt er den Auftrag, von seinem Vetter einen Acker zu kaufen, für den er als Verwandter das Vorkaufsrecht hat. Der Acker liegt bei Anatot im vom Feind besetzten Gebiet. Der Kauf wird umständlich mit allen Einzelheiten geschildert, und dann folgt das Wort, auf das die Gleichnishandlung zielt: „Es sollen wieder Häuser und Äcker und Weinberge in diesem Lande gekauft werden." Dieses schlichte und stille Heilswort Jeremias bekommt seinen Sinn und seine Bedeutung erst aus der Lage, in die hinein es gesprochen wurde: den müden und verzweifelten Menschen im letzten Stadium der Belagerung wird gesagt: es ist nicht alles verloren. Es wird freies und heiles Leben geben an diesem Ort!

2. Die Heilsworte in Kap. 30 und 31 sind wahrscheinlich in der Frühzeit Jeremias zunächst allein für Nordisrael gesprochen (z. B. in 31, 5f. ist deutlich Nordisrael angesprochen: „Du kannst wieder Weingärten pflanzen auf den Bergen Samarias"), entsprechend dem Ruf zur Rückkehr an Nordisrael in 3, 12–23. Später wurden diese Heilsworte auf ganz Israel, also Israel und Juda erweitert.

Vgl. den Bundschluß Ex 24, 3–8; die prophetische Anklage des Bundesbruches (Ex 34) u. den „neuen Bund" Lk 22, 20; 1 Kor 11, 25.

3. Während es in 30–31 im wesentlichen um die Ankündigung der Heimkehr und eines neuen, glücklichen Lebens in der Heimat geht, enthält 31, 31–34 eine Verheißung anderer Art. Sie ist wahrscheinlich von vornherein ein an ganz Israel gerichtetes Wort, die Ankündigung eines neuen Bundes. Das Neue wird hier allein darin gesehen, daß das Verhältnis Gottes zu seinem Volk grundlegend gewandelt wird. Die Epoche des am Sinai geschlossenen Bundes ist abgeschlossen. Der neue Bund ist davon bestimmt, daß der

Wille Gottes dem Volk ins Herz geschrieben ist, ein für allemal. Die Einsetzung des Abendmahls knüpft an dieses Wort an: Luk 22, 20; 1 Kor 11, 25.

26–29 und 36–45 Die Leidensgeschichte Jeremias

26: Die Folgen der Tempelrede. Tod des Propheten Uria
27–28: Das Joch des Königs von Babel und Chananja
29: Jeremias Brief an die Exilierten
36: Das Schicksal der Buchrolle
37–40, 6: Jeremia während der Belagerung und Eroberung Jerusalems
- 37, 3–10: Zedekias Anfrage bei Jeremia
- 11–21: Jeremias Gefangensetzung und Freilassung
- 38, 1–13: Jeremia in die Zisterne geworfen, Rettung durch Ebedmelek
- 14–28: Letzte Warnung an Zedekia
- 39, 1–10: Fall Jerusalems
- 11–14: Jeremias Befreiung
- 15–18: Heilswort für Ebedmelek
- 40, 1– 6: Jeremia noch einmal befreit, geht zu Gedalja

40, 7–41, 18: Statthalterschaft Gedaljas in Mizpa
- 40, 7–12: Gedalja wird Statthalter in Mizpa
- 40, 13–41, 10: Ermordung Gedaljas durch Ismael
- 41, 11–18: Ismael wird verjagt

42–43: Flucht nach Ägypten
- 42: Anfrage an Jeremia und dessen Antwort
- 43, 1– 7: Zug nach Ägypten gegen Jeremias Wort
- 8–13: Jeremia kündigt Nebukadnezars Zug gegen Ägypten an
- 44: Gerichtsworte gegen den Götzendienst in Ägypten

45: Wort Jeremias an Baruk

Es ist das letzte Kapitel der Geschichte Israels als eines Staates, das den Hintergrund der Leidensgeschichte Jeremias bildet. Sie beginnt mit der Empörung, die die Tempelrede Jeremias auslöst (26). Die Menge will ihn töten, aber wie durch ein Wunder wird er gerettet; ein hundert Jahre früher durch den Propheten Micha gesprochenes Wort wirkt an dieser Rettung mit. Ein anderer Prophet, Uria, wird vom König getötet. In der Verlesung der Buchrolle, in die Jeremia auf Gottes Geheiß alle seine Worte diktierte, tritt die Verkündigung, des Propheten noch einmal vor das Volk, die Fürsten und den König (36). Der König zerreißt und verbrennt die Rolle; damit ist etwas Endgültiges geschehen. Wieder kommen dabei Jeremia und Baruk gerade am Tode vorbei. Beides geschah unter dem König Jojakim; dann fällt der erste Schlag, Eroberung Jerusalems und erste Wegführung 597.

Hier (Uria) erfahren wir einmal, daß es in Israel mehr Propheten gab als die, deren Worte uns erhalten sind.

Diese Erzählung setzt den Übergang von der mündlichen zur schriftlichen Tradition der Prophetenworte voraus.

Unter Zedekia (37, 1–2) hat Jeremia seine schwerste Auseinandersetzung mit den Heilspropheten; die Begegnung mit Chananja ist in Kap. 28 erschütternd geschildert. Jeremia muß es ertragen, daß Chananja das Joch, das er als Zeichen tragen muß, von seiner Schulter reißt und es zerbricht. Gott schreitet nicht ein und Gott gibt ihm in dieser Stunde kein Wort; er muß zu dem Triumph des Heilspropheten schweigen. Später erst kann er das ihm gesagte Wort dagegenstellen. Gegen die Heilspropheten ist auch sein Brief an die Exilierten in Babylon gerichtet (29). Er hat ihnen zu sagen, daß sie sich mit ihrer Arbeit und mit ihrem Gebet für die Menschen einsetzen sollen, unter denen sie jetzt leben. Zum erstenmal in der Bibel ist hier die Fürbitte für solche, die nicht zum Gottesvolk gehören, geboten.

Es gibt also Situationen, in denen ein Prophet kein Wort zu sagen hat.

Nun folgt der letzte Akt, die Belagerung und Eroberung Jerusalems (37–40). Jeremia bleibt seinem Auftrag treu bis in die letzte Stunde. Er steht dafür ein, daß sich jetzt Gottes Gericht an seinem Volk vollzieht durch den fremden Eroberer. Er selbst aber entzieht sich dem Schicksal seines Volkes, das er ein Leben lang ankündigte, nicht, sondern leidet dessen Leiden bis zum letzten Schritt mit als ein Verhaßter, Gefangener, Verdächtiger. Wie er nach dem Fall vor die Wahl gestellt wird, geht er zu dem Rest, der im Lande bleibt, um auch hier auf Ungehorsam, Starrsinn und Abfall zu treffen. Am Ende hat er nichts mehr als das ihn bergende Gotteswort, von dem er sagte: „dein Wort ward meines Herzens Freude und Trost". Das Wort, das Jeremia seinem Gefährten Baruk sagte (mit dem dieser seine Erzählung Kap. 45 beschließt), gilt auch ihm selbst: „Siehe, was ich gebaut, reiße ich nieder und was ich gepflanzt, ich reiße es aus; und da begehrst *du* Großes für dich?"

Vgl. das zu den Klagen Jeremias Gesagte.

Ezechiel

In den großen Flächen ist das Buch Ezechiel dem des Jeremia ähnlich:

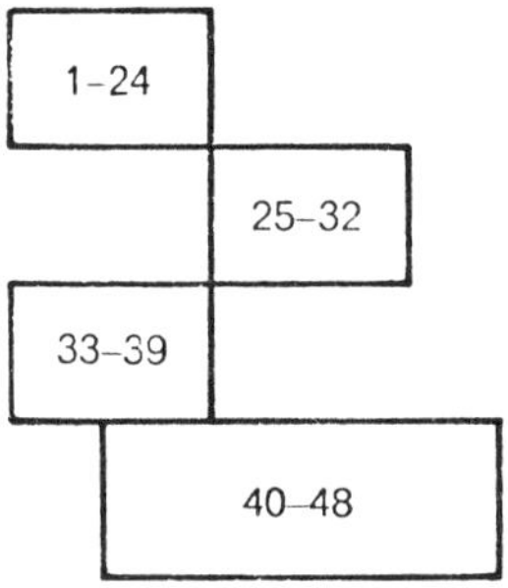

1–24: Gerichtsworte über Juda und Jerusalem

25–32: Gerichtsworte über die Nachbarvölker

33–39: Heilsworte

40–48: Der neue Tempel

Der Prophet Ezechiel war bis zum Fall Jerusalems Gerichts-, nach dem Untergang Heilsprophet.

Die Gliederung in die großen Teile, ihre Unterteilung und Verbindung miteinander macht ein Überblicken der Prophetie Ezechiels leicht. Eine auffällige Verknüpfung zeigt sich z. B. darin, daß der Auftrag zum Wächteramt am Ende der Berufung des Propheten (3, 16–21), auf den die Gerichtsworte folgen, zu Beginn der Heilsworte (33, 1–9) wieder aufgenommen wird. Klar zeigt sich hier eine Klammer, die die Teile des Buches zusammenhält. Dasselbe wird deutlich, wenn das letzte Wort in 1–24, 24, 15–27 (Ezechiel wird der Tod seiner Frau angekündigt, die er nicht beweinen darf) unmittelbar hinüberweist zu den Heilsworten: „An jenem Tag wird ein Entronnener zu dir kommen" (24, 26). Eben dies wird in 33, 21 ff. berichtet und damit fängt Ezechiels Heilsbotschaft an.
Die Worte Ezechiels sind zum Teil datiert; er hat von 593–571 gewirkt, in Babylon am Fluß Kebar (1, 1. 3; 3, 15), wohin er mit den Exilierten im Jahr 597 kam. Ob er außerdem auch in Jerusalem gewirkt hat (die Entrückung dorthin 8, 1–4), ist umstritten.

1–24 Gerichtsworte gegen Juda und Jerusalem

1–3 Die Berufung Ezechiels ist besonders ausführlich; einer Thronwagenvision 1, 4–2, 7 folgt die Beauftragung des Propheten, in eine Zeichenhandlung gekleidet: Er soll eine Buchrolle, beschrieben mit Klagen, aufessen. Dann wird er für seinen Auftrag ausgerüstet: „Wie Diamant, härter als Fels, mache ich deine Stirn!" – Es begegnen in 1–3 eine Reihe von Zügen aus der Berufung Jesajas (Jes 6) und Jeremias (Jer 1); andererseits weist sie in der ausführlichen Beschreibung des Thronwagens Gottes (die vier Tiere 5–14 werden die Symbole der Evangelisten) schon in die Apokalyptik hinüber. Am Ende, 3, 16–21 wird Ezechiel zum Wächter bestellt; hier zeigt sich etwas Neues gegenüber der früheren Prophetie: der einzelne Mensch tritt vor die Botschaft des Propheten, der verpflichtet wird, sie vor jeden einzelnen zu bringen. Aber nun tritt dem Wort gegenüber die Scheidung zwischen Gerechten und Frevlern ein, und der Prophet kann für die Frevler, die seine Botschaft abweisen, nicht mehr verantwortlich sein.

Vgl. die früheren Prophetenberufungen. Ez 1–3 hat seine Besonderheit in der Verbindung der Prophetenberufung mit kultischen Traditionen. Auch hier (wie bei Tritojes u. Sach) zeigt sich der Übergang von der Prophetie zur Apokalyptik.

4–5 Darin folgen eine Reihe von merkwürdigen, zum Teil bizarren Zeichenhandlungen, die alle auf den Untergang Jerusalems zielen. Ezechiel soll z. B. mit einem Ziegelstein und einer Eisenplatte die Belagerung Jerusalems darstellen (4, 1–3). Ein anderes Zeichen stellt die knappen und unreinen Rationen während der Belagerung dar (4, 9–17). Am Ende dieser Gruppe von Gleichnishandlungen steht ein ausführliches Gerichtswort an Jerusalem (5, 5–17): „In deiner Mitte will ich Gericht halten vor den Augen der Heiden!"

6–7 Gerichtsworte über Juda und Jerusalem. Sie gehören auf das engste mit Kap. 4–5 zusammen, sie setzen das Gerichtswort 5, 5–17 fort. Bezeichnend ist das Unheilswort gegen die Berge Israels 6, 1–10. „Menschensohn (dies ist die typische Anrede an den Propheten durch das ganze Buch Ezechiel), richte dein Angesicht gegen die Berge Israels und weissage wider sie!" – Das Leitwort von Kap. 7 ist: ‚Das Ende ist gekommen'. Ähnlich hat das schon Amos gesagt (8, 1–3); der Vergleich beider Worte hier und dort demonstriert das Gleichbleibende wie den Wandel in der Prophetie von Amos bis Ezechiel.

Die Prophetenworte sind bei Ez meist viel länger als bei den vorexilischen Propheten.

8–11 Die Greuel in Jerusalem. Der Prophet wird in einem Gesicht nach Jerusalem entrückt (8, 1–4). Am Ende des ihm in Jerusalem Gezeigten wird er nach Babylon an den Fluß Kebar zurückversetzt. Hierbei wird noch einmal ausdrücklich gesagt, daß dieses in einem Gesicht geschah: „dann hob sich das Gesicht von mir hinweg, und ich erzählte den Verbannten alles, was mich der Herr im Gesicht hatte erleben lassen" (11, 24–25). Der Prophet sieht in diesem Gesicht Greuel der Abgötterei im Tempel von Jerusalem. Nirgend wird diese Abgötterei so konkret beschrieben wie hier in Ez 8; von allerlei Bilderdienst, von Thammuzkult und von Sonnenanbetung ist hier die Rede (8, 5–18). Darauf folgt ein gewaltiges Gesicht, in dem Ezechiel den Untergang der Stadt und ihrer Bewohner sieht (9–10). Die Fürbitte des Propheten wird abgewiesen (9, 8–10). Bezeichnend für Ezechiel ist, daß bei dem Gericht über die Einwohner der Stadt zwischen Gerechten und Gottlosen unterschieden wird. Die Stadt selbst wird völlig vernichtet und entweiht; die Herrlichkeit Gottes verläßt die Stadt (10, 18f.; 11, 22f.); in 43, 1ff., bei der Schilderung des neuen Tempels zieht sie wieder in den Tempel ein.

Statt des unecht gewordenen Gottesdienstes zielt die Anklage Ez's auf massiven Götzendienst im Tempel.

12–14 Gerichtsworte gegen Juda und Jerusalem. Wieder ist dieser große Komplex von Gerichtsworten durch Zeichenhandlungen eingeleitet, in denen Ezechiel den kommenden Untergang Jerusalems im voraus darstellen muß. Er bricht, wie ihm geboten wird, in der Nacht ein Loch durch die Wand seines Hauses, nimmt das zurechtgelegte Wandergepäck auf und eilt in der Finsternis fort. Auf die Fragen seiner Umgebung gibt er die Deutung dieser Handlungen (12, 1–16). Eine tiefsinnige Zeichenhandlung folgt: Ezechiel soll sein Brot mit Zittern essen und den Trank mit Beben trinken, um zu zeigen, wie jedem einzelnen durch den kommenden Sturz Jerusalems der Frieden genommen wird. Eine lange Reihe von Gerichtsworten wird damit eingeleitet:

Vgl. Ex 16–18; die Sicherheit des seßhaften Lebens geht zu Ende, es droht ein neues Exil.

Hier spiegeln sich Traditionen von exemplarischen Frommen.

12, 1–16: Zeichenhandlung: Flucht aus Jerusalem
17–20: Zeichenhandlung: Mahlzeit in Zittern und Beben
21–28: Es wird sich nicht mehr hinausziehen!
13, 1–16: Wider die falschen Propheten: sie haben keine Mauer gebaut
17–23: Wider die falschen Prophetinnen: die die Hände der Gottlosen stärken
14, 1–11: Gott antwortet Götzendienern nicht
12–23: Nur Noah, Daniel und Hiob könnten gerettet werden
15: Wertloses Rebholz
16: Jerusalem, die Hure (eine Geschichte Israels)
17: Der große Adler, eine geschichtliche Allegorie (Zedekias Eidbruch)
18: Ich richte einen jeden nach seinem Wandel
19: Klage über das Ende des Königshauses
20: Israels Geschichte, eine Geschichte des Abfalls
21: Ein Schwert über Ammon und Juda
22: Israel ist zur Schlacke geworden
23: Ohola und Oholiba, die unzüchtigen Schwestern
24, 1–14: Der verrostete Topf
15–27: Klagloser Tod Jerusalems.

Vgl. Jer 22

13–15 1. Nur eine Gruppe wird in der Anklage Ezechiels aus dem Volke herausgehoben: die Propheten; und zwar die Heilspropheten, „die die Wand mit Tünche bestreichen“. Sie haben „Trug geredet und Lüge geschaut“. Weil sie „Heil riefen, wo doch kein Heil war“ (diese Anklage ist wörtlich von Jeremia 6, 14 übernommen!), haben sie die entscheidende Anklage des Propheten verfehlt: „Sie sind nicht in die Bresche getreten und haben keine Mauer gebaut um das Haus Israel.“

2. Die Ältesten wollen durch den Propheten eine Weisung von Gott erhalten. Ezechiel weist sie ab mit dem Hinweis auf den Götzendienst des Volkes (14, 1–11). Gottes Strafgericht ist jetzt nicht mehr abzuwenden (wie 12, 21–28), selbst Noah, Daniel und Hiob könnten Juda nicht mehr retten. Das Volk ist wertlos wie das Rebholz, das nur verbrannt werden kann. Der ganze erste Teil 12–15 ist bestimmt von der Unwiderruflichkeit des Gerichtes.

Aus dem Wirken der Propheten erwächst eine Zusammenschau der Geschichte Israels; vgl. das etwa gleichzeitig entstandene dtr Geschichtswerk.

16–23 3. Auf diese Stunde, in der das Gericht unwiderruflich geworden ist, sieht der Prophet die ganze bisherige Geschichte Israels zulaufen. In drei Kapiteln (16, 1–63; 20, 1–44; 23, 1–49) entwirft er eine Jahrhunderte umgreifende Geschichtsschau. Wir sind dabei geneigt, nur die Oberfläche zu sehen: die bizarren Formen und Bilder, die, wie wir es sehen müssen, karrikierende Einseitigkeit und Übertreibung in diesen Aufrissen einer Geschichte, die nur aus Sünde und Untreue bestehen soll. Darunter aber verbirgt sich etwas theologisch wie geistesgeschichtlich Bedeutsames: das Aufdecken großer geschichtlicher Zusammenhänge, die allein in solcher Einseitigkeit gegenüber dem Handeln Gottes gesehen werden konnten, das die Geschichte in weiten Abständen umgreift. Wenn Ezechiel dabei mit den geschichtlichen Fakten in größter Freiheit umgeht, zeigt sich eben darin das Vorordnen der übergreifenden Zusammenhänge, die ein geschichtliches Denken in unserem Sinne erst ermöglichen.
Auch in den übrigen Stücken in 16–24 zeigt sich dieses Erfassen geschichtlicher Tatbestände und Zusammenhänge. Kap. 17 ist eine geschichtliche Allegorie (von den zwei großen Adlern), in die Ezechiel die jene Zeit bewegenden geschichtlichen Bewegungen faßt. Dabei wird die zweite Eroberung Jerusalems unter Zedekia mit dem Bruch seines Vasalleneides begründet. Ezechiel sieht also diesen letzten Abschnitt der Geschichte Juda genau so an wie der Prophet Jeremia. Auch die Klage über das Schicksal der letzten Könige (19) entspricht den betreffenden Königssprüchen Jeremias (Jer 21–22). Auch das 21. Kapitel zeigt die erstaunlich weite und tiefe Geschichtsschau Ezechiels: Von dem

babylonischen Eroberer aus gesehen ist der Fall Judas nur ein Akt neben anderen. Kap. 22 stellt noch einmal in großen Zügen die Anklage gegen Gottes Volk zusammen und kommt zu dem Schluß: „Das Haus Israel ist für mich zu Schlacken geworden." Dasselbe sagt das Bild vom verrosteten Topf 24, 1–14.

18 4. In der Mitte der Gerichtsworte 12–24 steht das merkwürdige, für den theologischen Standpunkt Ezechiels besonders bedeutsame Kapitel 18. Es setzt ein mit einem Sprichwort, das unter dem Rest des Volkes umgeht: „Die Väter haben saure Trauben gegessen und den Kindern werden davon die Zähne stumpf" (vgl. Jer 31, 29). Auf dem Hintergrund der umfassenden Geschichtsschau in 16; 20; 23 ist dieses Sprichwort und was es meint, sehr verständlich. Gerade das ist der Grund, aus dem das 18. Kapitel mitten in diesen Teil gestellt ist. Ezechiel sagt dennoch: dieses Sprichwort gilt jetzt nicht mehr! Mit dem Fall Jerusalems ist eine Epoche abgeschlossen. Die Übriggebliebenen werden von dem Gerichtsurteil über ganz Israel *nicht* mehr betroffen. Es ist ihnen die Chance eigener Entscheidung gegeben: „Ein Sohn soll nicht die Schuld des Vaters, noch ein Vater die Schuld des Sohnes mittragen. Nur dem Gerechten kommt seine Gerechtigkeit zugute, und nur über den Gottlosen kommt seine Gottlosigkeit!"
Wie der Teil 12–24 mit Zeichenhandlungen begann, wird er mit einer solchen abgeschlossen (24, 15–27): dem Propheten wird der Tod seiner Frau angekündigt, und es wird ihm verboten, um sie zu klagen als ein Zeichen, das auf den unbeklagten Tod Jerusalems weist.

Diese Wandlung zur individuellen Verantwortung gegenüber Gott hin tritt mit dem Zusammenbruch des israelitischen Staates ein.

25–32 Die Völkersprüche

Vgl. die Völkersprüche Jes 13–23; Jer 46–51

Während bei den älteren Propheten die Völkersprüche ohne erkennbare Ordnung gesammelt sind, zeigen sie bei Ezechiel eine deutliche Ordnung, die wiederum auf ein weit entwickeltes Geschichtsverständnis schließen läßt. Sie sind geographisch geordnet: a) die kleinen Nachbarvölker im Osten und im Westen: Ammon, Moab, Edom und Philistäa (Kap. 25); b) das damals zu neuer Bedeutung gekommene Tyrus (und Sidon) im Norden (26–28) und c) Ägypten im Süden. – Hervorgehoben sei das dichterisch herrliche Gleichnis auf Tyrus, das Prachtschiff. „So spricht Gott der Herr: Tyrus, du hast gesprochen: Ein Prachtschiff bin ich, vollendet schön ... So wurdest du reich und überaus herrlich inmitten des Meeres; über gewaltige Wasser führten dich deine Ruderer. Da zerbricht dich der Oststurm mitten im Meer ... Alle Bewohner des Meeres sind entsetzt ob deines Geschicks, und all ihre Könige schaudern ..." Die Ankündigung, des Unterganges der Feste Tyrus ist nicht, jedenfalls nicht unmittelbar eingetroffen. Nebukadnezar hat Tyrus lange belagert, es aber nicht bezwungen. Hier hat nun Ezechiel 29, 17–21 seine frühere Ankündigung selbst korrigiert. Nebukadnezar soll, so sagt er hier, als Ersatz für die schwere erfolglose Belagerung von Tyrus Ägypten erhalten (innerhalb der Ägyptensprüche 29–32). Dies ist ein wichtiges Beispiel dafür, daß eine prophetische Ankündigung eine Korrektur nicht ausschließt.

33 Der Wächter. Die Kapitel 3; 18 und 33 haben für das ganze Ezechielbuch eine Schlüsselstellung. In Kap. 3 und 33 wird das Amt des Propheten neu bestimmt als das eines Wächters; und zwar im Blick auf die Gerichtsbotschaft (die Kap. 3 einleitet) wie auf die Heilsbotschaft (die Kap. 33 einleitet). Die Verantwortung des Wächters ist gegenüber der des Boten darin erhöht, daß er wie der Wächter auf dem Turm (33, 1–9) dafür sorgen muß, daß wirklich alle den Alarmruf hören. Damit ist die Verantwortung auch zu Ende; mit dem Hören der Warnung setzt die Verantwortung des einzelnen ein. Der Wächterruf bewirkt eine Scheidung zwischen denen, die den Ruf annehmen und

Zum Wächteramt des Propheten vgl. die Marg. zu Kp 18.

denen, die ihn abweisen; das sagt in der Mitte der Gerichtsworte Kap. 18. Daher folgt in Kap. 33 auf die Erklärung des Wächteramtes (1–9) der Ruf zur Umkehr und die Verheißung an die Umkehrenden (vgl. 10–20; 18, 23) und damit sind die Heilsworte Kap. 34–39 (und 40–48) eingeleitet. Jetzt kommt der schon am Ende der Gerichtsworte (24, 26f.) angekündigte Flüchtling aus Jerusalem und berichtet, daß die Stadt gefallen ist. Das ist die Stunde, in der die Gerichtsverkündigung Ezechiels, die nun eingetroffen ist, sich zur Heilsverkündigung wandelt.

34–39 Das kommende Heil

34: Die schlimmen Hirten und der gute Hirt
35: Gerichtswort über Edom
36, 1–15: Heilswort über die Berge Israels (vgl. Kap. 6)
16–38: Reinigung Israels
37, 1–14: Erweckung der Totengebeine
15–28: Vereinigung der Getrennten
38–39: Gog und Magog; Ansturm und Untergang der Weltmacht

Es ist die Sprache des Gleichnisses; dabei ist an das Wiedererstehen des Volkes gedacht.

In der Mitte dieses Teils steht das Gesicht Ezechiels von der Erweckung der Totengebeine 37, 1–14. Der Prophet sieht, von der Hand Gottes gefaßt, eine Talebene voller Totengebeine; auf Gottes Geheiß spricht er das Befehlswort, das die Menschengestalten wieder erstehen läßt und danach das den belebenden Geist herbeirufende Wort: „Und sie wurden lebendig und stellten sich auf die Füße; eine überaus große Schar." In dem erklärenden Wort, das dem Propheten zu diesem Gesicht gesagt wird, bekommt er den Auftrag, entgegen der Klage des Volkes: „Unsere Gebeine sind verdorrt, unsere Hoffnung ist geschwunden", zu verkündigen, daß das Volk zu neuem Leben erstehen soll. Nahe zu Kap. 37, 1–14 gehören das voraufgehende und das nachfolgende Wort: Verheißung für die Heilung der beiden tiefsten Schäden der Vergangenheit: das durch seine vielfältige Schuld verunreinigte Israel soll wieder rein werden (36, 16–38): „Ich werde reines Wasser über euch sprengen, daß ihr rein werdet . . . Und ich werde euch ein neues Herz verleihen und einen neuen Geist in euer Inneres legen" (vgl. Jer 31, 31–34). Das zerrissene Israel soll wieder vereinigt werden (37, 15–28) „. . . und ich will sie zu *einem* Volke machen . . . und sie alle sollen *einen* Hirten haben . . .". Von diesem *einen* Hirten spricht ausführlich Kap. 34. Es beginnt mit einem Wehe über die schlechten Hirten (vgl. Jer 23) und kündet den neuen, guten Hirten an: „Ich werde über sie einen einzigen Hirten bestellen, der sie weiden soll, meinen Knecht David; . . . und ich, der Herr, werde ihr Gott sein, und mein Knecht David wird Fürst sein in ihrer Mitte."

Wie bei Dtjes ist das Wiedererstehen des Volkes auf die Vergebung gegründet; vgl. Jes 40, 1–8.

Das Bildwort vom Hirten im AT in sehr verschiedenen Zusammenhängen vgl. Jer 23; Ps 80; Ps 23 u. a.

Es bleiben nun noch zwei Abschnitte, in denen das Heilswort mit dem Völkerspruch verbunden ist, 35–36 und 38–39. In 35–36 wird Ezechiel aufgetragen, Unheil über die Berge Edoms, Heil über die Berge Israels zu verkündigen. Das Gerichtswort über Edom (35) steht an dieser Stelle, weil der Prophet Anklage erhebt wegen des schändlichen Verhaltens Edoms bei und nach dem Fall Jerusalems. Dagegen ist das Gericht, das er einmal über die Berge Israels sprechen mußte (6, 1–10), jetzt zum Heil gewandelt (36). 38–39, ein im Text sehr schwieriger Abschnitt, schildert den Ansturm eines Mächtigen aus dem Norden gegen das neue Israel, der dann auf den Bergen Israels völlig zusammenbricht; er weist schon deutlich hinüber in die Apokalyptik.

Hier zeigt sich der Übergang von der Prophetie zur Apokalyptik; vgl. Marg. zu Ez 1–3.

40–48 Der neue Tempel und der neue Gottesdienst

Mit den prophetischen verbinden sich die priesterlich-gottesdienstlichen Traditionen; dazu ist Ex 25-Nu 10 (s. dort) zu vergleichen.

40–43: Der Tempel, in den die Herrlichkeit Gottes wieder einzieht
44: Die Diener des neuen Tempels
45: Die Verteilung des Landes, Pflichten des Fürsten
46: Ort des Gottesdienstes für Fürst und Volk

Die „Herrlichkeit Gottes" (zu dem Begriff kabod s. Marg. zu Jes 6), die Ez 11, 22–23 den Tempel verlassen hat, kehrt jetzt (Ez 43, 1 f.) wieder zurück.

47, 1–12: Die wunderbare Tempelquelle
47, 13–48: Grenzen und Verteilung des Landes

Dieser überraschende Abschluß eines Prophetenbuches in einer Schau des zukünftigen Tempels und des Dienstes darin läßt die priesterliche Seite im Reden Ezechiels hervortreten, weist aber zugleich hinüber zu den nachexilischen Propheten Haggai und Sacharja, die eng mit dem Tempel und seinem Dienst verbunden sind. Was das 47. Kapitel von der wunderbaren Tempelquelle sagt, läßt erkennen, daß Ezechiel von der Endzeit spricht.

Die zwölf kleinen Propheten

Die zwölf kleinen Propheten waren einmal in einem biblischen Buch zusammengefaßt. Von ihnen gehören Amos, Hosea (Nordreich) und Micha (Südreich) in die Periode Jesajas (vgl. die Tabelle oben S. 76), Nahum, Habakuk und Zephanja in die Periode Jeremias. Der ersten nachexilischen Zeit gehören Haggai und Sacharja an, Maleachi ist etwa fünfzig Jahre später. Joel, Obadja, Jona sind nachexilisch, aber nicht genau zu datieren.

Hosea

Das Hoseabuch enthält fast nur aneinandergereihte Prophetensprüche, bei denen man selten eine sachliche Anordnung erkennt. Es ist bibelkundlich besonders schwer zu erschließen.

Die Ehe Hoseas, wie sie auch verstanden werden mag, ist ein Zeichen, daß zum Dienst der Propheten die ganze Existenz gehörte, vgl. Jer 16.

1. Der erste Teil *1–3* enthält zwei Berichte (1, 2–9 in der 3. pers 3, 1–5 in der 1. pers), in denen dem Propheten eine Zeichenhandlung geboten wird: er soll eine ehebrecherische Frau heiraten. In Kap. 1 wird berichtet, daß sie ihm drei Kinder gebiert, denen er Namen gibt, die auf das kommende Gericht hinweisen: Jesreel, Nicht-geliebt, Nicht-mein-Volk. Später, wahrscheinlich nicht von Hosea selbst, werden die Namen in Heilsnamen umgewandelt (1, 10–2, 1 bzw. 3, 1–3). Zwischen diesen beiden Berichten steht das Gerichtswort 2, 2–13, die Deutung der Zeichenhandlung. Die Anklage richtet sich gegen die kanaanäische Überfremdung des Gottesdienstes: Israel dient den kanaanäischen Göttern des Landes, weil es sie für seine Lebensbedürfnisse nötig zu haben meint. Darin aber wird es dem wirklichen Geber aller dieser Gaben untreu und muß nun die Strafe der ungetreuen Frau auf sich nehmen. In 2, 14–23 kündigt Gott die große Wandlung an: Israel soll noch einmal in die Wüste und dann soll alles neu werden: „Ich verlobe dich mir auf ewig, ich verlobe dich mir in Recht und Gerechtigkeit, in Güte und in Erbarmen." Mit dieser Wandlung werden auch die Namen der Kinder gewandelt.

2. Nun folgt nur noch ein großer Block von aneinandergereihten Einzelworten, von *4* bis *14*. Es sind mit wenigen Ausnahmen Gerichtsworte gegen Israel.
4, 1–5, 7 enthält zumeist Worte, die als Gerichtsverhandlung eingekleidet sind (z. B. 4, 1: Höret . . . der Herr hat einen Rechtsstreit mit den Bewohnern des Landes . . .); es sind meist Anklagen der Untreue:

Die Anklagen richten sich insbesondere gegen die Priester u. den Gottesdienst; vgl. Jes 1, 10–17; Jer 7.

4, 1– 3: Keine Treue, keine Liebe, keine Gotteserkenntnis im Lande
4–11: Die Priester: Von der Sünde meines Volkes nähren sie sich
12–14: Mein Volk befragt sein Holz
15–19: Kommt nicht nach Gilgal!
5, 1– 2: Anklage gegen die Führer
3– 7: Ein Geist der Unzucht ist in ihnen.

5, 8–6, 6 Gerichtswort, Klage des Volkes und Antwort Gottes. 5, 8–14 ist eine umfassende und besonders schroffe Gerichtsankündigung. Mit einem Alarmruf beginnt sie: „Stoßt in die Posaune zu Gibea!" und faßt das Gerichtshandeln Gottes an seinem eigenen Volk in erschreckende Bilder: „Ich bin wie die Motte für Ephraim und wie Wurmfraß für das Haus Juda – ich bin wie ein Löwe gegen Ephraim und wie ein Jungleu gegen das Haus Juda." Hier setzt die Klage des Volkes ein (6, 1–3), die in wenigen Sätzen angedeutet ist. Das Volk, getroffen von Gottes Zorn, will zu ihm umkehren, es ist zur Buße bereit und erwartet nun, daß sich ihm Gott wieder in Güte zuwendet. Aber die Antwort Gottes (6, 4–6), die sein Erbarmen wohl ahnen läßt, sieht das Volk, wie es wirklich ist: „Was soll ich dir tun . . .? Ist doch eure Treue der Morgenwolke gleich, und wie der Tau, der bald verschwindet!" Darum ist die prophetische Botschaft notwendig (5): „Denn an Liebe habe ich Wohlgefallen und nicht an Schlachtopfern, und an Gotteserkenntnis mehr als an Brandopfern."

Vgl. Ps 50; 51.

6, 7–9, 9 Nach diesem Wort in der Mitte von 4–9 folgt wieder eine Reihe von Gerichtsworten:

6, 7–11: Israels Städte – Stätten des Frevels
7, 1– 7: In ihrer Bosheit salben sie Könige
8–16: Wehe ihnen, daß sie von mir gewichen!
8, 1– 3: Sie haben meinen Bund übertreten
4–10: Königtum und Götzendienst
11–14: Häufung des Opferdienstes
9, 1– 6: Exil als Lohn der Untreue
7– 9: Verhöhnung und Verfolgung der Propheten

Vgl. Ri 9 u. Jer 20–21.

Kein Prophet hat so scharf wie Hosea das Königtum als solches verurteilt; „in ihrer Bosheit salben sie Könige" (7, 1–7; „sie haben Könige eingesetzt, doch ohne meinen Willen" (8, 4–10); Königtum und Bilderdienst werden in diesem Wort aufs engste miteinander verbunden.
Von dem Propheten Hosea selber erfahren wir fast nichts außer der Zeichenhandlung (1; 3) und dem Wort 9, 7–9, das in wenigen, scharfen Sätzen andeutet, wie er als Bote Gottes verhöhnt und verfolgt wird. Dieses Wort Hoseas 9, 7–9 weist hinüber zu Jeremia (11–20) und zum Gottesknecht.

Zum Rückblick auf die Geschichte vgl. Am 2; Jes 5, 1–7.

9, 10–13, 11 In diesem Abschnitt sind die meisten Worte mit einem Rückblick auf die Geschichte verbunden; unter diesem Gesichtspunkt sind sie wahrscheinlich auch zusammengestellt:

Die sog. „Fund-Tradition", eine etwas andere Darstellung als im Buch Exodus.

9, 10–17: Wie Trauben in der Wüste fand ich Israel
10, 1– 2: Ein üppiger Weinstock war Israel
3– 8: Um das Kalb von Bethel zittern sie
9–10: Seit den Tagen Gibeas hast du gesündigt
11–13: Ephraim war ein gelehriges Rind
13b–15: Du hast auf Streitwagen dein Vertrauen gesetzt
11, 1– 9: Als Israel jung war, gewann ich es lieb
12, 1–11: Israel, Betrüger von Anfang an
12–15: In Gilead haben sie Greuel verübt

Zum Stierdienst in Bethel u. Dan vgl. 1 Kön 12.
Zu V 9 vgl. die Bezeichnung „der Heilige Israels" bei Jes, s. Jes 31, 1–3 u. C. Westermann, Theologie des AT . . ., 1978, S. 124.

13, 1– 4: Menschen küssen Kälber!
5– 8: Ich habe dich erwählt in der Wüste
9–11: Wo ist nun dein König, daß er dich rette?
13, 12–16: Her mit deinen Seuchen, Tod!

11, 1–9 als Mitte dieses Abschnittes ist besonders bezeichnend. Die Gerichtsankündigung wird auf den Hintergrund der Geschichte gestellt, die zu diesem Ergebnis geführt hat. Sie begann mit der Erwählung Israels in der Befreiung aus Ägypten. Aber zugleich setzte der Abfall ein: „Je·mehr ich sie rief, desto mehr gingen sie von mir hinweg." Und nun stehen einander in der Folgezeit schroff gegenüber die liebende Bemühung Gottes um Israel: „Mit Banden der Liebe zog ich sie" und der Abfall zu den Baalim, der diese liebenden Bemühungen in den Wind schlug. Darum ist nun das Gericht über Israel unausweichlich (5–6). Dennoch ist Gottes Liebe zu Israel nicht erkaltet: „Wie könnte ich dich preisgeben, Ephraim . . . Mein Herz kehrt sich um in mir, all mein Mitleid ist entbrannt . . . Denn Gott bin ich und nicht Mensch; heilig in deiner Mitte!"
Häufig wird in diesen Worten auf die gute Zeit der Anfänge Israels hingewiesen. Dann aber kommt, mit dem Ansässigwerden in Kanaan, die vielfache Gefährdung des Gottesbundes: im Reichtum des Landes, im Übernehmen von kanaanäischen Gottesdienstformen (13, 1–4), im Königtum (13, 9–11) im Sich-Verlassen auf die eigene Macht oder auf Bündnisse mit den Großmächten im Norden oder Süden. Auffällig ist die ganz negative Beurteilung Jakobs in 12, 4–7 und 13. – Der Abschluß dieses Abschnittes ist 13, 12–16. Der Text bereitet hier besondere Schwierigkeiten. Das von Paulus 1 Kor 15, 54f. zitierte Wort 13, 14 hat wahrscheinlich nicht verheißenden Sinn, sondern ist zu übersetzen: „Sollte ich sie aus der Gewalt der Unterwelt loskaufen? Her mit deinen Seuchen, Tod, her, Unterwelt, mit deiner Pest!"

14, 1–8 ein Heilswort. Auf einen Bußruf folgt ein Bußbekenntnis, dem Gott mit einer Heilsverheißung antwortet: „Ich will ihren Abfall heilen, in freier Gnade will ich sie lieben, denn mein Zorn hat sich von ihnen gewandt." Es ist nicht sicher, ob diese Heilsverheißung von Hosea selbst stammt oder der Sammlung seiner Worte später angefügt wurde.
Auffällig ist das Weisheitswort 14, 9, das das Hoseabuch beschließt. Es ist ein Zeugnis, aus der Zeit, in der fromme Weisheit sich mit den heiligen Schriften beschäftigte.

Zu dem das Hoseabuch beschließenden Weisheitswort vgl. Ps 1 als Einleitung des Psalters.

Joel

In dem kleinen Joelbüchlein begegnet uns ausgesprochene Kultprophetie, die meist Heilsprophetie ist. Zum Verständnis ist hier wichtig, daß die Kapitel 1–2 als eine Ganzheit fest zusammengehören (bis 2, 27), während 2, 28–3, 21 Anhänge sind.
Durch die Kapitel 1–2 zieht sich als Gerüst eine Klage des Volkes:

Vers- und Kapitelzählung im hebräischen und deutschen Text verschieden!

1, 15–20: Klage: die furchtbare Dürre
2, 12b–14: Bußruf
2, 17b: Bitte mit Motiven
18–20: Gottesantwort
26–27: Ziel: Preis Gottes und Erkenntnis Gottes

Sowohl die Klage (1, 15–20) wie die Bitte (2, 17b) sind eingeleitet durch einen breit ausgeführten Ruf zur Klage bzw. zum Fasten: 1, 5–14 ist eine große Aufforderung zum Klagen, gegliedert nach den Ständen, an die sie gerichtet ist (an die Zecher 5–7, die Bauern und Weingärtner 11–12, an die Priester 13–14). Beidemal geht vorauf die Ankündigung der Heuschreckenplage, in 1, 2–4 (hier in Vers 4 vier verschiedene Vokabeln für die Heuschrecken) und in 2, 1–11 mit ausführlicher Schilderung ihres Überfalles. In 2, 12b–14 ist ein Bußruf eingefügt. Auf die Bitte (17b) folgt in 18–20 die Antwort Gottes, eingeleitet in 18–19a: „Da erwachte der Eifer des Herrn für sein Land, und er erbarmte sich seines Volkes. Und der Herr antwortete und sprach zu seinem Volk . . .“ Die so eingeleitete Gottesantwort (19b–20 das Heilsorakel, darauf eine Heilszusage im Stil Deuterojesajas 21–23 und die Folgen des Eingreifens Gottes 24–25) ist der Grund, weshalb das Büchlein Joel in der Sammlung der Prophetenbücher steht: die Kultprophеten hatten das Amt der Fürbitte, und dazu gehört auch die Aufgabe, bei einer Volksklage dem Volk die Antwort Gottes zu vermitteln. An das Heilswort schließt 26–27: Das Ziel ist das Preisen und das Erkennen Gottes. Bis hier ist der Aufbau des Joelbuches von der Volksklage her zu erkennen:

Volksklage in der Prophetie auch Jes 63–64; Jer 14; Am 7–8; Hos 5, 8–6, 6; Anklänge an die Volksklage bei Dtjes.

Ankündigung der Plage:	1, 2– 4	2, 1–11
Ruf der Klage:	1, 5–14	12b–14 Bußruf
		2, 15–17a
Klage und Bitte:	1, 15–20	2, 17b

Gottesantwort	2, 18–20
Heilszusage	21–23
Folgen	24–25
Ziel: Preis und Erkenntnis Gottes	26–27

An die ‚prophetische Liturgie‘ ist nur lose eine Reihe von Ankündigungen gefügt (2, 28–3, 21):

Zur Ausgießung des Geistes (Apg 2) vgl. „Geist Jahwes“ in Ri (s. dort), Jes 42, 1 u. 61, 1.

2, 28–29: Ausgießung des Geistes (vgl. Apg 2)
30–32: Der große und furchtbare Tag des Herrn
3, 1– 3: / 9–17: } Völkervernichtung im Tal Josaphat
4– 8: Vergeltung an Tyrus, Sidon und Philistäa
18–21: Heil für Juda, Unheil für die Völker

Die Prophetie geht in die Apokalyptik über, s. Jes 24–27; Jes 65, 16b–25.

Auch diese Worte sind alle Heilsprophetie (z. T. in der Form von Unheilsworten gegen fremde Völker), die sich aber der Apokalyptik nähern. Die Endzeit wird angekündigt, die das endgültige Gericht Gottes über alle Völker (entsprechend dem neutestamentlichen Jüngsten Gericht) im Tal Josaphat (d. h. im Tal ‚Jahwe richtet‘) bringt und damit die Heilszeit für Israel. Sie ist eine Zeit ungestörten Glückes und der Geistbegabung für das ganze Gottesvolk.

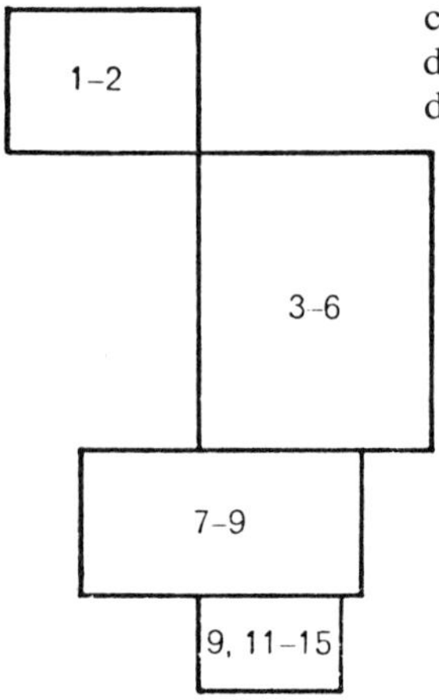

Amos

Der Aufbau des Amos-Buches ist einfach und leicht zu übersehen:

1, 3–2, 16:	Gerichtsworte an die Nachbarn und an Israel
3–6:	Gerichtsworte an Israel (mit 8, 4–14)
7–9:	Berichte
	a) Visionsberichte: 7, 1–9; 8, 1–3; 9, 1–4
	b) Amos und Amasja: 7, 10–17
9, 11–15:	Heilswort

Die Überschrift 1, 1 gibt die Wirkungszeit des Amos zur Zeit des judäischen Königs Usia, des israelitischen Jerobeam II. an. Die nähere Datierung „zwei Jahre vor dem Erdbeben" zeigt, daß die Wirkungszeit nur sehr kurz war. Amos ist Judäer, wirkt in Nordisrael, wird aber dort nach kurzer Zeit ausgewiesen (7, 10–17). Es wird ausdrücklich gesagt, daß er kein Berufsprophet (also Kultprophet), sondern ein Schafzüchter war (7, 10–17).

Kommentar H. W. Wolff, BK XIV u. Ders. Amos' geistige Heimat: Wiss. Monogr. z. AT u. NT 18, 1964.

1–2 Die Gerichtsworte an die Nachbarvölker (3–5 Damaskus, 6–8 Gaza, 9–10 Tyrus, 11–12 Edom, 13–15 Ammon, 2, 1–3 Moab, 2, 4–5 Juda) sind alle gleichmäßig aufgebaut. Sie lassen gut den Aufbau des prophetischen Gerichtswortes erkennen: I. Begründung: Anklage und Entfaltung der Anklage; II, Ankündigung: Gottes Eingreifen und Folge des Eingreifens. Dabei ist besonders zu beachten, daß die Begründung z. B. des Gerichtswortes gegen Moab (2, 1–3) ein Vergehen gegen Edom, also wie wir sagen, ein völkerrechtliches Vergehen ist. Hier wird vorausgesetzt, daß Jahwe, der Gott Israels, Herr der Geschichte ist und also auch außerhalb Israels das Recht wahrt. – Der Spruch über Juda (2, 4–5) wurde hinzugefügt, als die Worte des Amos nach seiner Vertreibung aus Israel in Juda tradiert wurden; dies ist ein Beispiel dafür, wie das Prophetenwort älterer Zeiten zu unmittelbarer Anrede an die Späteren wurde. Wahrscheinlich sind auch die Worte über Tyrus und Edom (1, 9–12) später hinzugefügt. – Diesen Völkersprüchen, die vielleicht einmal als Heilsworte für Israel gemeint waren, fügt Amos ein Gerichtswort über Israel an und gibt ihnen damit eine neue Wendung: Wenn Gott die Völker wegen ihrer Frevel straft, so folgt daraus keineswegs Heilssicherheit für Israel, im Gegenteil: die Erwählung bedeutet nicht Sicherheit, sondern erhöht die Verantwortung: „Euch allein habe ich erwählt vor allen Geschlechtern der Erde: darum suche ich an euch heim alle eure Schuld!" (3, 2). In dem Israelspruch, auf den die Reihe 1–2 hinausläuft (2, 6–16), wird eine soziale Anklage erhoben (typisch für Amos) (6–8): „Sie treten in den Staub das Haupt des Geringen", und diese Anklage stellt Amos in Kontrast zu all dem Guten, das Gott an Israel getan hat (9–12), darum die besondere Verpflichtung des erwählten Volkes, darum die Härte der Gerichtsansage 13–16.

Vgl. die Völkersprüche Jes 13–21; Jer 46–51; Ez 25–32. In den Anklagen ist eine entfernte Entsprechung zu den Menschenrechten zu finden, für die der Prophet eintritt.

Die soziale Anklage ist typisch für Amos. Vgl. den Artikel zu „Propheten": BHHW.

3–6 Gerichtsworte gegen Israel (dazu 8, 4–14 und 9, 7–10). Das erste und das letzte Wort in diesem Hauptteil des Amosbuches verwirft einen Erwählungsglauben, der zur Sicherheit führt; denn das Wort 3, 1f., das auf 1, 3–2, 16 zurücksieht, entspricht am Ende, 9, 7–10, in dem Israel in aller Schärfe gesagt wird, daß es als ein sündiges Volk auch als erwähltes vor den anderen Völkern gar nichts voraus hat: „Habe ich nicht Israel heraufgeführt aus dem Lande Ägypten und die Philister aus Kaphtor und die Syrer aus Kir?"

Zu dieser scharfen Kritik einer falschen Erwählungslehre ist Dtn 8 zu vergleichen.

Sofern 3, 1f. noch auf das Kapitel 1–2 zurückblickt, ist die eigentliche Einleitung der Hauptteile, 3, 3–8. Dies Wort steht an Stelle der Berufungsgeschichte bei anderen Propheten. Es deutet aber die Berufung des Propheten Amos nur von ferne an, indem es in der Reihe notwendiger Folgen auf den unausweichlichen Ruf Gottes hinführt, der einen Menschen in seinen Dienst holt: „Der Löwe brüllt – wer sollte sich nicht fürchten? Der Herr Jahwe redet – wer sollte nicht weissagen?" Hier folgt die Reihe der Gerichtsworte:

Vgl. die Berufungsgeschichten Jes 6; Jer 1; Ez 1–3; Jes 40, 6–8.

3, 9–12a: Sie häufen Gewalttat auf Unrecht
12b–15: Ich zerschlage das Winterhaus samt dem Sommerhaus
4, 1– 3: Ihr Basan-Kühe!
4–12: Kommt nach Bethel und sündigt!
5, 1– 3: Gefallen ist die Jungfrau Israel
4– 6: Suchet mich – suchet nicht Bethel!
14–15: Suchet das Gute und nicht das Böse!
7. 10–13: Wehe, die das Recht in Wermut verkehren!

Amos benutzt hier die Redeform der Totenklage.

Vgl. „Tag Jahwes“ in Joel 2, 30–32.

18–20: Wehe, die den Tag Jahwes herbeisehenen!
21–25: Ich hasse eure Feste
6, 1– 7: Wehe den Sicheren!
8–11: Ich verabscheue die Hoffart Jakobs
2. 13–14: Seid ihr besser als diese?
8, 4– 7: Die ihr den Armen zertretet
9–10: An jenem Tage . . .
11–13: Hunger nach dem Wort

Jedem, der diese Kapitel 3–6 hintereinander zu lesen versucht, muß deutlich werden, daß ein jedes dieser Worte ganz für sich steht, für sich gehört und ausgelegt werden muß. Eigentlich müßte man sie so schreiben und drucken, daß jedes der Worte für sich zur Wirkung kommt, mit einem weiten Abstand von einem zum anderen, so wie sie einmal gesprochen wurden.
Bei der Anklage, die Amos hier erhebt, heben sich auf den ersten Blick drei Gruppen heraus:

a) die für Amos besonders bezeichnende soziale Anklage: 2, 6–8; 3, 9–12a; 3, 12b–15; 4, 1–3; 5, 7–11; 8, 4–7.
b) Die Anklage gegen den unecht gewordenen Gottesdienst: 2, 8; 3, 14; 4, 4–12; 5, 4–6; 5, 21–25.
c) Die Anklage gegen eine falsche Sicherheit: 5, 18–20; 6, 1–7; 6, 8–11; 6, 2. 13–14.

7–9 Berichte. a) Visionsberichte 7, 1–3. 4–6. 7–9; 8, 1–3; 9, 1–4. Diese fünf Visionen beginnen alle: „So ließ mich der Herr Jahwe sehen, und siehe . . .“ In ihnen sieht Amos eine Heuschreckenbrut (7, 1–3) eine verzehrende Flamme (7, 4–6), ein Bleilot in Gottes Hand (7, 7–9), einen Korb mit Obst (8, 1–3), er sieht Jahwe, wie er den Knauf des Altars schlägt (9, 1–4). Bei den ersten beiden handelt es sich um Plagen, die oft den Anlaß einer Volksklage bilden (Dürre und Heuschreckenplage). Wirklich ist auch eine Volksklage angedeutet, in der der Prophet als Fürbitter für sein Volk eine gnädige Antwort auf die Klage des Volkes erfleht (7, 2–5). Beidemal gelingt die Abwendung des Zornes Gottes, und das bedeutet Abwendung der Plage durch Fürbitte. Hier ist das frühere Amt des Propheten angedeutet. Nun aber kommt die Wende: Was der Prophet in den nächsten beiden Visionen sieht, wird ihm gedeutet: „Ich will ihm nicht länger vergeben.“ Damit wird der Prophet zum Boten des Gerichts. Klar weisen die dritte und vierte Vision auf die Bestandteile der Gerichtsankündigung: das Bleilot, das Gott anlegt, auf das Eingreifen Gottes; der Korb mit Obst (gedeutet ‚das Ende ist gekommen‘; das hebräische Wort für ‚Obst‘ klingt nahe an das Wort für ‚Ende‘ an) auf die Folge des Eingreifens Gottes. Die letzte Vision zeigt die Unentrinnbarkeit des in den beiden vorigen angekündigten Gerichts. In großartiger Konzentration enthalten die fünf Visionen den Auftrag der prophetischen Gerichtsbotschaft auf dem Hintergrund des Amtes der Fürbitte für das Volk.

Zur Volksklage in der Prophetie s. Joel 1–2. Der Prophet als Fürbitter: Jer 11; Jer 14, auch bei Mose.

7, 10–17 Amos und Amasja. b) In einer einzigen Szene ist hier das Wirken des Amos so zur Darstellung gebracht, daß alle wichtigen Elemente klar heraustreten. Das Gerichtswort gegen den König (7, 9b) fordert das Rede-Verbot im königlichen Heiligtum Bethel. Es wird durch den Priester Amasja ausgesprochen, der den Befehl des Königs ausführt. Amos steht für seine Botschaft ein, läßt sich aber nicht unter die Berufspropheten rechnen. Sein Ausweis ist allein das Gebot seines Herrn: „Der Herr hat mich hinter der Herde weggenommen, und der Herr hat zu mir gesprochen: Gehe hin und weissage wider mein Volk Israel!“ Dem Priester Amasja hat Amos zu sagen: auch er wird in das kommende Gericht mit seiner ganzen Familie hineingezogen. Dies ist wahrscheinlich das letzte Wort des Amos in Israel gewesen.

Vgl. die Begegnung Jesajas mit dem König Ahas, Jes 7, die Begegnung Jeremias mit Chananja, Jer 28. Zur Andeutung der Berufung V. 15 vgl. 3, 3–8.

9, 11–15 Ein Heilswort. „An jenem Tage will ich die zerfallene Hütte Davids wieder aufrichten . . .", so beginnt dieses Heilswort und spricht dann von der Heilszeit am Ende der Tage. Ob dieses Wort von Amos selbst stammt, ist umstritten. An viele Sammlungen prophetischer Gerichtsworte wurde in der Gemeinde, in der sie weitergetragen wurden, am Ende ein Heilswort angefügt. Aber auch wenn dieses Wort nicht von Amos stammt, enthält doch seine Botschaft hier und da leise Andeutungen, daß das Gericht nicht das letzte Wort Gottes über sein Volk Israel ist, so in 5, 14–15 „vielleicht wird der Herr dem Rest Josephs gnädig sein."

Vgl. die angefügten Heilsworte in Jes 13–21 u. Jer 46–51.

Am Ende muß noch eine eigenartige Gruppe von Worten im Amosbuch erwähnt werden: die Doxologien in 4, 13; 5, 8–9; 9, 5–6. Es sind Worte des Gotteslobes, genauer des Schöpferlobes, die völlig unerwartet an diesen drei Stellen des Amosbuches begegnen und die, im Zusammenhang gelesen, einen Schöpfungspsalm, bzw. den Teil eines solchen ergeben. Wir haben hier ein eindrückliches Zeugnis für das Weiterleben der Worte des Amos in der Gemeinde der späteren Geschlechter vor uns: Die Erschütterung derer, die diese Gerichtsworte des Amos lasen und ihre Erfüllung kannten, spricht sich im Hinzusetzen dieser Worte des Gotteslobes aus, in denen Gott in seinem Walten die Ehre gegeben wird.

Zu den Doxologien s. Exkurs im Kommentar von H. W. Wolff, BK XIV, S. 254–256; vgl. auch Jes 12.

Obadja

Eine kleine Sammlung von Sprüchen über Edom, aus verschiedenen Zeiten und ursprünglich anonym. Sie könnten in einer größeren Sammlung von Völkersprüchen stehen, z. B. Jeremia 46–51; einige Verse aus 1–14 finden sich auch in Jer 49. Ein eigenes Büchlein sind diese Edom-Sprüche dadurch geworden, daß sie einem Propheten Obadja zugeschrieben wurden, von dem wir aber weder in dieser Sammlung noch anderswo etwas erfahren. Wie an mehreren anderen Stellen ist Edom vor allem angeklagt wegen seines Verhaltens bei der Eroberung Jerusalems (besonders 9–10). Es wird ihm die Vernichtung und Vertreibung aus seinem Land angekündigt. Wie auch sonst an manchen Stellen, sind die Edom-Sprüche mit der Ankündigung des Tages Jahwes verbunden worden, der das endgültige Gericht über die Völker, das endgültige Heil für Gottes Volk bringt.

Vgl. die Sammlungen der Völkersprüche (s. o.), insbesondere die dort begegnenden Sprüche gegen Edom.

Zum „Tag Jahwes" s. Am 7, 18–20.

1– 9: Ankündigung der Eroberung Edoms
  3–4: trotz seiner sicher gelegenen Felsenburgen
  8: Mit Edoms Weisheit ist es dann vorbei
10–15: Dann wird ihm sein Frevel an Israel vergolten
15b–21: Der Tag Jahwes: Untergang für die Völker, Rettung für Zion

Jona

Das Buch Jona ist eine Prophetenerzählung, Prophetensprüche enthält es nicht. Die Erzählung richtet sich gegen einen sich verhärtenden Partikularismus. Aber auch gegen eine Anfechtung, wie Gott den Heiden Glück und Gelingen geben kann, wird in dieser Erzählung das unsere Grenzen durchbrechende Erbarmen Gottes gerühmt, das alle Kreatur umfängt.

1, 1– 3: Jona flieht vor dem Auftrag, gegen Ninive zu predigen

Vgl. das immer verschiedenartige Motiv des Zurückscheuens des Propheten vor dem Auftrag, z. B. auch Jes 6; Jer 1.

Vgl. das Motiv Seefahrt und Sturm im AT u. NT.

Zum Erbarmen Gottes s. Marg. zu Hos 11, 1–9.

4–12: Der Sturm und Jonas Ergebung in Gottes Strafe
13–16: Jona wird ins Meer geworfen; der Sturm legt sich
2: Jonas wunderbare Rettung und sein Dankgebet
3: Neuer Auftrag, Bußpredigt, Umkehr und Abwendung des Gerichtes
4: Jonas Auflehnung und Zurechtweisung; Gottes Erbarmen mit aller Kreatur

Das Buch Jona entstand in spätnachexilischer Zeit, als der Partikularismus, der alles Heil nur für Israel, alles Unheil für die Heiden erwartete, zu einer großen Gefahr für den Glauben des späten Judentums wurde. Ninive bestand damals schon lange nicht mehr, es ist als sagenhaft große Stadt der Vorzeit geschildert. Das Verschlingen durch den großen Fisch ist zeichenhaft gemeint: wo ein Mensch von einem hoffnungslosen Abgrund verschlungen wird, da fängt Gott sein Rettungswerk an ihm an. Deshalb wird dem Jona dort unten, im Leib des Fisches, ein Loblied in den Mund gelegt (ein Dankpsalm, wie er genau so im Psalter stehen könnte). Wunderbar wird in diesem Buch der Bogen des Erbarmens Gottes deutlich, der sich von dem Loblied des einen Geretteten („. . . da zogest du mein Leben empor aus der Grube, o Herr, mein Gott!“) bis zu den vielen Kindern und den vielen Tieren in einer Weltstadt (4, 11) erstreckt.

Micha

Micha ist Zeitgenosse Jesajas, er wirkte in Juda unter Jotham, Ahas und Hiskia (1, 1). Von seiner Person erfahren wir nichts; sein Buch enthält keine Berichte, auch keine Völkersprüche, sondern nur Gerichtsworte an Israel und Juda (1–3; 6–7, 6) Heilsworte (4–5) und den Teil einer Volksklage (7, 7–20). Kapitel 3 enthält Gerichtsworte an die Führenden.

1. Gerichtsworte

1–2

1, 2– 7: Der Herr bricht auf
8–16: Bis an die Tore Jerusalems
2, 1– 5: Die Arges sinnen auf ihren Lagern
6–11: Ein Prediger für dieses Volk
12–13: Anhang: Ich will Jakob sammeln

3 Worte an die Führenden:

3, 1– 4: Die das Fleisch meines Volkes fressen
5– 8: Wider die Propheten, die mein Volk irreführen (8: Ich aber . . .“)
9–12: Ihr Häupter und Fürsten, die ihr Zion mit Blut baut
12: Zion wird um euretwillen zum Feld umgepflügt

6, 1–7, 6

6, 1– 5: Der Herr hat einen Rechtsstreit mit seinem Volk
6– 8: Es ist dir gesagt, Mensch, was gut ist
9–16: Die frevlen Schätze im Hause des Frevlers
7, 1– 6: Vertraue keiner dem Nächsten!

Die Sammlung beginnt mit einem die ganze Botschaft des Micha umgreifenden Wort (1, 2–7): die Völker der Erde werden zu Zeugen aufgerufen; Gott erscheint zum Gericht an seinem Volk um der Sünden willen, die von Jerusalem und Samaria ausgingen. In diesem ersten Wort der Sammlung 1–3 wird Samaria, in dem letzten Wort (3, 9–12) Jerusalem der Untergang angekündigt. Aber schon das nächste Wort 1, 8–16 kündet an, daß der Schlag ‚bis an die Tore Jerusalems‘ reicht.

Die Anklage des Micha ist vor allem die soziale: 2, 1–5 geißelt die Sucht der Reichen, „die nach Äckern gieren und sie rauben, nach Häusern und sie wegnehmen"; in 2, 8–10 die Schuldsklaverei, in 6, 9–16 Betrug beim Handel und das Anhäufen von Schätzen. Die Leidenschaft dieser Anklage spricht aus dem Kontrast des Satzes: „Kann ich vergessen, die frevlen Schätze im Haus des Frevlers und das verfluchte, magere Epha (ein Hohlmaß)?" In 7, 1–6 richtet er sich gegen die Zerstörung der Gemeinschaft, in der keiner dem anderen mehr trauen kann. Auch die Anklage gegen die „Häupter und Fürsten" ist eine soziale Anklage. Sie schinden die Leute (3, 1–4) und saugen das Volk aus (3, 9–12): „Die ihr Zion mit Blut baut und Jerusalem mit Unrecht!" – Es ist klar, daß ihnen die Predigt Michas unbequem ist und sie ihn zum Schweigen bringen wollen (2, 6. 11). Micha aber ist sich seines Auftrages gewiß: „Ich aber bin erfüllt mit Kraft, mit dem Geist des Herrn, mit Recht und Stärke, Jakob seinen Frevel, Israel seine Sünde vorzuhalten." So muß er auch gegen die Propheten sprechen, „die Heil verkünden, wenn ihre Zähne etwas zu beißen haben."

Zur sozialen Anklage bei Micha vgl. Marg. zu Am 2, 6–8. Sie entspricht den alten Gesetzen (Ex 20–23; Dtn 12–26), die immer für die sozial Schwachen u. Benachteiligten eintreten. Vgl. 1 Kön 21.

4–5 Die Heilsworte. 4, 1–4 ist gleich Jesaja 2, 1–4; nur ist, dem sozialen Zuge Michas Prophetie entsprechend, 4a hinzugefügt. In 4, 6–13 ist das Exil angekündigt (9–10), aber gleichzeitig die Rettung aus ihm und die Sammlung der Zerstreuten. 5, 1–5, ein Wort an Bethlehem, kündigt das Kommen des Messias an, ihm folgen weitere Heilsworte in 6–8 und 9–14.

Der Zusatz V. 4a bei Micha gegenüber Jes 2 entspricht dem Geist der alten Landverheißung: *alle* sollen an der Gabe des Landes Anteil haben (vgl. Jos 13–21).

7, 7–20 Der Schluß des Michabuches ist Teil einer Volksklage vom Bekenntnis der Zuversicht an (7, 7; vgl. Hab 2, 1). Das hier redende ‚Ich' ist Zion (11), die in großer Gewißheit die Leidenszeit trägt; sie weiß, Gott wird ihr wieder helfen (19): „Er wird sich wiederum unser erbarmen, unsere Schuld in die Tiefe des Meeres versenken."

Mi 5, 1–5 gehört zu den Messiasverheißungen; vgl. Marg. zu Jes 11.

Nahum

In diesem Buch geht es um den Fall Ninives (im Jahr 612). Nahum ist Zeitgenosse Jeremias. Es wird als Ankündigung der Eroberung Ninives oder als eine Art Festliturgie für das Feiern der Befreiung vom assyrischen Joch verstanden. Wahrscheinlich enthält das Buch wirkliche, vorher ergangene Ankündigung des Falles Ninives, die dann für die gottesdienstliche Tradition *nach* dem Fall Ninives so gefaßt wurde, wie sie uns überliefert ist. Jedenfalls gehört Nahum zur Heilsprophetie in der Form der Völkersprüche. Sie sind dadurch in eine gottesdienstliche Form gebracht, daß zu den an Assur (Ninive) gerichteten Sprüchen 1, 11. 14; 2, 2–3, 19 ein an Israel gerichteter Heilsspruch 2, 1. 3; 1, 12–13 (die Reihenfolge der Verse ist gestört) tritt, und das Ganze durch einen Lobpsalm (nicht vollständig) eingeleitet ist.

1. Der Lobpsalm 1, 2–10 ist alphabetisch (nur bis 1 oder s) und enthält in 3b–6 eine Epiphanie Gottes (wie in Ri 5; Ps 18; Hab 3 und oft). Das die Erde erschütternde Herbeikommen Gottes entspricht hier dem Ansturm der Feinde gegen Ninive (2, 2–14).

Die Verbindung von Prophetie u. Psalmen hier in einem Lobpsalm.

2. Das Heilswort an Israel 2, 1–3; 1, 12. 13 klingt nahe an Jesaja 52, 7ff. an, eine durch einen Ruf eingeleitete Heilszusage mit folgender Heilsankündigung. Sie schließt mit den Worten: „Und nun will ich dein Joch, das auf dir lastet, zerbrechen, will deine Bande zerreißen!" Damit ist der Hauptteil eingeleitet:

3. Ankündigung des Unterganges Ninives.

1, 11.14: Von Ninive ist der Plan der Vernichtung Israels ausgegangen; jetzt hat Jahwe über die Stadt selbst den Untergang beschlossen.

2, 2–14: Eindrücklich und mit dichterischer Kraft wird die kommende Eroberung Ninives geschildert (zu dieser Schilderung gehört auch 3, 2–3), am Ende das Wort des Herrn der Geschichte: „Ich mache deinem Rauben auf Erden ein Ende, und die Stimme deiner Boten wird nicht mehr gehört."

Hierzu sind die Völkersprüche, besonders über Assur, zu vergleichen.

3, 1–7: Ein Wehe über die Blutstadt, „die Völker berauschte mit ihrem Buhlen" und nun in Schande und Schutt sinkt. Ninive ist nicht besser als das ägyptische No-Ammon, das auch in seiner ganzen Pracht vernichtet wurde. Dann ist es aus mit der Unzahl der Amtsleute, Schreiber und Krämer, die die unterworfenen Länder überfluteten (3, 8–17). Mit einer Klage enden die Sprüche über Ninive: „tödlich ist deine Wunde".

Habakuk

Das Buch Habakuk gehört etwa in dieselbe Zeit wie Nahum, auch hier geht es um die Vernichtung eines mächtigen Tyrannen, unter dem Israel Bedrückung erleidet; auch hier könnte es Assur sein, deutlich gesagt ist es nicht. Während jedoch Nahum die Befreiung von dem Tyrannen schon vorausnimmt, wird bei Habakuk aus der Not der Bedrückung gesprochen. Nahum beginnt mit einem Lobpsalm, wogegen Habakuk von einem Klagepsalm bestimmt ist. Es ist die Klage des einzelnen, gemeint ist aber darin die Not des Volkes. Die Teile des Psalms lassen sich durch das ganze Buch verfolgen:

Wie bei Nahum Verbindung von Prophetie u. Psalmen. Hierzu J. Jeremias, Kultprophetie und Gerichtsverkündigung in der späten Königszeit: Wiss. Monogr. z. AT u. NT 35, 1970.

1, 2– 4: Anklagende Klage	1, 5–11. 14–17: Das Kommen des Eroberers
12–13: Klage und Bekenntnis der Zuversicht	
2, 1– 4: Gottes Antwort	2, 5–19: Das fünffache Wehe über ihn
3, 18–19: Lobgelübde und Lob	3, 3–15: Das Kommen Gottes

Die Klage wird in 1, 5–11 zuerst unterbrochen durch die Ankündigung: Gott erweckt einen mächtigen Eroberer (‚Chaldäer' in Vers 6 ist unsicher; die Septuaginta hat hier: ‚die Mächtigen'), dessen Schilderung ist fortgesetzt in 14–17. Es ist eine kühne, erstaunliche Schilderung: „sie machen ihre Kraft zu ihrem Gott"; „darum opfert er seinem Netz und räuchert seinem Garn". Verbunden sind Klage und Ankündigung durch die Erkenntnis: „Du hast sie zum Gericht bestellt und als Boten zur Strafe verordnet."

Zu Hab 2, 1–4, das in Rö 1, 17 zitiert wird, ist der Begriff „Glaube" bei Jes zu vergleichen, Jes 7.

In 2, 1–4 ist die Antwort Gottes wiedergegeben: Der Prophet (es ist im Buch Habakuk wieder deutlich der Kultprophet), der dem klagenden, aus der Tiefe zu Gott flehenden Volk Gottes Antwort vermitteln soll, wird eben darin zum Späher (2, 1), daß er zwar das Heilswort noch nicht als jetzt ergehend verkündigen kann, wohl aber zum Harren ermutigen; denn die verheißene Erlösung „kommt gewiß und bleibt nicht aus". Ihr Eintreffen aber wird eine Scheidung bewirken: *nur* der Gerechte wird durch seine Treue (oder durch seinen Glauben) am Leben bleiben (vgl. Röm. 1, 17).
Es folgt in 2, 5–19 ein fünffaches Wehe gegen den mächtigen, ruchlosen Eroberer: die Begründung für seine Vernichtung. Es enthält scharfe Anklagen gegen eine Großmachtpolitik, die die kleinen Völker verschlingt (2, 5), die durch das Anhäufen von Macht und Reichtum eine Schuld auf sich lädt, die einmal zurückgefordert wird (6–8), die Mensch und Tier und Material rücksichtslos für seine Macht einsetzt: „Der Stein in der Mauer schreit und der Balken im Holzwerk antwortet ihm" (9–18).

Das Motiv der Epiphanie begegnet bei Nah (1, 2–10) u. Habakuk.

Das in 2, 1–4 zugesagte Eingreifen Gottes wird in 3, 3–15 in einer gewaltigen Schilderung der Epiphanie Gottes vorausgenommen. Gott kommt, dieses Kommen erschüttert die ganze Schöpfung, aber sein Ziel ist: „Du ziehst aus, deinem Volk zu Hilfe, zu helfen deinem Gesalbten." Der Prophet ist erschüttert von diesem Gesicht (3, 16). Im Warten auf Gottes Kommen kann die Klage mit Lobgelübde und Gotteslob schließen (3, 18–19).

Zephanja

Zephanja war Zeitgenosse Jeremias; er hat wahrscheinlich um 630 gewirkt (1, 1; vielleicht Ururenkel des Königs Hiskia) und zwar als Gerichtsprophet, in deren Reihe er auch gehört. Die Sammlung seiner Worte ist so aufgebaut wie bei Jeremia, Ezechiel und anderen:

1, 2–2, 3 (und 3, 1–8): Gerichtsworte über Juda
2, 4–15: Völkersprüche
3, 11–20: Heilsworte für Juda

1, 2–2, 3 Ein Vernichtungsgericht wird dem gottlosen Volk angekündigt, das im Götzendienst sich vor anderen als vor seinem Gott niederwirft. Wahrscheinlich sind in diesem Wort die Nachwirkungen der gottlosen Zeit unter Manasse und Amon zu spüren. In 1, 10–13 sagt dieses die bildhafte Anklage „die steif geworden sind auf ihren Hefen". Es sind die Menschen, die Gott nicht mehr ernst nehmen; sie sagen: „Der Herr tut weder Gutes noch Böses." Dem gänzlich verderbten Geschlecht wird der ‚Tag des Herrn' angekündigt, „ein Tag des Dunkels und der Finsternis" 1, 14–18. Diesem Wort ist das mittelalterliche ‚dies irae, dies illa' nachgedichtet. Noch einmal ergeht eine Warnung und ein Ruf zur Umkehr 2, 1–3: „Ehe über euch kommt der Zornestag des Herrn"; dasselbe ‚vielleicht' wie Am 5, 15 hält eine Tür offen. 3, 1–8: Wehe der widerspenstigen Stadt! Angeklagt sind insbesondere die Führenden: Fürsten, Richter, Propheten und Priester: „Ihre Priester entweihen das Heilige; sie tun dem Gesetze Gewalt an". Gott hat die Stadt durch manche schwere Schickung gewarnt (6–7); aber sie nimmt keine Zucht an, nun ist das Gericht unausweichlich (8).

Zu „Tag des Herrn" s. Am 7, 18–20; Joel 2, 30–32.

Anklage gegen die Führenden vgl. Jer 20–23.

2, 4–15 Gerichtsworte an andere Völker: 4–7 über Philistäa; 8–11 über Moab und Ammon; 12 über Ägypten (fragmentarisch); 13–15 über Assur.
3, 9–20 Heilswort. Die Verse 9 und 10 sind eine Zufügung zu dem Gerichtswort Vers 8, eines der Worte, die für die Endzeit den reinen und einträchtigen Gottesdienst aller Völker zusammen mit Israel erwarten. 3, 11–15 enthält eine Schilderung des geläuterten Restes in Israel und ein Loblied dieser Erretteten. Den Abschluß bildet eine Heilszusage an Zion: „Fürchte dich nicht, Zion, der Herr, dein Gott, ist in deiner Mitte!"

Abschluß mit einem Heilswort wie Am 9, 11–15 typisch für die Sammlungen der Prophetenworte.

Haggai

Haggai, Sacharja und Maleachi wirkten im Anfang der nachexilischen Zeit; Haggai im Jahre 520, Sacharja 520 bis 518, Maleachi wahrscheinlich um 470. Haggai und Sacharja gehören in die Linie der Kultpropheten. In den Worten beider geht es wesentlich um den Tempelbau und den Gottesdienst.
1. In 1, 1–14; 2, 15–19 und 2, 1–5 mahnt Haggai, über dem Neubau der eigenen Häuser den Tempel nicht zu vergessen. Die kargen Erträge seit der Rückkehr führt er auf das Fehlen des Tempels zurück, mit dessen Neubau alles besser werden wird. Haggai findet Gehör und der Bau wird begonnen.
2. 2, 6–9 und 20–23 fügen dem noch besondere Verheißungen einmal für den Tempel (2, 6–9), dann für Serubbabel (2, 20–23) hinzu. Beide sind verbunden mit einem Gerichtswort über die Völker. Gott wird Himmel und Erde erschüttern und die heidnischen Reiche vernichten, aber „ich werde dieses Haus mit Pracht erfüllen", und Serubbabel erwählt Gott zu seinem Knecht, „daß du mir seist wie ein Siegelring".
3. In 2, 10–14 wird ‚dieses Volk' (der samaritanische Volksteil?) nach Art einer Priesterthora für unrein erklärt.

Zu vergleichen ist Ez 40–48 in Entsprechung u. Unterschied. Bei Haggai steht das Segnen Gottes im Vordergrund: Von einem heilen Tempelgottesdienst geht der Segen über das Land aus; vgl. Ps 67.

Sacharja

Sacharja ist Zeitgenosse Haggais, die datierten Sprüche reichen von 520–518. Aus dieser Zeit sind aber nur die Kapitel 1–8 zu erklären. Ähnlich wie bei dem Jesajabuch sind Worte eines späteren, unbekannten Propheten in Kap. 9–14 angefügt worden. Man nennt diesen unbekannten Propheten Deuterosacharja. Es muß aber offen bleiben, ob die Worte in 9–14 alle von einem Propheten stammen. Sie gehören zu den schwer verständlichen Teilen der Bibel; vieles ist hier angedeutet oder bewußt verhüllt, was wir nicht mehr entziffern können.

1–8 Sacharja

1, 2–6 Einleitend ein Ruf zur Umkehr, der an die frühere (die vorexilische) Prophetie erinnert und sich auf sie stützt. Die schwerfällige Sprache (z. B. das häufige ‚spricht der Herr') zeigt den Abstand von der früheren Prophetie.

Der Übergang von der Prophetie zur Apokalyptik zeigt sich in Sach 1–6 am deutlichsten.

1, 7–6, 8 Die sieben Nachtgesichte Sacharjas:

I. 1, 7–17: Die Rosse
II. 18–21: Vier Hörner und vier Schmiede (bzw. 2, 1–4)
III. 2, 1– 5: Der Mann mit der Meßschnur
IV. 4, 1– 5. 11–14: Der Leuchter und die beiden Ölbäume
V. 5, 1– 4: Die fliegende Schriftrolle
VI. 5, 5–11: Die Frau im Epha
VII: 6, 1– 8: Die vier Wagen

Einige Züge sind allen Gesichten gemeinsam: auf eine Einführung folgt die Beschreibung dessen, was der Seher sieht; darauf stellt er die Frage, was das Geschaute bedeutet, und ein Engel (der ‚angelus interpres') gibt ihm die Deutung. Alle Gesichte zielen auf eine Heilsankündigung. Das erste Gesicht (1, 7–17) läßt die Lage erkennen, in die hinein sie ergeht, in der Klage: „O Herr der Heerscharen, wie lange noch willst du Jerusalem und den Städten Judas dein Erbarmen entziehen?" Die Deutung des ersten Gesichtes stellt eine Wendung in Aussicht, aber noch ist es nicht so weit: „Wir haben die Erde durchzogen, und siehe, die ganze Erde ist ruhig und stille." – Das zweite Gesicht (1, 18–21) deutet in den vier Schmieden die Mächte an, die wider die Unterdrücker Israels (die vier Hörner) aufstehen werden. Der Mann mit der Meßschnur (2, 1–5) weist auf die Weite eines befreiten Jerusalem und die beiden Ölbäume (4, 1–5. 11–14) auf die beiden Gesalbten, d. h. Serubbabel und den Hohepriester Josua; mit ihnen fängt die Heilszeit für Jerusalem an (die Gegenwart Gottes, der Leuchter). Das fünfte und sechste Gesicht zeigen die Austreibung des Bösen aus dem neuen Jerusalem (die fliegende Schriftrolle enthält Flüche, die die Bösen in ihren Verstecken treffen, und die Frau im Epha verkörpert die Bosheit, die aus Jerusalem entfernt wird). Das letzte Gesicht (6, 1–8) von den vier Wagen mit den verschiedenfarbigen Rossen deutet das kommende Gericht Gottes über die Völker der Erde an.

Zu der Vierzahl, auf die vier Weltbereiche bezogen, vgl. schon Gen 2, 14–18 die vier Ströme. Viele Motive des Urgeschehens kehren in der Apokalyptik wieder.

Mit diesen Gesichten des Propheten Sacharja beginnt die Apokalyptik. Eine Fülle verschiedenster Bilder, Vorstellungen und geheimer Vorgänge dient dazu, den Menschen, zu denen der Prophet spricht, eine wunderbare Zukunft zu erschließen, die ihnen Gottes unendliche Möglichkeiten zeigen sollen, das Heil heraufzuführen. Von Sacharja geht die Linie weiter zu Daniel und dann zu den vielen Apokalypsen, die in den nächsten Jahrhunderten entstanden, aber nicht mehr in den Kanon aufgenommen wurden.
Die Reihe der Nachtgesichte wird unterbrochen durch einzelne *Prophetenworte:*

Die Bedeutung des Tempels u. des von ihm ausgehenden Segens wie bei Haggai.

1, 16–17: Ein Heilswort für Jerusalem und den Tempel
2, 6–13: Ruf zum Aufbruch aus dem ‚Land des Nordens'; das Gericht wird wider die Bedränger Gott aber wird in Zion Wohnung nehmen

3, 1– 8 und 4, 6b–10: Einsetzung Josuas und Serubbabels
6, 9–15: Eine Krone für den ‚Sproß'

Diese Worte stehen in einem Zusammenhang: was in den Nachtgesichten andeutend und in die Wirklichkeit überspielenden Bildern gezeigt wird, das wird in den Worten des Heilspropheten in die gegenwärtige Wirklichkeit des nach-exilischen Judäa hineingestellt. Sacharja verkündet, daß mit der Vollendung des Tempelbaues für Juda die Heilszeit beginnt. „Ich wende mich in Erbarmen Jerusalem wieder zu" (1, 16–17); das ist die Wende. Jerusalem wird wieder erstehen und der Tempel darin, und der Segen wird überfließen in den Städten Judas. Alle Exilierten kommen zurück. Das Gericht ergeht über seine Feinde und Gott nimmt wieder Wohnung in Zion (2, 6–13). In Zion aber beginnt die neue Ordnung: der Hohepriester Josua wird von der Anklage (er als Hohepriester steht ein für die Schuld des ganzen Volkes) freigesprochen. (Hier begegnet der Satan als Ankläger vor Gott 3, 1–8.) Es wird ihm der Kopfbund aufs Haupt gesetzt, als Zeichen der Würde, die ihm freien Zutritt zu Gott gibt; auch dies ist ein Zeichen der Heilszeit. Unmittelbar dazu gehört 4, 6b–10 (das an seiner jetzigen Stelle das vierte Gesicht unterbricht), ein Heilswort an Serubbabel: er wird alle Hindernisse (der große Berg 4, 7) überwinden und den Tempel zur Vollendung bringen: „Er wird den Schlußstein hervorbringen unter dem Jubelruf: Wie schön, wie lieblich ist er!" Dann aber, so wird dem Propheten Sacharja geboten, soll er eine Krone anfertigen und dem ‚Sproß' aufs Haupt setzen; denn dieser ‚Sproß' ist der König der Heilszeit, der Messias. Mit dem ‚Sproß' (das ist eine häufige Bezeichnung für den Messias nach Jesaja 11, 1) kann nur Serubbabel gemeint sein; er wird auch sonst so bezeichnet. In unserem Text bekommt aber Josua die Krone aufgesetzt, und er wird der Sproß genannt (6, 11f.). Hier spiegelt die Geschichte des Textes den wirklichen Gang der Ereignisse wieder: Serubbabel wurde damals (noch während des Wirkens Sacharjas) von dem Amt des Statthalters abberufen und ist dann nie wieder erwähnt. Die Erwartung, er werde mit dem Abschluß des Tempelbaues der Messias, ist nicht eingetroffen.

Gott nimmt wieder Wohnung in Zion: vgl. Ez 40–43.

Der Satan als Ankläger vor Gott: vgl. Hi 1–2.

6, 9–15 gehört zu den Messiasverheißungen.

7, 1–14: Die Fastenfrage. An den Propheten Sacharja ergeht eine Anfrage, ob das Fasten im fünften Monat, das zum Gedenken des Falles Jerusalems und des Endes des Staates Juda eingerichtet worden war, beibehalten werden soll. Die Antwort des Propheten ist eine zwiefache: zunächst stellt er dem unechten das Gott wohlgefällige Fasten gegenüber unter Hinweis auf die früheren Propheten (7, 4–14). Die eigentliche Antwort aber geben die Heilsworte in Kapitel 8: „Das Fasten im vierten und fünften und siebenten und zehnten Monat soll dem Hause Juda zur Freude und Wonne werden . . ."

Vgl. die prophetische Anklage zum unecht gewordenen Gottesdienst.

Kapitel 8 enthält dementsprechend eine lange Reihe verschiedenartiger Heilsworte, alle eingeleitet mit dem schon formelhaft gewordenen ‚So spricht der Herr'. Gott wird wieder in Zion wohnen; es bekommt einen neuen, einen Heilsnamen und alle, von den kleinen Kindern bis zu den Alten sollen am Heil teilhaben. Die noch in der Ferne sind, kommen zurück, und Gott „sät Wohlstand aus". Jerusalem wird ein Mittelpunkt: „Es werden viele Völker und mächtige Nationen kommen, den Herrn der Heerscharen in Jerusalem zu suchen."

9–14 Deuterosacharja

S. M. Saeboe, Sacharja 9–14: Wiss Monogr. z. AT u. NT 32, 1969. Diese 6 Kp gehören zu den schwierigsten Texten im AT.

In Kapitel 9, 1 und 12, 1 wird je ein Anhang an das Buch Sacharja vom Sammler mit der Überschrift ‚Ausspruch. Wort Jahwes' versehen. Alle bisherige Erforschung dieser Anhänge hat in diese Worte noch kein Licht bringen können. Nur ein Grundzug läßt sich erkennen, der sich durch beide Teile 9–11 und 12–14 hindurchzieht: das Ankündigen der Heilszeit für Zion, verbunden mit Gerichtsworten über die Völker. Dieser eine Grundzug verbindet auch die Anhänge mit der Prophetie Sacharjas. Einzelne Stücke enthalten sicher Anspielungen auf Zeitereignisse, so z. B. die seltsame historische Allegorie vom „Weiden der Schlachtschafe" 11, 4–17; aber sie ist für uns so wenig deutbar wie andere Anspielungen. – Der Ruf zur Freude an Zion, weil sein König kommt (9, 9), klingt an Deuterojesaja an; er ist in Mt 21 aufgenommen zum Einzug in Jerusalem. Aus 11, 13 stammen die dreißig Silberlinge des Judas. In 13, 7–9 ist der Gedanke des Restes so präzisiert, daß die Vernichtung von zwei Dritteln des Volkes angekündigt wird. Der dritte Teil soll durch das Feuer geläutert werden, dann kehrt das ursprüngliche Gottes-

9, 9 gehört zu den Messiasverheißungen; vgl. Mt 21.

verhältnis wieder: „Ich sage: Mein Volk sind sie! und sie werden sagen: der Herr ist unser Gott.“

Maleachi

Zu vergleichen sind die Disputationsworte bei den vorexilischen Propheten u. bei Dtjes. Im Unterschied zu ihnen wird hier die Disputation beherrschend. Die Sammlung zeigt, daß die Zeit der Prophetie vorbei ist.

Die Sammlung hatte ursprünglich die gleiche Überschrift wie die beiden Anhänge zum Sacharjabuch: ‚Ausspruch. Wort des Herrn‘; der Name Maleachi (= mein Bote) ist aus 3, 1 erschlossen und später zur Überschrift geworden. Doch ist in diesen vier Kapiteln sehr deutlich die Stimme eines bestimmten Propheten mit ausgeprägten Formen zu erkennen. Wie Sacharja schon in die Apokalyptik hinüberweist, so Maleachi in die Lehrdisputation. Alle sechs Worte weisen die gleiche Eigentümlichkeit auf: die gegen den Propheten sich wendende Stimme ist in das Prophetenwort selbst aufgenommen und macht es zum Disputationswort.

1, 2–5: Ich habe euch geliebt, spricht der Herr,
und ihr fragt: Wieso hast du uns geliebt?
1, 6–2, 9: Bin ich Vater – wo ist meine Ehre?
Und ihr fragt noch: Wieso haben wir deinen Namen verachtet?
2, 10–16: Warum sind wir treulos?
Du hast treulos gehandelt an deiner Gefährtin!
2, 17–3, 5: Ihr ermüdet den Herrn mit euren Reden.
Da fragt ihr: Womit ermüden wir ihn?
3, 6–12: Ihr fragt: Wieso sollen wir umkehren?
Betrügt je ein Mensch die Gottheit, daß ihr mich betrügt?
3, 13–4, 3: Ihr fragt: Was reden wir gegen dich?
Ihr sagt: Sinnlos ist es, Gott zu dienen . . .
4, 4: Mahnung zum Halten des Gesetzes
4, 5–6: Ankündigung des Elia vor dem Tag des Herrn

Maleachi hat nicht mehr die Vollmacht der alten Propheten. Aber mit der ihm gegebenen Kraft stellt er sich einem wachsenden Unglauben, einer beginnenden Abwendung von Gott entgegen (besonders 3, 14f.). Allein bei ihm finden wir nach dem Exil den Ernst und die Klarheit der vorexilischen Gerichtspropheten. Er weist vorauf auf einen Gerichtstag 3, 1–5: „Wer wird den Tag seines Kommens ertragen?“

4. KAPITEL

Die Schriften

Der dritte Teil des alttestamentlichen Kanons ist den ersten beiden: Gesetz und Propheten, nicht gleich-, sondern nachgeordnet. So kann im Neuen Testament das Alte Testament genannt werden: ‚das Gesetz und die Propheten'. In seinem Kern und in seiner Absicht ist dieser dritte Teil Antwort. Er ist aus dem Psalter und um den Psalter herum entstanden; und der Psalter ist seinem Wesen nach Antwort auf Gottes Taten und auf Gottes Worte. Nahe zum Psalter gehören die Klagelieder und das Buch Hiob, in dem Klage und Gotteslob einen Hauptbestandteil bilden. Als zweiten Hauptbestandteil enthält das Hiobbuch Weisheitsrede, gehört also damit in die Nähe der Weisheitsbücher, Sprüche und Prediger. Auch im Psalter begegnet Weisheitsrede (s. u.). In später Zeit wurden in Israel auch die Weisheitsworte als Widerhall auf Gottes Wort verstanden: neben das Antworten in Klage und Lob trat das fromme Nachdenken. So verstanden bilden Psalmen und Weisheit die Mitte der Schriften. Angefügt wurde das Chronikwerk (1 Chr; 2 Chr; Esra; Nehemia) als Anhang zu den Geschichtsbüchern und das Buch Daniel, eine Apokalypse, als Anhang zu den Prophetenbüchern, schließlich die Sammlung der fünf Megilloth (Festrollen), die als Lesungen einer Reihe aufeinanderfolgender Feste der spätjüdischen Gemeinde in den Kanon aufgenommen wurden: Hoheslied, Ruth, Klagelieder, Prediger, Ester. Hoheslied, Ester und der Prediger waren lange umstritten.

Zur Frage des Kanons sind die Einleitungen zum AT zu befragen; der Kanon ist keine feststehende Größe, aus dem Nebeneinander verschiedener Entstehung ist das Nebeneinander verschiedener Bestimmungen des Kanons geworden.

Die Psalmen

Das Buch der Psalmen in seiner Gesamtheit zu übersehen ist außerordentlich schwierig. Eine Möglichkeit ist es, diesen Überblick von den Gattungen der Psalmen her zu gewinnen. Daneben aber gibt uns das Entstehen der Psalmensammlung einen anderen Weg frei: der Psalter ist aus kleinen Sammlungen entstanden. In den allerersten Stadien waren sie nicht mechanische Aneinanderreihung verschiedener Psalmen, sondern waren sachlich gegliedert. Was ist davon noch zu erkennen?

Im Psalmenbuch, wie es uns heute vorliegt, ist *eine* kleine, in den Psalter aufgenommene Sammlung mit Sicherheit zu erkennen, die der mâalōt-Psalmen (= Wallfahrtspsalmen?) 120–134. Vor dieser Sammlung steht der 119. Psalm, der im Psalter einzigartig ist (ähnlich nur Ps 19B), ein Lob des Gesetzes. Die Annahme liegt nahe, daß Ps 119 einmal eine Psalmensammlung abschloß. Nun hat der 119. Psalm aber eine formale und inhaltliche Entsprechung an Psalm 1; auch dieser ist ein indirektes Lob des Gesetzes, aber in der Weise, daß glücklich gepriesen wird der Mann, der in seinem Leben das Gesetz Gottes bejaht und sein Leben danach richtet. Beide Psalmen gehören der frommen Weisheit oder der Gesetzesfrömmigkeit an; beide sind keine Psalmen im eigentlichen Sinn mehr, sondern fromme Betrachtung. Danach ist anzunehmen, daß es einmal einen Psalter gab, der mit Psalm 1 begann und mit 119 endete. Ein äußeres, heute noch erkennbares Zeichen dafür ist, daß Ps 1 und 119 keine Überschriften haben.

C. Westermann, Zur Sammlung des Psalters: Theol. Bücherei 24, 1955, 336–343.

Fragen wir nach weiteren Sammlungen innerhalb der Psalmen 1–119, so zeigen die Überschriften eine Sammlung von David-Psalmen: 3–41. Der Abschluß dieser Sammlung trifft zusammen mit dem Abschluß des ersten Psalmbuches (1–41), wie die Doxologie am Ende von Ps 41 zeigt. Von der Frage abgesehen, was das ledāwīd bedeutet, zeigen die so bezeichneten Psalmen 3–41 ein sehr wichtiges gemeinsames Merkmal: es sind alles Lieder des einzelnen (Ausnahme nur Ps 19 und 24).

Mit Ps 42 beginnt der sogenannte elohistische Psalter, d. h. in Ps 42–83 ist Jahwe meist durch

Elohim ersetzt. Mit Ps 42 beginnt eine Gruppe von Korach-Psalmen: 42–49. In Ps 42–49 sind Ps 44–48 Lieder der Gemeinschaft, offenbar einmal eine selbständige Sammlung, gerahmt in die beiden Psalmen 42f. und 49. Dasselbe gilt für die Asaph-Psalmen 73–83 Sie sind wie die Korach-Psalmen 42–49. Dasselbe gilf für die des einzelnen: 73 und 82; in diesem Rahmen sind Lieder der Gemeinschaft enthalten (Ps 77 nur in seinem zweiten Teil), und auch hier Klagen des Volkes und Zionslieder. Tatsächlich sind die meisten Lieder des Volkes in diesen beiden Sammlungen 42–49 und 73–83 enthalten.

Zwischen diesen beiden Sammlungen steht der elohistische Davidpsalter 51–72. Er enthält, entsprechend Ps 3–41, fast nur Psalmen des einzelnen. Mit dem elohistischen Davidpsalter schließt zugleich das zweite Psalmbuch ab.

Dazu gehört noch ein Anhang, eine kleine Gruppe von Korach-Psalmen 84–88 (ohne Ps 86) mit dem Königspsalm 89; bis Ps 89 reicht das dritte Psalmbuch. Auch für diesen Anhang treffen die bisherigen Beobachtungen zu: Ps 84–88 sind wieder Psalmen der Gemeinde, wieder sind Klagen des Volkes (85 und 89) und Zionslieder (84 und 87) dabei.

Die beiden großen Sammlungen, der Davidpsalter (3–41) und der elohistische Psalter (42–83 mit 84–88) werden von zwei Königspsalmen gerahmt: Ps 2 und 89.

Die nächste deutliche Gruppe ist 93–99, die Jahwe-König-Psalmen (90–92 lassen keinen Zusammenhang erkennen). An diese Gruppe ist Ps 100 als Doxologie gefügt.

Es folgen zwei weitere Gruppen von Lobpsalmen: 103–107 und 111–118 (zu dieser Gruppe gehörten wahrscheinlich Ps 135 und 136; sie sind jetzt durch Ps 119 und die mâalōt-Psalmen davon abgetrennt). In 111–118 ist wahrscheinlich der sehr kurze Psalm 117 eine Schlußdoxologie; später wurde die Liturgie Ps 118 angefügt.

An die Sammlung von Psalmen, in Ps 1 und 119 gerahmt, wurde das ebenfalls in sich geschlossene kleine Psalmbuch 120–134 gefügt. Es enthält nur ein ausgesprochenes Wallfahrtslied (122); nahe dazu gehören aber die Zion-Lieder 125; 126; (132). Ps 134 ist die Schlußdoxologie.

Die nächste erkennbare Sammlung ist 140–143, vier Davidpsalmen: es sind vier Klagen des einzelnen. Vielleicht sind ihr Ps 138 und 139 als Lieder Einzelner am Anfang und am Ende Ps 145 angefügt. Die Ps 135–136 gehören zu den Lob- oder Halleluja-Psalmen 111–118; Ps 137 steht ganz für sich (er ist nicht eigentlich ein Psalm, eher ein Volkslied), ebenso Ps 144.

Den Abschluß bilden eine Reihe von Lobpsalmen, beherrscht von dem imperativischen Lobruf: Ps 146–150. Ps 150 steht an der Stelle der Schlußdoxologie des letzten Psalmbuches (107–150). Damit sind die deutlich erkennbaren Gruppen im Psalter herausgestellt.

Was ergibt diese Übersicht?

Vgl. C. Westermann, Lob und Klage in den Psalmen, 1977 u. Der Psalter, 1967.

1. Auf den ersten Blick zeigt sich, daß die *Klage des einzelnen* (die im Psalter häufigste Gattung) ganz auf die erste Hälfte des Psalmbuches konzentriert ist und zwar in den beiden großen Sammlungen 3–41 und 51–72; dazu kommt nur noch die kleine Sammlung 140–143. Außerhalb dieser drei Komplexe begegnet die Klage des einzelnen nur vereinzelt in andere Sammlungen eingeschoben (z. B. Ps 77; 94; 102; 109).

2. Größere Gruppen von *Lobpsalmen,* begegnen *nur* in der zweiten Hälfte des Psalters; alle Sammlungen nach Ps 90 (außer 140–143, Klage des einzelnen, und den Wallfahrtsliedern 120–134) enthalten Lobpsalmen. Es ergibt sich also das klare Bild, daß die erste Hälfte des Psalters überwiegend Klage-Psalmen, die zweite Hälfte überwiegend Lobpsalmen enthält.

3. Die Psalmenüberschriften lassen einige Sachgruppen erkennen. Alle Gruppen von Davidpsalmen enthalten in der Mehrzahl Psalmen des einzelnen (in der Hauptsache Klage des einzelnen). Psalmen des Volkes bzw. der Gemeinde begegnen fast nur in den Gruppen der Korach- und der Asaph-Psalmen, außerdem sind die mâalōt-Psalmen größtenteils Gemeindepsalmen.

4. In den Sammlungen haben Lobpsalmen häufig die Funktion eines Sammlungsabschlusses, so die Doxologien am Ende der Psalmbücher (Ps 41, 14; 72, 18f.; 89, 52; 106, 48; 150) Ps 134 (Sammlung 120–134); Ps 117; Ps 100 (Sammlung 93–99) Ps 145 (?). Vor Ps 90 haben alle Lobpsalmen diese Funktion: Ps 18 und 19; 33 und 34; 40; 65–66.

5. Die Königspsalmen, bei denen eine eigene Sammlung nahe läge, begegnen durch den gesamten Psalter hindurch nur als Anfügungen: Ps 2 und 89 rahmen die beiden großen Sammlungen 3–41 und 42–88; ähnlich Ps 20; 21; 72; 101; 110. Sie sind der bestehenden Sammlung angefügt worden, offenbar nicht mehr in ihrer ursprünglichen kultischen Bedeutung jeweils für den regierenden König, sondern schon in der messianischen Deutung.
6. Eine deutlich erkennbare Sammlung von Liturgien enthält der Psalter nicht; wo sie begegnen, sind sie vorhandenen Sammlungen eingefügt.
7. Die Kriterien, nach denen Sammlungen im Psalter erkennbar sind, zeigen zwei grundlegende Unterscheidungen: einmal werden Psalmen des einzelnen von Psalmen der Gemeinschaft unterschieden, dann werden Klage- und Lobpsalmen unterschieden. Diese beiden Unterscheidungsmerkmale sind mit Sicherheit zu erkennen, sie müssen also den Sammlern und Tradenten für die Bestimmung eines Psalmes wichtig gewesen sein. Diese Kriterien treffen genau zusammen mit den grundlegenden Unterscheidungen in den Gattungsbestimmungen der Psalmen.

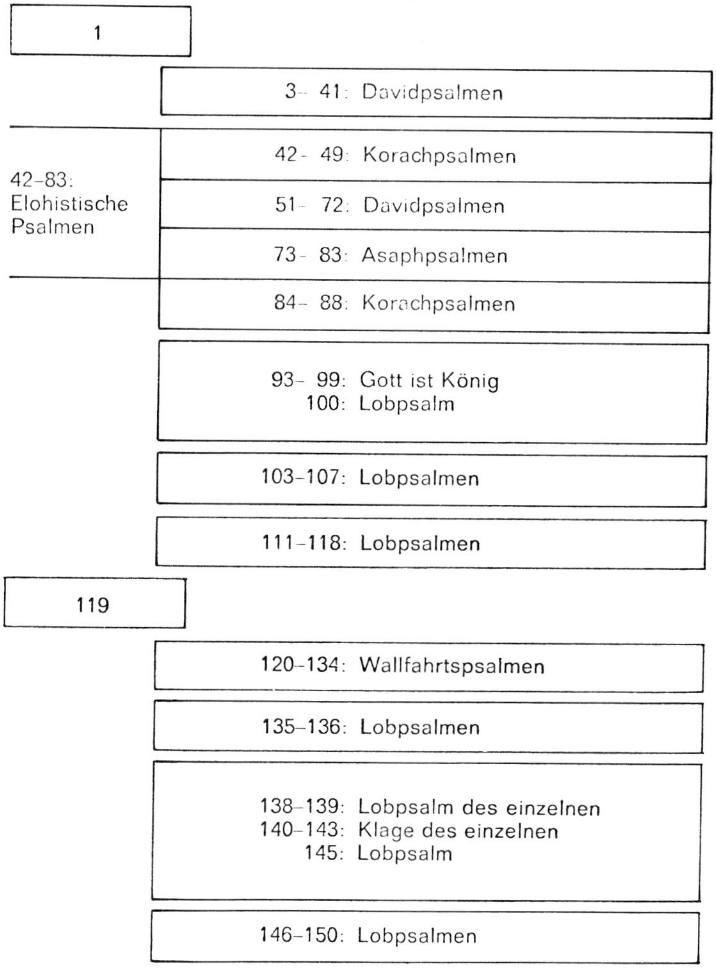

Zu dieser ersten Übersicht muß noch eine Gruppierung von den einzelnen Psalmen her hinzukommen. Die Psalmen sind aus dem Gottesdienst Israels erwachsen. Jeder einzelne von ihnen faßt einen gottesdienstlichen Vorgang in sich, ist ein Teil gottesdienstlichen Lebens. Auch wenn wir die Vorgänge hinter den Psalmen oft nicht mehr erkennen können, sind sie doch immer vorauszusetzen. Es ist beim Hören auf einen Psalm nicht zu fragen: Welche Gedanken enthält er?, sondern: Was vollzieht sich in den Worten dieses Psalmes?

1. Die Davidpsalmen enthalten, wie wir sahen, überwiegend Klagen des einzelnen. Es ist die im Psalter häufigste Gattung. Am 13. Psalm können wir uns Sinn und Aufbau dieser Gattung klar machen. Er beginnt mit einer vierfachen Frage: „Wie lange?", ein Stoßseufzer eines Leidenden, der es unter dem Andauern des Schmerzes nicht mehr aushalten kann. Die beiden ersten Fragen „Wie lange vergißt du . . . verbirgst du . . .?" sind an Gott gerichtete Klage (= Anklage Gottes, wobei Anklage nur in dem formalen Sinn: an Gott gerichtete Klage gemeint ist). In den beiden nächsten Fragen folgt die Ich-Klage: „Wie lange soll ich Kummer tragen . . .?" und die Feindklage: „Wie lange soll sich mein Freund wider mich erheben?" Der Klage folgt die Bitte: Zuerst fleht der Beter Gott um seine Zuwendung an: Schaue her! Erhöre mich!", danach um sein helfendes Eingreifen: „Mache hell meine Augen", d. h. mache mich wieder fröhlich. Die Bitte ist mit Beweggründen verbunden, die auf Gott einwirken sollen. – Nun folgt ein ‚Aber'. Dieses ‚Aber' begegnet häufig mitten in einem Klagepsalm und zeigt immer eine Wendung, einen Schritt aus der Klage heraus an. An diesem ‚Aber' zeigt sich die lebendige Bewegtheit der Klagepsalmen. Es leitet hier ein Bekenntnis der Zuversicht ein: „Ich aber – auf deine Güte traue ich." Daran schließt sich am Schluß noch ein Versprechen, das schon von der Klage zum Lob hinüberweist.

Die beiden Fragen „Warum?" u. „Wie lange?" gehören zur Klage, wo immer sie begegnet.

Dieser einfache Aufbau liegt allen Klagepsalmen des einzelnen zugrunde. Dabei ist aber nicht einer einem anderen gleich; die Glieder des Psalms lassen sich so variieren, daß jeder von den etwa siebzig Klagepsalmen des einzelnen ein eigenes Gebilde ist. Die Reihenfolge kann wechseln, z. B. steht das Bekenntnis der Zuversicht oft zwischen Klage und Bitte. Es kann eines der Glieder fehlen oder ein anderes, z. B. die Bitte in einem Psalm zwei- oder dreimal stehen. Der Ton kann ganz auf *einem* Teil, etwa der Feindklage, liegen oder auf dem Bekenntnis der Zuversicht; es können auch Motive aus anderen Psalmengattungen hinzutreten. – Das Verstehen dieser Klagepsalmen ist für uns dadurch erschwert, daß in ihnen das bestimmte Leid, das der Beter klagt, fast nie zu erkennen ist. Das gehört aber gerade zum Wesen dieser Psalmen. Sie sind alle eine lange Zeit, oft Jahrhunderte lang, gesprochen worden, bevor sie aufgeschrieben wurden. Sie sind in diesem langen Gebrauch so abgeschliffen worden, daß das Individuelle, Einmalige völlig aufgegangen ist im Typischen. Diese Psalmen sollten gerade das verschiedenartige Leid vieler verschiedenartiger Menschen aussprechen. Wir dürfen also hinter einem einzelnen dieser Psalmen niemals nur einen einzelnen Menschen hören, sondern immer eine lange Reihe von Betern. So kommt es, daß bei dem lebendigen und unmittelbar klingenden Ps 13 doch ein einzelnes Schicksal nicht erkennbar wird; so ist es auch zu erklären, daß in vielen Psalmen ganz verschiedenartiges Leid, etwa Krankheit und Verfolgung, zu Worte kommen (z. B. Ps 22).

a) Man kann daher Gruppen von Einzelklagen kaum nach den Ursachen des Leides unterscheiden; häufiger erwähnt werden Krankheit (Ps 22; 38; 102), unbegründete Anklage (7; 35; 37; 69), überwiegend aber Bedrängung und Verfolgung durch Feinde (in etwa 36 Psalmen). Auch von diesen Feinden wird immer nur das Typische gesagt: sie bedrohen den Betenden, sie haben einen Anschlag auf ihn vor, sie suchen ihn zu Fall zu bringen. Das ist meist in drei Bildkreisen gesagt: sie stellen dem Beter Netze und Fallen (140, 5f.); sie bedrohen ihn wie wilde Tiere (17, 11f.); sie greifen ihn wie Krieger an (7,

Die Feinde in den Psalmen kehren wieder im Hiobbuch, wo aus den Freunden Hiobs seine Feinde werden.

13); sie verspotten den Beter und weiden sich an seinem Unglück. Die Feinde sind böse und falsche Menschen, Frevler, Toren, sie verachten Gott (10, 3; 28, 5; 36, 2). Aber alle diese Aussagen über die Feinde des Beters bleiben so allgemein, daß eine Festlegung auf bestimmte Menschen oder Gruppen nicht möglich ist. Wir können nur so viel sagen, daß sich hier eine von tiefen Gegensätzen bestimmte Gemeinschaft abzeichnet, in der eine übermächtige Gruppe einer ohnmächtigen gegenübersteht. Die Beter selbst bezeichnen sich oft als die Armen, die Elenden, das entspricht dieser Situation.

b) Die Klagepsalmen sind, aus dieser Situation gesehen, ein lebendiges Zeugnis für das Sich-Halten an Gott, für das Sich-Bergen in Gott aus den Nöten, die hier geklagt werden. Nicht ein einziger dieser Psalmen bleibt bei der Klage stehen; irgendein Hinaussehen über die Not zeigt jeder einzelne. Bei der Gruppe der Vertrauenspsalmen (Ps 23; 27, 1–6; 62; 63; 71; 131) hat sich das ‚Bekenntnis der Zuversicht' zu eigenen Psalmen verselbständigt; bei anderen, wie Ps 22 geht die Klage unmittelbar in ein Loblied über.

Vgl. das Bekenntnis der Zuversicht in Jes 8, 17 u. den Klagen Jeremias.

c) Bei einer Gruppe tritt das Sündenbekenntnis stärker hervor: diese sogenannten Bußpsalmen (Ps 6; 32; 38; 51; 102; 130; 143) wurden in der christlichen Tradition besonders hervorgehoben. Es ist aber bei ihnen eine bloße Sündenvergebung, d. h. von der konkreten Not losgelöste Sündenvergebung nicht gemeint.

Vgl. das Sündenbekenntnis des Zöllners Lk 18, 9–14.

d) Daneben enthält eine andere Gruppe ein betontes Unschuldsbekenntnis (5; 7; 17; 26). Diese Psalmen gehören besonders zum Gebet unschuldig Angeklagter.

e) Einige Psalmen spiegeln die schweren Anfechtungen, die den Betern das Glück der Gottlosen bereitete (37; 49; 73). Hier verbindet sich die Reflexion mit dem Gebet, und der 73. Psalm weist deutlich in die Richtung der Hiob-Dichtung.

Vgl. das Unschuldsbekenntnis Hiobs.

2. Den Klagepsalmen des einzelnen entsprechen die Lobpsalmen des einzelnen (berichtende Lobps. oder Dankps. des einzelnen): Ps 9; 18; 30; 31B; 32; 34; 40; 1–12; 66, 13–20; 92; (107); 116; (118); 138. Der aus seiner Not Errettete kommt in das Heiligtum, bringt ein Opfer (66, 13f.) und erzählt vor den anderen, was Gott an ihm getan hat (66, 16). Dieser Bericht hat einen festen Aufbau: er beginnt mit dem Rückblick auf die Not (wobei die Not oft als Gebundensein, als Erfaßtsein vom Tod, von der Grube, von der Unterwelt beschrieben wird). Der Beter fährt fort: ‚ich rief zu dir – du hast mich gehört – du hast mich herausgezogen'. Danach geht der Psalm häufig in Gotteslob über, in dem das überwältigende Wunder der Rettung in der Mitte steht: „Sein Zorn währt einen Augenblick – ein Leben lang seine Huld!" (30, 6). – Die Motive des berichtenden oder bekennenden Lobes finden sich an vielen anderen Stellen auch außerhalb des Psalters, auch z. B. in Luk 1 und 2.

Zum Unterschied zwischen Loben u. Danken s. C. Westermann, Lob und Klage . . . 1977, S. 20–24.

3. Der Psalter enthält neben den Klagepsalmen des einzelnen auch Klagen des Volkes, aber nicht viele: Ps 44; (60); 74; 79; 80; 83; 89; Motive und Anklänge in Ps 82; 85; 90; 106; 115. (Die vollständigen Volksklagen stehen alle in den Sammlungen der Korach- und Asaphpsalmen). Solche Volksklagen enthalten auch die Klagelieder, die Prophetenbücher in Jer 14; Jes 63f.; Hab 1; Joel 1f. und häufig angedeutet bei Deuterojesaja. Die Situation der Volksklage begegnet im Alten Testament vielfach; wenn es heißt: „Da schrieen die Kinder Israel zum Herrn", ist eine solche Volksklage gemeint. Wie es dabei zuging, ist in Joel 1f. ausführlich geschildert. Der Aufbau der Volksklage ist ähnlich wie bei der Einzelklage; auch zu ihr gehören Anrede, Klage (in drei Gliedern), Bitte mit Motiven und Bekenntnis der Zuversicht. Anstatt dieses Bekenntnisses gehört häufig ein Rückblick auf Gottes früheres Heilshandeln zu ihr. Anders ist bei der Klage des Volkes auch, daß nach Klage und Bitte eine Antwort Gottes erwartet wurde, ein Heilswort, das an dieser Stelle durch einen Gottesmann gesprochen werden konnte. Besonders deutlich zeigt das Ps 85: nach der Bitte (5–8) setzt eine Einzelstimme ein (9): „Ich will lauschen, was Gott mir sagt: Fürwahr, der Herr, er redet von Heil . . .", vgl. Jer 14, 11; 2 Chr 20, 3–17. – Ein ganz besonders schönes Beispiel der Volksklage ist der Psalm 80. Auf die

Die Klagen des Volkes begegnen in Notsituationen des Volkes in den Geschichtsbüchern u. in den Prophetenbüchern u. in der Sammlung Klagelieder (Threni).

Zu vergleichen ist das Weinberggleichnis Jes 5, 1–7; zum Hirtengleichnis Ps 23 u. Joh 10.

einleitende Bitte 2–4 folgt in 5–8 die Klage, im Kontrast dazu der Rückblick auf Gottes früheres Heilshandeln 9–12 im Gleichnis vom Weingärtner, das in der in 13f. noch einmal aufgenommenen Anklage Gottes weitergeführt wird: Gott selbst vernichtet seine Pflanzung! Die beiden typischen Fragen der an Gott gerichteten Klage sind ‚Warum?‘ (13) und ‚Wie lange?‘ (5). Die zweigliedrige Bitte 15f. ist fortgesetzt in dem nach beiden Seiten gewandten Wunsch 17f.; den Schluß bildet ein Treuegelübde 19f. – Es begegnet auch der Vertrauenspsalm des Volkes, besonders in Ps 123, dazu 125, anklingend in Ps 90.

Vgl. Ps 23.

4. Den Volksklagen entspricht ein Loblied des Volkes, das Gottes Hilfe besingt, wenn die Not gewendet ist. Solche berichtenden Loblieder sind Ps 124 und 129 (beide in der Sammlung 120–134). In einer erstaunlichen Unmittelbarkeit kommt hier das befreite Aufatmen der Geretteten zum Ausdruck (Ps 124):

„Gelobt sei der Herr,
der uns nicht dahingab ihren Zähnen zum Raub!
Unsere Seele ist wie ein Vogel,
dem Netz des Vogelstellers entronnen.
Das Netz ist zerrissen – und wir sind frei!“

Das älteste uns erhaltene Loblied des Volkes ist das Mirjamlied Ex 15, 1 = 21: Dies Lied ist gemeint, wenn der späte Geschichtspsalm (106, 12) sagt: „Da glaubten sie seinen Worten und sangen sein Lob.“ Aber dieses von Gottes Taten an seinem Volk berichtende Lob ist andere Traditionswege gegangen. Es hat eine eigene Form gefunden im Siegeslied (Ri 5) und im Lied von der Epiphanie Gottes, der seinem Volk zu Hilfe kommt (Ps 18, 8–16; Hab 3, 3–15); und es ist in die Geschichtsschreibung eingegangen, die von Gottes großen Taten an seinem Volk kündet. Deswegen und aus anderen Gründen ist es im Psalter fast gar nicht vertreten.

Die Lobpsalmen sind für die Theologie des AT besonders wichtig, weil sie zusammenfassen, was Gott tut u. was Gott ist.

5. Beschreibende Lobpsalmen oder Hymnen finden sich im ersten Teil des Psalter: Ps 8; 19A; 29; 33; 57, 8–12; 65; 66, 1–7; danach von Ps 90 ab in den Teilen, die die Übersicht am Anfang angibt. Es gibt deren viele auch außerhalb des Psalters: Jes 6, 3 und 12; Jer 10, 6–16; die Doxologien im Amosbuch, besonders aber in Deuterojesaja und Hiob, im Neuen Testament besonders in Luk 1–2 und in der Offenbarung. Der beschreibende Lobpsalm ist das eigentlich gottesdienstliche, Gott preisende Lied Israels. Ein einfaches, klares Beispiel für den Aufbau ist Ps 113. Die Einleitung der meisten Lobpsalmen ist der Ruf zum Lob im Imperativ: 113, 1–3. In die Weite der Zeit (2) und des Raumes (3) wird zum Lob Gottes gerufen. Der Hauptteil des Psalms (4–9) begründet diesen Lobruf. In seiner Mitte stehen die Sätze:

Wer ist wie der Herr unser Gott, im Himmel und auf Erden,
der hoch in der Höhe thront, der tief in die Tiefe sieht?

(Hier ist im Luthertext eine kleine Umstellung nötig: 6b ist hinter 5a zu lesen.) In diesem Satz ist im staunend ergriffenen Gotteslob in eine letzte einfache Aussage gefaßt, was das Gotteslob von Gott zu sagen hat: Er ist der Majestätische, der Hohe, alles Überragende; aber gleichzeitig der, der sich aus seiner Höhe herabneigt und denen in der Tiefe hilft. Diese Aussage wird in Ps 113 so entfaltet, daß Vers 4 die Erhabenheit, V. 7–9 das Herabneigen Gottes entfalten: daß Gott in die Tiefe sieht, bedeutet, daß er dort in der Tiefe die Not entdeckt, die er dann wunderbar wendet: „Der aus dem Staub den Geringen erhöht, aus dem Schmutz erhebt den Armen.“ Das Erhöhen wird dann in Vers 9 an zwei Beispielen dargestellt. Im 33. Psalm findet man diese Gliederung wieder; aber der Hauptteil ist erweitert: das Lob der Majestät Gottes wird entfaltet, indem Gott gepriesen wird als Schöpfer (33, 6–9) und als Herr der Geschichte (10–12); dieser Teil geht über in das Lob des helfenden Gottes: er ist der Retter (13–19) und der Erhalter (19b). Der gleiche Aufbau ist in Ps 136 und anderen Lobpsalmen zu finden. Bei den Lobpsalmen gibt es zahlreiche besondere Gruppen:

a) Das Lob des Schöpfers führt zu der Gruppe der Schöpfungspsalmen 8; 19A; 104; 139; 148; dazu Amos 4, 13f.; 5, 8f.; 9, 5f., Teile aus Deuterojesaja und besonders Hiob 38ff.

Vgl. Gen 1–3; Dtjes, Hiob.

b) Das Lob des Herrn der Geschichte erweitert sich zu Geschichtspsalmen. Wie es anwächst, sieht man z. B. von Ps 33, 10–12 zu Ps 136, 10–22 zu Ps 78 und 105. Dazu gehört auch Ex 15 und Dtn 32.

Hieran zeigt sich der Zusammenhang von Gotteslob u. Geschichte.

c) Eine Gruppe von Lobpsalmen ist bestimmt von der Hervorhebung des imperativischen Lobrufs: 95A; 100; 145; 148; 150; hier besonders das Begleiten durch Instrumente betont.

d) Das Gotteslob in Festliedern oder Liturgien: bei den Ladeprozessionen Ps 24; 132 (?), bei dem Festlied Ps 118, der Dankliturgie Ps 107, den Psalmen vom Königtum Gottes Ps 47; 93; 96–99, vom machtvollen Erscheinen Gottes Ps 29; 50.

Zu Ps 24 vgl. die Ladegeschichte 1 Sam 4–6 u. 2 Sam 6.

6. Wallfahrts- und Zionlieder. Der Psalter enthält nur ein einziges Wallfahrtslied: Ps 122. Es hat deren sicher eine große Fülle gegeben, manche Anspielungen finden sich z. B. in Jes 2 und Jer 31, 6. Dafür finden sich im Psalter eine Reihe von Zionliedern, die den Wallfahrtsliedern nahestehen: Ps 46; 76; 84; 87. Hinter diesen Psalmen steht die Tradition von der Erwählung des Zion als des Gottesberges; vor den Toren der Stadt ist die große Völkerschlacht, in der Gott Sieger bleibt und siegreich in seine Stadt einzieht. Dieser Sieg Gottes wird in einer Prozession begangen, wobei das Vertrauen auf die von Gott behütete und geborgene Stadt dichterisch schön zum Ausdruck kommt.

Zu den Zionliedern vgl. 2 Sam 5 u. 1 Kön 5–8.

7. Segenspsalmen. Die Pilger, die zum Heiligtum kamen, empfingen zum Abschied den Segen, der für das Leben im Alltag unentbehrlich war. In der Liturgie Ps 118 ist der Segen in Vers 25f. erwähnt; fast genau gleich am Schluß von Ps 129, ähnlich auch Ps 134, 3. Auch in der Ladeprozession Ps 24, wird am Ende (5) der Segen erteilt. In Ps 67 erhält die Gemeinde auf ihre Bitte den Segen, auch in Ps 115, 9–15.

Eine besondere Art des Segensempfanges für den einzelnen zeigen Ps 91 und 121. Beidemal spricht ein einzelner ein Vertrauensbekenntnis und erhält darauf vom Priester eine Segenszusage. Sie ist auch in Ps 128, 4f. erwähnt.

Zu den Segenspsalmen vgl. Nu 6, 24–26 u. Dtn 27, 11–13.

8. Königspsalmen: 2; 18; 20; 21; 45; 72; (89); 101; 110; 132. Die Psalmen 2 und 110 gehören zur Thronbesteigung des Königs und sagen ihm Sieg, Gelingen und Gottes Beistand zu, Ps 132 verbindet eine Verheißung für den Zion und für das Davidhaus; beide sind von Gott erwählt. Es ist wohl ein Lied zu einem Fest, an dem diese Erwählung begangen wurde. Ps 45 ist ein Hochzeitslied für einen König. Es ist ein rein profanes Lied, das in den Psalter gekommen ist durch die spätere Deutung dieses Königs auf den Messias. Eine Königsfürbitte ist Ps 72; Ps 20 und 21 enthalten Bitte und Dank für den König, ebenso Ps 61; 63; 132. Eine Königsklage ist Ps 89.

Bei den Königspsalmen muß man sorgfältig unterscheiden zwischen ihrem ursprünglichen Sinn, nach dem sie sich sicher einmal auf wirkliche Könige Israels und Judas bezogen, und dem späteren Aufnehmen dieser Königspsalmen in den Psalter, das auf Grund der messianischen Deutung dieser Psalmen geschah.

Zu den Königspsalmen vgl. 2 Sam 6; 1 Kön 8 u. Jes 38.

9. Weisheitspsalmen. In später Zeit haben sich in Israel Gebetsfrömmigkeit und Weisheit berührt. In den ‚Wallfahrtsliedern' Ps 120–134 finden sich einige Weisheitssprüche: 127, 1–2. 3–5; 133. Sie könnten unverändert im Buch der Sprüche stehen und haben eigentlich mit den Psalmen nichts zu tun. Es sind Sprüche über das gemeinsame Leben. Ein

Zur Verbindung von Psalmen u. Weisheit vgl. das Buch Hiob.

Weisheitsgedicht ist Ps 37: ein Weiser warnt davor, sich über den Frevler zu ereifern und mahnt zum Vertrauen zu Gott. Von der Frage nach dem Glück des Frevlers bewegt sind 49 und 73, Klage des einzelnen und Weisheit sind darin verbunden. Züge weisheitlicher Rede zeigen sich in Dankpsalmen (31, 24; 32, 6f.; 40, 5–9). Die Gegenüberstellung von Frommen und Gottlosen bestimmt die reinen Weisheitspsalmen 1 und 112 (auch 128), und hierher gehört auch das Lob des Gesetzes in Ps 119 und 19B.
Eine Schlußbemerkung zur Bibelkunde der Psalmen:
Um die Psalmen wirklich kennenzulernen, empfehle ich, sich nach den hier gezeigten Musterbeispielen der Hauptgruppen einige Psalmen zu jeder Gruppe so aufzuschreiben, daß man am Schriftbild die Gliederung sofort erkennt. So wird beim Weiterlesen jeder neue Psalm Bekanntes aufweisen und deutlich seine Besonderheit zeigen. Noch besser ist es, wenn man von jeder Hauptgruppe einen Psalm auswendig lernt, um von jedem neuen Psalm vergleichend zu diesem Muster zurückzusehen.

Das Buch Hiob

C. Westermann, Der Aufbau des Buches Hiob, [2]1978, Calwer Theol. Monogr. A 6.

Das Hiobbuch hat einen klar durchdachten und leicht zu erkennenden Aufbau. Es ist in den Rahmen einer älteren Erzählung von dem frommen Dulder Hiob gestellt (1–2, 10 und 42, 7–17). Die Hiobdichtung erwächst aus dem Besuch der drei Feunde, die kommen, Hiob in seinem Leid zu trösten (2, 11–13). Die Wechselrede setzt ein (3) und schließt ab (29–31) mit einer Klage Hiobs; in diese Klage gefaßt sind drei Redegänge (4–14; 15–21; 22–23), in denen auf eine Freundesrede jeweils eine Antwort Hiobs folgt. Der dritte Redegang besteht nur noch aus einer Freundesrede und der Antwort Hiobs darauf (22 und 23); die noch folgenden Kapitel 24–27 sind in ihrer ursprünglichen Ordnung nicht mehr zu erkennen, sie enthalten nur Fragmente. Vor der Abschlußklage Hiobs ist zum Abgehen der Freunde ein letztes Wort gesagt in einem in sich geschlossenen Weisheitsgedicht Kapitel 28. Die Klage Hiobs in 29–31 läuft aus in eine Vorforderung Gottes, an die unmittelbar das Erscheinen Gottes (38, 1) schließt. Die noch dazwischen stehenden Reden Elihus (32–37) sind nach der Meinung vieler Ausleger später eingefügt worden. Die Kapitel 38–42, 6 bringen zu dem ersten Wechselgespräch zwischen Hiob und den Freunden ein zweites zwischen Hiob und Gott: Gott antwortet dem Hiob ‚aus dem Wettersturm‘ in zwei Redegängen, und zweimal spricht Hiob darauf (40, 3–5 und 42, 2–6). Damit mündet die Dichtung wieder in die Rahmen-Erzählung ein: 42, 7–17.

Vgl. zur Rahmenerzählung die Vätergeschichte Gen 12–50.
Zu den Klagen Hiobs sind die Klagepsalmen des Einzelnen u. die Klagen Jeremias (Jer 11–20) zu vergleichen.

1. Die Erzählung ist so einfach und gradlinig, daß es für sie keiner bibelkundlichen Hilfe bedarf.
2. Hiobs Klagen in Kap. 3; 29–31 und in den Wechselreden haben ihre Aufbauelemente aus den traditionellen Formen der Klage des Einzelnen, wie wir sie aus den Psalmen kennen. Sie setzt in Kap. 3 ein mit der Verfluchung des Tages seiner Geburt, der schroffsten Form einer Klage (vor der die Freunde zurückweichen und ihn nun, statt ihn zu trösten, zurechtweisen), sie bewegt sich weiter in den drei Aspekten der Klage, wie wir sie aus den Psalmen kennen, der Ich-Klage, der Feind-Klage (im Laufe des Wechselgesprächs werden ihm die Freunde zu Feinden) und der Anklage Gottes.

Die Feindklage tritt in den Reden Hiobs stark zurück; an ihrer Stelle steht die Bestreitung der Freunde jeweils am Anfang der Reden Hiobs. In der ersten Rede ist ausführlich dargestellt (6, 13–27), daß Hiobs Freunde versagt haben (Bild vom Trugbach); in 19, 13–19 ist diese Klage auf die ganze Umgebung Hiobs ausgedehnt: alle haben sie sich von ihm abgewandt; in der Schlußklage schließlich (30, 1–15) weiß sich Hiob gänzlich verlassen und verachtet. Schlimmer aber ist für ihn, daß Gott selbst ihm zum Feind geworden scheint; auf dem Höhepunkt der Klage in 16, 9–14 und

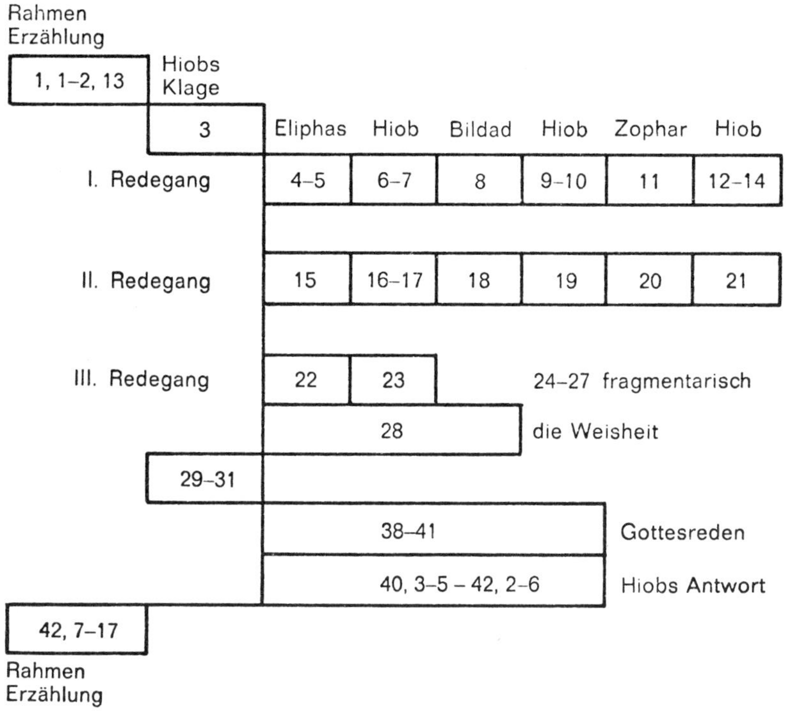

19, 7–12 erhebt Hiob seine Anklage gegen Gott in den Formen und mit den Worten der Feindklage.

Die Ich-Klage. Es fällt auf, daß die Krankheitsklage in den Reden Hiobs einen so geringen Raum einnimmt. Ausdrücklich genannt ist sie nur in 7, 5 (bzw. 3–5) und in der Schlußklage 30, 17 und 30 (dazu vielleicht 19, 20 und 27c). Im Eingang von Kap. 6 wird in den Versen 1–12 vielmehr die Schwere (2–3a), die Realität (5–7), die Unerträglichkeit (11–12) des Leides ausgedrückt. In 7, 1–10 ist das Leid Hiobs (3–5) erweitert auf die Hoffnungslosigkeit und das Todesgefälle des Menschendaseins überhaupt. Auch schon in Kap. 3 zeigte sich diese Erweiterung, und sie wird in den folgenden Reden aufgenommen: 9, 25–31 ist wieder eine Vergänglichkeitsklage und mit ihr schließt die zweite Rede Hiobs (10, 18–22). Beherrschend ist diese Klage in der dritten Rede 14, 1–15, wobei es in 14, 1–5 mehr um die Außenseite, die Vergänglichkeit, in 7–12 um die Innenseite, die Hoffnungslosigkeit geht. Dieser Abschnitt 14, 1ff. ist dichterisch besonders eindrücklich.

Die Anklage Gottes. Schon in der Verfluchung des Tages der Geburt kündigt sie sich an, am Ende von Kap. 3 kommt sie zu Wort: „Gott hat mir meinen Weg verbaut" (23). Und in der ersten Rede entschuldigt Hiob seine verzweifelten Worte damit: „Die Pfeile des Mächtigen sind in mir, deren Gift trinkt mein Geist . . ." In 7, 11–21 wird dieses Motiv entfaltet; 12–16 sind wesentlich Aussagesätze, 17–21 wesentlich Fragen: Aussagen und Fragen (warum? wie lange?) sind auch in den Psalmen die beiden Hauptformen der Anklage Gottes. – In der zweiten Rede Hiobs (9–10) ist die Anklage Gottes beherrschend. Vorbereitet in der Zustimmung zu Bildad, daß ein Mensch Gott gegenüber nie im Recht sein könne (9, 2–3, wieder aufgenommen in 14–16), bricht die Anklage Gottes in 17–23 in schneidender Schärfe durch: Gott ist wie der heulende Sturm, der einen Menschen packt und wegreißt; ja, er läßt Macht vor Recht ergehen; vergeblich hält Hiob ihm sein Unschuldbekenntnis entgegen (21f.); in Vers 23 ist das Bild von Vers 17 noch verschärft zu der Fratze eines wütenden Dämons. In Kap. 10 mündet die Anklage in die Warum-Frage: Warum, Gott, bedrückst du mich? Warum verwirfst du das Werk deiner Hände? Der Widerspruch, der in dieser Frage liegt, wird in 10, 8–12 breit entfaltet; dabei steht das Lob des Schöpfers in harter Nähe zur Anklage. Am Schluß ist sie gesteigert in den Bildern, die Gott als Feind zeigen; darauf kehrt die Klage in den Warum-Fragen 18–19 wieder zu ihrem Ausgangspunkt zurück: Warum bin ich geboren? Hier zieht sich ein Bogen von Kap. 3 bis zum Ende von Kap. 10. – Von der dritten Rede ab (12–14) tritt an die Stelle der Anklage (die in Kap. 9 zu einem nicht mehr zu überbietenden Höhepunkt gekommen ist) der formelle Rechtsstreit mit Gott. In 13, 23–27 fragt Hiob Gott nach dem Rechtsgrund seines Vorgehens gegen ihn; die verschiedenen Anklagepunkte, die Hiob in den vorigen Reden erhob, sind hier konzentriert zusammengefaßt wie in einer Anklageschrift. Damit ist die Anklage Gottes zu Ende geführt (am Ende des ersten Redeganges); die vierte und fünfte Rede Hiobs enthalten statt dessen die auf Gott übertragene Feindklage: 16, 9–14 und 19, 7–12. Da Gott dem Hiob auf seine Frage in 13, 23–27 nicht geantwortet hat, muß Hiob nun annehmen, daß Gott ihm zum Feind geworden ist (19, 6. 11. 21f.). Hier am Ende begegnet dasselbe Bild wie am Anfang (3, 23): Gott hat den Weg des Klagenden verrammelt (19, 8).

Zu der Klage gehören mehrere andere Bestandteile der Reden Hiobs: Wünsche und Bitten. Wie jede Klage ein Gefälle zur Bitte hin hat, führen auch Hiobs Klagen auf Bitten oder Wünsche zu, die in ihrer Folge den Fortgang in den Reden Hiobs besonders deutlich zeigen. Drei Gruppen solcher Bitten und Wünsche entsprechen den drei Abschnitten des Redeteils:

a) Der Wunsch Hiobs zu sterben (3, 11–13; 21f.; 6, 8–10; 7, 15; Nachklang 10, 18f.) erwächst unmittelbar aus dem Schrei am Anfang; es ist der Wunsch dessen, der es nicht mehr aushalten kann. Deutlich ist dabei das Decrescendo von dem in dem Aufschrei Kap. 3 implizierten bis zu dem in 10, 18f. nur noch nachklingenden Wunsch. Danach begegnet er nie mehr.

b) Der Wunsch (bzw. die Bitte), ‚Laß ab von mir!‘ (7, 16b; 10, 20b; 14, 6. 13–15; 9, 34f.; 13, 21f.) zieht sich durch alle drei Reden des ersten Redeganges, auch dies ist noch eine ganz elementare, aus äußerster Bedrängnis kommende Bitte. Oft steht dieser Wunsch zusammen mit der Vergänglichkeitsklage. In 9, 34f. und 13, 21f. leitet dieser Wunsch zu dem dritten über, Gott zu begegnen.

c) Im zweiten Redegang ist der Wunsch in der vierten und fünften Rede Hiobs der gleiche: Hiob fleht, daß seine Sache gehört werde und Antwort finde trotz seines Todes (16, 18–22 und 17, 3; 19, 23f.). An beiden Stellen ist dieser Wunsch mit einem Bekenntnis der Zuversicht verbunden. In der siebenten und letzten Rede Hiobs bleibt noch der *eine* Wunsch, Gott zu begegnen (23, 3–12). Die Rede beginnt gleich mit ihm (3): „O daß ich wüßte, ihn zu finden! . . .“ Voraufgegangen ist die umfassende Beschuldigung des Hiob durch Eliphas (22). Darauf antwortet Hiob nicht mehr; jetzt kann er sich nur noch an Gott wenden, um ihm seinen Rechtsfall darzulegen. Ganz am Schluß wird dieser Wunsch wieder aufgenommen in den letzten Worten der Schlußklage (31, 35–37).

Zu „Unschuldbeteuerung“ vgl. dasselbe Motiv in den Ps.

Die Unschuldsbeteuerungen setzt Hiob dem von den Freunden geforderten Sündenbekenntnis entgegen. Zuerst beteuert er den Freunden gegenüber seine Unschuld (6, 28–30; vgl. 19, 6). Aber schon von der zweiten Rede an wendet sich Hiob mit ihr an die höhere Instanz (9, 21): „Ich bin unschuldig!“ (vgl. 9, 29–31; 10, 6). Aus dem verzweifelten Schrei wird in der dritten Rede ein Entschluß: „Ich will ihm meinen Wandel ins Gesicht dartun!“ (13, 15f. 18. 23). Daran schließt sich das ähnliche Wort in 23, 7. 10. 12 in der letzten Rede Hiobs. Es ist hier verbunden mit dem Wunsch, Gott gegenüberzutreten; beides zusammen bildet den Abschluß der Klage Hiobs in Kap. 31; der große Reinigungseid mit dem Wunsch, Gott gegenüberzutreten, am Ende.

Zum „Bekenntnis der Zuversicht“ vgl. dasselbe Motiv in den Ps.

Das Bekenntnis der Zuversicht begegnet nur an zwei Stellen, beidemal aber auf dem Höhepunkt, wo die Anklage Gottes die Gestalt der Feindklage annimmt, in den ersten beiden Reden des zweiten Redeganges 16, 19–21 und 19, 25–27. In 16, 19ff. ist es mit einem Verzweiflungsruf verbunden: „O Erde, bedecke mein Blut nicht!“ Das einzige, was ihm jetzt noch bleibt, ist die Instanz über den Tod hinaus; so muß er an Gott gegen Gott appellieren: „. . . daß er entscheide für einen Menschen (im Streit) mit Gott . . .", und er weiß: „Im Himmel ist mein Zeuge und mein Bürge hoch droben – auch jetzt." – In Kap. 19 steht das Vertrauensbekenntnis im gleichen Zusammenhang; 16, 19 entspricht 19, 25: „Ich aber weiß: mein Anwalt lebt und ein Vertreter ersteht mir über dem Staube . . ." (27). „Gott werde ich schauen, und meine Augen sehen den nicht (mehr) Fremden." Hiob erwartet die Rechtshilfe *trotz* des Todesurteils, *gegen* seinen Tod. Gemeint ist nicht die Vorstellung von einem Leben nach dem Tode; Hiob spricht hier vielmehr die Gewißheit aus, daß er trotz seines Sterbenmüssens doch noch von Gott Recht bekommen wird.

Den Klagen Hiobs stehen *die Argumente der Freunde* gegenüber. Es ist ein einziges Hauptargument, das sie immer wieder vorbringen: die Frevler gehen zugrunde. Es begegnet in allen sechs Freundesreden der ersten beiden Redegänge. Jeder von den drei Freunden betont dabei die Autorisierung seines Redens: Eliphas beruft sich auf die eigene Erfahrung, Bildad auf die Vätertradition, Zophar wünscht, daß Gott selbst zu Hiob spreche. – Im zweiten Redegang ist das Schicksal des Frevlers in allen drei Reden das einzige Argument, jetzt nach zwei Seiten weitergeführt: das ganze Leben des Frevlers steht im Blick (z. B. 15, 20), und es wird in allen drei Reden eine Begründung für das Schicksal des Frevlers gegeben: Eliphas: er hat sich gegen Gott empört (15, 25–28); Bildad: er hat (dem Gerechten) Fallen gestellt (18, 7–8), ähnlich Zophar (20, 19–21). In jeder der drei Reden des zweiten Redeganges wird eine der drei Gaben, die den Tod überdauern könnten, hervorgehoben: der Kindersegen (15, 29–33), die Wohnung (18, 5–6. 14f. 21), der Besitz (20, 12–18).

Zu den „Argumenten der Freunde" vgl. die Sprüche vom Gerechten u. vom Gottlosen.

Dem Motiv ‚Schicksal der Frevler' entspricht das vom ‚Glück der Frommen'. Im ersten Redegang enthalten es alle drei Freundesreden; im zweiten fehlt es ganz, in der letzten Rede des Eliphas kehrt es noch einmal wieder. Als drittes Argument kommt der Satz hinzu, daß vor Gott kein Mensch gerecht ist, in 4, 12–21; 15, 14–16; 25, 4–6. Diesem Argument stimmt Hiob (9, 3) ausdrücklich zu.

Sonst argumentiert Hiob nicht wie die Freunde; nur einmal, in seiner vorletzten Rede (21) bringt er ein Gegenargument: er nimmt auf, was die Freunde vom Schicksal der Frevler sagen und führt es um einen kleinen Schritt weiter. Er stellt in Frage, daß das Ende der Frevler immer und notwendig ein schreckliches sei und stützt sich dabei einfach auf die Erfahrung. Er sagt den Freunden: Eure Theorie stimmt mit der Wirklichkeit nicht überein. Hiob ist sich dessen bewußt, wie gefährlich das ist, was er hier sagt (21, 5–6), und es ist verständlich, daß darauf von den Freunden die offene Verurteilung Hiobs (22) erfolgt.

Das Gotteslob in den Reden Hiobs und der Freunde.

Alle Teile des Hiobbuches enthalten Worte des Gotteslobes. Es ist Absicht, daß die Gotteslob enthaltenden Stücke bei Hiob wie bei den Freunden sich fast ausnahmslos im ersten Redegang finden. Im zweiten fehlen sie auf beiden Seiten ganz. Im ersten Redegang haben die Freunde und Hiob darin noch etwas Gemeinsames: beide loben Gott. Daß sie beide im Gotteslob Gott bejahen, darin stehen sie noch auf einem gemeinsamen Fundament. Die wachsende Schärfe der Wechselrede zeigt sich darin, daß im zweiten Redegang das Gotteslob schweigt.

Die Entfaltung des Gotteslobes ist dieselbe wie in den Psalmen. Das Lob der Majestät Gottes wird in den Reden Hiobs entfaltet als Lob des Schöpfers (9–10) und des Herrn der Geschichte (12). Dieselben Motive finden sich auch in den Reden der Freunde; die Kunst des Dichters zeigt sich darin, wie verschieden die gleichen Motive des Gotteslobes in den Reden Hiobs und der Freunde klingen.

Hi 9–10; 12 die gleiche Entfaltung des Gotteslobes wie in Ps 33 u. a.

In Kp 38–41 zeigt sich der Übergang vom Gotteslob zur Dichtung.

38–41 Die Gottesreden. Mit der Herausforderung zum Rechtsstreit endet Hiobs letzte Klage (31, 35–37); dahinter steht der Wunsch, daß Gott ihm überhaupt antworte. Dieser Wunsch wird Hiob erfüllt; Gott antwortet ihm (38, 1; 40, 1.6). Zwar enthält die Antwort weder die eine Strafe begründende Anklageschrift (31, 35) noch die von Hiob sehnlich erwartete Rechtfertigung (16, 19–21; 19, 25). Gott antwortet ihm; aber der Sinn dieser Antwort ist verborgen. Der von Hiob Herausgeforderte spricht als Herausforderer und fragt seinerseits Hiob: Wer bist du? Bist du der Schöpfer? Diese Frage wird entfaltet in einem indirekten Lob des Schöpfers:

38, 4–15: Gott hat die Welt geschaffen
16–24: Gott allein kennt und übersieht die Schöpfung
25–41, 25 (26): Gott lenkt und regiert seine Schöpfung
38, 25–38: am Himmel (Gestirne und Niederschläge)
38, 39–41, 25 (26): auf Erden (die Tiere)

darin enthalten: Gott als Herr der Geschichte.

40, 1–2 (6– 7): Wiederaufnahme der Herausforderung Hiobs
3–5 (8–10): Der Richter der Welt
6–8 (11–13): Er bringt die Gewaltigen zu Fall
10–19 (15–24): Behemōth
20–41, 25 (25–41, 26): Leviathan

Gottes Wirken in seiner Schöpfung ist hier so umfassend dargestellt wie sonst an keiner Stelle der Bibel. Es hat offensichtlich zwei Seiten: das majestätische Regieren (z. B. 38, 8–11) und das liebende Fürsorgen (besonders das Handeln an den Tieren). Darin ist die Polarität von Gottes Majestät und Gottes Güte, die sonst im Gotteslob nebeneinander stehen, in das Schöpferlob hineingenommen. Und damit ist der Sinn der Antwort angedeutet, die Hiob hier bekommt. Der ursprüngliche Schluß der Gottesrede ist wahrscheinlich 41, 1–2 (2–3). Er nimmt Bezug auf Hiobs Frage am Anfang (9, 4): „Wer könnte sich wider ihn auflehnen und bliebe heil?" Auf die Herausforderung 31, 35–37 müßte der Gott, wie ihn Hiob sich vorstellt, ihn zerschmettern. Die Gottesreden aber lassen Hiob heil; indem sie ihn wieder an seinen Ort setzen, nämlich an den Ort des Geschöpfes, das sich vor seinem Schöpfer beugt (42, 6), deuten sie ihm zugleich verborgen die Güte des Schöpfers an, der sich seines Geschöpfes erbarmt. Die Antworten Hiobs [39, 33–35 (40, 3–5) und 42, 1–6] zeigen, daß er die Gottesrede so verstanden hat.

Die Elihu-Reden. Sie sind ein späterer Zuwachs zum Hiobbuch; eine Einfügung, die deutlich eine Stellungnahme zu der Lösung des Hiobbuches enthält. Hiob kommt hier gar nicht mehr zu Wort, es wird vielmehr über ihn gesprochen. Das zeigt Kap. 34, wo der Fall des Hiob vor einem Kreis von Weisen verhandelt und Hiob als Frevler verurteilt wird (34, 7–8. 34–37)! Aber auch die Freunde werden getadelt, „weil sie keine Antwort fanden und so Gott ins Unrecht setzen" (32, 5). Das stimmt insofern nicht, als das letzte Wort der Freunde eine deutliche Beschuldigung Hiobs (22) enthält. Die Elihu-Reden sehen die Lösung in der erziehenden Bedeutung des Leidens; weil Hiob dieses Züchtigen Gottes nicht angenommen habe, wird er verurteilt. An der wirklichen Verzweiflung und Qual Hiobs gehen die Elihu-Reden mit einer erschreckenden richterlichen Kälte vorbei; eben darin aber meinen sie, für Gott zu eifern.

Das Buch der Sprüche

Das Buch der Sprüche bibelkundlich zu erschließen ist beinahe unmöglich. Es ist aber auch nicht notwendig; diese gewaltige Fülle und Vielfalt einzelner Sprüche braucht man nicht zu kennen und zu übersehen; es genügt hier, die Hauptformen und die Hauptthemen der Spruchweisheit einigermaßen zu überblicken.

Vgl. G. v. Rad, Weisheit in Israel, 1970; C. Westermann, Weisheit im Sprichwort: Theol. Bücherei 55, 1974, S. 149–161; H. Lamparter, Das Buch der Weisheit (Pred u. Spr), BAT 16, I, [3]1975.

Die Einteilung des Spruchbuches läßt schon die beiden Hauptformen erkennen: das Weisheitsgedicht (Kap. 1–9) und der Weisheitsspruch (Kap. 10–31). Die Kapitel 1–9 enthalten Gedichte, in denen meist die Weisheit empfohlen oder zur Weisheit gemahnt oder eingeladen wird:

1, 1– 6: Der Sinn des Weisheitsbuches
8–19: Weisheit aus Gottesfurcht
20–33: Eine Bußpredigt der Weisheit
2: Mahnung eines Vaters an seinen Sohn
3: Empfehlung der Weisheit und Gottesfurcht
4: Reisesegen der Weisheit
8: Ruf der Weisheit am Tor
9: Frau Weisheit und Frau Torheit laden zum Mahl
5–7: Warnung vor der fremden Frau und dem Ehebruch

Das in Kap. 10 beginnende eigentliche Spruchbuch enthält zwei Grundsammlungen: die Sprüche Salomos Kap. 10–22 und die Sprüche der Männer Hiskias Kap. 25–29. Dazu kommen eine Reihe von Anhängen an diese beiden Grundsammlungen:

22, 17–24, 22: Worte von Weisen
24, 23–34: Auch diese von Weisen
} zu Kapitel 10–22

30, 1–14: Die Worte Agurs
15–33: Zahlensprüche
31, 1– 9: Worte an Lemuel
10–31: Lob der tüchtigen Hausfrau
} zu Kapitel 25–29

Die Form der Sprüche ist sehr einfach; ein Spruch besteht gewöhnlich aus einem Doppelsatz im Parallelismus, manchmal in zwei, selten in drei Doppelsätzen. Von da ab geht er schon in das Weisheitsgedicht über. Es gibt drei Hauptformen: die einfache Aussage, die Entgegensetzung und den Imperativspruch. Manchmal begegnet auch eine Frage mit Antwort, das weist auf den Rätselspruch. Der Weisheitsspruch ist die älteste und einfachste literarische Form überhaupt; Wissen und Erkennen, für uns heute unübersehbar verzweigt, ist hier in seinem frühesten Stadium noch die im Leben einer Gemeinschaft gewachsene, in diese einfache Form der Sprüche gebrachte Weisheit. Sie ist weniger Welt- als Lebensweisheit; alle Bereiche des Daseins umfassend und die in ihnen gereiften Erfahrungen sammelnd.

Die Form der Sprüche: Der Weisheitsspruch ist der ganzen Menschheit gemeinsam.

Eine sachliche Ordnung lassen die Sprüche in den oben gezeigten Sammlungen nicht (oder nur an wenigen Stellen) erkennen, so müssen wir sie nach den Gebieten, von denen sie handeln, ordnen:

I. Das menschliche Leben

1. Beobachtung und Vergleich. Die einfachste Spruchform ist die des Aussagesatzes. Er kann eine einfache Beobachtung enthalten, in der eine Entdeckung festgehalten wird, am Menschen selbst, an seiner Umwelt, den Tieren, den Pflanzen, den Mitmenschen. Zur Beobachtung kommt der Vergleich, das Entdecken des Gemeinsamen und des Gegensätzlichen festhaltend, verborgene Zusammenhänge erfassend. In den Zahlensprüchen in Kap. 30 z. B. sind solche Beobachtungen gesammelt; die Verse 24–28 sind das Ergebnis eines langen, aufmerksamen Beobachtens der Tiere; in den

Weisheitssprüche begegnen häufig in der Verkündigung Jesu; zu den Gleichnissen Jesu ist der Vergleichsspruch die Wurzel.

Versen 18–19 ist aus der Beobachtung verschiedenartiger Wege der Begriff Bewegung dargestellt. – In der Fülle der Vergleiche (am häufigsten in Kap. 25–26) ist das Gleichnis vorgebildet, das in der Verkündigung Jesu eine so wichtige Rolle spielt.
2. Beobachtungen am Menschen. Nachdenken und Staunen über das Menschsein spiegelt sich in diesen Worten:

> Der Atem des Menschen ist eine Leuchte des Herrn,
> sie durchspäht alle Kammern des Leibes.
>
> Wie Angesicht neben Angesicht,
> so sind die Herzen der Menschen verschieden.
>
> Wie eine Stadt mit durchbrochenem Wall
> ist der Mann, der sich selbst nicht beherrscht.

3. Reden und Handeln. Über das Menschenwort denken die Sprüche nach, über seine heilende und zerstörende Wirkung, diese wird sehr konkret entfaltet; sie wissen vom heilen und heilenden, vom kranken und kränkenden Wort; sie staunen über die Macht des Menschenwortes im Guten und im Bösen:

> Wie goldener Apfel in silberner Schale
> ist ein Wort, geredet zu rechter Zeit.
>
> Manches Mannes Geschwätz verwundet wie Schwertstreich.

Vom guten Handeln sagen die Sprüche, vom Wohltun und Helfen, vom Friedenstiften; aber häufiger beschäftigen sie sich mit dem bösen Handeln in seinen vielen Möglichkeiten, aufdeckend, warnend, zurechtweisend:

> Siehe, wie fein und lieblich ist es,
> wenn Brüder einträchtig beieinander wohnen!
>
> Wer Streit anfängt,
> ist wie einer, der Wasser ausbrechen läßt.

II. Der Mensch in der Gemeinschaft

Zu den Sprüchen von der Feindesliebe vgl. rückblikkend im Bundesbuch Ex 23, 4–5 u. vorblickend Mt 5, 43–48.

Von Freund und Feind handeln diese Sprüche, vom Menschen in seinem Stand, von den Alten und von den Jungen, der Frau, den Sklaven, vom Benehmen bei Tisch:

> Zu jeder Zeit liebt der Freund,
> in der Not wird er als Bruder geboren.
>
> Wenn deinen Feind hungert, so speise ihn . . .

Die zänkische und die sittenlose Frau werden angeprangert (27, 15; 11, 22), daneben steht das ‚Lob der tüchtigen Hausfrau‘ in Kap. 31, dem in der ganzen Antike kein Gedicht an die Seite zu setzen ist. – Häufig werden die Jungen zur Ehrfurcht vor den Alten gemahnt (13, 1; 19, 26; 20, 20); in den Worten zur Erziehung bekommt aber auch das Kind sein Recht. Der Abschnitt 22, 17–23, 11, in dem auch die Tischgebote stehen, entspricht beinahe einem Abschnitt aus einem 1888 gefundenen ägyptischen Weisheitsbuch des Amen-em-ope. Israel hat, besonders in den Fragen der Kultur, durchaus von der Weisheit anderer Völker gelernt (wie etwa auch die Überschrift 30, 1: ‚Die Worte Agurs . . . von Massa‘ zeigt).
Bei der Mehrzahl der Sprüche, die vom Sklaven handeln, ist eine menschliche Haltung auch dem Sklaven gegenüber zu erkennen.

III. Arbeit und Habe

Vgl. den Auftrag des Schöpfers zur Arbeit, Gen 2, 15.

Eine Gruppe von Sprüchen hat etwas zur Arbeit und zum Besitz zu sagen. Vom Bauern ist die Rede, seinem Vieh und seinem Acker. Der Fleißige wird gelobt und der Faule verspottet, Armer und Reicher werden gegenübergestellt. Das einfache Leben wird empfohlen entgegen allem Streben nach unrechtmäßigem Gewinn. Zu diesem einfachen und ehrenhaften Leben gehört das freiwillige und freimütige Geben, das Lindern von Mangel und Not:

Der Hunger hilft dem Arbeiter bei der Arbeit,
denn sein Mund treibt ihn an.

Wie die Tür in der Angel sich dreht,
so der Faulenzer auf seinem Lager.

Besser wenig mit Gottesfurcht
als große Schätze mit Unruhe;
besser ein Gericht Gemüse mit Liebe
als ein gemästeter Ochse mit Haß.

Wohl dem, der sich des Elenden erbarmt!

IV. Der Mensch im öffentlichen Leben

Dieser Bereich steht eher am Rande der Spruchweisheit. Das Rechtswesen allerdings gehört noch so zum gemeinsamen Leben, daß es auch in den Sprüchen mannigfach bedacht wird. Scharf wird das ungerechte Urteil verworfen und im Zusammenhang damit die Parteilichkeit und jegliche Bestechung. Es wird vor grundloser und voreiliger Anklage gewarnt (24, 28; 25, 7f.); der falsche, lügnerische Zeuge ist für die Gemeinschaft die schwerste Gefahr (12, 17; 14, 5; 19, 28).
Der Staat ist für die Sprüche noch durchaus verkörpert im Königtum; so gibt es hier eine Gruppe von Königssprüchen. Doch auch das demokratische Element fehlt nicht, die gemeinsame Beratung ist für das Gemeinwohl bedeutsam (11, 14).

Vgl. die Anklagen des Propheten gegen den Mißbrauch des Herrschens u. gegen Verderbnis des Gerichtswesens.

Wer den Schuldigen freispricht und den Unschuldigen verdammt,
ein Greuel sind sie dem Herrn alle beide.

Ein knurrender Löwe, ein gieriger Bär
ist ein gottloser Herrscher für ein armes Volk.

V. Weisheit und Torheit; Erziehung zur Weisheit

Durch das Buch der Sprüche zieht sich das Lob der Weisheit: „Wohl dem Menschen, der Weisheit erlangt hat ..." (3, 13–15). Sie kommt von Gott (2, 6) und ist der Erstling seiner Schöpfung (8, 22–31). Sie macht den Menschen fähig, zu reden und zu hören (16, 21; 18, 15), sie ist ‚Daseinsverständnis': „Das ist die Weisheit des Klugen, daß er seinen Weg versteht" (14, 8). Sie ist eine Quelle des Lebens und des Glückes (13, 14; 19, 8) und wirkt sich auch auf den Nächsten aus: „die Lippen des Weisen erquicken viele" (10, 21).
Zur Weisheit gehört die Besonnenheit, sie ist die Haltung des Weisen. Der Weise versteht Maß zu halten und weiß sich zu beherrschen (14, 17; 16, 32).
Die Torheit ist nicht etwa nur Dummheit, sondern eine Lebenshaltung: ihr Hauptzug ist die Unbesonnenheit (25, 28); der Tor ist ein Schwätzer und kann sich nicht beherrschen, er poltert in blindem Eifer los (19, 2) und weiß nicht Maß zu halten (17, 24). „Die Strafe des Toren ist die Torheit" (16, 18); „jeder Hochmütige ist dem Herrn ein Greuel" (16, 5). Vor ihm wird gewarnt und der Sturz des Hochmütigen wird angekündigt.
Besonders häufig ist die Entgegensetzung von Weisheit und Torheit. 52 Sprüche enthalten sie (davon 39 Sprüche in Kap. 10–15). Das Wesen von Weisheit und Torheit wird im Gegensatz dargestellt (15, 14); Lob wird der Weisheit, Tadel der Torheit erteilt (14, 27), die Folgen beider werden gezeigt (12, 19).
Einen breiten Raum nimmt die Mahnung zur Weisheit hauptsächlich in den Gedichten von 1–9 ein.
Zur Weisheit kann erzogen werden; die vielen Sprüche zur Erziehung sind erstaunlich. Die Erziehung zur Weisheit ist von hoher Bedeutung für das ganze Leben.
Erziehung bedeutet hier Züchtigung und Zurechtweisung (29, 15); aber es zeigt sich eine Tendenz zur Überordnung des Wortes über den Stock:

Vgl. die Pflege der Weisheit am Königshof, 2 Kön 5 u. in der Erziehung der Prinzen u. Beamten.

Beim Verständigen wirkt der Tadel tiefer
als hundert Stockschläge beim Toren (17, 10).

Es gibt sogar Sprüche, die ein Eingehen auf das Kind, sein Wesen und seine Bedürfnisse zeigen (20, 11; 22, 6). Das Ziel der Erziehung ist der weise Sohn, an dem die Eltern Freude haben (10, 1; 13, 1; 15, 20).

VI. Die Frommen und die Frevler

Der Gegensatz von Frommen u. Frevlern auch häufig in den Psalmen, s. dort; dazu in den Reden der Freunde Hiobs.

Von ihnen handelt die größte Gruppe von Sprüchen (etwa 85). Dieser Gegensatz berührt sich vielfach mit dem von Weisen und Toren; er ist aber stärker auf das Gottesverhältnis bezogen (wie in Psalm 1). Der Fromme ist auf das Gute bedacht (11, 27); er meidet das Böse (13, 5) und freut sich an dem Recht (21, 15). Seine Rede ist köstliches Silber (10, 20). Der Fromme wandelt in Geradheit, er fürchtet Gott (14, 2); er kümmert sich um das Recht des Geringen (29, 7), er gibt heilsamen Rat (12, 20) und hat Verständnis für die Tiere (12, 10). Der Gottlose wird in allem als der Gegensatz des Frommen geschildert; das braucht nicht ausgeführt zu werden.

Dem entspricht das Schicksal der Frommen und der Frevler, das viele Sprüche zum Thema hat: die Gerechten grünen wie junges Laub, (11, 28; 14, 11), das Licht der Frommen brennt fröhlich; die Leuchte der Gottlosen verlischt (13, 9), sie werden gestürzt, vernichtet (10, 9; 11, 5).

VII. Mensch und Gott

Vgl. den Begriff „Gottesfurcht“ in Gen 20 u. 22.

Mit der Mahnung zur Gottesfurcht beginnt (1, 7) und endet (9, 10) der erste Teil des Spruchbuches; sie kehrt noch mehrmals wieder (1, 29; 2, 5; 3, 7; 8, 13; 16, 6). Ganz nahe steht dem der Ruf zum Vertrauen (3, 5; 18, 10; 16, 20; 3, 23–26). Gottesfurcht und Vertrauen sind hier zwei Aspekte derselben Haltung. Von Gottesdienst, Opfer und Gebet ist in den Sprüchen sehr selten die Rede.

Wohl aber ist von Gott und seinem Tun die Rede. Worte des Gotteslobes begegnen: 15, 3. 11; 17, 3; 21, 30. Bei aller Freude an der Fähigkeit des Erkennens wird darüber der Schöpfer nicht vergessen (20, 12):

> Das hörende Ohr und das sehende Auge,
> alle beide hat sie der Herr gemacht.

Im Wirken Gottes liegt die Grenze alles menschlichen Planens und Handelns: 19, 21; 20, 24; 10, 22; 16, 33. Das Buch der Sprüche ist voll von Gegensätzen; Gott steht unbegreiflich jenseits ihrer Welt (22, 2; 29, 13), entsprechend dem Wort aus der Bergpredigt Mt 5, 45: „Gott läßt seine Sonne aufgehen über Böse und Gute . . .“ Am Ende des Spruchbuches deutet ein Wort (30, 1–4) von ferne die Frage an, mit der auch alle Weisheit nicht fertig wird:

> Es spricht der Mann:
> Ich mühte mich ab um Gott,
> ich mühte mich ab um Gott und bin am Ende,

und das Wort endet:

> Wie ist sein Name, wie der seines Sohnes?

Das Buch Ruth

Beachte die Entsprechung des Buches Ruth zu den Vätergeschichten u. den Abstand dazu.

Das Buch Ruth ist eine Novelle, die in der Richterzeit spielt; sie will erklären, wie es dazu kam, daß eine Moabiterin Ahnfrau des Königs David wurde. Die ganze Erzählung ist von dem Glauben durchdrungen, daß es Gott war, der den Weg der Moabiterin Ruth bahnte, daß sie mit der Mutter ihres gestorbenen Mannes aus ihrer Heimat nach Juda mitzog, und Gott es so fügte, daß sie dort die Frau des Boas wurde, des Ahnen Davids. Es ist also eine Führungsgeschichte (ähnlich Gen 24), die, von den großen Linien der Geschichte

Gottes mit seinem Volk herkommend, mit Liebe diese Linien auszieht bis in das einfache Alltagsgeschehen: in dem einfach-alltäglichen Geschehen, das im Buch Ruth berichtet wird, hat Gott vorbereitet, was er seinem Volk in dem Gesalbten, dem König David, schenken wollte.

Hungersnot als auslösendes Motiv wie Gen 12, 10–20 u. Gen 42.

Zu der Begegnung auf dem Feld vgl. die Begegnung am Brunnen Gen 24; 29; Ex 2.

1, 1– 5: Einleitung: Hungersnot und Zug in die Fremde
6–22: Heimkehr mit Ruth
2: Ährenlesen und Begegnung auf dem Feld des Boas
3: Auf der Tenne des Boas
4: Lösung, Heirat und Geburt des Kindes

Hier begegnet das Auslösen (hebräisch ga'al) in seiner ursprünglich familienrechtlichen Bedeutung, das dann die allgemeine Bedeutung „erlösen" annahm.

Das Hohelied

Diese Sammlung von Liebesliedern ist nur durch eine Umdeutung in den Kanon gekommen; in allegorischer Deutung wurde es von der Liebe Gottes zu seinem Volk verstanden, in der christlichen Kirche als die Liebe zwischen Christus und seiner Kirche oder auch der einzelnen Menschenseele. Im einzelnen ist die Allegorie bei keinem Buch der Bibel so weit getrieben worden wie hier; ein Ausleger sagt hierzu: „Die Auslegungsgeschichte des Hohenliedes gleicht weithin eher einem theologischen Raritätenkabinett als sinnvoller Geschichte." In der neueren Deutung hat man es als zusammenhängendes Drama verstehen wollen oder als Spiegelung von Kultvorgängen. Die den Texten entsprechendste Deutung ist immer noch die, daß es sich um eine Sammlung einzelner (etwa 25–30) Lieder handelt. Als solche sind sie von besonderer Schönheit und Frische (z. B. 2, 8–14: eine Begegnung zwischen dem Liebenden und der Geliebten) und können uns auch heute viel sagen; für die Bibelkunde ist eine Aufzählung oder Gruppierung der Lieder nicht notwendig.

Vgl. H. Lamparter, Das Buch der Sehnsucht (Ruth, Hl, Klgl), BAT 16, II, [2]1977.

Vgl. zu dieser Liebesbegegnung die „jauchzende Bewillkommnung" Gen 2, 23.

Das Buch des Predigers

Dieses Buch steht ganz am Rande der Bibel; sein Platz im Kanon ist lange bestritten worden. Im Neuen Testament ist es nie zitiert. Kein Buch der Bibel ist wie dieses beherrscht von *einem* Leitmotiv: „Es ist alles ganz eitel, spricht der Prediger, es ist alles ganz eitel." Das hebräische Wort für „eitel": häbäl begegnet 22mal im Buch des Predigers. Es bedeutet eigentlich ‚der Hauch' und alles, was so vergänglich ist wie ein Hauch (so z. B. auch in Ps 39, 6. 12). Einmal ist es zum Eigennamen geworden: Abel. Am Anfang des Alten Testamentes steht der Hinweis auf die Vergänglichkeit des Menschen in diesem Namen Abel, am Ende in dem Leitmotiv des Predigers! Das Buch gehört zu den späteren Schriften des Alten Testaments; es ist wahrscheinlich im zweiten Jahrhundert entstanden. Wenn es Salomo zugeschrieben wird, ist damit Salomo als Vater der Weisheit gedacht (wie auch bei den Sprüchen Salomos), nicht als Verfasser. Am Schluß (12, 9f.) ist ausdrücklich gesagt, daß der Verfasser ein Weisheitslehrer ist. In diesem Buch schlägt die Weisheit in eine skeptische Weltbetrachtung um. Diese Skepsis des Predigers kann recht gehört werden nur als eine Gegenstimme zur optimistischen Weisheit, die meint, Gottes Willen und damit den Gang der Welt allzu gut zu kennen. Das Buch läßt einen fortlaufenden Zusammenhang nicht erkennen. Der erste Teil (1–6) enthält überwiegend größere Gedichte, der zweite Teil (7–12) überwiegend Einzelsprüche und kleinere Spruchgruppen.

Vgl. den Kommentar von A. Lauha, BK 19, 1978.

1–6

1, 2–11: *Das Dasein im Kreisen.* Umgeben vom Kreisen der Gestirne, der Winde und der Wasser, kreist das Dasein des Menschen; „alles Ding müht sich ab" und darin der Mensch mit seiner Sehnsucht und seinem Trieb nach Erkennen. Aber wo ist ein Ziel? „Es gibt nichts Neues unter der Sonne" und am Ende sinkt alles in Vergessen.

Vgl. C. Westermann, Die Begriffe für Fragen und Suchen im AT: Theol. Bücherei 55, 1974, S. 162–190.

1, 12–18: *Der forschende Geist.* Mitten darin müht sich der Menschengeist zu überblicken, zu verstehen. Aber das alles ist ‚Haschen nach Wind'. Darum: „wo viel Weisheit ist, da ist viel Grämen."

2: *Experiment der Lebensfreude* (1–12) und Freude im Verzicht (13–26). Der Dichter hat es mit den groben (3) und mit den feinen, den geistigen Genüssen (4–10) versucht; es lohnt sich nicht (11–12); auch nicht das Erkennen von Weisheit und Torheit. An alledem ist er verzweifelt; aber dann blieb doch der kleine Raum des einfachen Daseins, in dem das tägliche Brot dankbar angenommen wird.

Vgl. zu diesen Rhythmen der Zeit des Menschen die Rhythmen der Zeit der Schöpfung in Gen 8, 20–22.

3: *Alles hat seine Zeit.* Der Anfang ist eine reife Dichtung von klarer Schönheit, in Luthers Übersetzung hervorragend wiedergegeben. Hier entdeckt der Weise des Alten Testaments den ‚Horizont der Zeitlichkeit' allen Daseins, hintergründig sieht von da der Blick hinüber zu Gott: „Und Gott hat es so gemacht, daß man sich vor ihm fürchte." Zu diesem Zeitsein des Daseins gehören die großen Rätsel der Geschichte, vor allem die Rätsel der Ungerechtigkeit in der Welt (16–21).

Vgl. das Achten auf die Bedrückten in den Gesetzen u. bei den Propheten.

4, 1–12: *Die Bedrückten und die Einsamen.* Zwei schwere Menschenschicksale werden zum Beispiel: das des Bedrückten (1–6) und das des Einsamen (7–12). Wie so vieles im Buch des Predigers wirken diese Schilderungen unserer Zeit sehr nahe; 7–12 ist eine der wenigen Stellen in der Bibel, die die Not des einsamen Menschen, Dasein ohne Schutz (9. 10. 12) und Wärme (11) schildern.

Auch hier eine entfernte Ähnlichkeit zu der prophetischen Kritik an einem unechten Gottesdienst (s. Jes 1, 10–17).

4, 17–5, 6 *Rat für den Gottesdienst.* Angesichts eines zum Betrieb und zur Gewohnheit werdenden Gottesdienstes zeigt der Prediger auf das eine, was nottut: „Gott sollst du fürchten!"; im übrigen rät er zur Zurückhaltung, was die Institutionen betrifft. Er warnt davor, viele Worte zu machen (5, 1; vgl. Mat. 6, 7!); hören ist besser als viel Betrieb (4, 17), und er warnt vor vorschnellen Gelübden und unechtem Geschwätz.

Vgl. die kritischen Worte zum Reichtum bei den Propheten.

5, 9–6, 11: *Der Reiche und sein Reichtum.* Gerade das, wofür der Reiche sich hochgearbeitet hat, gerade das, worum er beneidet wird, findet er nicht: er wird nicht wirklich satt und sein Reichtum ändert nichts daran, daß er auf seinen Tod zugeht.

Vgl. die Vergänglichkeitsklage in den Psalmen (Ps 39; 49; 90) u. bei Hiob, bes. Kp 14.

7–12 Die Todverfallenheit des Daseins, die Nichtigkeit des menschlichen Bemühens, sich über sie zu erheben, die Gebrechlichkeit menschlicher Möglichkeiten, – das alles wird hier in den schwärzesten Farben geschildert, manchmal mit einem leichten Anflug grimmigen Humors: „Besser unmutig sein als lachen; denn bei finsterer Miene ist das Herz in richtiger Stimmung." In der Reihe wertender Sprüche 7, 2–9: ‚Besser . . . als' kann man geradezu ein Musterbeispiel von Pessimismus sehen. In 9, 1–2 wird man an die mittelalterlichen Totentänze erinnert; immer wieder wird das Todesschicksal beschworen. Hier ist der dunkle Ton der Klagepsalmen, zu denen ja auch die Vergänglichkeitsklage gehört, in Reflexion erstarrt. Die Gottesantwort, auf die die Psalmenklagen warten, wird nicht mehr gehört und der Prediger wacht einsam in einer erstarrenden Welt. Er kann die Welt nicht mehr verstehen. „Fern ist der Grund der Dinge und tief; gar tief, wer will ihn finden?" Und er kann Gott nicht mehr verstehen (7, 14):

> Betrachte das Walten Gottes:
> Wer kann gerade machen, was er gekrümmt hat?

Hier geht eine Epoche des Rufens und Fragens nach Gott zu Ende und die Skepsis des Predigers schreit nach einer Lösung, nach einer Wendung.
Von Gott aber kann er dennoch nicht lassen; mühsam ringt er sich zu so einem Wort durch (7, 30):

Siehe, ich habe dies gefunden:
Daß Gott die Menschen recht geschaffen hat;
sie aber suchen viele Künste.

Dieses Wort reicht bis in das Abendlied Paul Gerhardts:

Wir spinnen Luftgespinste und suchen viele Künste
und kommen weiter von dem Ziel.

Klagelieder

Diese fünf Lieder entstanden nach der Zerstörung Jerusalems (587) und wurden in den Klagefeiern des Restes derer, die in Judäa geblieben waren, gesungen. In der hebräischen Bibel stehen sie unter dem Namen ‚Wehe' (ēkā) in den Schriften, in der Septuaginta wurden sie aber als ‚Klagelieder Jeremias' dem Jeremiabuch hinzugefügt. In eigenartiger Weise sind in diesen Liedern die Formen der Totenklage verbunden mit denen der Leidklage: der Tod Jerusalems wird beklagt; aber trotz allem wendet sich das Volk in diesen Liedern hoffend seinem Gott zu und erwartet ein Neues von der Wendung seines Zornes.

Der Totenklage entsprechend ist die Klage über Zion von dem Gegensatz Einst-Jetzt beherrscht.

Die Lieder 1; 2 und 4 beginnen mit dem Weheruf der Totenklage und schildern die Not der Gegenwart im Kontrast zur Vergangenheit.

Lied 1 setzt ein mit dem Bild der trauernden Witwe:

	1– 2:	Zion ist zur Witwe geworden, sie weint, von allen verlassen
	3–19:	Zion ist verödet, Juda im Exil Die Feinde haben es beraubt und geplündert Gott hat Juda seinen Sünden überantwortet
	20–22:	Bitte um Gottes Zuwendung
Lied 2	1– 8:	Gott hat seinen Zorn auf Zion geworfen und es niedergeschlagen
	9–13:	Die Stadt ist vernichtet und hat alles verloren, was ihr Leben ausmachte
	15–17:	Die Feinde triumphieren
	18–22:	Ruf zur Klage und Flehen zu Gott
Lied 3	2–20:	Gott hat mich furchtbar heimgesucht
	21–33:	Bekenntnis der Zuversicht Verheißung für die Harrenden
	37–41:	Mahnung zur Umkehr
	40–50:	Teil einer Volksklage
	52–58:	Loblied eines Geretteten
	59–66:	Teil einer Einzelklage
Lied 4	1–12:	Klage um Zions Söhne
	13–16:	Schuld und Schicksal der Priester und Propheten
	17–20:	Eroberung, Schicksal des Königs
	21–22:	Schlußwunsch; Edom und Zion
Lied 5	1:	Einleitende Bitte
	2–18:	Klage der Geschlagenen
	19:	Blick auf Jahwe
	20–22:	Bitte und Frage

Ergreifende Schilderung einer eroberten Stadt. Vgl. den Bericht von der Eroberung bei Jeremia u. in 2 Kön 24–25.

In 3, 57 ist das Heilsorakel (vgl. die Klagepsalmen des Einzelnen) angedeutet.

In der Erkenntnis der Schuld der religiösen Führer u. dem Sündenbekenntnis (letzte Zl) bahnt sich eine Wendung in der Beurteilung der Gerichtspropheten an.

Die Klagelieder sind ein Zeugnis für das Annehmen des Gerichtsurteils Gottes, das in der Zerstörung der Stadt und des Landes ergangen war. Sie bezeugen, daß die Gerichtspropheten wirklich Gottes Wort gesagt und die falschen Propheten Israel verführt hatten (4, 13–16). Wie ein Leitmotiv zieht sich durch die Lieder das Sündenbekenntnis (1, 5. 8f.

14. 18. 20f.; 2, 14; 3, 42; 4, 6. 13–15; 5, 7. 16) und die Bejahung des Gerichtes Gottes (1, 14. 18; 2, 17; 3, 42; 4, 11–16; 5, 19). In diesen bitteren Klagen wird ein Weg gefunden aus dem Zusammenbruch in das Erbarmen Gottes, der sich seinem Volk wieder zuwendet.

Das Buch Esther

Vgl. den Kommentar von G. Gerleman, BK 21, 1973.

Als das letzte der fünf Megilloth gehört das Buch Esther als Lesung zum jüdischen Purim-Fest (akkadisch pur = Los), dessen Entstehung es begründet. Es berichtet von einer den Juden im persischen Reich drohenden schweren Verfolgung, die im letzten Augenblick von der klugen und schönen Esther, die der König (Ahasverus = Xerxes) zu seiner Gemahlin erwählt hatte, abgewendet wird. Des Königs Günstling Haman, der Initiator dieser Verfolgung, wird hingerichtet, und an seine Stelle tritt der Jude Mardochai, der Vormund Esthers. Auf Befehl des Königs dürfen die Juden an ihren Gegnern Rache nehmen. So werden in Susa 800 und in den Provinzen des Reiches 75 000 Judenfeinde getötet (die Septuaginta hat stattdessen 15 000). Zum Gedenken dieser Befreiung wird das Purim-Fest eingerichtet.

1–2: Die Königin wird verstoßen, Esther wird Königin
3: Haman plant eine Verfolgung der Juden
4: Mardochais Rettungsplan
5: Esther bereitet die Rettung vor
6–7: Ehrung Mardochais und Hamans Sturz
8: Esther erreicht die Verhinderung der Judenverfolgung
9: Rache der Juden an ihren Verfolgern, der Festtag
9, 20–10, 3: Nachtrag zur Stiftung des Purim-Festes

Das Buch Esther ist als Festlegende des Purim-Festes in den Kanon gekommen. Sein Platz im Kanon ist lange bestritten worden, auch von Luther wurde es leidenschaftlich abgelehnt. Es kann weder als geschichtliche Darstellung gelten (es hat weder eine persische Königin Vasthi noch Esther gegeben), noch kann es in der christlichen Kirche ohne Kritik angenommen werden. In dem ganzen Buch ist niemals von Gott die Rede. Es ist zu verstehen aus einer Zeit schwerer Unterdrückung (nicht in der persischen, sondern in der Diadochenzeit). Der Wunsch nach Vergeltung an den Gegnern ist in den Psalmen oft genug zu hören; dort aber wird die Vergeltung von Gott erwartet, hier wird sie von den Menschen selbst in die Hand genommen.

Das Chronikwerk

I. Die Chronik von David bis zum Exil

Ursprünglich war das Chronikwerk ein Buch, das aus zwei Teilen bestand: der erste Teil: die Chronik von David (Adam) bis zum Exil (= 1. und 2. Chr), der zweite Teil: die Chronik der nachexilischen Zeit (= Esra und Nehemia), von der ersten Rückkehr bis zu Esras Reform. Zuerst wurde nur der zweite Teil (= Esra-Nehemia) in den Kanon aufgenommen (daher steht er voraus), dann kam der erste Teil hinzu. Das Chronikwerk gehört in den dritten Abschnitt des Kanons, die Schriften (zu den Geschichtsbüchern ist es erst später gekommen), weil es die Geschichte unter stark hervortretenden erbaulichen Gesichtspunkten darstellt. Es ist eher fromme Geschichtsbetrachtung als Geschichtsdarstellung. Dieser Gesichtspunkt ist wichtig für die vielen Punkte, an denen die Darstellung des Chronisten von der älteren abweicht. Die wichtigste dieser Abweichungen zeigt der Aufbau:

Daß das Chronikwerk nicht unter die Geschichtsbücher aufgenommen wurde, bedeutet, daß es als Geschichts*deutung*, nicht als Geschichts*darstellung* angesehen wurde.

I. 1 Chr	1–10:	Von Adam bis Saul,
II.	11–29:	David
III. 2 Chr	1– 9:	Salomo,
IV.	10–36:	Von Salomos Tod bis zum Exil.

Vgl. die Genealogien Gen 5; 10; 11 u. a.; hier zur bloßen Aufzählung geworden.

Von den vier Teilen des Werkes besteht der erste nur in Genealogien, die von Adam bis zu den Söhnen Jakobs führen und dann in den Stämmen weitergeführt werden. Die eigentliche Geschichtsdarstellung beginnt erst mit dem Tode Sauls. Es fehlt die das Volk begründende Rettung aus Ägypten, die Wanderung und Landnahme. Dagegen steht eindeutig in der Mitte des Werkes in den Teilen II und III das Königtum Davids und Salomos, und in deren Mitte wiederum der Bau des Tempels und die Begründung des Tempelgottesdienstes. Der Schwerpunkt der Geschichte Israels ist damit von der Rettungstat beim Auszug auf den Anfang des Tempelgottesdienstes verlegt. Vom Tod Salomos ab bringt der Chronist nur die Geschichte des Südreiches. Nach der Trennung vom allein legitimen Königtum der Davididen gehört für ihn das Nordreich nicht mehr zum Gottesvolk hinzu. Es wird nur da von ihm gesprochen, wo es für die Darstellung der Geschichte Judas notwendig ist; aber nicht einmal der Untergang des Nordreiches wird berichtet. Wahrscheinlich hängt dieses schroffe Abschreiben Nordisraels mit einer bestimmten Tendenz des Chronikwerkes zusammen: es will die Legitimität des davidischen Königtums und des Jerusalemer Tempelkultus erweisen gegen die Samaritaner, die sich etwa zur Zeit des Chronisten von Juda und seinem Gottesdienste trennen.

Der Abschnitt 1 Chr 22–29 hat keine Vorlage in den Königsbüchern. Er handelt von der Vorbereitung des Tempelbaues und des Tempelgottesdienstes durch David. Es wird berichtet, wie David den Bau des Tempels bis in die Einzelheiten hinein vorbereitet und dann bei seinem Abschied Salomo als seinen Nachfolger vorstellt und ihn feierlich mit dem Tempelbau betraut. In diesem Abschnitt wird David zum eigentlichen Initiator des Tempelbaues erklärt; auf ihn wird letztlich der Tempelgottesdienst zurückgeführt.

Die Gestalt Davids ist im Chronikwerk nicht nur ganz in die Mitte gerückt, sondern sie ist auch gegenüber der älteren Darstellung stark idealisiert. Es ist so gut wie alles weggelassen, was einen Schatten auf die Gestalt des Königs werfen könnte; so die ganze Geschichte vom Aufstieg Davids und die Geschichte von der Thronnachfolge mit der Batseba-Uria-Episode. Die Idealisierung erstreckt sich auch auf das Königtum Salomos; nichts wird gesagt von den harten Maßnahmen zur Sicherung seines Thrones am Anfang, nichts von seinen vielen Frauen und deren Kulten, nichts von den äußeren und inneren

Schwierigkeiten, von denen 1 Kön 11 berichtet. Eine Einzelheit: nach dem Chronisten hat nicht Salomo an Hiram von Tyrus zwanzig Städte abgetreten (1 Kön 9, 11ff.), sondern Hiram an Salomo (2 Chr 8, 2).

Bei den späteren Königen Judas ist diese Tendenz zur Idealisierung nicht wahrzunehmen; stattdessen ist die Darstellung stark beeinflußt von einem Vergeltungsdenken, das möglichst bei jedem einzelnen König dessen Geschick in seinem frommen oder unfrommen Handeln begründet sehen will. So wird der frühe Tod Josias (in der Schlacht von Megiddo) auf eine Verfehlung zurückgeführt; die lange Regierungszeit des gottlosen Manasse aber wird mit einer Bekehrung während einer Gefangenschaft bei den Assyrern (2 Chr 33, 10–12) begründet. Usias Aussatz ist ein Gottesgericht; deshalb wird (anders 2 Kön 15, 7) berichtet, daß er *neben* den Königsgräbern beigesetzt wurde (2 Chr 26, 23).

Durch die ganze Darstellung zieht sich die Hervorhebung des Kultes als der eigentlichen Mitte des in Israel Geschehenden. Die Begründung des Tempelgottesdienstes wird in ihrer Bedeutung noch hervorgehoben durch eine wunderbare Erscheinung: nach dem Weihgebet Salomos fährt Feuer vom Himmel, das die Opfer verzehrt und die Herrlichkeit Gottes erfüllt den Tempel. – Bei jeder sich bietenden Gelegenheit werden Feste und Gottesdienste geschildert. Dabei wird Wert gelegt auf die Willigkeit und Bereitschaft, sich daran zu beteiligen. Nach der Wiederherstellung des alten, echten Passah-Festes ist die Freude des Volkes an dieser Feier so groß, daß es beschließt, das Fest gleich noch einmal zu feiern (2 Chr 30, 23).

Der Chronist hat ein besonderes Interesse an den Kultdienern, den Priestern und Leviten. Häufig wird ihre Bedeutung hervorgehoben, auch an den Kriegen sind sie beteiligt. Wichtig ist ihm vor allem die Hebung der Leviten in ihrer kultischen Bedeutung. Die Priester und Leviten werden scharf von den Laien abgesondert; alle Stellen werden geändert, wo ein Laie eine gottesdienstliche Handlung begeht oder den heiligen Bezirk betritt: Samuel wird ein Levit 1 Chr 6, 27; Davids Söhne waren nicht Priester, sondern Offiziere 1 Chr 18, 17. Bei der Absetzung Ataljas können nur Priester beteiligt sein, weil sie sich auf dem Tempelplatz abspielt.

I. 1 Chr 1–9: Von Adam bis Saul
- 1, 1–2, 2: Von Adam bis zu den Söhnen Jakobs
- 2, 3–4: Juda (3: Davids Familie) und Simeon
- 5: Ruben, Gad, Ostmanasse
- 6: Levi
- 7–9: Die übrigen Stämme
- 9: Liste der Geschlechter Jerusalems

II. 1 Chr 10–29: David
- 10: Tod Sauls
- 11–21: Davids Königtum
- 22–29: Vorbereitung des Tempelbaues
  - 22: Vorbereitung und Auftrag an Salomo
  - 23–26: Gliederung der Priester und Leviten
  - 27: Beamte und Heerführer
  - 28f.: Salomo als Nachfolger vorgestellt und mit dem Tempelbau beauftragt

Bezeichnend für das Chronikwerk sind die aus verschiedenen Psalmen zusammengesetzten Psalmkompositionen.

III. 2 Chr 1–9: Salomo
- 1: Opfer und Gotteserscheinung in Gibeon
- 2–5: Tempelbau und Überführung der Lade
- 6–7: Tempelweihe
- 8–9: Salomos Königtum

IV. 2 Chr 10–36: Von Salomos Tod bis zum Exil
- 10–20: Teilung, Rehabeam, Abia, Asa, Josaphat

21–25: Joram, Ahasja, Joas, Amasja
26–32: Usia, Jotam, Ahas, Hiskia
33–35: Manasse, Amon, Josia
36: Joahas, Jojakim, Jojachin, Zedekia
36, 22–23: Edikt des Kyros

II. Die Chronik der nachexilischen Zeit:
die Bücher Esra–Nehemia

I. Esra 1–6
1, 1– 4: Edikt des Kyros (wiederholt 5, 12–15; 6, 3–5)
5–11: Freigabe der Tempelgeräte und Rückkehr unter Sesbazar
2, 1–70: Liste der Heimkehrer
3, 1– 6: Wiederaufbau des Altars und Laubhüttenfest
7–13: Beginn des Tempelbaues
4, 1– 5: Hinderung des Tempelbaues durch die abgewiesenen Samariter
6–16: Beschwerdeschrift an Xerxes und Artaxerxes
17–24: Verbot des Baues und Einstellung der Arbeit
5, 1– 2: Wiederbeginn des Baues (Hag und Sach)
3–17: Neue Intervention und Anfrage bei Darius
6, 1–12: Antwort des Darius: Befehl zum Weiterbau auf Grund des Kyros-Ediktes
13–18: Vollendung des Baus, Einweihung des Tempels
19–22: Feier des Passah

II. Esra 7–10 und Nehemia 8–10
7, 1–10: Esra kommt mit einer Gruppe Exilierter nach Jerusalem zurück
11–26: Vollmacht des Artaxerxes für Esra (aramäisch)
27–28: Doxologischer Abschluß (hebräisch)
8, 1–20: Liste der mit Esra Heimkehrenden
15–20: Die Leviten
21–36: Zug Esras nach Jerusalem
24–30: Tempelschätze
(Hier ist Nehemia 8–10 einzufügen; und zwar in der Reihenfolge: Esra 7–8; Neh 8; Esra 9–10; Neh 9–10.)
Neh 8: Verlesung des von Esra mitgebrachten Gesetzes und Feier des Laubhüttenfestes
Esra 9, 1– 5: Frevel der Mischehen vor Esra gebracht
6–15: Esras Bußgebet
10: Maßnahmen gegen die Mischehen
Neh 9, 1– 3. 38: Fasttag, Annahme der Maßnahmen
4–37: Von den Leviten angestimmtes Gebet
4– 5: Aufforderung zum Gotteslob
6–31: Geschichtspsalm
32–37: Bitte um Errettung mit Sündenbekenntnis
10: Verpflichtungserklärung (mit Namenliste)

III. Neh 1–7; 11–13
1, 1– 4: Nehemia hört in Susa von der Not Jerusalems
5–11: Gebet Nehemias, des Mundschenken Artaxerxes'
2, 1–10: Nehemia erhält Urlaub und Vollmachten
11–20: Beginn des Mauerbaues nach Umritt und Mitteilung, Spott und Gegnerschaft Sanballats und Tobias
3: Verzeichnis aller am Bau Beteiligten, die Bevölkerung vom Hohepriester bis zu den Krämern

4, 1– 5: Spott Sanballats und Tobias;
Gebet um Vergeltung
6–15: Anschlag der feindlichen Nachbarn wird vereitelt
16–23: Mauerbau unter Waffen und Alarmbereitschaft
5, 1–13: Aufstand der Armen in der Not; Schuldenerlaß
14–19: Nehemia verzichtet auf sein Einkommen als Statthalter
6, 1– 9: Verdächtigung und Anschlag des Sanballat und Tobia
10–14: Anschlag durch gedungenen Propheten (17–19)
15–16: Vollendung des Mauerbaues
7, 1– 3: Maßnahmen zum Schutz der Stadt
4– 5: Zuzug vom Lande
6–69: Liste der Rückkehrer; 70–73: Spenden
11: Verteilung der Bewohner auf Jerusalem und Juda
12, 1–26: Verzeichnis von Priestern und Leviten
27–43: Einweihung der Mauern
44–47: Regelung der Aufgaben für Priester und Leviten
13: Zweite Wirksamkeit Nehemias
1– 9: Vertreibung des Tobias aus seiner Tempelzelle
10–14: Mißstände bei den Abgaben
15–22: Mißstände bei der Sabbatheiligung
23–29: Mißstände mit Mischehen
30–31: Abschluß

Diesem Aufriß braucht nicht mehr viel hinzugefügt zu werden. Fast genau einhundert Jahre (von 538–432, d. h. von der ersten Rückwanderung aus Babylon bis zum Ende der Wirksamkeit Nehemias) werden in Esra-Nehemia dargestellt, und für diese einhundert Jahre ist dieser zweite Teil des Chronikwerkes unsere einzige Geschichtsquelle. Sie stellt aber diesen Abschnitt der Geschichte Judas nicht fortlaufend und umfassend dar, sondern beschreibt das Wirken der beiden Männer Esra und Nehemia, das letztere als Gedenkschrift im Ich-Stil. Die grundlegend andere Art dieser nachexilischen Geschichtsdarstellung zeigt ein Schema, das bei den drei Teilen von Esra-Nehemia gleich ist:

I. Erlaubnis des Tempelbaues –
Einweihung des Tempels
II. Befürwortung des Gesetzes
Bußgottesdienst und Verpflichtung
III. Erlaubnis des Mauerbaues –
Einweihung der Mauer.

Am Anfang jedes der drei Teile steht eine Genehmigung des Perserkönigs, am Ende eine gottesdienstliche Feier, in der die Durchführung des staatlich Gewährten festlich begangen wird. Das Schema enthält die beiden das Geschehen im nachexilischen Juda bestimmenden Faktoren: a) die Entscheidung des persischen Großkönigs, die den Lebensraum der jüdischen Religionsgemeinschaft bestimmte, b) den Gottesdienst als die Existenzmitte der jüdischen Bevölkerung, um die sich von jetzt ab deren Geschichte bewegte. – Um diese beiden Faktoren geht es in allem, was in Esra-Nehemia berichtet wird, von ihnen her lassen sich auch die beiden Grundtendenzen verstehen, die diese Darstellung beherrschen: auf der einen Seite volle und eifrige Loyalität gegenüber dem persischen Oberherren, auf der anderen die immer neuen Anstrengungen zur Wahrung der Selbständigkeit in den ihnen gewährten Grenzen: gegen die Samaritaner (I), in der Mischehefrage (II), gegen die feindlichen Nachbarn (III).
Zu den beiden tragenden Faktoren kommt noch ein dritter, in der Mitte des Buches Esra-Nehemia (im II. Teil): die Verlesung des von Esra mitgebrachten Gesetzes und die Verpflichtung auf dieses Gesetz (Neh 8). Die Vollmacht dafür hatte Esra ausdrücklich

vom Perserkönig bekommen (Esra 7). Im ersten Teil kommt es nach vielen Rückschlägen zur Vollendung des Tempelbaues (6, 13–18). Damit sollte die das Leben der jüdischen Religionsgemeinde zusammenhaltende Mitte gegeben sein; der II. Teil jedoch setzte damit ein, daß die Lage in Jerusalem schlecht ist; Esra macht sich auf den Weg, um in Jerusalem eine Reform durchzuführen, die offenbar dringend nötig ist. Er führt die Reform durch auf Grund des von ihm mitgebrachten und in Jerusalem verpflichtend eingeführten Gesetzes. Um ein staatliches oder bürgerliches Gesetz kann es sich dabei nicht handeln, es kann also nur ein gottesdienstliches Gesetz sein (‚Gesetz des Himmelgottes‘ 7, 12). Wenn man annimmt, daß dieses Gesetz des Esra im Alten Testament enthalten ist, kann es nur die Priesterschrift (oder das Priestergesetz; die P-Schicht des Pentateuch) sein; ob noch als gesondertes Buch oder aber schon zum Pentateuch zusammengefügt, ist ungewiß. – Der Gottesdienst und darüber hinaus die gesamte Gottesbeziehung mußte jetzt durch ein umfassendes Gesetz für das ganze Volk verpflichtend festgelegt werden, nur so konnte die gottesdienstliche Bindung der judäischen Bevölkerung bei den mancherlei äußeren und inneren Gefährdungen bewahrt werden. So entstand die Gesetzesreligion, die später immer mehr verhärtete. Daß das Chronikwerk selbst noch echte, lebendige Frömmigkeit enthält, zeigen die vielen Gebete, die immer wieder eingefügt sind.

Daniel

Das Buch Daniel besteht aus zwei sehr verschiedenen Teilen: den Geschichten 1–6 und den Gesichten 7–12. Die beiden Teile sind verbunden durch den Namen Daniel, durch die gleiche Zeit und das Grundmotiv des Festhaltens am Glauben in einer Zeit schwerer Anfechtung.

Die Geschichten waren einmal selbständig; sie spielen alle am babylonischen Königshof zur Zeit des Exils. Daniel und seine drei Freunde kamen mit den Verbannten nach Babylon und wurden dort für den Pagendienst am Hof ausgewählt und ausgebildet. In den Konflikten, in die sie am babylonischen Hof geraten, bewahren sie unter Einsatz ihres Lebens die Treue zu ihrem Gott und den Glauben ihrer Väter (1; 3; 6); darüber hinaus bewährt sich die Sehergabe des Daniel in der fremden Welt; mehrfach ist er allein imstande, Träume und Gesichte zu deuten, in denen es um das Schicksal des Königs (4; 5) und des Reiches (2; 5) geht. Er erfährt daraufhin hohe Ehrungen, obwohl auch er in unbeugsamer Treue an seinem Glauben festhält. Der Hauptbestand des 1. Teiles, nämlich 2, 4b–6, 28, ist aramäisch geschrieben.

Vgl. Josephs Deutung der Träume Pharaos, Gen 41.

Die Gesichte 7–12 sind Ich-Berichte Daniels. Sie gehören der großen Literaturgattung der Apokalyptik an, zu der im Alten Testament außer mancherlei einzelnen Worten die kleine Jesaja-Apokalypse (Jes 24–27), die Gesichte des Sacharja und Daniel 7–12, im Neuen Testament die Johannes-Apokalypse gehören. Von den Prophetenworten sind die Apokalypsen grundverschieden; die Apokalyptiker gehören in die Linie des Sehers, nicht des Propheten. Der wichtigste Unterschied liegt darin, daß die Propheten in ihren Ankündigungen auf *ein* kommendes Ereignis weisen, die Apokalyptiker aber *ein Bild* der Zukunft entwerfen (daher auch der Name: die Apokalyptiker enthüllen die den anderen verhüllte Zukunft). Bezeichnend für die Gesichte der Apokalyptiker ist, daß sie selbst sie nicht zu deuten vermögen, ein himmlischer Mittler muß sie deuten (angelus interpres, schon bei Sacharja).

Vgl. Jes 24–27; Tritojes, Sach, Joel u. Offb.

Die Gesichte sind datiert: Kap. 7 in das erste, Kap. 8 in das dritte Jahr Belsazars, Kap. 9 in das erste Jahr des Darius und Kap. 10–12 in das dritte Jahr des Kyros. Alle Gesichte (auch das Nebukadnezars in Kap. 2) führen auf einen bestimmten Zeitpunkt zu, nämlich die letzte Steigerung der Bedrängnis des Gottesvolkes, auf die dann der Anbruch des Gottesreiches unmittelbar folgen soll. Das ermöglicht eine sichere zeitliche Ansetzung dieser Visionen: sie alle gehören in die Zeit *nach* dem Beginn der Glaubensverfolgung durch Antiochus Epiphanes 167, *vor* dem Ende dieser Verfolgung, das sich in der Wiedereinweihung des Tempels 164 manifestiert. Mit den offenen Angaben des Buches stimmt diese zeitliche Ansetzung nicht überein; es wird aus den ersten Jahren des babylonischen Exils hergeleitet; Daniel, der die Gesichte hat, wird selbst als einer der Exilierten dargestellt. Aber das Buch zeigt auf Schritt und Tritt den weiten Abstand von jener Zeit; eine ganze Reihe von Angaben sind geschichtlich nicht erweisbar, u. a. die, daß der letzte babylonische König Belsazar genannt wird, nach unserer Kenntnis aber Nabonid hieß. Dagegen sind die Angaben für die Zeit Antiochus IV. sehr genau.

Die eigentliche Bedeutung dieser Visionen des Danielbuches liegt nicht in dem Voraussagen von Zukunftsereignissen, sondern in der Ausweitung des älteren Begreifens der Geschichte des Gottesvolkes als einer Ganzheit auf ein Begreifen der Weltgeschichte als einer Ganzheit. In diesen Gesichten ist zum erstenmal Weltgeschichte begriffen worden, und zwar aus dem Glauben an Jahwe, den Gott Israels als den Herrn der Geschichte. Die äußere Bedrängnis des kleinen und geschichtlich längst ausgeschalteten Israel als einer Glaubensgemeinde, die an Gottes Verheißungen festhielt, hat den Blick auf die Weltgeschichte erschlossen. Die Ganzheit ist dargestellt in der Statue (2), in den Tieren mit den Hörnern (7 und 8), in den Zahlenganzheiten (9) und in den Völker-Engeln (10). Diese in den Gesichten zum Ausdruck kommende Zusammenschau der Geschichte lebt von dem Glauben, daß Gott auf dem Weg zu seinem Ziel, und daß dieses Ziel das Reich Gottes ist, in das alle Geschichte einmündet.

1–6 Die Geschichten

1: Daniel und seine drei Gefährten bewahren in ihrem Dienst am babylonischen Königshof die Treue zu ihrem Gott
- 3– 7: Die Verbannten am Hof und im Dienst des Königs
- 8–17: Sie weigern sich, unreine Nahrung zu sich zu nehmen
- 18–21: Ihr Gehorsam wird gelohnt

2: Nebukadnezars Träume: Der Koloß mit tönernen Füßen
- 1–11: Des Königs Traum und das Versagen der Weisen
- 12–23: Drohung mit Todesstrafe. Daniel wird die Lösung offenbart. Lob Gottes
- 24–45: Daniel sagt dem König Traum und Deutung
- 46–49: Der König erhöht Daniel und erhöht dessen Gott

3: Die drei Männer im Feuerofen
- 1– 7: Errichtung des Bildes und Befehl der Anbetung
- 8–18: Widerstand und Bekenntnis der drei
- 19–25: Bewahrung im Feuerofen
- 26–30: Nebukadnezar erhöht sie und preist ihren Gott

4: Traum vom Baum und Daniels Deutung
- 4–15: Nebukadnezar erzählt Daniel seinen Traum
- 16–24: Daniels Deutung: Zeitweiliger Wahnsinn des Königs
- 35–34: Der Traum tritt ein, Wiederherstellung und Gotteslob

5: Die Schrift an der Wand
- 1– 9: Gelage mit Tempelgefäßen, die Schrift an der Wand
- 10–28: Daniel wird gefragt und deutet die Schrift
- 29–31: Ehrung Daniels. Der König wird ermordet

6: Daniel in der Löwengrube
- 1– 9: Daniel wird höchster Beamter, Anschlag gegen ihn: Verbot aller Fremdkulte für einen Monat

10–18: Daniels Gebet. Er wird in die Löwengrube geworfen
19–24: Daniel wird bewahrt
25–28: Edikt des Königs: Anerkennung des Gottes Daniels

7–12 Die Gesichte Daniels

7: Das Gesicht von den vier Tieren und dem Menschensohn
1– 8: Vier Tiere aus dem Meer, zehn Hörner und das kleine Horn
9–14: Der Hochbetagte auf dem Thron und der Menschensohn
15–25: Deutung auf vier Reiche durch den angelus interpres
26–28: Das ewige Reich
8: Die Widder mit den Hörnern
1–17: Die Tiere, ihr Kampf, ihre Hörner
15–27: Deutung auf die Reiche durch den Engel Gabriel
9: Deutung der 70 Jahre Jeremias
10–12: Die Ereignisse der Endzeit und der Anbruch des Heils
10, 1–21: Gesicht eines Engels, Kämpfe der Völkerengel
11, 2–20: Vom Perserreich bis zu den Diadochenreichen
21–45: Antiochus Epiphanes, sein Sturz
12, 1– 4: Michael steht auf; Endkampf und Heilszeit. Das versiegelte Buch
5–13: Wann kommt das Ende?

Der *angelus interpres,* schon bei Sacharja, zeigt die Transzendenz Gottes in der Spätzeit.

Hier zeigt sich besonders deutlich die Bedeutung des Buches Daniel für die apokalyptischen Texte im NT.

Notizen

Notizen

Notizen

Das Neue Testament

Auch bibelkundlich beginnt mit dem Neuen Testament etwas Neues, dem Alten Testament gegenüber wesentlich Anderes. Das Neue Testament ist das Zeugnis *einer* alles umfassenden Heilsbotschaft; diese Heilsbotschaft kündet vor dem *einen*: Jesus Christus. Während das Alte Testament ein etwa tausend Jahre umfassendes Geschehen berichtet, ist das im Neuen Testament Berichtete auf wenige Jahrzehnte beschränkt. Während das Alte Testament das Handeln Gottes an seinem Volk durch diese lange Zeit hindurch ausbreitet über alle Bereiche des Einzellebens und des Volkslebens, ist das Neue Testament von der ersten bis zur letzten Seite bestimmt von Konzentration auf das *Eine*, was in alle Bereiche des Einzellebens und des Volkslebens hinein zu verkündigen ist:

> Es ist in keinem anderen Heil;
> ist auch kein anderer Name unter dem Himmel
> den Menschen gegeben,
> darinnen sie sollen selig werden.

Von dieser Konzentration auf das Eine her ist auch der Aufbau des Neuen Testaments zu verstehen. Sehen wir zunächst einmal von der Offenbarung des Johannes ab, so besteht es nur aus zwei großen Komplexen, den Evangelien und Apostelbriefen. In der Mitte zwischen diesen beiden Komplexen steht die Apostelgeschichte, die beide miteinander verbindet. Sie schließt mit der Himmelfahrt Jesu (Kap. 1) unmittelbar an die Evangelien und eröffnet mit dem Pfingstereignis (Kap. 2) den Weg der Botschaft, der nun in den folgenden Kapiteln der Apostelgeschichte beschrieben wird und auf dessen Stationen die Briefe geschrieben werden, die im zweiten großen Komplex des Neuen Testaments folgen.

Himmelfahrt und Pfingsten aber, mit denen die Apostelgeschichte einsetzt, gehören noch unmittelbar zu dem Kreis von Ereignissen, auf die alle vier Evangelien von ihrem Anfang an zugehen: Leiden, Sterben und Auferstehen Jesu. Dieses Geschehen steht also nicht nur sachlich, sondern auch im Aufbau des Neuen Testaments klar und eindeutig in dessen Mitte. Die vier Evangelien gehen auf dieses Geschehen zu, Apostelgeschichte und Briefe kommen von ihm her. Das zeigt vor allem der Einsatz der ersten der Briefe; das Thema des Römerbriefes in 1, 16f. formuliert eben diese Botschaft.

Diesen beiden Komplexen des Neuen Testaments aber, in deren Mitte so eindeutig die Botschaft vom Leiden, Sterben und Auferstehen Jesu Christi steht, folgt nun in der Offenbarung des Johannes noch der Hinweis auf das Ende der Geschichte. Er gehört wesentlich zur Botschaft des Neuen Testaments hinzu, was sich schon daran zeigt, daß dieser Hinweis auf das Ende auch in den Evangelien und in den Briefen deutlich und ausführlich begegnet. Die *eine* Botschaft des Neuen Testaments ist damit auf den Geschichtsabschnitt zwischen dem Kommen Jesu Christi und seinem Wiederkommen am Ende bezogen. Dem entspricht die Beziehung dieses Ereigniskreises in der Mitte auf dessen Vorgeschichte, die aber im Aufbau des Neuen Testaments nicht so deutlich zum Ausdruck kommt: das Kommen Jesu Christi, sein Leiden, Sterben und Auferstehen wird durch das ganze Neue Testament hindurch bezogen auf Gottes Handeln an dem Volk, in das hinein Jesus geboren wurde; es ist Erfüllung der Geschichte dieses Volkes und damit Erfüllung des im Alten Testament Verheißenen. Das sagen die Einleitungsteile aller vier Evangelien (s. u.), das sagt aber ebenso die ständige Beziehung auf das Alte Testament in den Evangelien, den Briefen und der Offenbarung; es ist das eigentliche Thema des Hebräerbriefes.

Damit ist die *eine* Botschaft, um die es im ganzen Neuen Testament geht, in die Mitte der Zeit gestellt; als Erfüllung der im Alten Testament berichteten Geschichte einerseits, als Ankündigung des Wiederkommens Christi am Ende der Zeit andrerseits.

Die Evangelien

Alle vier Evangelien bringen die frohe Botschaft, daß in Jesus von Nazareth der Christus gekommen ist; alle vier Evangelien bezeugen die in seinem Kommen, seinem Leiden, Sterben und Auferstehen geschehene Heilstat Gottes. Jeder dieser vier Zeugen spricht dabei seine eigene Sprache und gibt das Zeugnis von seinem Standort aus. Das Zeugnis aller vier Evangelien kommt nahe zusammen im Schlußteil vom Sterben und Auferstehen Jesu; hier zeigt sich noch einmal die Mitte des ganzen Neuen Testaments. Abgesehen von diesem Schlußteil weicht das Johannesevangelium von den anderen drei (den synoptischen Evangelien) vor allem dadurch ab, daß es überwiegend größere, zusammenhängende Reden enthält und sehr viel stärker als die anderen drei von theologischen Begriffen geprägt ist.
Die drei ersten, die synoptischen Evangelien, haben in großen Linien gesehen den gleichen Aufbau: Die drei letzten Kapitel aller drei Evangelien handeln vom Leiden, Sterben und Auferstehen Jesu (Mt 26–28; Mk 14–16; Luk 22–24); hier ist die Übereinstimmung im ganzen und im einzelnen am stärksten. Dem gehen bei allen dreien zwei Teile vorauf: der Weg nach und das letzte Wirken in Jerusalem. Im großen Mittelteil, Jesu Wirken in Galiläa, sind die Abweichungen in der Reihenfolge und der Art der Darstellung am stärksten, jedoch ist die Übereinstimmung am Anfang des Mittelteils, beim Beginn der Wirksamkeit Jesu wieder ganz deutlich. Eine Vorgeschichte bringen nur Matthäus und Lukas. (s. Übersicht Seite 212).
Die Vorgeschichte: Mt und Luk gemeinsam ist hier nur der Bericht von der Geburt Jesu; bei Mt kommt der Stammbaum Jesu hinzu (bei Luk 3, 23ff.) und die Flucht nach Ägypten nach dem Besuch der drei Weisen. Bei Luk ist die Vorgeschichte sehr ausführlich. Die Geburt Johannes und Jesu und deren Ankündigung wird ausführlich erzählt, dazu am Ende eine Kindheitsgeschichte. Bezeichnend sind die Psalmen, die dieses Geschehen begleiten.

	Mt	Mk	Luk
Die Vorgeschichte	1– 2	–	1– 2
Jesus in Galiläa	3–18	1–9	3–18
Weg nach Jerusalem	19–20	10	18–19
In Jerusalem	21–25	11–13	19–21
Leiden, Tod u. Auferstehung	26–28	14–16	22–24

Jesus in Galiläa: Es beginnt bei allen dreien gleichmäßig mit Johannes dem Täufer und der Taufe Jesu, der Versuchung, dem Auftreten in Galiläa und der Berufung der ersten Jünger.
Dann beginnen die erheblichen Unterschiede. Sie sind dadurch bedingt, daß Matthäus und Lukas über Markus hinaus eine sog. ‚Spruchquelle' in ihr Evangelium aufnehmen, sie aber in ganz verschiedener Weise einarbeiten. Außerdem enthalten Mt und Luk je für sich viel besonderes Überlieferungsgut (das sog. ‚Sondergut'), Mk nur ganz wenige Stücke. Bei Mt treten besonders die Redesammlungen heraus: die Bergpredigt (5–7), die Worte um die Jüngeraussendung (10), die Gleichnissammlung (13). Lukas hat einen großen Komplex von Worten in den sog. ‚lukanischen Reisebericht' (10–18) gefaßt.
Erst am Schluß des großen Mittelteils kommen alle drei Evangelien wieder zusammen

beim Petrusbekenntnis, den ersten beiden Leidensverkündigungen und der Verklärung.
Weg nach Jerusalem: Gemeinsam ist hier allen dreien die Zusammenstellung der Worte von der Ehe und vom Reichtum, dazwischen die Segnung der Kinder, dazu die dritte Leidensverkündigung.
In Jerusalem: Mit dem Einzug in Jerusalem beginnt bei allen drei Evangelien gleichmäßig der letzte Teil vor der Leidensgeschichte, und er schließt bei allen dreien mit der ‚synoptischen Apokalypse', dem Hinweis auf das Weltende und das jüngste Gericht. Dazwischen die Auseinandersetzung mit Pharisäern und Sadduzäern und die Ankündigung der Zerstörung des Tempels; dieser letzte Teil ist in sich auffällig einheitlich, alle Perikopen haben es direkt oder indirekt zu tun mit einer Gerichtsankündigung, dem dunklen Hintergrund der Heilsbotschaft, auf die die jetzt beginnende Leidensgeschichte hinausläuft.
Leiden, Tod und Auferstehung: Man kann die Ereignisse und Worte der Leidensgeschichte in drei Kreisen sehen: in der Mitte des ersten steht das Abendmahl. Er beginnt mit dem Todesanschlag und der Salbung in Bethanien, dann folgen die Worte und Ereignisse um das Abendmahl, verbunden mit der Bezeichnung des Verräters. Den Übergang zum nächsten Kreis bildet der Weg nach und das Gebet in Gethsemane. Der zweite Kreis führt in zusammenhängendem Bericht von der Gefangennahme bis zum Tod Jesu. Der dritte Kreis enthält den Bericht vom leeren Grab bei allen dreien, dazu die verschiedenen Ostergeschichten bei Matthäus und Lukas.

Die hier skizzierte synoptische Zusammenstellung ist bei allen Texten von Mt, Mk, Lk vorausgesetzt.

Die Vorgeschichte

Mt	Luk
1, 1–17 Stammbaum Jesu	1, 1– 4 Prolog
18–25 Geburt	5–38 Verheißung (Johannes u. Jesus)
2, 1–12 Weisen a. d. Morgenland	39–80 Geburt des Täufers
13–23 Flucht und Rückkehr	2, 1–40 Geburt Jesu
	41–52 Der Zwölfjährige

Jesus in Galiläa

	Mt	Mk	Luk
Johannes der Täufer und Taufe	3	1	3
Versuchung	4	1	4
Auftreten in Galiläa, erste Jünger	4	1	4f.
Bergpredigt (Feldrede)	5–7	–	6
Heilungen und andere Wunder	8–9	1–3	5
Die Jünger	10	3	10
Gleichnisse	13	4	8
Petrusbekenntnis, Leidensverkündigung	16	8	9
Verklärung	17	9	9
Der lukanische Reisebericht			10–18

Weg nach Jerusalem

Ehe, Kinder, Reichtum	19	10	18
Dritte Leidensverkündigung	20	10	18

	Mt	Mk	Luk
	In Jerusalem		
Einzug in Jerusalem	21	11	19
Tempelreinigung	21	11	19
Gegen Pharisäer und Sadduzäer	22f.	12	20
Ankündigung der Zerstörung des Tempels	24	13	21
Synoptische Apokalypse	24f.	13	21
	Leiden, Tod und Auferstehung		
Vom Todesanschlag bis Gethsemane	26	14	22
Von der Gefangennahme bis zum Tod	26–27	14–15	22–23
Das leere Grab und Ostern	28	16	24

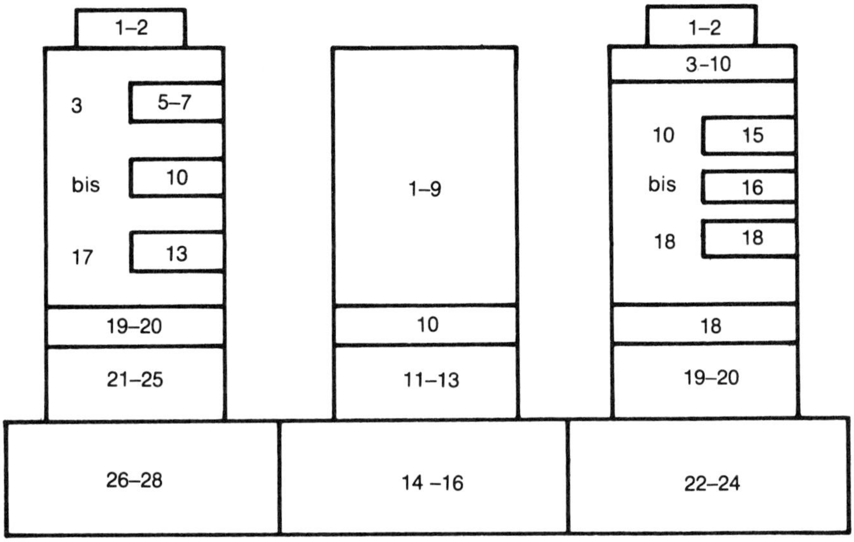

Das Matthäusevangelium

Es ist zwischen 75 und 90 aus der judenchristlichen Gemeinde erwachsen und wendet sich auch an judenchristliche Gemeinden. Es nennt selber keinen Verfasser, von Papias ab wurde es dem Apostel Matthäus zugeschrieben. Dieses Evangelium ist – das zeigt sich auf Schritt und Tritt – ganz besonders am Verhältnis des Christusglaubens zum Alten Testament und zum alten Gottesvolk interessiert. Daher die so häufigen Zitate aus dem Alten Testament, das Betonen der Auseinandersetzung mit den Vertretern der jüdischen Lehre, die vielen und häufigen messianischen Ehrentitel Jesu und das Hervorheben seiner vollmächtigen Lehre. In ihr wie im Wirken Jesu als des Menschensohnes ist das alttestamentliche Gesetz erfüllt (die Bergpredigt) und mit seinem Wiederkommen in

Herrlichkeit kommt der Weg der Gemeinde wie die Geschichte der Welt in Gericht und Heil zum Ziel. Für die Zeit bis dahin gibt der Herr seiner Gemeinde die Verheißung seiner Gegenwart, den Auftrag zur Mission und die Ordnung des Lebens der Gemeinde.

Die Vorgeschichte: Mit dem Stammbaum (1, 1–17) wird das Kommen Jesu in der Geschichte des alten Gottesvolkes verankert. Er kommt aus dessen Königsgeschlecht (Davids Sohn), aber auch die Dirne Rahab (Jos 2) und die Moabiterin Ruth gehören diesem Stammbaum an. Die jungfräuliche Geburt Jesu (1, 18–25) ist schon von Jesaja (7, 14) geweissagt worden. Daß sie nicht nur für Israel, sondern für die ganze Welt die große Wende bringt, sagt die Geschichte von den Weisen aus dem Morgenland, die aus der Ferne kommen, um dem neuen König zu huldigen. Gleichzeitig aber beginnt schon in der Vorgeschichte das andere Grundmotiv: der Weg des neuen Königs wird ein Leidensweg sein (2, 13–23 Flucht nach Ägypten und Rückkehr).

Vgl. die Genealogien in Gen 1–11; 12–50; Ruth 4, 18–22; 1 Chr 1–10.

Vgl. das zu Jes 7, 14 Gesagte.

3–18 Wirken in Galiläa

3–4 Am *Anfang des Wirkens Jesu* steht Johannes der Täufer. In ihm lebt noch einmal das Amt der Propheten des alten Gottesvolkes auf mit der einzigen Aufgabe, auf den hinzuweisen, in dem die Erfüllung gekommen ist und ihm in seiner zur Umkehr rufenden Predigt den Weg zu bereiten (3, 1–12); dazu aber durch die Taufe zu zeigen, daß er der von Gott bestimmte Heiland ist, so wie manche Propheten den Auftrag hatten, den von Gott bestimmten König zu bezeichnen. In dem Gotteswort bei der Taufe (3, 17) klingt die Königsdesignation Ps 2, 7 und die Bestätigung des Gottesknechtes Jes 42, 1 an. Die Erniedrigung des Gottessohnes beginnt damit, daß er sich durch die Taufe in die Reihe der Sünder stellt, um ‚alle Gerechtigkeit zu erfüllen'. Nahe dazu gehört die Versuchungsgeschichte (4, 1–11), in der Jesus es dem Vater gehorsam abweist, ein Messias in Macht und Herrlichkeit zu sein. – Damit ist sein Auftreten in Galiläa vorbereitet, dessen Beginn (4, 12–25) nun berichtet wird: er verkündet das Kommen des Gottesreiches in den Städten Galiläas, heilt viele Kranke und beruft die ersten Jünger, Petrus und Andreas, Jakobus und Johannes. In alledem erfüllen sich die alten Verheißungen: „Das Volk, das im Finstern wandelt, sieht ein großes Licht" (Jes 9, 1).

Vgl. den Prolog des Dtjes 40, 1–8, das zu V 3 Gesagte (Jes 40, 1–11).

Vgl. die Versuchung Abrahams Gen 22 u. Hiobs, Hi 1–2.
Es ist die vollständige messianische Verheißung Jes 9, 1–6 zu vergleichen.

5–7 Die Bergpredigt. Es ist nicht eine Predigt in unserem Sinn, sondern eine Zusammenfassung der Verkündigung Jesu, in Gruppen nach verschiedenen Gesichtspunkten zusammengestellt; die einzelnen Worte müssen je für sich verstanden werden, wie sie auch einmal je für sich gesprochen wurden.

Die Seligpreisungen am Anfang (5, 3–12) sind ein Zuspruch des Heils an die Armen, Elenden, Leidenden und Verfolgten, entsprechend dem Heilandsruf 11, 28. Denen aber, die diese Einladung annehmen, gibt Jesus die Würde, daß sie das Salz der Erde, das Licht der Welt, die Stadt auf dem Berge sind (5, 13–16). Die Begründung dafür geben die Antithesen (5, 21–48), eingeleitet von der Verkündung der neuen Gerechtigkeit (5, 17–20), die alle beginnen: „Ihr habt gehört, daß zu den Alten gesagt ist . . . Ich aber sage euch . . ." Jesus verkündet hier die Möglichkeit eines neuen, völligen Gehorsams, als ein „Zeichen dafür, wie es ist, wenn die Königsherrschaft Gottes in diese Welt, die noch unter Sünde, Tod und Teufel steht, hereinbricht" (J. Jeremias).

Vgl. das Eintreten für die Armen bei den Propheten.

Vgl. das Leiden der Propheten, die Klagen Jeremias.

Die Stadt auf dem Berge: Jes 2, 1–4 (G. v. Rad, Die Stadt auf dem Berge: Ev. Theol 8, 1948/49, 439–47).

6, 1–7, 12 handeln vom Realisieren dieser neuen Gerechtigkeit im Alltag, im Almosengeben (1–4), beim Beten (5–13, 9–13 das Vaterunser), Vergeben (14f.) und Fasten (16–18). Dem Heil, das die Seligpreisungen den Armen verkünden, entspricht die Freiheit von der Sorge (19–34; die Vögel und die Lilien) und die Gewißheit der Gebetserhörung (7, 7–11). Verschiedene Mahnungen und Warnungen (7, 1–6; 12–23), man könnte sie Einlaßbedingungen zum Reiche Gottes nennen, beschließen die Sammlung; am Ende das Gleichnis vom Hausbau.

Vgl. das zu den Sprüchen über die Feindesliebe Gesagte; (der Mensch in der Gemeinschaft).

Vgl. die Schöpfungspsalmen.

8–9 Der Messias der Tat

Zu den Heilungen Jesu vgl. die Heilungsgeschichte in den Elia-Elisa-Erzählungen. Die Heilung ist nicht immer mit der Vergebung verbunden, entsprechend der Bitte um Vergebung in den Klagepsalmen.

Heilungsgeschichten
8, 1– 4: Ein Aussätziger
5–13: Knecht des Hauptmanns
14–17: Schwiegermutter des Petrus und andere
28–34: Zwei Besessene in Gadara
9, 1– 8: Ein Gelähmter; Heilung und Vergebung
18–26: Blutflüssige Frau und Tochter des Jairus
27–34: Zwei Blinde und ein Stummer

In diesen Heilungen erweist sich Jesus als der Gottesknecht, von dem das Lied bei Dtjes sagt: „Fürwahr, er trug unsere Krankheit . . ." In dem heilenden Wort Jesu ist der ganze Mensch gemeint, so daß es auch die Sündenvergebung einschließt, wie es 9, 1–8 ausspricht. Dieses Wort begegnet dem einfachen, einfältigen Glauben; Jesus fragt die beiden Blinden: „Glaubt ihr, daß ich dies tun kann?" und er kann sie heilen, weil sie glauben (ebenso 8, 5–13; 9, 18–26). Um Rettung aus tödlicher Gefahr geht es auch bei der Stillung des Sturms (8, 23–27). Außer diesen Wundergeschichten handeln von der Nachfolge die Berufung des Zöllners Matthäus (9, 9–13), verschiedene Nachfolger (8, 18–22) und die Ablehnung des Fastens für seine Jünger (9, 14–17). Am Schluß der zusammenfassende Bericht vom Wirken Jesu (9, 35–38) mit der Bitte an den Herrn der Ernte.

Vgl. Ps 107, 23–32.

Vgl. das mit der Volksklage verbundene Fasten; es ist nicht Pflicht, sondern erwächst aus einer Situation. Die Argumente V 16–17 entsprechen der Weisheit (Vergleichssprüche).

10 Aussendung der Boten

1– 4: Berufung der 12 Apostel
5–16: Anweisung für die Boten
17–25: Warnung vor schweren Zeiten
26–39: Fürchtet euch nicht!
40–42: Die Würde der Boten

Jesus braucht Boten für sein Werk auf der Erde. Er beruft die zwölf und sendet sie aus mit seinem Auftrag, mit seiner Vollmacht und mit seiner Verheißung. Sie sind nicht nur Bringer seiner Botschaft (7), sondern auch Träger seiner Heilkraft (8) und seines Segens (11–15 und 40–42). Ihr Auftrag ist zunächst auf Israel beschränkt (5f.). Sie brauchen sich nicht um ihren Unterhalt zu sorgen (9f.), aber auch nicht darum, was sie sagen sollen (19). Es wird ihnen nichts vorgemacht über die Schwere ihres Auftrags: es warten ihrer Verfolgungen und die Wehen der Endzeit (17–25); „wer aber ausharrt bis ans Ende, wird gerettet werden". Genau so wie den Propheten (z. B. Jer 1, 17–19) wird den Boten Jesu auf ihrem schweren Weg die Furcht genommen, sie bleiben geborgen in Gottes Vatergüte (26–31), ihr Herr steht zu ihnen (32f.). Die Endzeit ist die Zeit der Scheidungen (34–36) und der ganzen Entscheidung für oder gegen Christus (37–39).

Die 12-Zahl entsprechend den 12 Stämmen des alten Gottesvolkes; die 12 Jünger repräsentieren das neue Gottesvolk.
Der zweifache Auftrag an die Jünger entspricht dem rettenden u. segnenden Wirken Gottes im AT.
Die Berufungen der Propheten sind zu vergleichen, besonders Jer 1.

11 Frage des Johannes

1– 6: Die Anfrage des Johannes und Jesu Antwort darauf
7–19: Rede Jesu über Johannes den Täufer
20–24: Wehe über Chorazin, Bethsaida und Kapernaum
25–30: Der Heilandsruf

Das Zitat aus Mal 3, 1 ist aus dem Zusammenhang der Prophetie Maleachis zu verstehen.

Nach der Darstellung des Christuswerkes in Wort (5–7) und Tat (8–9) und der Aussendung der Boten (10) fragt derselbe, der am Anfang sagte: dieser ist es!, bist du es wirklich? Zur Antwort weist Jesus auf seine Worte und Werke; *aber:* „selig ist, der an mir keinen Anstoß nimmt!". Nach der Rede über Johannes, in der er auch den so Fragenden bejaht, wird die Entscheidung gegen oder für Jesus als Gottes Sohn einander gegenübergestellt im Gerichts- und Heilswort (20–24 und 25–30).

Wie bei den Propheten häufig, ist ein Gerichtswort (V 20–24; ganz im Stil der prophetischen Gerichtsworte) mit einem Heilswort (V 25–30; vgl. Jes 46, 3–4) verbunden.

12 Feindschaft der Pharisäer

1– 8: Ährenausraufen am Sabbath
9–21: Heilung am Sabbath
22–37: Heilung eines Stummen u. Rede gegen d. Pharisäer
38–42: Zeichenforderung der Pharisäer
43–45: Der unreine Geist
46–50: Meine Mutter und meine Brüder

Jesus erweckt den ursprünglichen Sinn des Sabbath als einer Gabe Gottes an sein Volk (Ex 23, 12) neu.

Die Taten und Worte Jesu rufen die Feindschaft der Gesetzesfrommen hervor. Gegen die starre Wahrung des Sabbath stellt Jesus die Güte Gottes (1–8) und die Liebe zum Nächsten (9–21). Gegen den Angriff, daß er mit dem Satan im Bunde stehe, stellt Jesus seine Vollmacht, in der Gottes Reich im Kommen ist (28). Sie ist in der Schrift begründet; er ist der in Jes 42, 1–4 angekündigte Gottesknecht (18–21).

Eine der Stellen, an denen die Gottesknechtlieder, hier Jes 42, 1–4, auf Jesus bezogen werden. Jes 42, 1–4 ist im Zusammenhang *aller* Gottesknechtlieder zu verstehen: Jes 42, 1–4; 49, 1–6; 50, 4–9; 52, 13–53, 12.

13 Gleichnisrede

1– 9: Der Säemann; 18–23: Deutung
10–17: Sinn der Gleichnisse; dazu 34–35
24–30: Unkraut unter dem Weizen; 36–43: Deutung
31–33: Senfkorn und Sauerteig
44–46: Der Schatz im Acker und die kostbare Perle
47–52: Das Fischnetz, Altes und Neues
53–58: Der Prophet in seiner Vaterstadt

In allen Gleichnissen geht es um das Wunder des Einbruchs der Gottesherrschaft. Weil sie verborgen ist im Auftreten eines Menschen unter Menschen und im scheinbar ohnmächtigen Wort, das am gegenwärtigen Bestand der Welt zunächst nichts zu ändern scheint, redet das Gleichnis von ihrem Anbruch. Er ist so vielseitig wie die Gleichnisse vielseitig sein können; und er vollzieht sich so ganz in der Diesseitigkeit, daß auf ihn in den einfachsten Geschehnissen unserer alltäglichen Wirklichkeit hingewiesen werden kann. Das Wunderbare an diesen Gleichnissen ist gerade, daß sie in völlig untheologischer und unsakraler Sprache von der entscheidenden Tat Gottes an unserer Welt reden.

Die Sprache der Gleichnisse Jesu geht auf die Weisheit des AT zurück, insbesondere die Vergleichssprüche, Spr 25–26 u. ö.

14–18 Von der Hinrichtung des Täufers bis zu den Leidensverkündigungen

13, 53–58: Verwerfung Jesu in seiner Vaterstadt
14, 1–12: Hinrichtung des Täufers
16, 13–23: Petrusbekenntnis u. 1. Leidensverkündigung
17, 1–13: Verklärung
22–23: Zweite Leidensverkündigung

Vgl. die Verwerfung der Propheten u. die Hinrichtung des Propheten Uria, Jer 26.

Zugrunde liegt das Theophanie-Motiv, vgl. Ex 19. Das Zitat aus Ps 2, 3; Jes 42, 1 aus der Königsdesignation. Vgl. die Taufe Jesu.

Wunder und Heilungen:
14, 13–21: Speisung der 5000; 15, 32–39 der 4000
14, 22–33: Der sinkende Petrus
14 ○4–36: Heilung vieler Kranker, dazu 15, 29–31
15, 21–28: Die kanaanäische Mutter
17, 14–19: Heilung des epileptischen Knaben (Versagen der Jünger)

Die Erzählungen von der wunderbaren Speisung gehen zurück auf das Motiv der Speisung des Volkes in der Wüste, Ex 16–18.

Streitgespräche:
15, 1– 9: Die größere Übertretung
10–20: Rein und unrein
16, 1– 4: Das Zeichen des Jona
5–12: Der Sauerteig der Pharisäer

Vgl. Ez 4, 9–17.

Leben der Gemeinde:
16, 24–28: Von der Nachfolge
17, 24–27: Tempelsteuer
18, 1– 5: Rangstreit unter den Jüngern
6–10: Verführung
15–20: Gemeindezucht

Gleichnisse:
18, 12–14: Das verlorene Schaf
21–35: Der Schalksknecht

In der Mitte dieser Kapitel, in denen eine sachliche Gliederung nicht möglich ist, steht das Petrusbekenntnis mit der ersten Leidensverkündigung. Nachdem durch das ganze Evangelium bisher gezeigt war, daß die Vollmacht des Christus nicht in Glanz und Macht offenbar ist, beginnt hier die direkte Ankündigung des Leidens. Seine Vaterstadt verwirft ihn (13, 53–58), Johannes wird hingerichtet und Jesus kann nichts daran ändern (14, 1–12). Die zu ihm stehen, können es nur, indem sie ihren Glauben an ihn bekennen (16, 23–33). Zwischen den beiden Leidensverkündigungen die Verklärung; der Taufe entsprechend wird nun angesichts des Leidensweges Jesus von seinem Vater bestätigt.

Jedes echte Bekenntnis ist Antwort auf eine Frage, die in dieser Situation notwendig ist (vgl. Jos 24). Ein solches Bekenntnis kann nur kurz sein.

Die anderen Gruppen von Worten und Taten Jesu sind uns alle schon begegnet. Bei den Wundern und Heilungen ist 15, 21–28 hervorzuheben, wo Jesus der Kanaanäerin ihren großen Glauben bestätigt und ihre Tochter heilt, obwohl es selbst sagt: „Ich bin nur zu den verlorenen Schafen Israels gesandt." Das Wirken Jesu dringt schon jetzt über sein Volk, das alte Gottesvolk, hinaus. Etwas Neues enthält auch 17, 14–19; Jesus heilt einen epileptischen Knaben, den die Jünger nicht heilen konnten. Auch wenn ihnen Jesus die Vollmacht des Heilens gab, sind sie doch nicht, was der Meister ist. – Bei den Streitgesprächen mit den Pharisäern zeigt 15, 10–20, die Aufhebung der rituellen Reinheitsvorschriften, ebenfalls das Heraustreten aus den Grenzen des alten Gottesvolkes. – Die Anfänge einer neuen Gemeinschaft mit einer neuen Ordnung treten trotz der Erwartung eines nahen Endes (16, 27f.) heraus. Hier erhebt sich die Frage, ob die Jünger weiter die Tempelsteuer zahlen sollen (17, 24–27); der Rangstreit unter den Jüngern wird von Jesus radikal abgewiesen (18, 1–5) und in 18, 15–20 wird gesagt, wie vorgegangen werden soll, wenn in der Gemeinde ein Vergehen vorkommt. Dabei wird der Gemeinde Jesu die Gewalt des Bindens und Lösens gegeben (18, 18) und die Würde, die ihr die Gegenwart ihres Herrn verleiht (18, 20).

Vgl. Gen 37, Joseph u. seine Brüder. Eine hierarchische Über- u. Unterordnung wie im Priestertum lehnt Jesus für seine Jünger ab.

19–20 Weg nach Jerusalem

19, 1–12: Von Ehe und Ehescheidung
13–15: Jesus segnet die Kinder
16–26: Der reiche Jüngling und Worte vom Reichtum
27–30: Frage des Petrus nach dem Lohn
20, 1–16: Gleichnis von den Arbeitern im Weinberg
17–19: Dritte Leidensankündigung
20–28: Bitte der Mutter des Jakobus und Johannes
29–34: Zwei Blinde am Weg nach Jericho

Dem rettenden geht das segnende Wirken Jesu zur Seite; vgl. das Retten u. Segnen Gottes im AT.

V 18.19 zeigen, daß Jesus die Grundgebote des Dekalogs (Ex 20; Dtn 5) bejaht u. übernimmt. In der kritischen Haltung zum Reichtum V 23–26 folgt Jesus den Propheten.

Kap. 19 beginnt mit der Bemerkung, daß Jesus von Galiläa nach Judäa zieht. (Bei allen drei Evangelien stehen hier die drei folgenden Perikopen.) Zu diesem Aufbruch nach Judäa gehört die dritte Leidensankündigung (20, 17–19): „Siehe, wir ziehen hinauf nach Jerusalem . . ." Die anderen Perikopen stehen in keinem sachlichen Zusammenhang damit oder untereinander. Dreimal ist in diesen Geschichten vom Lohn die Rede: im Gleichnis von den Arbeitern im Weinberg, der Frage des Petrus und der Bitte der Mutter zweier Jünger. Jesus weist die Frage nach dem Lohn nicht glatt ab; aber er gibt ihr eine neue Richtung: „Ihr wißt nicht, um was ihr bittet; könnt ihr den Kelch trinken, den ich trinke?“. – Auch auf dem Weg in das Leid bleibt Jesus der Heiland (20, 29–34).

21–25 In Jerusalem

21, 1–11: Der Einzug in Jerusalem
12–17: Tempelaustreibung
18–22: Der Feigenbaum
23–27: Frage nach Jesu Vollmacht
28–32: Gleichnis von den zwei Söhnen
33–46: Gleichnis von den bösen Weingärtnern
22, 1–14: Gleichnis vom königlichen Hochzeitsmahl
22, 15–22: Frage der Pharisäer (Zinsgroschen)
23–32: Frage der Sadduzäer (Auferstehung)
34–40: Frage nach dem vornehmsten Gebot
41–46: Frage Jesu an die Pharisäer nach dem Messias
23, 1–12: Warnung vor den Pharisäern
13–36: Wehe über die Schriftgelehrten
37–39: Klage über Jerusalem

Vgl. die Tempelrede Jeremias, Jer 7.

Das Streitgespräch auch bei den Propheten vgl. C. Westermann, Grundformen prophetischer Rede: Beitr. z. ev. Theol 31, 1964; [5]1978, S. 144f.

Hinter diesem Text steht, stark abgewandelt, der Einzug eines siegreichen Königs in seine Stadt. V 5 = Sach 9, 9 gehört zu den Messiasverheißungen; V 9 = Ps 118, 25f. der jubelnde Empfang. V 25 die ursprüngliche Bedeutung des „Hosianna“.

Vgl. die Klage über den Untergang ihres Volkes bei den Propheten, besonders Jeremia.

Die mit dem Einzug in Jerusalem beginnenden Kapitel 21–23 sind wesentlich bestimmt von der Auseinandersetzung mit Jesu mit den Autoritäten der jüdischen Gemeinde. In der Zeichenhandlung des Einzugs erhebt er den Anspruch, der verheißene König Israels zu sein, der in seine Stadt einzieht (Sach 9, 9), aber als der in Niedrigkeit verborgene König. Er demonstriert diesen Anspruch in der Tempelaustreibung. Darauf fragen ihn seine Gegner nach seiner Vollmacht, und Jesus verweist ihnen die Frage durch eine Gegenfrage. Es folgen eine Reihe anderer Fragen, durch die seine Gegner ihn fangen wollen, und Jesus wiederum stellt den anderen Fragen, die sie zum Verstummen bringen. An diese Auseinandersetzung schließt sich eine Warnung Jesu vor der Art der Pharisäer mit einer Mahnung zur Demut an seine Jünger: „Einer ist euer Meister; ihr aber seid alle Brüder!“. Die große Wehe-Rede gegen die Pharisäer entspricht ganz den prophetischen Gerichtsworten des Alten Testaments; die prophetische Leidenschaft wendet sich auch hier gegen eine unecht gewordene Frömmigkeit.
Dazwischen stehen drei Gleichnisse (21, 28–22, 14), die alle drei unter verschiedenen Aspekten in diese Auseinandersetzung hineingehören. Dieser große Komplex bei Matthäus, der am deutlichsten zeigt, daß in Jesus nicht nur die Heilsbotschaft, sondern auch die Gerichtsbotschaft der Propheten Israels da ist, mündet aus in eine Klage über Jerusalem (23, 37–39), die den Klagen Jeremias über diese Stadt vor ihrer ersten Zerstörung ganz nahe steht.

24–25 Das Kommen des Endes (die synoptische Apokalypse)

24, 1– 2: Ankündigung der Zerstörung Jerusalems
3–14: Der Anfang der Wehen
15–28: Die Schrecken der Endzeit
29–31: Das Kommen des Menschensohns
32–36: Den Zeitpunkt weiß niemand
37–44: Mahnung zur Wachsamkeit
45–51: Der treue und der lässige Knecht
25, 1–13: Gleichnis von den zehn Jungfrauen
14–30: Gleichnis von den anvertrauten Pferden
31–46: Gleichnis vom Endgericht

Ankündigung der Zerstörung Jerusalems: Mi 1, 8–16.

Diese Worte schließen direkt an die Daniel-Apokalypse an.

Vgl. Jes 40, 8.

Diese Kapitel nehmen die apokalyptischen Texte des AT auf; vgl. Jes 24–27.

Wie in den Apokalypsen des AT erstreckt sich das Endgeschehen, dem Urgeschehen entsprechend, über die ganze Welt u. die ganze Menschheit; vgl. auch V 29–30.

Ähnlich wie bei den Propheten Anklage und Gerichtsankündigung zusammengehören, folgt hier bei Matthäus auf die Anklage gegen Pharisäer und Schriftgelehrte die Ankündigung des Endgerichtes. Zum Hineinlesen in diesen Teil des Evangeliums ist zu wissen wichtig, daß es sich hier um eine nachträgliche Zusammenstellung von Einzelworten handelt (ähnlich wie bei der Bergpredigt); die Worte sind zu verschiedener Zeit und in verschiedenen Situationen gesprochen und sie wären mißverstanden, wollte man aus ihnen ein zusammenhängendes Bild der Endzeit entwerfen. Das die apokalyptischen Schilderungen in Kap. 24 und die Gleichnisse in Kap. 25 verbindende Motiv ist der Ruf zur Wachsamkeit. Der Nachdruck liegt nicht auf einer Festlegung der Etappen des Endgeschehens, sondern auf dem Überraschenden des Einbruchs der Endzeit und der Wiederkunft Christi (24, 27: wie der Blitz; 32ff.: niemand weiß den Zeitpunkt). Vorher wird das Evangelium vom Reich auf der ganzen Erde gepredigt werden (24, 14); dieses Wort geht über die Naherwartung des Endes (24, 34) schon hinaus. Alle Katastrophen der Endzeit aber werden überdauert von den Worten der Verheißung: „Himmel und Erde werden vergehen, aber meine Worte vergehen nicht!" (24, 35).

Das direkte u. unmittelbare Ausüben des Richteramtes durch Gott (Christus) begegnet nur in Gen 3 u. 4 u. Mt 25: die Endzeit entspricht der Urzeit.

Leiden, Tod und Auferstehung

26 Vom Todesanschlag bis Gethsemane

26, 1– 5: Der Todesanschlag
6–13: Salbung in Bethanien
14–16 und 20–25: Verrat des Judas
17–19 und 26–29: Das Abendmahl
30–46: Gethsemane

Das Abendmahl Jesu schließt an eine sehr frühe Art des „Opfers" an, das Gemeinschaftsmahl. Zu vergleichen ist Ex 24, 1–2. 9–11. Auch das Passah war ein solches Gemeinschaftsmahl.

Der wichtigste Zusammenhang, in dem die Klage zum Gebet Jesu gehört.

Bei der Leidensgeschichte kann die Bibelkunde ganz zurücktreten, weil hier im Zusammenhang berichtet wird und das Lesen und Hören dieser Kapitel im Zusammenhang die Ereignisse in ihrer Folge von selbst einprägt. Der Tötungsbeschluß der Feinde und der Verrat des Jüngers rahmt die Huldigung eines von denen, für die Jesus sein Leiden auf sich nimmt. Und mit dem Beginn des Todesweges verbindet Jesus durch das Abendmahl den Gottesdienst des Alten mit dem des Neuen Bundes: in seinem Leiden kommt die Geschichte des Opfers zu ihrer Erfüllung.

26, 47–27, 66 Von der Gefangennahme bis zum Tod

26, 47–56: Die Gefangennahme
57–68: Vor dem Hohen Rat
69–75: Verleugnung des Petrus
27, 3–10: Das Ende des Judas
27, 1– 2; 11–26: Jesus vor Pontius Pilatus
27–31: Verspottung
32–56: Kreuzigung und Tod
57–66: Grablegung und Bewachung des Grabes

An der Verurteilung und Hinrichtung Jesu sind die jüdische geistliche und die römische weltliche Obrigkeit beteiligt; aber der eigentliche Impuls geht von den Verantwortlichen der jüdischen gottesdienstlichen Gemeinde aus, die in Jesus ihren Gottesdienst und ihren Glauben bedroht sehen. In seinem Leiden und Sterben aber ist Jesus nicht mehr (wie vorher in den Streitgesprächen) ihr Gegner, sondern er bejaht sein Leiden und trägt es stumm als der Gottesknecht, der auch für seine Gegner leidet (Jes 53). In seinem Verzweiflungsschrei vom Kreuz (27, 46 = Ps 22, 2) tritt er in die Klage der Leidenden des alten Gottesvolkes hinein und führt sie zu ihrem Ende.

Hinter der Leidensgeschichte Jesu stehen die Gottesknechtlieder, die Messiasverheißungen (27, 11–14) u. der 22. Ps (Mt 27, 46). Der 22. Ps u. Jes 53 aber enden nicht mit dem Tod; sie enthalten eine Entsprechung zur Auferstehung.

28 Leeres Grab und Auferstehung

28, 1–10: Das leere Grab
11–15: Die Grabeswächter
16–20: Erscheinung vor den Jüngern und Missionsbefehl

Das Markusevangelium

Das ‚Buch der geheimen Epiphanien' (Dibelius) ist bestimmt von dem Kampf, der im Kommen Jesu in der Kraft Gottes gegen die satanischen Mächte geführt wird. Dabei wird aber in diesem Evangelium am deutlichsten die Verborgenheit der messianischen Herrlichkeit im Erdenleben Jesu betont, das Motiv des ‚Messiasgeheimnisses' (Wrede). Der Aufbau ist einfach, die Sprache sehr straff, und durch das Fehlen größerer Redeteile bekommt das Ganze ein stärkeres Gefälle vom ersten Auftreten Jesu an zu seiner Passion hin. Hier bei Markus bekommt die Heilsbotschaft vom Kommen, Leiden und Auferstehen Jesu die Bezeichnung ‚Evangelium'; es ist also mehr Wort in die Gegenwart als Bericht von Vergangenem.

Die Synopse der drei ersten Evangelien ist vorausgesetzt.

„Evangelium": zu dem Wort = gute Botschaft vgl. im AT den „Boten Gottes" (mal'ak jhwh, z. B. Gen 21) u. das Botenwort in der Prophetie.

1–9 Jesus in Galiläa

1 Beginn des Auftretens Jesu
1–13: Johannes der Täufer, Taufe, Versuchung
14–15: Jesu Botschaft
16–20: Berufung der ersten Jünger
21–28: Heilung eines Besessenen in Kapernaum
29–39: Schwiegermutter des Petrus und viele Kranke
40–45: Heilung eines Aussätzigen

Beachte bei Mt 1, 2–3 den zusammengesetzten Charakter des Zitats (Mal 3, 1; Ex 23, 20; Jes 40, 3).

Zu dem Begriff „heiliger Geist" ist die Voraussetzung die Geschichte des Begriffes „Geist" (rūaḥ) im AT, von den Richtergeschichten an bis Jes 61, 1–2; ebenso Mk 1, 10.

Eine Vorgeschichte hat Markus gar nicht, und nur ganz kurz berichtet er vom Täufer, der Taufe und der Versuchung. Am Anfang ist die Botschaft Jesu in einem Satz zusammengefaßt: „Die Zeit ist erfüllt und das Reich Gottes ist genaht; tut Buße und glaubt an das Evangelium!" (vgl. dazu 1, 22!). Bei der Berufung des Simon und Andreas begegnet zum erstenmal das ‚alsbald' (1, 18), das für das Erzählen des Markus so charakteristisch ist. – Von Anfang an tritt neben das Wort Jesu die Tat: in den drei Heilungsgeschichten bricht die Heilkraft Gottes in die Not der leidenden Menschen und mit Staunen nehmen die Zuschauenden wahr: „er gebietet den unreinen Geistern und sie gehorchen ihm!". Dem geheilten Aussätzigen (40–45) verbietet Jesus, von seiner Heilung zu erzählen; dennoch „kommen sie von überallher zu ihm".

2, 1–3, 6 Streitgespräche

2, 1–12: Heilung des Gelähmten (Anstoß des Sündenvergebens)
13–17: Berufung des Levi (Anstoß der Sündergemeinschaft)
18–22: Jesu Jünger fasten nicht
23–28: Ährenlesen am Sabbath
3, 1– 6: Heilung am Sabbath (verdorrte Hand)
22–30: Wie kann ein Satan den anderen austreiben?
3, 7–12: Heilung vieler Kranker am See
13–19: Berufung der zwölf Jünger
20–21 und 31–35: Wahre Verwandte Jesu

In seinem Heilandswirken stößt Jesus mit den Pharisäern zusammen. Alle wichtigen Anstöße sind hier in Beispielen zusammengetragen: sie nehmen Anstoß, weil er Vergebung zuspricht (2, 1–12), mit Zöllnern und Sündern Tischgemeinschaft hält (2, 13–17), weil seine Jünger Fasten- und Sabbathgebot nicht streng halten (2, 18–28), weil Jesus selbst am Sabbath heilt (3, 1–6). Hier schon, am Ende dieses Abschnittes, beschließen die Führenden sein Verderben (3, 6). Zu den Streitgesprächen gehört auch Jesu Antwort auf den Vorwurf, er treibe die Dämonen durch Beelzebub aus (3, 22–30).

Der Beschluß gegen Jesus (V 6) entsteht daran, daß er dem Sabbath seinen ursprünglichen Sinn zurückgibt; s. Mt 12, 1–16.

Zu den Krankenheilungen von Kap. 1 kommt hier ein Sammelbericht über die Heilung vieler Kranker (3, 7–12). Die unreinen Geister erkennen ihn als den Sohn Gottes, Jesus gebietet ihnen, daß sie es nicht offenbar machen.
An 1, 16–20 schließt die Berufung der 12 Jünger (3, 13–19). Sie sind seine wahren Verwandten, nicht seine leiblichen Brüder, die ihn von seinem Wirken abbringen wollen (3, 20f; 31–35).

4, 1–34 Drei Gleichnisse
1– 9: Vom Säemann; 14–20: Deutung
10–13: Sinn der Gleichnisrede
26–29: Selbstwachsende Saat
30–34: Senfkorn
21–25: Licht unter dem Scheffel

Dem Gleichnis liegt das segnende Wirken Gottes zugrunde.

In allen drei Gleichnissen geht es unter verschiedenen Gesichtspunkten um das stille, scheinbar erfolglose Wirken der Botschaft Jesu. Das Gleichnis von der selbstwachsenden Saat gehört zum Sondergut des Markus; ein besonders klares Beispiel der Gleichnisrede, die vom Kommen des Reiches Gottes in Bildern des einfachsten alltäglichen Geschehens zu sprechen vermag. Sofern sie nur wenige, nur die Glaubenden verstehen, sind sie auch Ausdruck des Messiasgeheimnisses (10–13).

4, 35–5, 43 Wundergeschichten
4, 35–41: Stillung des Sturmes
5, 1–20: Heilung des gerasenischen Besessenen
21–43: Heilung der blutflüssigen Frau und Tochter des Jairus

Zum Begriff u. Verständnis des Wunders vgl. besonders Ps 77, 12–16; C. Westermann, Theologie des AT . . ., S. 46–49.

Alle diese Geschichten, die auffällig ausführlich erzählt sind, verbindet der Zug, daß Jesus, ein Mensch unter Menschen, Herr der Mächte ist und sich vielfältig als solcher erweist. Darum die ausführliche Darstellung der Realität der bösen Geister, die, aus dem Kranken vertrieben, einen anderen Ort brauchen und in die Schweineherde fahren; darum spürt Jesus, daß eine Kraft von ihm ausgegangen ist, wie ihn die kranke Frau hilfeflehend berührt; darum die erschütterte Frage der Zeugen der Sturmstillung: „Wer ist dieser, daß ihm sogar Wind und See gehorsam sind?"

So wie im AT Reden u. Handeln Gottes zusammengehört (Ps 33, 4), so gehört es im Wirken Jesu zusammen.

6–9 Von den Verwerfung in Nazareth bis zu den Leidensverkündigungen
6, 1– 6: Verwerfung in Nazareth
7–13: Aussendung der Zwölf
14–29: Hinrichtung des Täufers
8, 27–33: Petrusbekenntnis und erste Leidensankündigung
9, 2–13: Verklärung
9, 30–32: Zweite Leidensankündigung

Zur Verwerfung der Propheten vgl. besonders Jeremia; beachte, daß in V 5 das Heilen trotzdem möglich bleibt.

Wie in Mt 10 ist der Auftrag der Jünger zu ihrem Wirken ein zweifacher.

Die den Weg Jesu bezeichnenden Geschehnisse in diesem Abschnitt sind die gleichen wie im Matthäusevangelium; die Hinrichtung des Täufers ist sehr viel ausführlicher erzählt. 6, 7–13 entspricht der Aussendungsrede Mt 10.
Wundergeschichten in 6–9:
6, 30–44: Speisung der 5000; 8, 1–10: der 4000
45–52: Seewandeln
6, 53–56: Heilung vieler Kranker
7, 24–30: Die kanaanäische Mutter
31–37: Der Taubstumme (Hephata!)
8, 22–26: Der Blinde in Bethsaida
9, 14–29: Der epileptische Knabe (die Jünger)

Jesus erbarmt sich der Leidenden; vgl. dazu das Übergewicht des Erbarmens Gottes im AT; C. Westermann, Theologie des AT . . ., S. 120–129.

Dieser Sammelbericht zeigt, daß das Heilen der Leidenden eine große Rolle im Wirken Jesu spielte. Die Sprache der Leidenden sind die Klagen im AT.

Auch bei diesen Heilungsgeschichten betont Markus die Kraftwirkungen, die von Jesus ausgehen. Sie sind oft konkreter und ausführlicher geschildert als in den anderen Evangelien. Der Heilkraft aber muß der Glaube entsprechen; so besonders bei der kanaanäischen Mutter und dem Vater des epileptischen Knaben, der das Wort spricht: „Ich glaube, Herr, hilf meinem Unglauben!" (9, 24).
Streitgespräche in 6–9:

7 1–13: Das höhere Gebot
14–23: Was den Menschen verunreinigt
8, 11–13: Zeichenforderung der Pharisäer
14–21: Warnung vor dem Sauerteig der Pharisäer

Jesus lenkt von den nachträglichen Interpretationen zu dem ursprünglichen Gottesgebot zurück.

Ausführlicher als bei Mt stellt Mk den äußeren Satzungen der Pharisäer wie dem rituellen Händewaschen das vierte Gebot gegenüber: „Ihr macht damit das Wort Gottes ungültig durch eure Überlieferung!"
Jüngerbelehrung in 6–9:

8, 34–9, 1: Von der Nachfolge
9, 33–37: Rangstreit
38–41: Fremder Dämonenaustreiber
42–50: Verführung

Vgl. hiermit Dtn 13, Verführung zum Götzendienst u. beachte den Unterschied.

Besonders bei Mk ist hier 9, 38–41. Im Gegensatz zu den Jüngern bejaht Jesus das Dämonenaustreiben in seinem Namen, auch wo es von einem geschieht, der ihm nicht nachfolgt: „Denn wer nicht wider uns ist, der ist für uns." Schon ein Becher Wasser, den Jüngern gegeben, weil sie Christus angehören, ist eine Tat für Christus. – In 9, 42–50 ist vieles unverständlich; ein kleiner Hinweis darauf, wie begrenzt unsere Kenntnis von Jesus und seinen Jüngern ist.

10 Der Weg nach Jerusalem

1–12: Von Ehe und Ehescheidung
13–16: Segnung der Kinder
17–27: Der reiche Jüngling; vom Reichtum
28–31: Frage des Petrus nach dem Lohn
32–34: Dritte Leidensankündigung
35–45: Frage des Jakobus und Johannes
46–52: Heilung des blinden Bartimäus

In diesem Abschnitt stehen zwei wichtige Worte Jesu über sich selbst; sie können nur miteinander recht verstanden werden. Zu dem reichen Jüngling sagt Jesus: „Was nennst du mich gut? Niemand ist gut außer Gott allein." Und den Jüngern, denen es um einen bevorzugten Platz geht, sagt er: „Des Menschen Sohn ist nicht gekommen, daß er sich dienen lasse, sondern daß er diene und gebe sein Leben als Lösegeld für viele."

11–13 In Jerusalem

11, 1–11: Einzug in Jerusalem
15–19: Tempelaustreibung
12–14 und 20–25: Der unfruchtbare Feigenbaum
27–33: Abweisung der Frage nach der Vollmacht
12, 1–12: Gleichnis von den bösen Weingärtnern
12, 13–17: Frage der Pharisäer (Zinsgroschen)
18–27: Frage der Sadduzäer (Auferstehung)
28–34: Frage nach dem höchsten Gebot
35–37: Frage Jesu an die Pharisäer nach dem Messias
38–40: Warnung vor den Schriftgelehrten
41–44: Das Scherflein der Witwe
13: Das Kommen des Endes
1– 2: Ankündigung der Zerstörung des Tempels
3–13: Der Anfang der Wehen
14–23: Der Schrecken der Endzeit
24–27: Wiederkunft des Menschensohns

Hier versteht sich Jesus in der Nachfolge der Propheten u. des Gottesknechtes Jes 53.

Hier fügt Jesus das Bekenntnis zu dem *einen* Gott u. das 1. Gebot zusammen.

Das Streitgespräch gehört zum Wirken Jesu wie zum Wirken der Propheten. Dazu gehört auch die Möglichkeit des Versagens einer Antwort.

28–32: Die Stunde weiß niemand
33–37: Mahnung zur Wachsamkeit

Markus hebt den hier beginnenden letzten Abschnitt dadurch hervor, daß er den Beschluß der Führenden, Jesus zu verderben, aus 3, 6 hier wiederholt. Im übrigen stimmt Mk in diesem Abschnitt mit Mt weithin überein, abgesehen von den Stücken, die Mt über ihn hinaus hat. Bezeichnend ist der Unterschied in 12, 28–34: während bei Mt und Luk die Frage des Schriftgelehrten nach dem höchsten Gebot in der Absicht, Jesus zu versuchen, gestellt ist (Mt 22, 35; Luk 10, 25), ist sie bei Mk als echte Frage gemeint. Der Schriftgelehrte stimmt der Antwort Jesu zu und Jesus sagt zu ihm: „Du bist nicht fern vom Reiche Gottes!". Wichtig ist diese Übereinstimmung mit dem Schriftgelehrten, weil die Antwort Jesu einfach in einem Zitat zweier alttestamentlicher Worte besteht: dem Bekenntnis zu dem *einen* Gott in Dtn 6, 4, das in jedem jüdischen Gottesdienst gesprochen wird und dem Liebesgebot aus dem Heiligkeitsgesetz Lev 19, 18. Hierin also sieht Markus eine volle Übereinstimmung der Gemeinde Jesu mit dem Glauben des Alten Testaments.

Während die Rede vom Kommen des Endes bei Mk kürzer ist als bei Mt und Luk, ist bei ihm die Mahnung zum Wachen besonders betont in dem Schluß 13, 33–37, in dem das Amt des Türhüters im Gleichnis von dem verreisenden Herrn hervorgehoben ist: „Was ich euch aber sage, das sage ich allen: Wachet!".

14–16 Leiden, Tod und Auferstehung

Das Passa-Fest erhält in Ex 12 seine Deutung im Zusammenhang der Israels Geschichte begründenden Rettungstat Gottes. Daher die Verbindung von Tod u. Auferstehung Jesu mit ihm.
In der Frühzeit wurde das Passa in den Häusern gefeiert, nicht im Tempel.

14: Vom Todesanschlag bis Gethsemane
- 14, 1– 2: Der Todesanschlag
  - 3– 9: Die Salbung in Bethanien
  - 10–11: und 17–21: Verrat des Judas
  - 12–16 und 22–25: Das Abendmahl
  - 26–42: Gethsemane

Die Psalmen gehören zum Zusammenleben Jesu u. seiner Jünger. Zu 14, 24: „Blut des Bundes" vgl. Ex 24, 3–8.

14, 43–15, 47: Von der Gefangennahme bis zum Tod
- 14, 43–52: Die Gefangennahme
  - 53–65: Vor dem Hohen Rat
  - 66–72: Verleugnung des Petrus
- 15, 1–15: Jesus vor Pontius Pilatus
  - 16–20: Verspottung
  - 21–41: Kreuzigung und Tod
  - 42–47: Grablegung

Hinter dieser Schilderung der Gerichtsverhandlung ist die Anklage der Propheten gegen Mißbrauch u. Verderbnis des Gerichtswesens zu hören.

Wenn hier der 22. Ps zitiert wird (er klingt auch V 24 an) u. in V 28 Jes 53, so erhalten diese beiden Texte eine besondere Bedeutung für die Deutung des Todes Jesu.

16: Leeres Grab und Auferstehung
- 16, 1– 8: Das leere Grab
  - 9–20: Erscheinungen des Auferstandenen, Aussendung der Jünger und Erhebung Jesu zur Rechten Gottes; ein späterer Nachtrag

Während dieser ganze Schlußteil im wesentlichen mit Mt übereinstimmt, klingt die Erzählung vom leeren Grab, mit dem das Mk schloß, auffällig anders als bei Mt:

Mt 28, 8	Mk 16, 8
„Und sie gingen eilends von der Gruft hinweg mit Furcht und großer Freude und liefen, um es seinen Jüngern zu erzählen."	„Und sie gingen hinaus und flohen von der Gruft, denn Zittern und Entsetzen hatte sie ergriffen. Und sie sagten niemandem etwas, denn sie fürchteten sich."

Die spätere Anfügung Vers 9–20 fehlt in den ältesten Handschriften. Sie wird um die Mitte des zweiten Jahrhunderts hinzugekommen sein. Der Abschnitt ist eine Art Evangelien-Harmonie; er faßt die Auferstehungsberichte aller Evangelien abkürzend zusammen, dazu kommen einige Ergänzungen. Es entsprechen 9–11: Joh 20, 11–18/12–13: Luk 24, 13–35/14–16: Mt 28, 16–20; 19: Luk 24, 50–53. Vers 20 sieht schon hinaus auf das Wirken der Boten Jesu in aller Welt: „Sie aber zogen aus und predigten überall, indem der Herr mitwirkte und das Wort durch die begleitenden Zeichen bestätigte."

Das Lukasevangelium

Das Lukasevangelium ist das von den drei synoptischen Evangelien am stärksten geschichtlich bestimmte; es ist Teil eines Geschichtswerkes, das in der vom gleichen Verfasser stammenden Apostelgeschichte fortgesetzt wird. Lukas sieht das Ganze der Geschichte in drei aufeinanderfolgenden Epochen: die Zeit Israels, die Erdenzeit Jesu, die Zeit von der Himmelfahrt Jesu bis zu seiner Wiederkunft. Von da aus wird Jesus verstanden als ‚die Mitte der Zeit' (Conzelmann). Das Evangelium stellt die zweite Epoche dar, die Apostelgeschichte den Anfang der dritten, auf die erste bezieht sich das Evangelium durchgehend in den Hinweisen auf die Erfüllung des im Alten Testament Angekündigten, besonders in der Vorgeschichte Kap. 1–2. Diese heilsgeschichtliche Sicht hat zur Folge, daß die Erwartung der unmittelbar bevorstehenden Wiederkunft Jesu zurücktritt; ein Wort wie etwa Mk 1, 15 findet sich bei Lukas nicht. Stattdessen ist Lukas stärker als die anderen Evangelien bemüht, das Wirken Jesu in einem fortlaufenden Zusammenhang darzustellen, wie das der Prolog 1, 1–4 sagt. Mehrfach stellt er die Ereignisse um Jesus von Nazareth in den Zusammenhang der Weltgeschichte (2, 1; 3, 1). So gliedert Lukas auch deutlich das Wirken Jesu in Perioden: auf eine nur bei ihm so ausführliche Vorgeschichte 1–2 folgt das Wirken Jesu in Galiläa 3–9; deutlich davon abgehoben folgt der sog. lukanische Reisebericht in 10–19, der Weg Jesu in das Leiden; Jesu Wirken in Jerusalem 19–21 und die eigentliche Leidensgeschichte 22–24.

Als Quellen benutzt Luk außer Mk, dessen Aufriß er weithin folgt, die sog. Logienquelle (wie auch Mt) und daneben einen großen Bestand an Sondergut. In diesen dem Luk eigenen Stücken tritt ein Zug auffällig hervor: Jesus ist der Heiland der Sünder, sein Werk gilt vor allem den Armen und Geringen. Dabei hebt Luk oft hervor, daß Jesus der im Alten Testament angekündigte Messias ist; aber deutlicher als bei Mt und Mk tritt schon die Ausweitung des Werkes Christi zu den Heiden hin heraus (z. B. 2, 10; 4, 24–27).

Luk ist zwischen 75 und 95 geschrieben worden; ob von dem in Phm 24 genannten Arzt und Reisebegleiter des Paulus oder einem anderen Lukas, ist unsicher.

1–2 Die Vorgeschichte

S* 1, 1– 4: Vorwort an Theophilus

S 1, 1–56: Ankündigung der Geburt
- 5–25: Ankündigung der Geburt des Johannes
- 26–38: Ankündigung der Geburt Jesu
- 39–56: Besuch der Maria bei Elisabeth
  - 46–55: Das ‚Magnificat'

S 1, 57–2, 40: Die Geburt
- 57–66: Die Geburt des Johannes (und 80)
  - 67–79: Das ‚Benedictus'
- 2, 1–20: Die Geburt Jesu
  - 14: Das ‚Gloria in excelsis'
- 21–40: Beschneidung und Darstellung
  - 29–32: Das ‚Nunc dimittis'
- 41–52: Der Zwölfjährige im Tempel

In diesem Vorwort entspricht die Absicht der Geschichtsschreibung der gleichen Absicht in den Geschichtsbüchern des AT.

Das Motiv des Boten Gottes (mal'ak jhwh) wie z. B. in Ri 13; V 28 der Gruß des Gottesboten, vgl. Gen 16, 7.

Der Lobpsalm als Antwort auf Gottes wunderbares Tun wie z. B. Ex 15.

Die Geburtsgeschichte Jesu ist aus einer Fülle atlicher Motive komponiert; vgl. C. Westermann, Alttestamentliche Elemente in Lukas 2, 1–20: Theol. Bücherei 55, 1974, S. 269–279.

Vgl. die Wallfahrtspsalmen, bes. Ps 122. In Mk 2, 52 das segnende Wirken Gottes an dem Menschen Jesus.

Diese Vorgeschichte hat im Ganzen des Evangeliums die Funktion, die mit dem Auftreten Christi beginnende neue Epoche mit der ihr voraufgehenden des Alten Bundes zu verbinden. Sie erzählt in

* S = Sondergut

einer dem Alten Testament sehr nahen Sprache, wie in das Warten des alten Gottesvolkes, repräsentiert in den Vätern und Müttern, in den Priestern und Propheten, vor allem aber in den ‚Armen' (die Hirten) die Botschaft erschallt: er ist gekommen, auf den ihr wartet! Die dabei berichteten Ereignisse haben die Bedeutung von die frohe Botschaft bestätigenden Zeichen („und das habt zum Zeichen . . ."). Das für das Alte Testament so wichtige Motiv der Botschaft wird hier aufgenommen und zu seinem Ziel geführt. Dazu kommt als zweites Hauptmotiv dieser Vorgeschichte das Eingehen des Gotteslobes des Alten Testaments in die jubelnde, Gott lobende Antwort derer, die die Botschaft empfangen. So ist diese Vorgeschichte durchzogen von Liedern, die ganz den Psalmen gleichen, in ihrer Mitte das ‚Gloria in excelsis', das die Engel anstimmen, den Lobgesang der Seraphen aus Jes 6 aufnehmend. Sowohl Ankündigung wie Geburt werden ganz parallel von Johannes und Jesus erzählt und die Antwort des Lobes ist bei beiden ähnlich; als Kinder des alten Gottesvolkes gehören Jesus und Johannes zusammen, der am Ende der Reihe der Propheten Stehende und der die Erfüllung Bringende. Das Zusammengehören von Altem und Neuem Testament kommt in dieser Vorgeschichte des Lukas zu ihrem schönsten Ausdruck.

3–9 Das Wirken Jesu in Galiläa (vgl. die Übersicht S. 214)

3 Johannes der Täufer und die Taufe

1– 9: Auftreten und Bußpredigt des Täufers
S 10–14: Standespredigt des Täufers
15–18: Hinweis auf Jesus als den Messias
S 19–20: Gefangennahme des Täufers
21–22: Taufe Jesu
23–38: Ahnentafel Jesu

Die „Standespredigt" erinnert in ihrer Konkretheit an die prophetische Verkündigung.

Zu dem Stammbaum Jesu vgl. Mt 1, 1–17 u. die Genealogien im AT.

Hier beginnt die eigentliche Geschichte von Jesus von Nazareth; daher ordnet Luk in 3, 1 diesen Beginn geschichtlich ein durch Angabe des Regierungsjahres des Kaisers und Angabe des Statthalters. Dazu tritt die alte prophetische Einführungsformel ‚es erging das Wort Gottes an . . .' (3, 2). Besonders ist bei Luk die Standespredigt des Täufers 3, 10–14: er antwortet denen, die aus verschiedenen Ständen zu ihm kommen und ihn unter dem Eindruck seiner Bußpredigt fragen: ‚Was sollen wir tun?'. – Die Ahnentafel des Luk ist von der des Mt dadurch unterschieden, daß sie von Joseph zurückführt bis zu Adam; die des Mt setzt mit Abraham ein. Beide aber sind Stammbaum des Joseph, nicht der Maria.

4 Versuchung und Beginn des Auftretens

1–13: Die Versuchung
14–15: Auftreten in Galiläa
S 15–30: Antrittspredigt in Nazareth

Das Zitieren einzelner Schriftworte meint nicht nur die Einzelsätze, sondern jeweils deren Zusammenhang; so ist V 4 = Dtn 8, 3 von Dtn 8, 1–20 her zu verstehen u. dieses wieder mit seinem Rückverweis auf Ex.

In 4, 16–30 gibt Lukas seine Einleitung des Wirkens Jesu in Galiläa. In der Synagoge seiner Heimatstadt legt er, ganz dem Brauch des Gottesdienstes entsprechend, eine Schriftstelle aus. Das Neue geschieht darin, daß er Jes 61, 1–2, das zu seiner Zeit als Ankündigung des Messias verstanden wurde, auf sich selbst bezieht: „Heute ist dieses Schriftwort erfüllt vor euren Ohren!" Der damit erhobene Anspruch erregt Empörung und damit geht die Erzählung über in die auch von den anderen Evangelien berichtete Verwerfung in Nazareth (Mk 6, 1–6). Anders als dort aber führt Jesus jetzt zwei Schriftbeispiele an, wie Elia und Elisa gerade Heiden geholfen haben (1 Kön 17 und 2 Kön 5); da stoßen die zornigen Zuhörer ihn zur Stadt hinaus, um ihn vom Bergabhang herabzustürzen; „er aber schritt mitten durch sie hindurch und ging hinweg". Hier sind alle entscheidenden Motive schon in er Einleitung da: Jesus ist der im Alten Testament verheißene Erlöser; aber dieser sein Anspruch führt dazu, daß er von seinem eigenen Volk verstoßen wird. Der Weg des Evangeliums zu den Heiden ist angedeutet, ebenso hier schon die Absicht, Jesus zu töten und das Mißlingen dieser Absicht.

„Er lehrte mit Vollmacht": „lehren" u. „Lehre" ist in den Evangelien nicht im spezifischen Sinn eines Lehrvorganges, sondern allgemeiner, sein Wirken im Wort umfassend, zu verstehen.

4–5 Heilungswunder

4, 31–37: Der Besessene in der Synagoge zu Kapernaum
38–44: Heilung der Schwiegermutter des Petrus und anderer
S 5, 1–11: Der Fischzug des Petrus

5, 12–16: Der Aussätzige
17–26: Der Gelähmte (Sündenvergebung)
6, 17–19: Heilung vieler Kranker

In seinem heilenden Wirken erkennt Jesus die bestehenden Institutionen (Priester u. Opfer) an.

5–6 Feindschaft der Pharisäer

(5, 17–26: Der Gelähmte [Sündenvergebung])
5, 27–32: Berufung des Levi
33–39: Fastenfrage
6, 1– 5: Ährenlesen der Jünger am Sabbath
6–11: Heilung am Sabbath
6, 12–16: Berufung der zwölf Jünger

Diese beiden Gruppen stimmen im wesentlichen mit Mt und Mk oder einem von beiden überein: Die Heilungsgeschichte 5, 17–26 verbindet beide Gruppen miteinander: hier treten die Schriftgelehrten und Pharisäer auf und beginnen Jesus in seinem Heilandswerk anzugreifen. Mit den beiden sonst sachlich einheitlichen Gruppen sind drei Berichte von Jüngerberufungen verbunden: zusammen mit seinem Heilen und zusammen mit seinem Antworten auf die Angriffe entsteht der Kern seiner Gemeinde, der erste Jüngerkreis. Dem Luk eigen ist die Erzählung vom Fischzug des Petrus (5, 1–7): in dem Wunder, das Jesus an ihm tut, begegnet dem Fischer Simon die lebendige Wirklichkeit Gottes, vor der er erschrickt (Jes 6); mit dem ‚Fürchte dich nicht!' zugleich ergeht an ihn der Ruf, dem er sofort folgt mit einigen Gefährten.

6, 20–49 Die Feldrede

S 20–26: Selig! – Wehe!
27–38: Seid barmherzig!
39–42: Splitter und Balken
43–46: Gute und schlechte Früchte
47–49: Die beiden Häuser

V 39 a. 40 a. 41 sind Weisheitssprüche.

Zu V 20–23 vgl. Mt 5, 1–12 u. die mit'ašrē „wohl dem . . ." im AT begegnenden Worte; zu V 24–26 sind die Wehe-Worte im AT zu vergleichen.

Die ‚Feldrede' des Luk entspricht der Bergpredigt bei Mt, sie enthält aber sehr viel weniger Worte (einige folgen später), vor allem fehlen in ihr die der Bergpredigt ihr Gepräge gebenden Antithesen („Ihr habt gehört . . . ich aber sage euch . . ." 5, 17–28). Die Seligpreisungen bei Luk sind von denen bei Mt dadurch unterschieden, daß ihnen Weherufe entsprechen (6, 24–26), und daß die ersten Seligpreisungen einfach den Armen und den Hungernden gegeben werden (bei Mt: die Armen im Geist und: die hungern und dürsten nach der Gerechtigkeit). Im Folgenden ist bei Luk das Gebot der Feindesliebe besonders betont, sonst sind keine wesentlichen Unterschiede zu den entsprechenden Worten der Bergpredigt.

7–9

7, 1–10: Der Hauptmann zu Kapernaum
S 11–17: Der Jüngling zu Nain
18–35: Die Frage des Täufers und Jesu Antwort
S 36–50: Salbung durch die Sünderin
S 8, 1– 3: Die dienenden Frauen
8, 4–18: Gleichnis vom Säemann und Deutung
19–21: Die wahren Verwandten
22–25: Stillung des Sturms
8, 26–39: Heilung eines Besessenen (die Schweineherde)
40–56: Die blutflüssige Frau und die Tochter des Jairus
9, 1–10: Aussendung der zwölf Jünger
7– 9: Herodes ist ratlos über Jesus
11–17: Speisung der 5000
18–22: Petrusbekenntnis und erste Leidensankündigung
23–27: Worte von der Nachfolge
28–36: Die Verklärung
37–43: Heilung des epileptischen Knaben

In dieser Erzählung ist betont, daß das Glauben an die Heilkraft Jesu über die Grenzen Israels hinausreicht.

Vgl. Jes 61, 1–3; Lk 4, 16–22.

Diese kurze Zusammenfassung zeigt, daß Leiden, Sterben u. Auferstehung von Anfang an zusammengehören wie in Jes 53.

43–45: Zweite Leidensankündigung
46–48: Rangstreit unter den Jüngern
49–50: Der fremde Dämonenaustreiber

7–8 beginnt und endet mit Heilungen; Sondergut des Luk ist dabei die Auferweckung des Jünglings von Nain. Sie ist darin für Luk bezeichnend, daß sie vom Erbarmen Jesu mit den Armen und Elenden handelt: er gibt der armen Witwe ihr einziges Kind wieder (7, 15). Auf die Frage des Täufers und Jesu Antwort, in der es um die Messianität Jesu geht, folgen nur bei Luk zwei Worte, die diese Antwort weiterführen: Die Salbung durch die Sünderin mit dem Gleichnis von den zwei Schuldnern (7, 40–43) liegt in der Linie, die Luk oft betont: Jesus ist der Sünderheiland; dazu die Notiz von den Frauen, die Jesus folgten und ihm mit ihrem Vermögen dienten. – Die weiteren Stücke in Kap. 8 entsprechen Mt und Mk.

9 Alle Worte in 9, 1–50 entsprechen in ihrer Reihenfolge und in ihrem wesentlichen Inhalt Mt und Mk.

9, 51–18, 14 Der lukanische Reisebericht

S 9, 51–56: Richtung auf Jerusalem; die Samariterherberge
57–62: Drei verschiedene Nachfolger Jesu
10, 1–12: Aussendung der 70 Jünger
13–16: Wehe über Chorazin, Bethsaida, Kapernaum
S 17–24: Rückkehr der 70 Jünger

Zur Nachfolge ruft Jesus nicht jeden; wen er aber ruft, der ist mit seiner ganzen Existenz gerufen. Vgl. Jer 16.

In allen diesen Stücken geht es direkt oder indirekt um die Jünger und die Jüngerschaft. Sondergut des Luk sind 9, 51–56; 61–62; 10, 17–20. In 9,51 ff. beginnt ein neuer Abschnitt damit, daß Jesus von hier ab die Richtung auf Jerusalem nimmt; alles nun Folgende liegt auf dem Weg, der ihn zum Ort seines Todes führt. Schon die Episode von der Samariterherberge deutet an: auch die, die ihn nicht aufnehmen, sind in sein Erbarmen eingeschlossen, das aber begreifen die Jünger jetzt noch nicht. Dennoch droht denen, die die Worte und das Wirken des Heilandes verachten, das Gericht (10, 13–16), und dieselbe Hoheit wird auch dem Wirken der Jünger verliehen (10, 10–12; 17–20).

10, 25–28: Frage nach dem höchsten Gebot
S 29–37: Der barmherzige Samariter
S 38–42: Maria und Martha
(S) 11, 1–13: Vom Gebet 5–8: Der bittende Freund
14–26: Die bösen Geister
S 27–28: Selige Mutter Jesu
29–32: Das Zeichen des Jona
33–36: Das Licht unter dem Scheffel

V 33 a u. 34 a sind Weisheitssprüche wie in den Prov.

Der Frage nach dem großen Gebot folgt nur bei Luk das Gleichnis vom barmherzigen Samariter. Sondergut ist auch das Gleichnis von Maria und Martha, ihm steht ganz nahe das Wort, das Jesus der seine Mutter selig preisenden Frau antwortet (11, 27f., nur Luk): „Selig sind vielmehr die, welche das Wort Gottes hören und bewahren!".

11, 37–12, 1: Rede gegen die Pharisäer
12, 2–12: Mahnung zum Bekennen
S 13–21: Der reiche Kornbauer
22–34: Sorgen und Schätzesammeln
35–48: Wachsamkeit und Treue
(S) 49–53: Der Ernst der kommenden Zeit
54–56: Die Zeichen der Zeit
57–59: Mahnung zum Versöhnen

Wie bei den Propheten: die andere Seite des Eintretens für die Armen.

Der Glaube an den Schöpfer ist für Jesus die selbstverständliche Voraussetzung seiner Verkündigung.

Das Gleichnis vom reichen Kornbauern warnt vor einer Sicherheit, die der Tod zerbricht; der ganze Abschnitt weist auf den Ernst der Zeit, die vor den Jüngern liegt: „Ich bin gekommen, ein Feuer auf die Erde zu werfen . . ." (12, 49f.).

S 13, 1– 5: Der Turm von Siloah
S 6– 9: Der unfruchtbare Feigenbaum
S 10–17: Heilung der verkrümmten Frau
18–20: Senfkorn und Sauerteig

Hier wendet sich Jesus gegen eine Vergeltungslehre, wie sie z. B. von den Freunden Hiobs vertreten wird.

22–30: Die enge Pforte

S 31–33: Heute, morgen und am dritten Tag

34–35: Gerichtswort über Jerusalem

Vgl. Jes 66, 18–20.

In 13, 31–33 wird der Eingang des lukanischen Reiseberichtes wieder aufgenommen: heute und morgen muß Jesus wandern und sein Werk auf den Wegen seines Landes tun; aber dann wartet auf ihn der dritte Tag, und an diesem Tag wird sein Werk vollendet werden – in Jerusalem; „denn es geht nicht an, daß ein Prophet außerhalb Jerusalems umkomme". Dem entspricht das Bußwort in 13, 1–5 und die Gerichtsankündigung über Jerusalem in 34–35.

S 14, 1– 6: Heilung eines Wassersüchtigen

S 7–14: Gastmahlsreden

15–24: Das große Abendmahl

25–27: Nachfolge im Kreuztragen

S 28–35: Turmbau und Kriegszug; das Salz

V 8 u. 11 sind Weisheitssprüche.

S 15: Vom verlorenen Schaf, Groschen und Sohn

S 16, 1–13: Vom ungerechten Haushalter

19–31: Vom reichen Mann und armen Lazarus

(S) 14–18: Die Pharisäer und das Gesetz

Dieses Gleichnis ist für das Lukasev. typisch.

Zu der Freude, daß das Verlorene wiedergefunden ist, u. die Mitfreude der anderen vgl. die Lobpsalmen.

Dieser Abschnitt ist bestimmt von der Gruppe der nur Luk eigenen Gleichnisse. Die drei Gleichnisse in Kap. 15 in der Mitte des lukanischen Reiseberichtes sprechen am deutlichsten aus, wie Lukas das Evangelium von Jesus Christus verstanden hat. Aber auch die anderen beiden Gleichnisse sind für Luk charakteristisch, jedes in seiner Weise.

17, 1– 6: Verführung, Vergebung und Glauben

S 7–10: Wir sind unnütze Knechte

S 11–19: Die zehn Aussätzigen

(S) 20–37: Das Reich Gottes und der Tag des Menschensohns

S 18, 1– 8: Der gottlose Richter

S 9–14: Pharisäer und Zöllner

Der einzige Umkehrende ist ein Samariter; vgl. 2 Kön 5, der Hauptmann der Syrer.

Außer der Wortgruppe 17, 1–6 und der großen Rede vom Tag des Menschensohns enthält dieser Abschnitt nur Sondergut des Lukas, das den lukanischen Reisebericht abschließt. In der Erzählung von der Heilung der 10 Aussätzigen, die in dem Satz endet: „Dein Glaube hat dich gerettet" wie in den beiden Gleichnissen geht es je um eine besondere Weise des Glaubens: der Gott über der erfahrenen Rettung lobende, der im Flehen nicht nachlassende, der die Sünde bekennende Glaube.

18, 15–17: Segnung der Kinder

18–30: Der reiche Jüngling

31–34: Dritte Leidensankündigung

35–43: Der Blinde bei Jericho

S 19, 1–10: Zachäus

11–27: Die anvertrauten Pfunde

Es ist der segnende Christus, für den auch die Kinder dazugehören.

Das Wirken Jesu hat seinen Ort da, wo sich das Flehen um Erbarmen zum Lob wandelt; vgl. Ps 13 u. 22.

Mit 18, 15ff. beginnt die Parallelität mit den anderen Evangelien, alle Stücke von 18, 15–43 sind bei Mt, Mk und Luk gleich. Nur 19, 1–10 ist Sondergut, wieder ist es der Heiland der Sünder, von dem diese Erzählung berichtet.

19, 28–21, 38 Jesus in Jerusalem

19, 28–40: Der Einzug in Jerusalem

S 41–44: Jesus weint über Jerusalem

45–48: Tempelaustreibung

So haben auch die Propheten gelitten bei der Gerichtsankündigung über ihr Volk.

20, 1– 8: Frage nach der Vollmacht Jesu

9–19: Die bösen Weingärtner

20–26: Frage nach der Steuer

27–40: Frage nach der Auferstehung

41–44: Jesu Frage nach dem Messias

45–47: Warnung vor den Pharisäern

21, 1– 4: Das Scherflein der Witwe

5–36: Rede von der Endzeit (S: 34–36)

S 37–38: Schlußbemerkung

Dieses Wort gegen die Pharisäer verbindet die soziale Anklage mit der gegen den unechten Gottesdienst.

In diesem ganzen Teil ‚Jesus in Jerusalem‘ ist dem Lukas eigen nur der Bericht, wie Jesus über Jerusalem weint (19, 39–44) und eine Mahnung zu Wachsamkeit und Nüchternheit am Schluß (21, 34–36). Die Klage Jesu über den kommenden Untergang der ‚Stadt Gottes‘ verbindet noch einmal am Anfang der Leidensgeschichte das Werk Christi mit der Geschichte des alten Gottesvolkes. Mit der Ankündigung des Untergangs ist es hier nicht getan; in seiner Klage über die Stadt nimmt Jesus voraus, daß sein Leiden, dem er entgegengeht, auch dieser Stadt gilt, die ihn verurteilen wird.

22–24 Leiden, Tod und Auferstehung Jesu

22, 1– 6: Todesanschlag und Verrat des Judas
7–23: Das Abendmahl
24–38: Rangstreit, Worte an die Jünger
39–46: Gethsemane
47–53: Gefangennahme
54–62: Verleugnung des Petrus
63–71: Verspottung und Verurteilung vor dem Hohen Rat
(S) 23, 1–12: Vor Pilatus und vor Herodes
13–25: Jesus und Barrabas
(S) 26–43: Kreuzigung
44–56: Tod und Grablegung
24, 1–11: Das leere Grab
S 13–35: Die Jünger von Emmaus
S 36–49: Erscheinung des Auferstandenen
S 50–53: Himmelfahrt Jesu

Hinter dieser Erzählung das atl. Motiv vom Boten Gottes, der unerkannt zu einem Menschen tritt u. erst bei seinem Fortgehen als solcher erkannt wird.

In der Leidensgeschichte ist die Übereinstimmung der drei Evangelien so weitgehend, daß die Besonderheiten demgegenüber sehr gering sind. Außer kleinen Unterschieden beim Abendmahl hat Luk das seltsame Wort Jesu an seine Jünger (22, 35–38) nach dem Abendmahl, das bis heute nicht völlig geklärt ist. Hier begegnen die ‚zwei Schwerter‘, die in der Kirchengeschichte, gedeutet auf weltliche und geistliche Gewalt, solche Bedeutung bekamen. Besonders ist bei Luk auch, daß Pilatus Jesus zu Herodes schickt 23, 6–12 und Pilatus dann ausdrücklich feststellt, daß auch Herodes keinen Grund zur Anklage gefunden hat (13–16). Beim Todesgang fügt Luk das Beklagen der Frauen Jerusalems hinzu, dem Jesus im Sinn von 19, 41–44 antwortet. Nur dem Luk eigen ist die Episode vom Schächer am Kreuz (23, 39–43), die noch einmal den Heiland der Sünder bezeugt.
Im Kapitel von der Auferstehung tritt die Eigenart und Kraft der lukanischen Erzählung noch einmal schön heraus in der Erzählung von den Jüngern bei Emmaus. Sie erinnert an die alttestamentlichen Erzählungen vom Kommen eines Gottesboten in menschlicher Gestalt, der erst bei seinem Fortgehen erkannt wird. Abschließend weist Luk hier noch einmal (vgl. Kap. 1–2!) auf die großen Linien des Christusgeschehens in der Mitte der Zeit, zurückweisend auf die Geschichte des alten Bundes, vorausweisend in die Zeit der Mission und der Kirche.

Das Johannesevangelium

Es geht dem vierten Evangelium nicht um die Vollständigkeit der Überlieferung von Jesus von Nazareth (Luk 1, 1–4), sondern um die volle Entfaltung des Bekenntnisses zu Jesus als dem Sohn Gottes und dem Herrn (20, 31). Es ist, für das ganze Evangelium gültig, in der Mitte des Prologs so formuliert: „Und das Wort ward Fleisch und wohnte unter uns, und wir sahen seine Herrlichkeit, eine Herrlichkeit als des eingeborenen Sohnes vom Vater, voller Gnade und Wahrheit.“ Das *ganze* Evangelium entfaltet diesen Satz; aber auch die Teile des Evangeliums können schon aus dem Prolog vernommen werden; die drei Hauptteile entsprechen den Teilen des Satzes Vers 11f.:

Kap. 3– 6: Er kam in sein Eigentum
7–12: Die Seinen nahmen ihn nicht auf
13–17: Soviele ihn aber aufnahmen . . .

Der erste dieser Teile kreist um die beiden Begriffe aus 1, 4: Licht (Wahrheit; besonders in Kap. 3–4) und Leben (besonders in 5–6); der zweite um den der Krisis (Scheidung und Gericht): die Auseinandersetzungen in 7–12, vorausgenommen in Vers 5 des Prologs. In Vers 14 und 16 sprechen die, von denen Vers 12 sagt, daß sie ihn aufnahmen; sie bekennen, daß sie empfingen, was der Herr ihnen in den Abschiedsreden gab. – Erst in der Leidensgeschichte Kap. 18–20 unterscheidet sich Johannes nicht mehr wesentlich von den Synoptikern und macht damit deutlich, daß hier das mehr begriffliche Entfalten des Bekenntnisses wieder einmünden muß in das einfache Erzählen dessen, was geschehen ist. Dabei ist aber die Leidensgeschichte im Joh noch kräftiger als bei den drei anderen mit dem ganzen übrigen Evangelium verwoben: und zwar durch das Reden von der ‚Stunde', das an den entscheidenden Stellen auf das Ziel des Weges Jesu weist und damit dem Evangelium als ganzem ein Gefälle auf dieses Ziel hin gibt: in dem Vorspiel Kap. 2 (das den ganzen Teil 2–17 einleitet), in 7, 1–13, am Ende von Kap. 12 und dann noch am Anfang und Schluß der Abschiedsreden. Am stärksten kommt dieses Gefälle zum Ausdruck in dem Gegenüber des Festmahls von Kap. 2 und Kap. 13: jenes steht unter dem Wort ‚meine Stunde ist noch nicht gekommen', dieses unter dem Wort ‚meine Stunde ist gekommen'.

1 1–18: Prolog
19–51: Einleitung: die Zeugen
2–17: Wir sahen seine Herrlichkeit
2: Vorspiel: das Leben und das Gericht
3– 6: Er kam in sein Eigentum
3–4: in seinem Wort (Wahrheit
5–6: in seinen Wundern (Leben)
7–12: Die Seinen nahmen ihn nicht auf
13–17: Soviele ihn aber aufnahmen . . . (Abschiedsreden)
18–21: Das Wort ward Fleisch
18–19: Leiden und Sterben
20: Auferstehung
21: Nachtrag: Offenbarung am See Tiberias

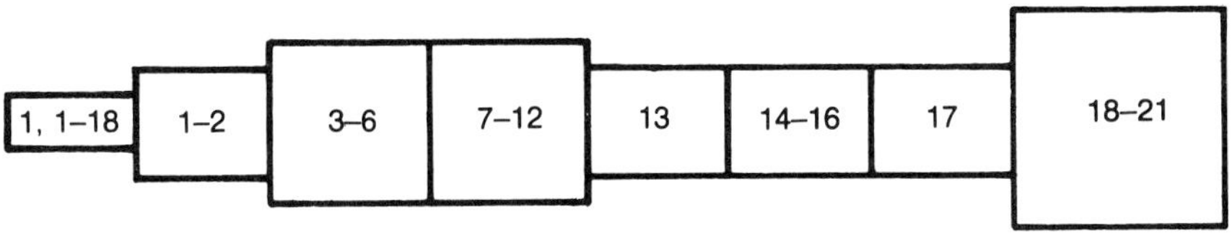

1, 1–18 Der Prolog des Joh ist ein Lied. Das ist sofort zu erkennen, wenn man ihn ohne die Zusätze liest, die der Evangelist dem Lied einfügte: die Worte von Johannes (6–8 und 15), dazu die Erweiterungen 13 und 17. Das Lied ist leicht auswendig zu lernen, wenn man seine eigentümliche Fügung erfaßt hat: meist nimmt die neue Zeile den zweiten Begriff der ersten auf und führt ihn weiter. So kommt der eigentümliche, starke Satzrhythmus zustande: der Logos am Anfang bei Gott (1–2), durch ihn die Schöpfung, Leben und Licht (3–4), – und nun der Kontrast: Licht – Finsternis (5, 9–10), und daraus das Drama der Heilsgeschichte (11–12). Der zweite Teil ist Bekenntnis derer, die es erfahren haben (14ff.). Sie müssen es bezeugen, und das geschieht in dem mit dem Prolog eröffneten Evangelium.

Der Verfasser des Joh verbindet das Wirken Christi mit dem Anfang wie der Jahwist im Pentateuch das Wirken Gottes an Israel mit dem Anfang verbindet (ebenso P).

1, 19–51 Die Zeugen

19–34: Das Zeugnis des Täufers
35–51: Die Kette der Zeugen

Der Unterschied zu den drei ersten Evangelien zeigt sich hier sehr deutlich. Johannes ist nur der auf Jesus Hinweisende, sein Wirken wird ganz unter den Begriff des Zeugnisses gestellt. Der Bericht setzt mit der an Johannes ergehenden Frage ein: Wer bist du? und Johannes antwortet: nur ein Wegbereiter (19–28). Wie dann Jesus zu ihm kommt, ist sein erstes Wort: Dieser ist's! und damit ist alles gesagt: „ich habe es bezeugt, daß dieser der Sohn Gottes ist" (29–34). – Auch seine Jünger weist Johannes an Jesus (35–40); damit ist die Verbindung hergestellt zwischen dem Zeugen vor und der Vielheit der Zeugen nach Jesus: die ersten Jünger holen andere herzu (41–44) und Jesus beruft den Nathanael, der aus seinem Zweifel zu einem jubelnden Ja findet (45–51).

Die Voranstellung dieser beiden Texte zeigt, daß Joh anders als Mt, Mk, Lk thematisch anordnet: Es geht in der dann folgenden Botschaft um Heil (2, 1–11) u. Gericht (2, 12–17).

2, 1–25 Jesus bringt das Leben und das Gericht. Die beiden Geschichten von der Hochzeit zu Kana (die nur Joh hat) und der Tempelreinigung sind dem Hauptteil vorangestellt, weil sie beispielhaft die beiden Seiten des Wirkens Jesu zeigen sollen: er bringt das Leben, die Freude, die Erfüllung, aber eben damit bringt er das Gericht, die Scheidung, die sich gegenüber seinem Wort vollziehen muß. In beidem bleibt Jesus einsam: seine Stunde ist noch nicht gekommen (2, 4) und er vertraut sich denen, die ihm glauben, nicht an (2, 23–25).

3–6 Er kam in sein Eigentum

3–4: Er kommt in seinem Wort (Wahrheit)
3, 1–21: Nikodemus
22–36: Der Täufer
4, 1–30: Die Samariterin
31–42: Säen und Ernten (die Boten)

Vgl. die Brunnenszenen Gen 24; 29; Ex 2 mit den gleichen Motiven.

Hier zeigt sich eine weitere Eigenart des Joh: die Gespräche sind lang und münden in Reden aus, bei denen dann der Gesprächspartner ganz zurücktritt; dabei entfaltet jedes dieser Gespräche grundlegende Begriffe, in denen sich Jesus als der von Gott Gesandte offenbart.

In seinem Wort kommt Jesus zu allen: der gebildete, hochstehende Nikodemus kommt fragend zu ihm; zu der einfachen Frau – noch dazu einer Samariterin – geht Jesus selbst und spricht sie an. Der gebildete Mann versteht ihn so wenig wie die geringe Frau; sein Wort wird dennoch an ihnen und durch sie weiterwirken. Bei dem Gespräch mit Nikodemus (3, 1–21) geht es um die Wiedergeburt, in der Wiedergeburt um die Annahme des Heils, das hier in ganz großen Linien dargestellt wird, begründet in der Gabe des Gottessohnes an die Welt (3, 16). – In dem Gespräch mit der Samariterin (4, 5–29) geht es zunächst um das ‚lebendige Wasser'; dann erweist der Fortgang des Gesprächs, wie der das Leben Bringende der Offenbarer der Wahrheit ist und damit auch die Frage nach dem rechten Gottesdienst beantworten wird (das ‚Anbeten im Geist und in der Wahrheit' 19–26 faßt die beiden Gespräche 3 und 4 zusammen). Zur Offenbarung der Wahrheit aber gehören die Zeugen; so ist hier das Zeugnis des Johannes (4, 22–36) und das der Jünger (4, 31–42) noch einmal aufgenommen. Auch die Samariterin, die zwar nichts verstanden hat, aber spürt, daß Jesus der Bringer der Wahrheit ist, bekommt am Weg des Zeugnisses Anteil: sie holt die anderen herzu. Die Frau kann dann zurücktreten (4, 41) genau wie Johannes zurücktritt (3, 30); wichtig ist, daß es zu einer Begegnung mit Jesus kommt. Aber an der Ernte sind sie alle beteiligt (31–38).

Die Vätergeschichten werden noch am Brunnen erzählt.

Vgl. die Geschichte des heiligen Ortes im AT.

5–6: Er kommt in seinen Wundern (Leben)
4, 43–54: Der Hauptmann zu Kapernaum
5, 1–16: Der Kranke am Teich Bethesda
17–47: Der Vater und der Sohn; Leben u. Gericht
6, 1–26: Die Speisung und das Seewandeln
27–59: Die Rede vom Brot des Lebens
60–71: Das Petrusbekenntnis

Wieder zeigt sich eine Eigenart des Joh darin, daß einer der auch bei den Synoptikern begegnenden Wunder Jesu erzählt, dann aber daran eine lange Rede schließt, die es in seiner Bedeutung für die Offenbarung entfaltet. Jedoch darf man die Wunder keinesfalls zu Symbolhandlungen verflüchtigen; ohne das wirkliche, körperliche Geschehen verlieren die darauf folgenden Reden ihr Fundament; wäre Jesus nicht der in das Leibliche hineinwirkende Heiland, wäre er auch nicht der die Liebe des Vaters Offenbarende.

Zu Anfang sind zwei Heilungsgeschichten aneinandergereiht als Beispiele für viele andere: die eine, in der die Heilung dem Glaubenden geschenkt wird (4, 43–54), die andere eine Heilung am Sabbath, die die Feindschaft der Juden zur Folge hat (5, 1–16). Die hier folgende Rede (17–47) schließt eng an die Heilungen an. Die Kranken haben ihm geglaubt und von ihm Leben, heiles Leben empfangen. Zu den Juden, die ihn angreifen, sagt er: „Ihr wollt nicht zu mir kommen, um Leben zu haben" (5, 40). Und dabei ist sein Wirken nur das, was er von seinem Vater empfangen hat. Das Alte Testament, das seine Gegner durchforschen, zeugt von ihm und sein jetziges Wirken bezeugt ihn; Leben und Gericht hat der Vater ihm übergeben. Aber die Juden können nicht glauben, weil es ihnen im Letzten um die eigene Ehre und nicht um Gottes Sache geht.

Jesus beruft sich auf das AT, das ihn bezeugt; vgl. Lk 24, 25–27.

Das Speisungswunder 6, 1–15 erweist Jesus als den, der Segen zu schaffen vermag; deswegen wollen sie ihn zum König machen. Daran schließt die Rede vom Brot des Lebens (6, 26–59). Für die Juden ist die höchste Möglichkeit des Speisungswunders das Manna, das ihre Väter in der Wüste aßen; Jesus stellt dagegen den höheren Anspruch: „Ich bin das Brot des Lebens" (35), und die weitere Rede ist nur Entfaltung dieses einen Satzes.

Jesus weicht einem Messias-Verständnis aus, das ihm nicht gemäß ist.

Die „Ich bin . . ."-Worte sind die Entsprechung zu dem Bekenntnis: „Du bist . . ." (6, 69); beides ist auf dem Hintergrund der Erfahrungen Israels bei der Wüstenwanderung (V 31) zu verstehen.

Diesen ganzen Teil beschließt das Petrusbekenntnis (6, 66–71). Es ist dadurch veranlaßt, daß viele Jünger Jesus verlassen, weil sie an seinem hohen Anspruch Anstoß nehmen (60–65). Da fragt Jesus die Zwölf: „Wollt ihr auch weggehen?" und Petrus antwortet für sie: „Herr, zu wem sollten wir fortgehen? Du hast Worte ewigen Lebens, und wir haben geglaubt und erkannt, daß du der Heilige Gottes bist." Damit ist abschließend gesagt: Das Leben, das Jesus zu bringen gekommen ist, wird nur den Glaubenden geschenkt, und den Glauben gibt es nicht anders als im Bekenntnis zu Jesus als dem Christus. Das Wesen eines Bekenntnisses kommt in 6, 60–71 zu einem besonders klaren Ausdruck; zu vergleichen ist Jos 24, wo alle Wesensmomente des Bekennens die gleichen sind.

Das Bekenntnis ist Antwort auf eine Frage in einer Situation, die diese Antwort fordert; so auch Jos 24.

7–12 Die Seinen nahmen ihn nicht auf

7, 1–13: Vorspiel: die Stunde ist noch nicht da
14–52: Jesus beim Laubhüttenfest
8, 1–11: Jesus und die Ehebrecherin
12–59: Das Licht der Welt – die Scheidung
9: Heilung des Blindgeborenen
10: Der Hirt
11: Auferweckung des Lazarus
11, 45–57: Todesbeschluß des Rates
12, 1– 8: Die Salbung in Bethanien
9–19: Einzug in Jerusalem
20–50: Die Griechen und die Stunde

Zu der „Stunde" Jesu, V 6.8 vgl. den „Tag Jahwes" im AT z. B. Am 7, 13–20; beides kann sehr verschieden verstanden werden.

Das eigenartige, für sich kaum verständliche Stück 7, 1–13 steht in Entsprechung zu 2, 1–12; hier wie dort wird Jesus von Verwandten aufgefordert, etwas zu tun, was er mit der Begründung, ‚meine Stunde ist noch nicht gekommen' verweigert und dann doch tut. Beide Stücke stehen einleitend für die beiden ersten Teile (2–6 und 7–12); die Unterschiede erklären sich jeweils aus der Zugehörigkeit zu diesen. Die Brüder fordern Jesus in 7, 1–13 auf, mit seinem Wirken an die Öffentlichkeit zu treten und deshalb auf das Fest in Jerusalem zu gehen. Wenn es Jesus dann trotz seiner Ablehnung doch tut, weist dies darauf, daß er in völlig anderer Weise als seine Brüder es meinten, in Jerusalem an die Öffentlichkeit treten wird: in seinem Leiden und Sterben. Und eben darauf weist der Schluß dieses Teiles, 12, 20–50. Es kommen Griechen, die ihn sehen möchten; und jetzt antwortet Jesus: ‚meine Stunde ist gekommen'. Die Griechen (als Vertreter der Völkerwelt) *werden* ihn sehen; aber anders, als sie es sich gedacht hatten. Sie werden Zeugen seiner ‚Erhöhung', d. h. seines Kreuzestodes werden. Im Anbruch seines Todesweges ist die Stunde gekommen, die in 2, 1–12 und 7, 1–13 noch nicht gekommen war.

Wie schon die Einleitung 7, 1–13 zeigte, sind die Taten und Worte Jesu in Kap. 7–12 angesichts des auf ihn wartenden Todes getan und gesagt. Gleich die erste Rede setzt damit ein: „Warum sucht ihr mich zu töten?" (7, 19). Darauf werden viele, ganz verschiedenartige Stimmen der Stellungnahme zu Jesus laut: von den Oberen, die ihn unschädlich machen wollen bis zu denen, die an ihn glauben, aber auch nur wegen seiner Wunder. Mitten darin lädt Jesus alle ein: „Wen da dürstet, der komme zu mir und trinke!" (37). Er will das Leben bringen, seinen Feinden wie seinen Freunden; er hat keinen Anspruch zu erheben, sondern er hat zu geben, was sie alle brauchen. Am Ende des Kapitels begegnet Nikodemus wieder (50–52). Er tritt für Jesus ein; die Worte, die Jesus zu ihm gesprochen hatte, waren nicht vergebens gewesen, auch wenn er nicht sein Jünger wurde. Und neben Nikodemus treten die Diener, die Jesus verhaften sollten; sie sind von seinen Worten so getroffen, daß der Anschlag nicht ausgeführt wurde.

Brot u. Wasser wie in den Wüstentraditionen.

Jesus redet mit Vollmacht.

Nach der Erzählung von der Ehebrecherin, die in 8, 1–11 offenbar eingeschoben ist, folgt die große Rede Jesu vom Licht der Welt 8, 12–59. Jesus bietet die Gabe des Vaters an, wenn er sagt: „Ich bin das Licht der Welt." Aber er kann sich damit seinen Gegnern nicht mehr verständlich machen; erst nach seinem Tode werden sie erkennen, daß in ihm Gott handelt (8, 28). In dem nun folgenden Gespräch (30–59) um die Abrahamssohnschaft, die Jesus seinen Gegnern bestreitet, tritt der Gegensatz immer schroffer heraus; am Ende wollen sie ihn steinigen.

Die Berufung auf die Herkunft von Abraham ist zu einem verfügbaren Besitz geworden; dagegen wendet sich Jesus.

Dahinein nun tut Jesus wieder ein Wunder, er heilt einen Blinden (Kap. 9). In starker, lebendiger Dramatik führt diese Heilung, die am Sabbath geschah, den Gegensatz auf einen neuen Höhepunkt; aber so, daß nun alle an diesem Geschehen Beteiligten ihren Standort einnehmen und die ganze Vielgestaltigkeit in der Vielzahl der Stimmen dieses Kapitels die Scheidungen verdeutlicht, die das Wirken Jesu verursacht. Da sind die Nachbarn, die Zuschauer, die Eltern, die Pharisäer und der Blinde selbst, der in dem Wirbel der Stimmen sich nur an das zu halten vermag, was er erfuhr: „Ob er ein Sünder ist, weiß ich nicht; *eins* weiß ich: daß ich blind war und bin jetzt sehend."

Hier ist Jesus als der Heiland beispielhaft dargestellt. Der von ihm Geheilte hält sich an dem, der ihn heilte; aus der Erfahrung der Rettung erwächst die Zugehörigkeit.

Es folgt die Rede vom guten Hirten in Kap. 10 (die Ordnung des Textes ist in diesem Kapitel gestört). Sie steht auf dem Hintergrund der uralten Königsprädikation: der König ist Hirt seines Volkes und verschafft ihm als solcher Segen und Schutz. Es ist verständlich, daß dieses Ich-bin-Wort besonderen Anstoß erregte; wieder kommt es zu dem Versuch, Jesus zu beseitigen. – Die Auferweckung des Lazarus in Kap. 11, die unmittelbar zur Leidensgeschichte überleitet, hat einen stark zeichenhaften Charakter und kommt auf das letzte ‚Ich-bin-Wort' hinaus: „Ich bin die Auferstehung und das Leben" (25). Hier ist im Voraus verkündigt, was Sterben und Auferstehen Jesu für die unter der

Die Bildrede vom Hirten, die auf die sehr alte u. verbreitete Prädikation eines Königs u. eines Gottes zurückgeht, beruht auf der Verantwortung des Hirten für das Leben u. Gedeihen sowohl der Herde im ganzen wie jedes einzelnen Tieres, vgl. besonders Jes 40, 11.

Macht des Todes Stehenden bedeuten wird: er ist der Durchbrecher der Todesgrenze für alle, die an ihn glauben.
Mit 11, 45–57, dem Todesbeschluß des Hohen Rates, beginnt die mit den Synoptikern übereinstimmende Leidensgeschichte, fortgesetzt in der Salbung in Bethanien 12, 1–8 und dem Einzug in Jerusalem 12, 9–19. Sie wird dann noch einmal unterbrochen durch das Kap. 7–12 abschließende Stück 12, 20–50 und die Abschiedsreden in Kap. 13–17. In 12, 20–50 ist in starker Abwandlung die Gethsemane-Erzählung der Synoptiker aufgenommen (27–31). Sie hat hier das Ziel: in vollem Bewußtsein und voller Bejahung geht Jesus seinem Tod entgegen als dem Ziel seines Wirkens: „Wenn ich von der Erde erhöht werde, werde ich sie alle zu mir ziehen." ‚Erhöhen' hat dabei den Doppelsinn: Erhöhung ans Kreuz und Erhöhung zum Vater. Dasselbe sagt das Wort vom Weizenkorn in der Antwort an die Griechen (12, 24). Noch einmal wird Jesus gefragt: Wer ist dieser Menschensohn? und er kann nur antworten mit dem Hinweis auf das Wort von der Verstockung aus Jes 6 (dasselbe Wort im letzten Abschnitt der Apg).

Der Todesbeschluß zielt auf das Sterben Jesu nicht nur für das Volk Gottes, sondern darüber hinaus; vgl. die Gottesknechtlieder. Darauf zielt auch 12, 20–33.

Das Erhöhtwerden = Verherrlichtwerden faßt das Sterben Jesu u. sein Auferstehen in einen Begriff.

13–17 Die Abschiedsreden. Sie sind gerahmt in zwei Handlungen, die Jesus an seinen Jüngern vollzieht: die Fußwaschung am Anfang und das hohepriesterliche Gebet am Ende. Die Abschiedsreden im engeren Sinn umfassen also Kap. 14–16; Kap. 14 handelt vom Abschied, 15 vom Bleiben und 16 von der Zukunft der Gemeinde.

13, 1–30: Die Fußwaschung; Liebe bis zum Ende (1)

2–10: Die Fußwaschung
12–20: Deutung der Handlung
21–30: Der Verräter (dazu 2 u. 11): es war aber Nacht
31–35: Die Verherrlichung und das neue Gebot
36–38: Petrus

Im Unterschied zu den rituellen Waschungen (z. B. Mk 7, 14–23), in Entsprechung zu Gen 18, 4.
Das neue Gebot erwächst aus der neuen Gottestat in Christus (der Verherrlichung V 31–32); vgl. das „neue Lied" Ps 96, 1.

Auch diesem Kapitel liegt die Folge der Leidensgeschichte bei den Synoptikern zugrunde: die Fußwaschung steht an der Stelle der Einsetzung des Abendmahls, dabei die Bezeichnung des Verräters und die Ankündigung der Verleugnung des Petrus. Aber diese Ereignisse sind hier eingeschmolzen in die *eine* Handlung Jesu an seinen Jüngern, die am Anfang genannt wird: er erwies den Seinigen seine Liebe bis zum Ende, und in der, wie es am Schluß heißt, der Sohn des Menschen verherrlicht ist und Gott in ihm verherrlicht ist. Sie ist zeichenhaft dargestellt in der Fußwaschung; gemeint ist in ihr *das* Werk Christi an den Seinen schlechthin, das in seinem Sterben zur Vollendung kommt. Vor dem Satz von der Verherrlichung steht als letzter Satz in der Bezeichnung des Verräters: „Es war aber Nacht." Hier klingt der Satz des Prologs an: „Das Licht scheint in der Finsternis, aber die Finsternis hat's nicht begriffen." Die Verherrlichung Christi setzt da ein, wo die Finsternis am tiefsten geworden ist: im Verrat des eigenen Jüngers. – Die Fußwaschung begründet eine neue Form der Gemeinschaft, in der der Herr den niedrigsten Dienst tut und die, an denen dieser Dienst geschah, darin und damit Brüder geworden sind. In diesem Tun ihres Meisters ist das neue Gebot der Liebe begründet.

14: Der Abschied

1–14: Der Weg in das Haus des Vaters
15–26: Ich komme zu euch – im Beistand
27–31: Abschluß: Gabe des Friedens und Freude d. Abschieds

Hinter diesen Worten Jesu steht die Weisung Gottes, die den Weg der Väter bestimmte (Gen 12, 1–3).
Bei dem „parakletos" geht es um das Bleiben des Fortgegangenen in einer neuen Weise.

Im Schlußabsatz sind die beiden vorangehenden Teile in Vers 28 zusammengefaßt: „Ihr habt gehört, daß ich euch gesagt habe: ich gehe hin (1–14) und ich komme zu euch" (15–26). Darin ist die Paradoxie des Abschieds Jesu von seinen Jüngern angedeutet: er geht von seinen Jüngern fort; aber da er zum Vater geht, kommt er ihnen auf eine neue Weise nahe, und das meint er mit dem Beistand (oder Anwalt oder Fürsprecher = Paraklet), der nur zu den Jüngern kommen kann, wenn Jesus zum Vater geht. Im Schlußabsatz sagt er dasselbe mit anderen Worten: er läßt seinen Jüngern seinen Frieden zurück (vgl. 16, 33). Der Schlußsatz in Vers 31, der zum Aufbruch auffordert, zeigt, daß die Reihenfolge der Teile in 14–16 in Unordnung ist; 14, 27–31 war offensichtlich als Abschluß der Abschiedsreden gedacht.

Der Friedenswunsch zum Abschied: hierzu das Wort šālōm, Frieden im ganzen AT.
Der Friede, das Bleiben u. das Gleichnis vom Weinstock weisen auf das stetige Handeln Gottes. Vgl. das Bild vom Weinstock im AT, Jes 5, 1–7; Ps 80 u. ö.

15–16: Die Gemeinde in der Welt

15, 1– 8: Der Weinstock: Bleibet in mir
9–17: Die Frucht: Bleibet in meiner Liebe
18–16, 4: Der Haß der Welt
16, 5–15: Der Beistand
8–11: Er wird die Welt richten
12–15: Er wird die Jünger in alle Wahrheit leiten
16–22: Trauer und Freude des Abschieds
23–28: Das Gebet im Namen Jesu
29–33: Frieden in der Angst

Das einleitende Bild vom Weinstock bestimmt diesen ganzen Teil der Abschiedsreden. Es bringt die Zusage bleibender Verbundenheit der Jünger mit Jesus zum Ausdruck. Leben hat die Gemeinde allein im Bleiben in Christus; darin allein kann sie Frucht bringen, darin allein ist sie vor dem Haß der Welt geborgen. Die neue Gegenwart Jesu im Beistand wirkt nach außen wie nach innen: die Gemeinde braucht den Haß der Welt nicht zu fürchten, weil ihr Anwalt die Welt richten wird. Und die Gemeinde braucht sich für ihr eigenes Leben nicht an die Vergangenheit zu klammern: der Beistand wird sie voran, wird sie in alle Wahrheit leiten. Damit kehrt die Abschiedsrede wieder zu der Paradoxie des Abschieds Jesu zurück (16, 16–22): die Zeit nach dem Scheiden Jesu wird von seiner Nähe wie von seiner Ferne bestimmt sein (eine kurze Weile – eine kurze Weile); es wird für die Gemeinde Trauer und Freude geben, aber das letzte wird die Freude sein: „Ihr werdet mich wiedersehen". Für die Zeit des Ferneseins bleibt der Gemeinde die Möglichkeit des Gebetes im Namen Jesu (16, 23–28). Es wird der Gemeinde nichts vorgemacht: das Bekenntnis dieser Abschiedsstunde wird nicht lange vorhalten (29–32) und es bleibt dabei: „In der Welt habt ihr Angst"; aber der Herr läßt den Seinen den Frieden, den er erstritten hat (33).

Das Wort Jesu ist für die Jünger nicht nur Vergangenheit; es wird als lebendiges Wort bei ihnen bleiben.

Dieser Abschnitt ist zu verstehen von den Psalmen her: das Fernesein Gottes wird in Leid u. Not erfahren (Ps 22, 1 u. ö.); das Kommen, das Nahen Gottes bedeutet die Wende des Leides in Freude (Lobpsalmen).

Dieses abschließende Wort sieht auf 14, 27 u. 16, 16–22 zurück.

17: Das Gebet Jesu für die Seinen

1– 5: Bitte, daß der Vater ihn verherrliche
6– 8 und 12–14: der Sohn gibt dem Vater Rechenschaft (und 18–19)
9–11 und 15–17: Bitte um Bewahrung der Seinen
20–23: Bitte um die Einheit der Gemeinde
24–26: Bitte um die Vollendung der Gemeinde (vgl. 14, 1–3)

Das „Verherrlichen" Jesu geht in der Geschichte seiner Jünger weiter, so wie im AT die Rettungstat Gottes am Anfang in der Geschichte des Gottesvolkes weitergeht.

Das Einssein ist für das Bleiben bei Christus konstitutiv.

Nach dem Abschied von seinen Jüngern gibt Jesus sein Werk auf Erden in die Hände des Vaters zurück. Er legt Rechenschaft ab über sein Erdenwerk und bittet nun den Vater, dies sein Werk zu bewahren und zur Vollendung zu führen. Er hat den Menschen Gottes Namen offenbart, weil dieser Name *einer* ist und weil der Sohn das *eine* Wort des Vaters ist, ist für die Bewahrung seines Werkes bei den Menschen wesentlich, „daß sie alle eins seien"; an dieser Einheit der Gemeinde hängt ihre missionarische Kraft: „damit die Welt glaubt, daß du mich gesandt hast". – Die letzten Worte kehren zum Anfang der Abschiedsreden zurück: der Sohn bittet den Vater, daß die Seinen wieder mit ihm vereint werden.

18–21 Leiden, Sterben und Auferstehen

18,10 1–12: Gefangennahme
13–27: Vor dem Hohenpriester; Verleugnung des Petrus
28–40: Jesus vor Pilatus
19, 1– 5: Geißelung und Verspottung (Ecce homo)
6–16: Verurteilung
17–24: Die Kreuzigung
25–27: Maria und Johannes
28–37: Der Tod Jesu
38–42: Das Begräbnis

Mit dem Sterben u. Auferstehen Jesu ist eine Gemeinschaft begründet, in der auch die Familie wieder ihre Bedeutung erhält.

Neben vielen anderen Besonderheiten findet sich das für die Leidensgeschichte des Joh Bezeichnendste in den Gesprächen zwischen Pilatus und Jesus 18, 33–38, 19 4–5 und 7–11. Es geht in diesen Gesprächen um den Anspruch der Messianität Jesu. Pilatus fragt Jesus: „Bist du der Juden König?" Die erste Antwort Jesu ist: „Mein Reich ist nicht von dieser Welt". Die zweite Antwort offenbart die Paradoxie dieses Königsanspruches: „Ja, ich bin ein König; ich bin dazu geboren und in die Welt gekommen, daß ich von der Wahrheit zeuge". Die Zusammenordnung dieser beiden Sätze ist zunächst unverständlich. Sie bekommt ihre Erklärung allein vom Alten Testament her. Die erste Antwort Jesu an Pilatus hat sein Königtum als das des im Alten Testament erwarteten Königs der Endzeit erklärt; dessen Königtum ist „nicht von dieser Welt". Die zweite Antwort aber setzt dieses Königtum in eins mit dem Amt des Propheten. Dessen Amt ist in dem zweiten Satz beschrieben; für das Amt des Königs ist der Satz sinnlos. Als der leidende Gottesknecht führt Jesus die beiden Mittlerämter des Alten Bundes in seiner Person zusammen. – Die verhallende Frage des Pilatus: „Was ist Wahrheit?" wird stillschweigend und nur von fern weitergeführt einmal in dem ‚Ecce homo' des Pilatus (19, 5) und dann in der letzten Antwort Jesu auf dessen Frage „Woher bist du?", auf die er zunächst schweigt, in dem Hinweis auf den Vater, von dem Pilatus seine Macht hat und dessen Wille das Leiden des Sohnes ist. In diesem zweiten Teil des Pilatus-Gespräches kommt zu der Linie des Königs und des Propheten die des leidenden Knechtes hinzu, allerdings nur von fern angedeutet. Es ist das umfassendste und das tiefste Wort, das der Evangelist in diesem Pilatus-Gespräch zum Werk Jesu spricht. Es ist – wiederum nur andeutend – zu Ende geführt in dem Gespräch um die Kreuzesinschrift 19, 19–22.

In seiner Antwort V 37 faßt Jesus das Amt des Mittlers der Tat (König) u. des Mittlers des Wortes (Propheten) zusammen: Diese beiden in der Geschichte Israels getrennten Ämter kommen im Leiden des Knechtes, der ein König ist, wieder zusammen.

Mit diesem Ausruf des Pilatus bringt der Evangelist zum Ausdruck, daß es im Leiden, Sterben u. Auferstehen Jesu um den Menschen schlechthin geht, vgl. Ps 8.

20–21: Auferstehung
20, 1–10: Das leere Grab
11–18: Erscheinung vor Maria aus Magdala
19–23: Vor den Jüngern; Gabe des Heiligen Geistes
24–29: Der ungläubige Thomas
30–31: Schluß des Buches
21, 1–14: Erscheinung am See Tiberias
15–19: Wort an Petrus
20–23: Der Jünger, den Jesus liebhatte
24–25: Zweiter Schluß des Buches

Wie bei den Synoptikern die Auferstehungsgeschichten bis auf die vom leeren Grab fast alle je besonders sind, zeigt auch das Joh hier wieder stärkere Besonderheiten. Für Joh bezeichnend ist die Erzählung vom ungläubigen Thomas in 20, 24–29 und der Nachtrag Kap. 21 als ganzer. Die erstere läuft aus in das Wort: „Selig sind, die nicht sehen und doch glauben". Das ist zu der Gemeinde gesagt, für die es zu dem Wunder der Auferstehung Jesu keinen anderen Zugang gibt als den des Zeugnisses derer, von denen das Evangelium berichtet. Der Zweifel des Thomas wird von dem erhöhten Herrn nicht bestraft; er hilft ihm vielmehr zum Glauben. Das sollen die hören, denen es so geht wie Thomas. – Hinter 21, 1–14 steht die Erzählung vom Fischzug des Petrus (Luk 5, 1–11). Diese Erscheinung des Auferstandenen will den Jüngern sagen, daß ihr Herr bei ihnen bleibt, sowohl in seiner majestätischen Wunderkraft wie auch in der einfachen Gemeinschaft (12–13), in der er ihr Leben geteilt hatte. – Ein besonderes Wort ergeht nun noch an Petrus (Mt 16, 17f. entsprechend). Dem, der ihn dreimal verleugnete, stellt der Herr dreimal die Frage: hast du mich lieb? – und vertraut ihm dann dennoch seine Herde an; er wird sie gewiß nicht aus eigener Kraft führen können. Aber er wird der Nachfolge gewürdigt, die im Tod für seinen Herrn zum Ziel kommt. Am Ende noch das dunkle Wort über den Jünger ‚den Jesus lieb hatte' und zwischen dem und Petrus es in der ersten Gemeinde offenbar Spannungen gab. Aber dies eine ist deutlich: der Wille des Herrn weist beiden ihren Weg. Auf diesen Jünger wird im zweiten Buchschluß das Joh zurückgeführt (21, 24); der erste Buchschluß gibt an, wofür es geschrieben ist: „damit ihr glaubt, daß Jesus der Christus, der Sohn Gottes ist und damit ihr dadurch, daß ihr glaubt, in seinem Namen Leben habt".

Die Apostelgeschichte

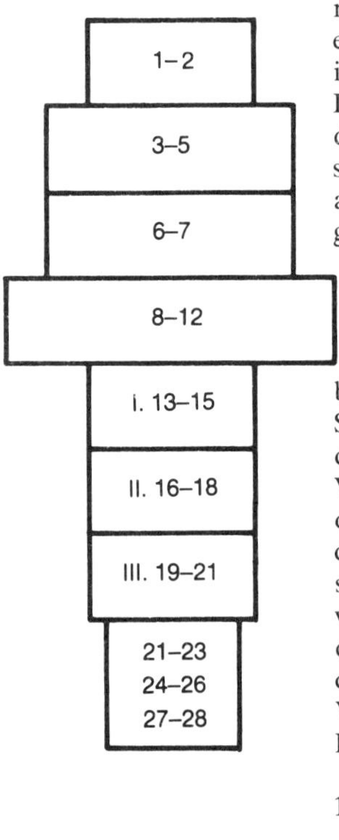

Sie bildet den zweiten Teil eines mit dem Lukasevangelium beginnenden Geschichtswerkes und will den Weg des Gotteswortes, d. h. der Verkündigung des für die ganze Welt geschehenen Heilswerkes Jesu Christi von Jerusalem bis nach Rom darstellen. Sie berichtet, was in 1, 8 der von seinen Jüngern scheidende Herr ankündigt: „Ihr werdet Kraft empfangen, wenn der heilige Geist über euch kommt (2), und werdet meine Zeugen sein in Jerusalem und ganz Judäa (3–7) und Samarien (8) und bis ans Ende der Erde" (9–28). Damit ist auch der Aufbau der Apg in einigen wesentlichen Linien vorgegeben: Nach dem Abschied Jesu von seinen Jüngern (1), der die Apg mit dem Evangelium verbindet, setzt das hier zu berichtende Geschehen mit dem Pfingstereignis ein (2). Gleichzeitig aber mit dem durch den Empfang des heiligen Geistes beginnenden Aufbruch des Evangeliums beginnt die Verfolgung; aus dem Spott (2, 13) wird gewaltsames Einschreiten; von der ersten Verhaftung des Petrus und Johannes (4, 1–4) an zieht sich die Kette der Verfolgungen, Vertreibungen und Hinrichtungen durch die ganze Erzählung bis zu dem letzten Wort in Kap. 28, wo die Apg damit schließt, daß der verhaftete Paulus trotzdem das Evangelium verkündet ‚ungehindert'. Ja, im Aufbau der Apg soll der Stephanus-Abschnitt 6–7 zeigen, daß die im Gefolge der Tötung des Stephanus losbrechende Verfolgung der Christen in Jerusalem gerade den Durchbruch der Evangeliumsverkündigung zu den Heiden (8–12) bewirkt: aus der Flucht vor den Verfolgern wird der Missionsweg, zunächst nach Samaria (8), dann nach Antiochia (11), der Basis der Missionsunternehmungen des Paulus. Von ihnen berichtet der zweite Teil der Apg (13–28); zunächst die drei Missionsreisen, bei denen Paulus, wenn auch unter ständigen Verfolgungen, als freier Mann reist, dann die Wege des Gefangenen Paulus von Jerusalem über Cäsarea nach Rom, wo der Bericht abbricht, ohne noch etwas über die Gerichtsverhandlung und das weitere Ergehen des Paulus zu sagen. Zu ergänzen ist, daß die Apg nicht nur den Weg der Verkündigung des Wortes berichtet, sondern die Verkündigung selbst auch zu Worte kommt in den vielen Reden der Apostel, von der Pfingstrede des Petrus (2) an bis zu der letzten Verteidigungsrede des Paulus vor Agrippa

(26). Damit sind auch schon die beiden Haupttypen dieser Reden genannt: Missionsreden, die zur Annahme der Botschaft rufen und Verteidigungsreden vor Gericht, bei denen es aber auch allein um diese Botschaft geht.

1– 2: Abschied von Jesus und Kommen des Geistes
3– 5: Worte und Taten der Apostel in Jerusalem
6– 7: Zeugnis des Stephanus und Verfolgung
8–12: Übergang zur Heidenmission; Samaria und Antiochien
13–21: Die Missionsreisen des Paulus
21–28: Wirken des Paulus in der Gefangenschaft; Jerusalem, Cäsarea und Rom

1–2 Himmelfahrt und Pfingsten

Das an Theophilus gerichtete Vorwort (1, 1–3) nimmt Luk 1, 1–4 auf und schließt das Folgende unmittelbar an die letzten Kapitel des Evangeliums an. Die Himmelfahrt Jesu (1, 4–14) ist nicht als Schauwunder, sondern als Abschied Jesu von den Jüngern geschildert; die letzten Worte des Scheidenden bestimmen ankündigend den Weg der Botschaft von Jerusalem ‚bis ans Ende der Erde'; die Worte der Engel nach seinem Scheiden weisen darüber hinaus auf sein Wiederkommen (1, 8 und 11). Auch 1, 15–26 verbindet wie 4–14 die Apg mit dem Evangelium: für Judas muß ein anderer die Zwölfzahl der Apostel vollmachen; Matthias wird durch das Los dazu bestimmt. Das Pfingstgeschehen (2, 1–13) eröffnet den Weg der Christusbotschaft durch das Sprengen der Sprachengrenze, zurückweisend auf den Schluß der Urgeschichte, Gen 11. Die Predigt des Petrus (2, 14–36) deutet die Ausgießung des Geistes als Erfüllung der Weissagung des Joel und das Wirken, Sterben und Auferstehen Jesu als des im Alten Testament verheißenen Messias: „So möge nun das ganze Israel mit Gewißheit erkennen, daß Gott ihn zum Herrn und zum Christen gemacht hat, diesen Jesus, den ihr gekreuzigt habt" (36). Die Wirkung des Ereignisses und der Predigt ist das Fragen einer großen Schar: „Was sollen wir tun?" und die Antwort in der Taufe der vielen (2, 37–41). Die so entstandene erste Gemeinde wird beschrieben in ihrem gemeinsamen Leben, das sich auch auf ihre Güter erstreckte, in Gebet, Herrenmahl und jubelndem Gotteslob (2, 42–47).

Die Apostelgeschichte beginnt mit der Ankündigung des Wiederkommens Jesu; das Wirken Gottes zwischen Anfang u. Ende.

Die Zwölfzahl der Apostel muß voll sein, da sie Israel repräsentiert.

V 1–4a: Hier wie in Ri ist die Gabe des Geistes das Besondere, zu besonderer Stunde u. besonderer Aufgabe. V 4b–11: Die Botschaft von Christus durchbricht die Sprachengrenzen; vgl. Gen 10 u. 11, 1–10.

Die erste Predigt des Petrus beruht auf dem AT.

Für den Gottesdienst der ersten Christen ist konstitutiv das Gemeinschaftsmahl u. das Gotteslob.

3–5 Worte und Taten der Apostel in Jerusalem

3, 1–11: Heilung des Lahmen durch Petrus
12–26: Predigt des Petrus
4, 1– 4: Gefangennahme des Petrus und Johannes
5–22: Vernehmung und Freilassung
23–31: Dankgebet, Weitergehen der Verkündigung
32–37: Leben der Gemeinde, Abgeben von Gütern
5, 1–11: Ananias und Saphira
12–16: Wundertaten der Apostel
17–25: Befreiung aus dem Gefängnis
26–42: Vor dem Hohen Rat; Gamaliel

Das erste, was nach Pfingsten erzählt wird, ist eine Heilung; vgl. den zweifachen Auftrag Mt 10.

Die Predigt des Petrus hat die Struktur des Berichtes von dem, was geschehen ist.

Wie bei den Propheten kann die Verfolgung das Wirken der Apostel nicht hindern; ihr Herr hat alles in der Hand (V 24).

In diesem zweiten Teil setzt die Verfolgung der Christen ein. Kap. 3 führt das Wirken und das Reden der Apostel in zwei Beispielen vor. Darauf setzt nun die gewaltsame Gegenwirkung ein: Petrus und Johannes werden verhaftet (4, 1–4). Bei der Verhandlung am nächsten Tag (5–22) können die Richter nichts ausrichten; die Heilung des Lahmen weist die Vollmacht der Apostel aus; so können sie vor ihren Richtern den Glauben an den auferstandenen Christus bekennen (4, 12: „Es ist in keinem anderen Heil . . ."), und sie können am Reden nicht verhindert werden: „Wir können's ja nicht lassen . . ." (4, 20). Die Gemeinde dankt Gott für die Befreiung, und das Gebet erweitert die Geistbegabung; so führt die Gewaltanwendung gerade zu neuem, freimütigem Verkündigen (4, 23–31). An dieser Stelle folgt eine zweite Beschreibung der ersten Gemeinde, 2, 42–47 entsprechend: die Gemeinde lebt und wächst trotz der Verfolgungen (4, 32–37). Die Intensität dieses Lebens zeigt die erschreckende Erzählung von der Bestrafung der beiden, die die Gemeinde täu-

Die Apostel verkündigen die Rettungstat Gottes in Christus (V 12), auf die das AT zuführt.
Das die Apostel zum Reden u. Handeln drängende Motiv ist die Erfahrung der Taten Gottes; vgl. die Lobpsalmen.

schen wollten; sie erinnert an die Erzählung von Achans Diebstahl Jos 7. Wundertaten und Predigt der Apostel gehen weiter (5, 12–16); wieder folgt Gefangennahme, Befreiung und Bekenntnis des Glaubens vor der sie verhörenden jüdischen Obrigkeit (5, 17–42). Diesmal ist es der Rat des Pharisäers Gamaliel, dem sie die Freilassung verdanken.

6–7 Zeugnis des Stephanus und Verfolgung

6, 1– 7: Wahl von 7 Diakonen
8–15: Verhaftung des Stephanus
7, 1–53: Verteidigungsrede: Gottes Geschichte mit seinem Volk
54–60: Steinigung des Stephanus

In 1–3 lebt die Gemeinde unangefochten; in 4–5 beginnt die Verfolgung; aber alle Verhaftungen enden mit wunderbarer Befreiung. In 6–7 aber wird es todernst: der Verhaftung des Stephanus folgt der Vollzug der Hinrichtung. Mit dem Wachsen der Gemeinde werden neue Ämter nötig (6, 1–7). Die Apg spricht aber von den Diakonen nicht um ihres Amtes willen, sondern um zu berichten, daß auch die Träger dieses neuen Amtes eigentlich und wesentlich Zeugen Jesu Christi sind. Weil er *als solcher* den Zorn der Oberen erregt, wird Stephanus verhaftet (6, 8–15); und als Zeuge Jesu Christi wird er gesteinigt (7, 54–60). Die lange Rede des Stephanus (7, 1–53) entfaltet die Heilsgeschichte von Abraham bis zu Salomo; bis dahin mußten seine Richter jedem seiner Worte zustimmen. Erst in den letzten Worten klagt er seine Richter an: Ihr habt jetzt den getötet, den die Propheten geweissagt haben, wie eure Väter die Propheten verfolgten und töteten (51–53)! Sein letztes Wort aber ist eine Bitte um Vergebung für die, die ihn steinigen (7, 60). Es ist zu beachten, daß in der Rede des Stephanus die Geschichte des Gottesvolkes ohne jeden Versuch einer christlichen Umdeutung dargestellt wird.

Die Rede des Stephanus entfaltet die gesamte Geschichte des Gottesvolkes, die er in Christus zu ihrem Ziel gekommen weiß.

Die Bitte um Vergebung ist das, was durch Christus anders geworden ist.

8–12 Übergang zur Heidenmission; Samaria und Antiochien

8, 1– 3: Verfolgung der Gemeinde, bes. durch Saulus
4– 8: Wundertaten des Philippus in Samaria
9–13: Der Zauberer Simon
14–25: Die Apostel in Samaria
26–40: Der Minister der äthiopischen Königin
9, 1–22: Bekehrung des Saulus
23–25: Anschlag der Juden auf ihn
26–31: Paulus in Jerusalem
32–43: Wundertaten des Petrus in Lydda und Joppe
10: Petrus tauft den Hauptmann Cornelius
11, 1–18: Er tritt für die Heidenmission ein
19–26: Gemeindegründung in Antiochia; Barnabas und Paulus dort
27–30: Agabus und die Kollekte für Jerusalem
12, 1– 2: Hinrichtung des Jakobus
3–19: Gefangennahme und Befreiung des Petrus
20–23: Tod des Herodes
24: Zunahme des Evangeliums

Dieser Teil der Apg ist bezeichnend für das starke Gefälle, in das sie die Geschehnisse der ersten Gemeinde stellt. Er beginnt mit der ersten umfassenden Verfolgung der Gemeinde (8, 1–3) und endet mit dem Satz: „Das Wort des Herrn jedoch wuchs und mehrte sich". An der Verfolgung ist besonders Saulus beteiligt; aber dann wird er selbst zum Boten des Christus und als ein nun selbst von seinem Volke Verfolgter wirkt er vornean mit am Weiterlaufen der Botschaft. Wieder wird ein Führender, Jakobus, hingerichtet (12, 1–2); aber am Lauf des Evangeliums ändert der Tod des Zeugen nichts.

8, 1–3; 12, 1–2: Zur Verfolgung der Apostel tritt nun die der Gemeinde, die von jetzt ab für lange Zeit zum Weg der Christenheit gehört, ebenso aber die Wandlung der Verfolger (9, 1–22).

Nur in diesem Abschnitt begegnet das Nebeneinander des Wirkens mehrerer Apostel: Philippus in Samaria, Petrus in Lydda und Joppe, Barnabas und dann Paulus in Antiochia. Auffällig ist besonders das Wirken des Petrus und Paulus ineinandergefügt (in 9–12); vielleicht soll diese Verkettung zum Ausdruck bringen, daß trotz der Gegensätze zwischen beiden (die aber in der Apg sehr zurücktreten) der eine wie der andere am Lauf des Evangeliums beteiligt ist. Ganz deutlich aber ist das Grundmotiv dieses Teiles der Apg das mit Staunen und Ehrfurcht berichtete Hinausdringen der Botschaft von Christus zu den Völkern. Es beginnt mit dem Wirken des Philippus in Samaria, das von den Aposteln ausdrücklich bestätigt wird (8, 4–25) und der Taufe des äthiopischen Ministers durch Philippus (8, 26–40). Hierbei ist beispielhaft der Wendepunkt das Erschließen der Schrift, dort wo sie von dem Knecht Gottes spricht, der stellvertretend für die Sünden der vielen leidet und stirbt (Jesaja 53). Das zweite zur Heidenmission führende Ereignis ist die Bekehrung des Paulus, in der der Herr der Gemeinde selbst in unmittelbarem Eingreifen den beruft, der dann zum führenden Heidenapostel wird. Diese Berufung wird dann noch zweimal von Paulus selbst erzählt: 22, 3–21 und 26, 9–20; außerdem Gal 1, 13–24; wie das gleiche Geschehen in diesen vier Berichten jedesmal frei und in Einzelheiten verschieden erzählt wird, ist ein gutes Beispiel für die Freiheit vom Buchstaben im biblischen Erzählen. – Das dritte Ereignis ist die Taufe des römischen Hauptmanns Cornelius durch Petrus (Kap. 10); in der Rede des Petrus zur Rechtfertigung dieser Taufe eines Heiden (11, 1–18) sagt er das für diesen Übergang zur Heidenmission entscheidende Wort: Gott selbst hat diesen Schritt geboten. Er hat Philippus auf den Weg geschickt, auf dem der äthiopische Minister fragend im Jesajabuch las; er ist dem Paulus in den Weg getreten und hat ihn zur Umkehr gebracht; er hat Petrus zum Hauptmann Cornelius geschickt; und Petrus kann nur sagen: „Wer war ich, daß ich vermocht hätte, Gott zu wehren?“ (11, 17). Ein entscheidendes Hindernis für diesen Übergang waren für die Judenchristen die Speise- und Reinheitsvorschriften, die eine Tischgemeinschaft mit Heiden unmöglich machten. Dieses Hindernis wird von Gott selbst weggeräumt in dem Gesicht, in dem er dem Petrus gebietet, von unreinen Tieren zu essen (10, 9–16).

Die Botschaft geht weiter zu den Völkern, Jes 42, 1–4.

Hier wie Luk 24 bringt das Erschließen des AT die Wendung; die entscheidende Stelle ist das Gottesknechtlied Jes 53.

Bekehrung des Paulus: Die Geschichte der Offenbarungen geht auch nach Tod u. Auferstehung Jesu weiter.

Vgl. die Worte Jesu zu rein u. unrein. Hier zeigt sich, daß die Völkermission die Aufhebung der Speise- u. Reinheitsgesetze notwendig macht.

13–21 Die Missionsreisen des Paulus

13–14: Erste Missionsreise des Paulus

13, 1– 5: Aussendung von Antiochia; Cypern
6–12: Der Zauberer und der Statthalter
13–52: Predigt u. Verfolgung in Antiochia/Pisidien
14, 1–20: In Ikonium, Lystra und Derbe
21–28: Rückkehr nach Antiochien

Diese Predigt des Paulus (vgl. 7, 1–53) zeigt, daß man die Verkündigung des Paulus von seinen Briefen unterscheiden muß.

In den Missionsreisen der Apostel setzten sich die Wanderungen Jesu mit seinen Jüngern fort; mit dem Seßhaftwerden der Gemeinden beginnt eine neue Epoche.

In der Versammlung der Gemeinde werden Paulus und Barnabas zur Mission abgeordnet (13, 1–3); in der Versammlung der Gemeinde erzählen sie nach ihrer Rückkehr, „wie große Dinge Gott mit ihnen getan, und daß er den Heiden eine Tür zum Glauben aufgetan habe“ (14, 21–28). Was auf diesen Reisen geschieht, bewegt sich im wesentlichen in den gleichen Motiven: Verkündigung mit der Wirkung der Annahme der Botschaft und der Verwerfung; die Apostel geben Heilung und Hilfe, sie empfangen Verfolgung, Lästerung und Schläge. Es genügt zur Veranschaulichung das kurze in 14, 19f. berichtete Geschehen: Paulus wird gesteinigt, zur Stadt hinausgeschleift und für tot liegengelassen. „Als ihn aber die Jünger umringten, stand er auf und ging in die Stadt hinein“. Am nächsten Tag setzt er mit Barnabas seine Missionsreise fort. Die fast allzu nüchterne Sachlichkeit, mit der eine solche Episode berichtet wird, schließt hier noch jede Legendenbildung und jede Verherrlichung der Apostel aus.

15: Das Apostelkonzil

1– 6: Anlaß: Forderung der Beschneidung
7–21: Es sprechen Petrus, Paulus und Jakobus
22–33: Brief nach Antiochia: Das Aposteldekret

Wie in der Vätergeschichte zum Miteinanderleben von Brüdern auch Streit u. Rivalität (15, 35–40) gehört, so von Anfang an auch in der frühen Christenheit.

Das Apostelkonzil mit seinen Beschlüssen bietet, vergleicht man Apg 15 mit Gal 2, 1–10, mancherlei Schwierigkeiten. Wesentlich ist, daß bei diesem Konzil gegen den Widerspruch einer Gruppe von Judenchristen die Heidenmission des Paulus und Barnabas anerkannt wurde *ohne* Übernahme des jüdischen Gesetzes für die Heidenchristen. Die noch beibehaltenen Gebote sind in Vers 20 und in Vers 29 (vgl. auch 21, 25) etwas verschieden gefaßt; sie sind dann auch nicht für immer beibehalten worden.

16–18: Zweite Missionsreise des Paulus

15, 35–40: Trennung von Barnabas
16, 1– 8: Von Derbe und Lystra bis nach Troas;
9–12: Der Ruf nach Mazedonien, Fahrt bis Philippi
13–40: Loblieder im Gefängnis von Philippi
17, 1–15: Thessalonich und Beröa
16–34: In Athen; Rede auf dem Areopag
18, 1–17: 18 Monate in Korinth
18–22: Über Ephesus und Jerusalem nach Antiochien

Das Gotteslob der Psalmen lebt in diesem „Lob aus der Tiefe" (V 25) weiter; ihm entspricht, daß sie denen helfen, die sie gefangenhalten (V 28).

In 4, 32 heißt es von der Urgemeinde: „Sie waren ein Herz und eine Seele"; daß dies aber nicht idealisierend gemeint ist, zeigt der sachliche Streit, der zum Apostelkonzil führte (15) und der persönliche Streit zwischen Paulus und Barnabas zu Beginn der zweiten Missionsreise (15, 35–40). Der wichtigste Vorgang auf dieser zweiten Missionsreise ist der Übergang nach Europa. Das diesen Übergang veranlassende Gesicht des Paulus („Komm herüber und hilf uns!"; 16, 9–12) zeigt, wie Paulus seinen Auftrag verstand: die Botschaft, die er zu bringen hatte, war denen Antwort, die um Hilfe riefen. – Eine Frau ist die erste, die sich in Philippi dem Glauben zuwendet (13–15); aber schon setzen wieder die Verfolgungen ein und eine für die Apg besonders typische Erzählung berichtet, wie der Gefängniswärter ein Christ wird (16–40).

Der Ruf den Paulus hört, besagt, daß die Botschaft von der Rettung in Christus dem Rufen aus einer Not entgegen kommt.
Die Areopagrede zeigt, daß die christlichen Missionare auch an Gemeinsames in anderen Religionen anknüpfen konnten. In V 26–27 dient die Völkertafel Gen 10 der missionarischen Verkündigung.

In Athen hält Paulus die stark vom griechischen Denken bestimmte sog. Areopagrede (17, 22–34), in der viele Begriffe der Popularphilosophie und sogar das Zitat eines griechischen Dichters (Aratus; 17, 28) vorkommen. Das Interesse der Hörer gewinnt die Rede durch die Anknüpfung an eine Altaraufschrift: ‚Einem unbekannten Gott'. In Korinth bleibt Paulus länger. Er verdient sein Brot mit einem Handwerk (3). Bei diesem Aufenthalt in Korinth wird der Übergang von den Juden, die ihn abweisen, zu den Heiden besonders betont (4–7). Vor der Verfolgung der Juden muß er dann weiterziehen (18–22).

19–21: Dritte Missionsreise des Paulus

18, 23–28: Galatien und Phrygien; Apollos in Ephesus
19, 1– 7: Die Johannesjünger in Ephesus
8–20: Das Wirken des Paulus in Ephesus
21–22: Entschluß zur Fahrt nach Jerusalem und nach Rom
23–40: Aufstand des Silberschmiedes Demetrius
20, 1–16: Weiterreise und Aufenthalt in Troas (Eutychus)
17–38: Abschied in Milet
21, 1–17: Reise über Tyrus u. Cäsarea nach Jerusalem
10–14: Der Prophet Agabus (vgl. 11, 27–30)

Die uralte Verheißung des Beistandes Gottes aus der Väterzeit wird auf dem Weg der Boten Christi wieder lebendig.

Der Anfang dieser Reise (18, 23–19, 7) deutet an, daß es damals auch weitverzweigte Gemeinden des Johannes gab und daß einige von ihnen mit ihren Führern (Apollos) sich den Christengemeinden anschlossen. Der Bericht von dem langen Wirken des Paulus in Ephesus gibt einen lebendigen Eindruck von dem bewegten religiösen Leben der hellenistischen Städte; da gibt es ‚Beschwörer', die Dämonen austreiben und dafür die gerade zugkräftigen Namen einsetzen (13–20); da profitiert ein ganzes Gewerbe von einem lokalen Artemiskult (23–40); die ganze Stadt kann in Aufruhr gebracht werden, wenn eine Gruppe eine andere los werden will und alle laufen und schreien mit, auch wenn sie nicht wissen, wofür oder wogegen eigentlich. Mitten dazwischen muß sich die kleine und machtlose Christengemeinde ihren Weg suchen, geschoben, gestoßen, verschmäht und verleumdet und dennoch stetig wachsend, stetig weiterschreitend. Bei der Schilderung der dritten Missionsreise fällt es besonders auf, daß der zusammenhängende Reisebericht (z. T. in der Wir-

Form, diese Stücke vielleicht auf den Arzt Lukas zurückgehend) fast nur kurze Notizen über die Stationen der Reise enthält, dazwischen sind einzelne Episoden eingefügt, die aber in keinem Zusammenhang zueinander stehen. So ist in den Reisebericht 20, 1–16 die kleine Szene (7–12) gefügt, die ein helles Licht auf die tiefe, echte Menschlichkeit wirft, die zum Weg der Christusbotschaft in die Welt hinein gehört. Auch bei der weltbewegenden Predigt des Paulus kann es geschehen, daß ein Junge einschläft, weil es zu lange dauert; und dann ist es Paulus selber, der sich um den Jungen kümmert und ihn wieder zum Leben bringt. – Dieser menschliche Zug bestimmt auch besonders die Abschiedsrede des Paulus in Milet, zu der er die Ältesten aus Ephesus gerufen hat; man vergleiche einmal mit ihr die Abschiedsrede Samuels in 1 Sam 12. Wieder eine kleine Einzelszene (21, 10–14) gibt ein Bild von frühchristlicher Prophetie.

Hier nähert sich der Reisebericht der alten Form des Itinerars, wie es bei den Wanderungen der Väter u. während der Wüstenzeit begegnet.

Es entspricht den Zeichenhandlungen der Propheten.

21–23 Paulus als Gefangener in Jerusalem

21, 18–26: Bericht vor Jakobus u. Verabredung mit ihm
27–40: Aufruhr, Schutzhaft durch die Kohorte
22, 1–22: Verteidigungsrede d. Paulus am Kasernentor
23–29: Paulus beruft sich auf sein römisches Bürgerrecht
30: Der Oberst stellt Paulus vor den Hohen Rat
23, 1–11: Tumult im Hohen Rat
12–22: Verhinderte Verschwörung
23–35: In Eskorte zum Statthalter Felix nach Cäsarea

Die mündliche Tradition hat hier noch eine wesentliche Bedeutung.

Die Verteidigungsrede ist ein einfacher Erfahrungsbericht; vgl. die Berufungen der Propheten.

Von hier ab bis zum Schluß wird das Schicksal des Paulus im Zusammenhang erzählt. Es ist eine zurückhaltende, nüchterne Erzählung, die an keiner Stelle übertreibt oder unterstreicht und gerade so den Zug eines Gefangenen unter Haß und Schlägen und wütender Verfolgung zu einem stillen Siegeszug macht, wobei aber nicht Paulus, sondern sein Herr der Sieger ist. Der Anfang zeigt erschreckend, daß Paulus bei den Judenchristen in Jerusalem nach wie vor nur mit großem Mißtrauen aufgenommen wird (21, 18–26). Die sofort einsetzende Verfolgung der Juden (27–40) erinnert auffällig an die Verhaftung Jesu; hier wie dort wollen sie den Tod dessen, den sie für einen Verräter an ihrem Glauben halten. Die Verhaftung durch die römische Kohorte rettet ihm das Leben; aber wie wenig es ihm um sein Leben, wie sehr um seine Botschaft zu tun ist, spürt man aus der Wendung des Paulus vor dem Kasernentor hin zu diesem Volk, das ihn schlug und sein Leben will, um zu ihm zu sprechen. Er hält seine Verteidigungsrede (22, 1–22); am Ende aber wollen sie wieder seinen Tod (22, 22). Wie bei der Verhaftung Jesu ist der römische Kommandant ratlos; er will durch Auspeitschung Paulus zu einem Geständnis zwingen, aber hier beruft sich Paulus auf sein römisches Bürgerrecht (23–29). So muß der Kommandant ihn an die höhere Instanz schicken, nachdem eine Verhandlung vor dem Hohen Rat (23, 1–11) gescheitert ist.

Der Anstoß der Juden an der Heidenmission steht im Widerspruch zu den Gottesknechtliedern.

24–26 Paulus als Gefangener in Cäsarea

24, 1–21: Paulus antwortet vor Felix seinen Anklägern
22–27: Felix hält seine Hand über dem Gefangenen
25, 1–12: Paulus legt Berufung an den Kaiser ein
13–27: Festus berichtet und führt Paulus vor
26, 1–29: Rede des Paulus vor Agrippa
30–32: Bestätigung der Unschuld durch Agrippa

Eigentümlich – und im Vorblick auf die weitere Entwicklung tief bewegend – treten in diesen drei Kapiteln die Juden in ihrem ohnmächtigen Haß gegen Paulus allmählich in den Schatten: ihre Anklagen gegen Paulus verhallen vor der ruhigen und gerechten Macht der Römer; die Vertreter dieser Macht dagegen treten in klaren Profilen heraus, sie werden lebendig und sympathisch geschildert und unmerklich verlagert sich das Forum der Verhandlung gegen Paulus, den „Vorkämpfer der Sekte der Nazoräer" (24, 5) von den jüdischen zu den römischen Instanzen, die den Fall ganz richtig beurteilen und alle nacheinander zu dem Schluß kommen, daß von einem todeswürdigen Verbrechen bei diesem Paulus nicht die Rede sein könne. Gleichzeitig spürt man aus den Erzählungen ein leise beginnendes persönliches Interesse bei den Repräsentanten der römischen Staatsmacht an der Botschaft, für die Paulus diesen imponierenden Einsatz wagt; es deutet sich der Siegeslauf des Evangeliums in die römische Welt an. In der Rede des Paulus vor Festus und Agrippa (26) tritt in

Wie in Jer 26 (Tempelrede) rettet das staatliche Gericht vor dem Vernichtungswillen der Fanatiker; hier wie dort geht es dabei scheinbar um die Heiligkeit des Tempels.

Paulus beruft sich auf das AT u. das, was er selbst von Gott erfahren hat; er wird deshalb von der staatlichen Instanz für unschuldig erklärt (V 31).

einer starken, fast dramatischen Erzählung vor diese beiden die Begegnung des gesetzestreuen, die Christen mit Eifer verfolgenden Juden mit dem erhöhten Herrn der Christengemeinde, der ihm den Auftrag gab, in dessen Ausführung er jetzt vor den beiden Vertretern der römischen Macht steht. In dieser Rede spricht es Paulus in einfachen, ganz persönlichen Worten aus, daß er die beiden Männer vor ihm nicht nur als Obrigkeit sieht: er wünscht es und bittet Gott, daß auch diese einmal zu Christen werden (26, 29).

27–28 Paulus auf der Reise nach Rom

27, 1–13: Fahrt von Cäsarea bis nach Kreta
14–44: Seesturm und Rettung
28, 1–10: Aufenthalt auf Malta
11–16: Weiterreise und Ankunft in Rom
17–31: Paulus als Gefangener in Rom

Der Reisebericht zeigt noch einmal eindrücklich, daß die Boten Jesu den zweifachen Auftrag, zu verkündigen u. zu helfen haben.

Der sehr ausführliche Wir-Bericht (hier sicher von einem Augenzeugen verfaßt) zeichnet in diesem Schlußteil den Apostel Paulus als einen Mann, der in der veränderten Situation sich dieser ganz hingibt und in dem kleinen Menschenkreis, zu dem er nun gehört, sich um diese Menschen kümmert und um ihr Wohl besorgt ist unter völligem Absehen davon, ob es Christen oder Heiden sind. So gibt er zu Anfang den guten Rat zur Fahrt des Schiffes, der aber ausgeschlagen wird (27, 9ff.); so behält er ruhige Gewißheit in schwerster Seenot, in der die anderen schon an der Rettung verzweifelt sind und richtet sie wieder auf (20–26); so rettet er in einem kritischen Augenblick das ganze Schiff (27–32) und redet den in Verzweiflung Abgestumpften zu, wieder Nahrung zu sich zu nehmen (33–37). Dieses Bild ist von Bedeutung für den weiteren Weg der Christenheit in der Welt: Paulus redet zu den Verzweifelten „und nachdem er dies gesagt und Brot genommen hatte, dankte er Gott vor allen, brach es und fing an zu essen“. So hilft er dem Vater des Beamten auf der Insel Malta, auf der die Schiffbrüchigen Unterkunft finden und heilt danach viele andere (28, 1–10); es ist, als sollte nun, vor dem Betreten Roms und dem damit anhebenden Drama noch einmal nachdrücklich deutlich werden, daß in dem Evangelium, dessen Bote Paulus ist, der Heiland zu den Menschen kommt, der ihnen aus allen Nöten helfen will.
Paulus darf in Rom unter Bewachung in eigener Wohnung bleiben und hat die Möglichkeit, seine Wirksamkeit fortzusetzen. Noch ein letztesmal setzt er mit ihr bei den Juden ein und versucht ihnen klar zu machen: „Um der Hoffnung Israels willen trage ich diese Kette“ (28, 20). Er kann ihnen nur sagen, daß ihre Verstockung schon von Jesaja (6, 9f.) angekündigt ist und deswegen das Heil nun seinen Weg zu den Heiden nimmt (28, 17–28). Und damit schließt die Apg: Paulus „predigte das Reich Gottes und lehrte von dem Herrn Jesus Christus mit aller Freimütigkeit ungehindert“.

Die Paulusbriefe

Der Römerbrief

Den Römerbrief schrieb Paulus wahrscheinlich im Winter 55/56 in Korinth, als er sich für seinen Besuch in Jerusalem rüstete. Dort wollte er die Kollekte abliefern, die er in seinen Gemeinden für Jerusalem gesammelt hatte (vgl. 2 Kor 8–9). Danach wollte er im Westen des Römischen Reiches bis hin nach Spanien Mission treiben und auf dem Weg dorthin auch Rom aufsuchen. In Rom bestand bereits eine Gemeinde, von unbekannten Christen gegründet. Paulus hatte sonst den Grundsatz, nur da das Evangelium zu verkündigen, wo noch keine chrisstliche Gemeinde bestand. Aber für seine Missionsarbeit im Westen brauchte er die Rückendeckung der römischen Gemeinde; er erwartete von ihr das Geleite nach Spanien (15, 23f. 28) und will sich nun in seinem Brief der Gemeinde vorstellen. So werden wir also im Römerbrief unmittelbar auf den Weg des Evangeliums ‚bis an die Enden der Erde' gestellt; die in ihm entfaltete Botschaft ist es, deren unaufhaltsame Kraft (1, 16) die Boten bis an die Grenzen ihrer damaligen Welt zu gehen treibt.

Die Besonderheit dieser Situation des Römerbriefs bedingt es, daß Paulus in ihm nicht wie in seinen anderen Briefen von den Fragen, Anliegen und Problemen der Gemeinde geleitet ist, an die er schreibt, sondern ganz frei davon die Botschaft von Jesus Christus, wie er sie verkündigt, entfalten kann. Deswegen hat der Römerbrief einen so klaren, übersichtlichen Aufbau, der die Botschaft, deren Bote Paulus ist, so wie er sie am Anfang als sein Bekenntnis formuliert (1, 16f.), entfaltet. Das zeigt ein Vergleich des Aufbaus des Römerbriefes mit dem des Liedes, in dem Luther die reformatorische Botschaft entfaltet:

Der Römerbrief	Nun freut euch, lieben Christen g'mein
1, 16f. Ich schäme mich des Evangeliums nicht . . .	1: . . . daß wir singen . . . was Gott an uns gewendet hat . . .
1, 18–3, 20: Heiden und Juden unter Gottes Zorn	2–3: Dem Teufel ich gefangen lag, im Tod war ich verloren . . . Mein guten Werk, die halfen nicht
3, 21–8, 39: Jetzt aber ist die Gerechtigkeit offenbart, die durch den Glauben an Jesus Christus kommt . . .	4–9: Da jammert Gott in Ewigkeit . . . Der Sohn kam zu mir auf Erden. . . Den Tod verschlingt das Leben sein, da bist du selig worden
12–15: Ich ermahne euch nun, liebe Brüder . . . zum lebendigen Opfer . . . euer vernünftiger Gottesdienst . . .	10: Was ich getan hab und gelehrt, das sollst du tun und lehren, damit das Reich Gott's werd gemehrt, zu Lob und seinen Ehren.

Der Römerbrief ist also nicht in erster Linie Lehre, sondern eher Botschaft. Die Grundelemente zeigen entfernt eine Ähnlichkeit mit denen der Dankpsalmen des Alten Testaments: Ankündigung, einleitende Zusammenfassung, Rückblick auf die Not, Bericht von der Errettung, Antwort des Erlösten.

Das Evangelium, das Paulus zu verkündigen hat, ist eine „Kraft Gottes zur Rettung“; vgl. den Bericht von der Rettung am Anfang des Exodus.

Eine wichtige Linie des Römerbriefes allerdings ist zunächst in diesem Aufriß gar nicht zur Geltung gekommen: in seiner einleitenden Zusammenfassung (1, 16f.) bezieht sich Paulus auf ein Wort aus dem Alten Testament (Hab 2, 4): „Der aus Glauben Gerechte aber wird leben“. Diese Beziehung auf das Alte Testament und damit auf das Gottesvolk des alten Bundes begleitet den ganzen Römerbrief. Die abschließende Zusammenfassung des ersten Teils wird in 3, 10–18 ausführlich aus dem Alten Testament belegt; am Anfang des zweiten Teils zeigt das Abrahamkapitel (4) das biblische Grundbeispiel für die Glaubensgerechtigkeit; der zweite Teil des 5. Kap. stellt Adam und Christus einander gegenüber, das 7. Kap. das Sein in Christus dem Sein unter dem Gesetz. Am stärksten tritt diese Linie in der großen Einschaltung Kap. 9–11 heraus, in der Paulus nach dem Schicksal Israels fragt.

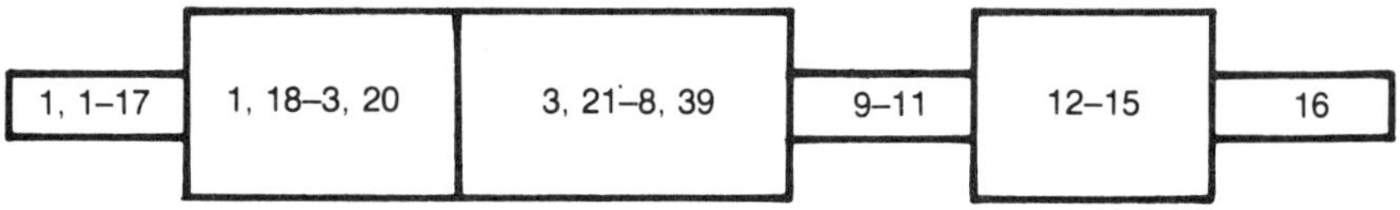

1, 1–17 Einleitung. Der Briefeingang enthält Absender (1), Adresse (7a) und Gruß (7b); der Absender ist erweitert durch eine erste Umschreibung des Evangeliums (2–4), dessen Bote Paulus (5), dessen Adressat auch die Gemeinde in Rom ist, an die sich der Brief richtet. Es folgt der Dank an Gott für den Glauben der Gemeinde in Rom, die Paulus gerne besuchen möchte (8–15). Er will zu ihnen kommen mit der Botschaft (1, 16f.), die er ihnen nun darstellt.

1, 18–3, 20 Erster Teil: Heiden u. Juden unter Gottes Zorn

Zu solchem einseitigen Reden unter theologischem Aspekt vgl. Ez 23.

1, 18–32: Die Heiden, die Gottes Willen hätten kennen können
2, 1–3, 8: Die Juden, denen Gottes Willen offenbart wurde
3, 9–20: Sie alle sind unter der Herrschaft der Sünde

Die Offenbarung der Gerechtigkeit Gottes im Glauben an Christus *für alle* (1, 16f.) erweist das Ende *aller* anderen Heilswege; das zeigt Paulus an den Heiden und an den Juden. Auch die Heiden hätten Gott erkennen können, denn sein unsichtbares Wesen ist von der Schöpfung her zu erkennen. Aber sie haben ihm nicht als Gott Ehre erwiesen, sondern an seiner Stelle geschöpfliche Bilder verehrt; deshalb gab Gott sie an ihre Verkehrtheit dahin (1, 18–32).

Gottes Schöpferwirken bedarf der Antwort im Gotteslob, das das Bejahen Gottes mit der Existenz einschließt.

Aber auch die Juden, die sich auf das ihnen anvertraute Gesetz und auf ihre Zugehörigkeit zum Gottesvolk (Beschneidung) verlassen, stehen unter Gottes Zorn, sofern sie sich zu Richtern über die anderen aufwerfen und doch dasselbe tun. „Bei Gott ist kein Ansehen der Person“ (2, 11). Die ohne das Gesetz sündigten und die unter dem Gesetz sündigten sind vor Gott gleich (2, 1–3, 8).

Die Worte gegen einen falsch verstandenen Erwählungsglauben, z. B. Am 3, 1–2.

So kann denn aus Werken des Gesetzes keiner gerechtgesprochen werden; sie alle sind unter der Herrschaft der Sünde, wie die Schrift sagt (3, 9–20).

3, 21–8, 39 Zweiter Teil: Die geschenkte Gerechtigkeit

3, 21–31: Die neue Botschaft: Gerecht durch den Glauben
4: Abraham, der Vater des Glaubens
5–7: Die Glaubensgerechtigkeit ist uns in Christus geschenkt
5, 1–11: Der Tod Christi hat uns mit Gott versöhnt
12–21: Wie durch *einen* Menschen die Sünde und der Tod in die Welt gekommen sind, so durch *einen* Menschen Gerechtsprechung und Leben

In Rö 5–8 wird die Botschaft von der Rettung (Rö 1, 16) entfaltet.

6, 1–11: Wir sind auf Christi Tod getauft und mit ihm auferstanden
12–23: Von der Sünde frei zum Dienst der Gerechtigkeit
7, 1– 6: Vom Gesetz frei zum neuen Wesen des Geistes
7, 7–25: Das Gebot, das zum Leben führen sollte, gereichte mir zum Tode. Ich elender Mensch . . .!
8: Mit der Glaubensgerechtigkeit ist uns neues Leben geschenkt
8, 1–11: Keine Verurteilung mehr für die in Christus
12–17: Wir sind jetzt Gottes Kinder und Miterben Christi
18–39: Auch die Leiden dieser Zeit können uns nicht mehr von der Liebe Gottes in Jesus Christus scheiden
18–22: Die Sehnsucht der Kreatur wartet mit uns
23–25: Wir selbst sind auf Hoffnung gerettet
26–27: Der Geist selbst tritt für uns ein
28–30: Denen, die Gott lieben, müssen alle Dinge zum Besten dienen
31–39: Ist Gott für uns, wer mag wider uns sein?

In diesem Hauptteil des Römerbriefes entfaltet Paulus die Botschaft von der Glaubensgerechtigkeit, die er an den Anfang des Briefes (1, 16f.) gestellt hatte. Dort am Anfang hatte er sie als sein Glaubensbekenntnis formuliert, und der den Satz entfaltende Hauptteil mündet wieder aus in ein jubelndes Bekenntnis (8, 31–39). Dem entspricht es, daß Paulus in diesem ganzen Mittelteil fast durchgehend in der ersten Person spricht: das theologische Durchdenken und Erklären der Glaubensgerechtigkeit kommt vom Bekenntnis her und münddet wieder in das Bekenntnis ein. Das kommt zu einem besonders starken Ausdruck im Übergang von Kap. 7 zu Kap. 8: das 7. Kapitel, das das Sein unter dem Gesetz beschreibt, endet in dem Klageruf: „Ich elender Mensch, wer wird mich erlösen von diesem Todesleib?“; dem folgt abrupt der aufatmende Jubelruf: „Dank sei Gott durch Jesus Christus unseren Herrn!“ der Jubelruf dessen, dem das neue Leben geschenkt ist, das dann im 8. Kap. dargestellt wird. Der Menschheit, Heiden und Juden, die unter Gottes Zorn steht (1, 18–3, 20), bleibt am Ende nichts als jener Klageruf; Christus ist Gottes Antwort auf diese Klage, und die dieses Wort hören, können nun befreit aufatmen und einstimmen in das jubelnde Bekenntnis der Erlösten (8, 31–39). Weil aber Christus die Antwort auf die Klage der ganzen im Todesleib gefangenen Menschheit ist, muß die befreiende Botschaft von ihm in alle Welt hinausgetragen werden; deswegen ist Paulus ausgesondert zur Verkündigung des Evangeliums unter allen Heiden (1, 1–7), deswegen nimmt er die römische Gemeinde hinein in den Weg des Evangeliums bis an die Enden der Erde.

Die Befreiung durch Christus (7, 6) in der Sprache der Psalmen: die zu Lob gewandelte Klage.

Die theologisch-gedankliche Entfaltung der Rettungstat Gottes in Christus geht von dem Begriff der Glaubensgerechtigkeit aus (1, 16f.), zu einer grundlegenden These formuliert in 3, 28: „So halten wir nun dafür, daß der Mensch durch den Glauben gerechtgesprochen werde, ohne Werke des Gesetzes“. Paulus spricht diesen Satz im Gegensatz zur jüdischen Lehre seiner Zeit, nicht aber im Gegensatz zum Alten Testament; das will er in Kap. 4 zeigen: Abraham wurde von Gott aufgrund seines Glaubens (Gen 15, 6), nicht aufgrund seiner Beschneidung (4, 9–12) und nicht aufgrund von Werken (4, 13–15) gerechtgesprochen. Darin ist er zum Vater der Glaubenden geworden (4, 16–25). Dasselbe hat Gott in der Erlösung durch Christus daran gezeigt, daß Christus für uns gestorben ist, als wir noch Sünder waren (5, 1–11), sodaß wir den Zutritt zur Gnade und den Frieden mit Gott nur durch Glauben erlangen können:

Von dem Rö 2, 17–29 über die Juden Gesagten ist Abraham ausgenommen.

Diese für alle geltende Gottestat ist so einschneidend, daß sie in der Mitte der Weltgeschichte als Wende zweier Epochen steht: die von Adam bestimmte Epoche ist beherrscht von Sünde und Tod, verursacht durch die Sünde des *einen* Menschen; die von Christus bestimmte Epoche ist beherrscht von der Gabe der Gerechtsprechung, verursacht durch die gerechte Tat des *Einen* (5, 12–21). An dieser Gabe bekommt der ein-

zelne Glaubende teil durch die Taufe; er bekommt durch sie teil am Sterben und Auferstehen Christi, und damit hat der Tod und hat die Sünde keine Herrschaft mehr über ihn (6, 1–11). Für das Handeln des Christen bedeutet das eine grundlegende Befreiung von der Knechtschaft der Sünde, eine Befreiung zu einem Gottesdienst mit der ganzen Existenz (das wird in 12, 1ff. aufgenommen), zum ‚Dienst der Gerechtigkeit' (6, 12–23). Es ist zugleich eine Befreiung vom Gebundensein (durch das Gesetz) an das Fleischliche zu einem neuen Dienen im Geist (7, 1–6).
Diesen Wandel erklärt Paulus nun in einer Gegenüberstellung des Seins unter dem Gesetz (7) und des Seins in Christus (8). Kap. 7 erklärt, wie das Gesetz in die Gefangenschaft von Sünde und Tod treibt: das Gesetz als solches ist gut, es sollte zum Leben führen, aber indem es die Begierde weckt, führt es zu Sünde und Tod, führt es die menschliche Existenz in einen verzweifelten und tödlichen Widerspruch.
Dahinein ist Christus gekommen und hat uns frei gemacht von dem Gesetz der Sünde und des Todes (Kap. 8). Es gibt nun keine Verurteilung mehr für die, die in Christus sind (8, 1–11); sie haben den Geist der Kindschaft empfangen, der ihnen den unmittelbaren Zugang zu Gott im Anrufen des Vaters gibt (12–17).
Im abschließenden Teil 8, 18–39 wird nun der Kreis sehr viel weiter gezogen. Das in Christus geschenkte Heil erstreckt sich nicht nur auf die Gefangenschaft unter der Sünde, sondern auch auf das Unterworfensein unter das Leid, an dem wir mit aller Kreatur teilhaben. Die gesamte Kreatur harrt mit den Kindern Gottes auf die endgültige Erlösung (18–22); wir selbst sind dem Leid nicht entnommen, sondern auf Hoffnung errettet. Aber in den Anfechtungen, die in der jetzigen Weltzeit bleiben, tritt der Geist für uns ein (26–27). Darum kann der Glaubende in ruhiger Gewißheit allem entgegensehen, was ihm geschehen kann: *Alles* muß ihm zum Besten dienen (28–30).

Zum „Seufzen der Kreatur" vgl. das Loben der Kreatur, Ps 148. In 8, 32 klingt Gen 22 an.

So kann denn Paulus am Ende in jubelnder Gewißheit in einem beinahe hymnischen Ton seine Zuversicht bekennen: „Er, der seines eignen Sohnes nicht verschont, sondern ihn für uns alle dahingegeben hat, wie sollte er uns mit ihm nicht alles schenken?" (Vgl. das Lied „In dir ist Freude . . .")

Das durch Gottes Tat in Christus ermöglichte neue Bekenntnis der Zuversicht.

9–11 Die Frage nach dem Schicksal Israels

9, 1– 5: Wie sehr diese Frage Paulus am Herzen liegt
6–13: Die Verheißungen bleiben bestehen
14–31 u. 10, 1–3: Gott hat sein neues Volk aus Juden *und* Heiden berufen; aus Israel aber ist nur ein Rest dabei
10,10 4–17: Die Nähe des Wortes vom Glauben,
18–21: auch Israel hat es gehört
11, 1–16: Hat etwa Gott sein Volk verstoßen?
17–24: Die ausgebroch. u. d. eingepfropften Zweige
25–32: Ein Teil Israels ist verstockt, bis die Fülle der Heiden eingegangen sein wird
33–36: Wie unerforschlich sind seine Wege!

Die Verheißungen bleiben in dem Sinn bestehen, daß die Geschichte der Verheißungen im AT als ganze in Christus zur Erfüllung kommt.

Kp 9–11 enden in dem ehrfürchtigen Aufblick zu Gottes universalem Wirken.

Diese drei Kapitel gehören zu den schwer verständlichen Stellen im Neuen Testament. Klar ist der Anfang und der Schluß. Paulus ist von der Frage nach dem Schicksal des alten Gottesvolkes bis ins Innerste bewegt. Er will sogar verflucht sein von Christus weg, wenn er dadurch sein Volk retten könnte (9, 3). Am Ende des ersten Abschnittes (10, 1–3) bricht dieses persönliche Betroffensein noch einmal durch: „Der Wunsch meines Herzens und mein Gebet zu Gott für sie ist, daß sie gerettet werden". Man muß sich dabei vergegenwärtigen, daß Paulus so von denen spricht, von denen er persönlich die schwersten Verfolgungen zu erdulden hatte und deren glühenden Haß er dauernd zu spüren bekam! – Und am Schluß, in den wunderbaren Worten des Gotteslobes, die beginnen: „O welch eine Tiefe des Reichtums und der Weisheit . . .", beugt sich Paulus vor dem unerforschlichen Ratschluß Gottes, den auch er nicht ergründen, vor dem auch er mit seinen Gedanken kapitulieren muß. Diese Schlußworte sagen deutlich genug, daß alle erklärenden Erwägungen, die Paulus in diesen Kapiteln anstellt, das Geheimnis des Ratschlusses Gottes mit dem Weg seines Volkes nicht ergründen können. Das Wichtigste an den erklärenden Erwägungen ist das Hinausweisen über den sichtbaren Tatbestand: daß jetzt nur ein Rest Israels zum neuen Gottesvolk gehört, ist noch nicht Gottes letztes Wort zu Israel; darum dürfen sich die eingepfropften Zweige nicht über die ausgebrochenen Zweige erheben; die Scheidung zwischen den Verstockten und den an Christus Glaubenden ist noch nicht das Ende der Geschichte Gottes mit seinem Volk. – In der Mitte dieser Erwägungen, in 10, 4–17, lädt Paulus die sich gegen die Botschaft von Christus Verschließenden ein in einer besonders schönen und klaren Beschreibung, wie es zum Glauben an Christus kommt, in der Kette vom Aussenden zum Predigen, zum Hören, zum Glauben, zum Anrufen des Vaters. So wird in der Mitte dieser schweren Kapitel wieder aufgenommen, was das Ziel des Hauptteils war: Die vertrauensvolle Hinwendung des Kindes zum Vater (8, 15).

12–15 Der neue Gottesdienst

12, 1– 2: Das lebendige Opfer, der vernünftige Gottesdienst
3– 8: Glieder an einem Leib
9–21: Mahnungen im Miteinanderleben
13, 1– 7: Jedermann sei untertan der Obrigkeit
8–10: Die Liebe ist des Gesetzes Erfüllung
11–14: Der Tag ist genaht, laßt uns wachen!
14, 1–12: Den Schwachen nehmet an!
13–23: Gebt dem Bruder keinen Anstoß!
15, 1– 6: Die Starken sollen die Schwachen tragen
7–12: Nehmet einander an!
13: Friedenswunsch
14–21: Rechtfertigung des Briefes
22–29: Ankündigung und Erklärung seines Kommens
30–32: Paulus erbittet die Fürbitte der röm. Gemeinde
33: Friedenswunsch

Vgl. die beiden Bedeutungen von „Gott dienen" im AT.

Zu den Worten von der Feindesliebe vgl. die Bergpredigt u. das Bundesbuch.

Die Vielfalt der Ermahnungen im Schlußteil des Röm wird man am besten übersehen von den zwei Einsätzen her, die ihn mit dem Hauptteil verbinden. Der erste ist die Ermahnung ‚beim Erbarmen Gottes' (darin ist 3–8 zusammengefaßt), das neue Leben in Christus als den neuen Gottesdienst zu verstehen; der zweite ist das ‚Verstehen der Zeit': die Nacht ist vergangen und der Tag ist angebrochen (13, 11–14); daher die Mahnung, zu wandeln als am Tag.

1. Darin, daß das neue Leben des Christen als Gottesdienst, als das lebendige Opfer verstanden wird, ist es begründet, daß auffälligerweise gottesdienstlich-sakrale Mahnungen in diesem Schlußteil des Röm völlig fehlen. Den Gottesdienst vollzieht die Gemeinde in ihrem Stehen in der Welt. Dafür aber ist wesentlich, daß sie *ein* Leib in Christus ist und die Glaubenden sich als Glieder an diesem Leib wissen, jeder mit seinen Gaben (vgl. 12, 3–8; 1 Kor 12–14). Das wird entfaltet in einer Fülle einzelner Mahnungen (9–21), ausgehend von dem Satz „Die Liebe sei ungeheuchelt", einmündend in den Satz „So ist nun die Liebe des Gesetzes Erfüllung" (13, 8–10). Mitten dazwischen die Mahnung zum Gehorsam gegenüber der Obrigkeit (13, 1–7).

Das hier zur Obrigkeit Gesagte ist im Zusammenhang des zum Staat im AT Gesagten zu hören.

2. Im zweiten Teil geht es wesentlich um *eine* Bewährung des neuen Lebens in Christus: das Sich-Vertragen der Starken und der Schwachen, d. h. derer, die sich noch stark an Traditionen gebunden wissen und die, denen sie keine Bindung mehr bedeuten. Paulus stellt sich nicht auf eine Seite, sondern warnt die einen vor dem Richten, die anderen vor dem Verachten (14, 1–12). In der Mitte dieser Mahnung das gewaltige Wort vom neuen Leben in Christus 7–9: „Keiner von uns lebt ja sich selbst . . ." Für dieses neue Leben ist es wichtiger, dem Bruder keinen Anlaß zu geben, als die eigenen Prinzipien durchzusetzen (13–23); die Starken sind dabei besonders verpflichtet, sich der Schwachen anzunehmen (15, 1–6). Wie der erste Teil der Mahnungen in den Hinweis auf die Liebe eingefaßt

Das Zitat aus Jes 45, 23 ist im Zusammenhang der universalen Botschaft Deuterojesajas zu verstehen.

war, so dieser zweite in die Mahnung: Nehmet einander an! (15, 7–12, entspr. 14, 1). Hier schließt Paulus den Brief mit dem Friedenswunsch (15, 13; ein Ansatz dazu schon 15, 5f.).

3. In einem Nachtrag erklärt Paulus den Sinn seines Briefes an die Römer (14–21), er kündigt sein Kommen nach Rom an, sagt, in welchem Zusammenhang diese Reise steht (22–29) und erbittet die Fürbitte der Gemeinde (30–32). Der Nachtrag schließt noch einmal mit einem Friedenswunsch (33).

Das 16. Kapitel, ein Anhang zum Römerbrief (unsicher, ob an die römische oder eine andere Gemeinde, vielleicht die zu Ephesus), enthält eine Empfehlung der Gemeindehelferin Phöbe (1–2), eine sehr lange wechselseitige Grußliste (3–16 und 21–23) und eine Warnung vor Irrlehrern (17–20).

Der erste Korintherbrief

Paulus schrieb diesen Brief im Jahr 53 in Ephesus an die von ihm gegründete Gemeinde in Korinth. Er antwortet darin auf einen Brief der Korinther (erwähnt in 1 Kor 7, 1), dem wiederum ein Brief des Paulus voraufgegangen war, der uns aber nicht erhalten ist. Wir bekommen in diesem Brief ein wenig Anteil am Werden der ersten Missionsgemeinden, die nach nur kurzer Anwesenheit des Apostels auf sich selbst gestellt waren. Das erklärt die hohe Bedeutung dieser Gemeindebriefe. Daß in den so allein gelassenen Gemeinden Schwierigkeiten entstanden, war unvermeidlich. In Korinth war es besonders eine beginnende Kluft zwischen denen, die eine tiefere geistliche Erkenntnis zu haben meinten und den vielen übrigen, die demgegenüber als laienhaft und einfältig angesehen wurden, dazu noch weitere Parteibildungen. Paulus beantwortet in diesem Brief der Reihe nach Fragen, die in dem Brief der Korinther an ihn gestellt worden waren; von daher ist der Aufbau des Briefes bestimmt. Man kann die vielen Punkte, die Paulus hier ohne eine feste Ordnung aneinanderreiht, etwa in folgenden Kreisen ordnen:

1– 4: Die Parteien in der Gemeinde
5– 6: Sittliche Mißstände in der Gemeinde
7–10: Die Gemeinde in der Welt
11–14: Der Gottesdienst der Gemeinde
15: Von der Auferstehung der Toten
16: Briefschluß

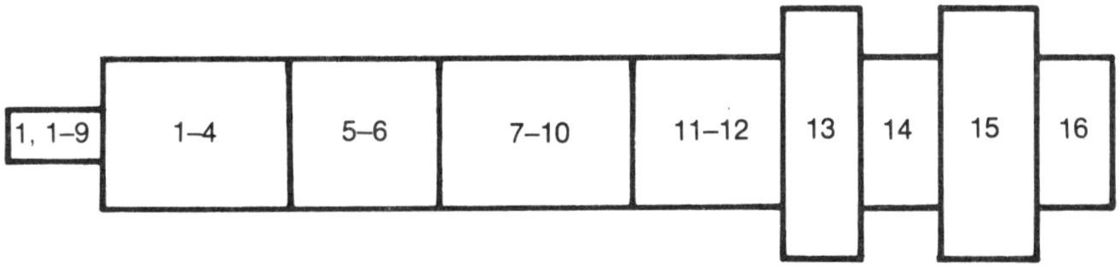

Die Grüße in den Briefen des NT stehen im Zusammenhang mit Begrüßung u. Abschied in der Apg, u. diese mit dem zum Segen gehörenden Gruß im AT.

1, 1–9: Briefeingang: Auf Absender, Adresse und Gruß (1–3) folgt der Dank des Apostels für die Gnade, die der Gemeinde verliehen ist in einem Reichtum an Gnadengaben; durch ihn wird Gottes Treue sie bewahren bis zum Tage des Wiederkommens Christi.

1–4 Die Parteien in der Gemeinde

1, 10–17: Mahnung zur Einheit gegen die Parteibildungen
18–25: Die Gotteskraft im Wort vom Kreuz
26–31: Das zeigt die Gemeinde in Korinth
2, 1– 5: Das zeigt das Auftreten des Paulus in Korinth
2, 6–16: Die göttliche Weisheit
3, 1– 4: Das zeigen die Parteien in Korinth (vgl. 1, 12)
3, 5–23: Fundament und Aufbau der Gemeinde
4, 1– 8: Die Apostel sind nur Diener Christi
9–13: Leiden und Schmach der Diener Christi
4, 14–21: Abschluß der Mahnung

Mit einer Mahnung zur Einheit setzt dieser erste Teil des Briefes ein; er schließt wiederum mit der Mahnung. Die Begründung dieser Mahnung verläuft in zwei Linien: a) Das Wort vom Kreuz ist Kraft 1, 18; 24; (ähnlich thematisch ist am Anfang der Röm von der Gotteskraft die Rede: 1, 16). Die darin sich offenbarende Weisheit Gottes ist unter Torheit und Ärgernis verborgene Weisheit in der Predigt vom gekreuzigten Christus (1, 18–25). Diese Verborgenheit zeigt sich in der Zusammensetzung der korinthischen Gemeinde (1, 26–31), in dem Auftreten des Paulus in Korinth und auch in der Tatsache der Parteibildung; damit kehrt Paulus wieder zu seinem Ausgangspunkt zurück (1, 10–17). Dazwischen steht in 2, 6–16 in Parenthese ein schwieriges Wort von der verborgenen göttlichen Weisheit. b) In einer zweiten Linie begründet Paulus die Verborgenheit der Weisheit in der Predigt vom Kreuz vom Dienst der Apostel her. In den Parteien, die sich nach Paulus oder Apollos benennen, ist das Amt der Apostel verkannt. Sie sind nicht mehr und nicht weniger als Diener, jeder mit seiner besonderen Aufgabe. Entscheidend für die Gemeinde und ihren Aufbau ist allein das Fundament, „denn einen andern Grund kann niemand legen . . ." (3, 5–23). Die Apostel sind „Diener Christi und Haushalter über Gottes Geheimnisse", bei denen alles auf die Treue in ihrem Dienst ankommt (4, 1–8). Diese Treue muß sich in Leiden und Schmach bewähren; wenn irgendwo, dann zeigt sich hier die Verborgenheit der Kreuzespredigt: „Gott hat uns, die Apostel, als die Geringsten hingestellt" (4, 9–13). Nach dieser stillschweigenden Zurechtweisung der geistlichen Überheblichkeit der Korinther wiederholt Paulus seine Mahnung an die Gemeinde (4 14–21).

Torheit u. Weisheit: Hier durchbricht Paulus den verhärteten Gegensatz von Weisen u. Toren (= Gerechte u. Frevler) in der späten Spruchweisheit.

5–6 Sittliche Mißstände in der Gemeinde. Der geistliche Hochmut hat in der Gemeinde schwere sittliche Mißstände aufkommen lassen. Paulus führt einige Beispiele an, von denen er gehört hat: einen Fall von Blutschande (5, 1–5), der ihm Anlaß gibt, vor Gemeinschaft mit unzüchtigen Gemeindegliedern zu warnen (6–13); das Austragen von Prozessen zwischen Gemeindegliedern vor heidnischen Gerichten (6, 1–11); Unzuchtsünden (12–20). Von jedem dieser Mißstände weist Paulus die Gemeinde auf die Ehre und Würde des Christseins: „Wißt ihr nicht, daß euer Leib ein Tempel des heiligen Geistes ist?"

7–10 Die Gemeinde in der Welt

7, 1–40: Zur Ehe und Ehelosigkeit
1– 9: Vorzug der Ehelosigkeit, Zugeständnis der Ehe
10–11: Das Gebot des Herrn zur Ehescheidung
12–17: Rat für Ehen zwischen Christen und Heiden
18–24: Jeder soll in d. Stand bleiben in d. er berufen ist
25–38: Für die Unverheirateten
39–40: Für die Witwen

8–10: Zum Essen von Götzenopferfleisch
1– 6: Es gibt für uns nur einen Gott
7–13: Dennoch auf die Schwachen Rücksicht nehmen
9, 1–18: Paulus hat auf sein Recht des Unterhalts verzichtet
19–23: Er hat sich allen zum Knecht gemacht
24–27: Der Wettkämpfer
10, 1–13: Das Volk in der Wüste
14–22: Der Tisch des Herrn oder der Tisch der Dämonen
23–33 und 11, 1: Mahnung: gebt keinen Anstoß!

Was Paulus hier zur Ehe sagt, ist auf die Sicht seiner besonderen Situation begrenzt; es erhält sein Gegengewicht in dem, was die Bibel als ganze von Gen 2 an von der Ehe sagt.

Was Paulus hier von der Ehe sagt, ist in der Erwartung des baldigen Wiederkommens des Herrn gesagt. Von da aus gibt er der Ehelosigkeit den Vorzug und gesteht die Ehe nur zu, um Zuchtlosigkeit zu verhüten (1–9). Hier wie auch sonst gibt Paulus den Christen den Rat, in dem Stand zu bleiben, in dem sie berufen sind (18–24); das gilt auch für die Ehen zwischen Christen und Heiden (12–17). Die Weisungen, die Paulus dann noch für die Unverheirateten (25–38) und für die Witwen (39–40) gibt, haben alle das Ziel: „Ich will, daß ihr ohne Sorge seid!" (32–36; vgl. 28). Deshalb gilt auch für die Ehe das ‚haben, als hätten wir nicht'; Paulus geht es in diesem Kapitel nicht um die Ehe als Lebensordnung, sondern darum, daß die Christen „ohne Ablenkung bei dem Herrn verharren", denn „die Zeit ist kurz".

Vgl. das Bekenntnis zum Einssein Gottes in Dtn 6, 4.

In der Frage des Essens von Götzenopferfleisch ging es damals wesentlich um die Teilnahme der Christen am gesellschaftlichen Leben ihrer Zeit. Paulus gibt grundsätzlich denen recht, für die diese Frage ihre Bedeutung verloren hat, denn „es gibt für uns nur einen Gott" (8, 1–6). Aber diese Erkenntnis ist nicht bei allen gleich, deshalb ist auf die Schwachen Rücksicht zu nehmen; die richtige Erkenntnis wird dadurch verderbt, daß sie sich über die anderen erhebt und den anderen zum Anstoß wird (8, 7–13; wieder aufgenommen in 10, 23–11, 1). Wieder, wie in Kap. 1–4, weist Paulus auf sein eigenes Beispiel. Er hätte das Recht, für seinen Dienst in den Gemeinden einen Unterhalt zu beanspruchen; er hat darauf verzichtet (9, 1–18). Darüber hinaus macht er sich um des Evangeliums willen zum Diener aller; den Schwachen wird er ein Schwacher, um sie für Christus zu gewinnen (19–23). Er vermag zu entsagen, wo es um den unvergänglichen Kranz geht (24–27). – Den Weg der Gemeinde vergleicht er mit dem Weg des alten Gottesvolkes in der Wüste (10, 1–13), die damaligen Versuchungen mit den jetzigen; „wer meint, er stehe, der sehe zu, daß er nicht falle!" (10, 1–13). Der Abschnitt 10, 14–22 weist schon hinüber zu Teil 11–14.

Im Verständnis seines vollkommen an den Auftrag hingegebenen Dienstes steht Paulus in der Nachfolge der Propheten.

11–14 Der Gottesdienst der Gemeinde

11, 2–16: Die Kopfbedeckung der Frau im Gottesdienst
17–34: Unwürdige Feier des Abendmahls
12–14: Die Geistesgaben
12, 1–11: Vielerlei Gaben, aber ein Geist
12–31: Vielerlei Glieder, aber ein Leib
13: Die Liebe
14, 1–25: Verständliche Rede und Zungenrede
26–40: Alles geschehe in Ordnung!

Bei dem, was Paulus zum Gottesdienst sagt, ist zu bedenken, daß er in eine zeitlich u. örtlich begrenzte Situation spricht; was das AT als ganzes vom Gottesdienst sagt, steht im Hintergrund.

Was Paulus hier vom urchristlichen Gottesdienst sagt, ist fast durchweg weit entfernt von unserer Gottesdienstform. Es gilt darum besonders, auf die wesentlichen Linien zu achten. Paulus spricht von der gottesdienstlichen Sitte (11, 2–16 und 14, 26–40), von der gottesdienstlichen Handlung des Herrenmahls (11, 17–34) und vom gottesdienstlichen Wort (12–14). In der Mitte dieses ganzen Teiles steht der Hymnus von der Liebe, das eigentlich entscheidende Wort des Paulus zum Gottesdienst der christlichen Gemeinde.

Es steht zunächst in der Mitte von 12–14 und begründet an dieser Stelle die Überordnung des verständlichen, d. h. die Gemeinde erbauenden Redens über das ekstatische Zungenreden, das von den Korinthern als hervorragende Geistesgabe angesehen wird. „Wer in Zungen redet, erbaut sich selbst“ (14, 4); wir würden etwa sagen, die Zungenrede ist Ausdruck eines religiösen Individualismus. Dafür aber ist der christliche Gottesdienst nicht eigentlich da, sondern zur ‚Erbauung‘ der Gemeinde als des Leibes Christi, an dem alle Glieder sind; das aber geschieht in der Verkündigung, im verständlichen Wort, das zu trösten und zu mahnen vermag. Und zwar nicht nur die, die schon Christen sind, sondern auch die Nichtchristen (14, 23–25). Es ist die in Christus der Welt geschenkte und der Welt offenbarte Liebe Gottes, um die es eigentlich und wesentlich im Gottesdienst der christlichen Gemeinde geht. Im Gegensatz zu der überschwenglichen Religiosität, die sich im Zungenreden darstellt, preist Paulus die Überschwenglichkeit der Liebe, in der sich Gott zu den Menschen herabgeneigt (vgl. Joh 3, 16 und Ps 113) und die im Gottesdienst der Gemeinde den Menschen weitergegeben werden soll, für die sie bestimmt ist. Das aber geschieht im nüchternen, verständlichen Wort des Verkündigens, Betens und Lobsingens. Allein in dieser Liebe kann auch die Feier des Abendmahls würdig begangen werden (11, 17–34); was Paulus in den Worten der Einsetzung vom Herrn empfangen und der Gemeinde in Korinth weitergegeben hat (11, 23–26), ist mißachtet, wo „der eine hungert, der andre betrunken ist“. Wenn Paulus seine Weisung für die Feier des Abendmahls mit der nüchternen Mahnung schließt: „Wenn ihr zum Essen zusammenkommt, so wartet aufeinander!“, so weist er damit auf die Liebe als die auch für das Abendmahl entscheidende Grundhaltung. – Sie reicht bis in die Äußerlichkeit der gottesdienstlichen Formen (11, 2–16 und 14, 26–40): An der Verschleierung der Frauen im Gottesdienst zeigt Paulus beispielhaft, daß die Gegenwart des Geistes das Natürliche und die Sitte nicht einfach aufhebt; bis in die Beachtung der Sitte und der Ordnung reicht die überschwengliche Liebe, die nicht das ihre sucht. – Was Paulus in diesem Teil über den Gemeindegottesdienst eigentlich sagen will, finden wir weniger in den einzelnen Anweisungen als in dem leidenschaftlichen Hinweis auf die in Christus offenbarte Liebe Gottes, als der lebendigen Mitte des christlichen Gottesdienstes.

15 Die Hoffnung der Gemeinde

15, 1–11: Die Botschaft von der Auferstehung
12–19: Die Bestreitung der Auferstehung in Korinth
20–28: Begründung und Vorgang der Auferstehung
29–34: Konsequenzen ihrer Bestreitung
35–49: Wie werden die Toten auferweckt?
50–53: Das Verwesliche zieht die Unverweslichkeit an
54–58: Der Jubel der Erlösten

Voraussetzung für das Verständnis von 1 Kor 15 ist das Verständnis von Tod u. Leben im AT sowie das Zugehen des AT auf das Durchbrechen der Todesgrenze.

Dieses große Schlußkapitel von der Hoffnung der Gemeinde erschließt sich uns am klarsten von seinen letzten Worten her (vgl. Röm 8, 31ff.; 11, 33ff.). Was Paulus den Bestreitern der Auferstehung in Korinth eigentlich entgegenstellt, ist die aus diesen letzten Worten sprechende unbedingte, jubelnde Gewißheit des Sieges Jesu Christi über Sünde und Tod: „Gott aber sei Dank, der uns den Sieg gegeben hat durch unseren Herrn Jesus Christus!“ Diese Gewißheit gründet in der Botschaft von der Auferstehung Christi (15, 1–11), die Paulus empfangen und die er den Korinthern weitergegeben hat (vgl. dazu auch 11, 23!). Hiermit, so sagt Paulus, steht und fällt alles; wo die Auferstehung der Toten bestritten wird, wird die Auferstehung Christi bestritten, und damit wird der Glaube überhaupt nichtig: „Haben wir in diesem Leben auf Christus nur *gehofft*, so sind wir bejammernswerter als alle Menschen“ (19). Hierauf bezieht sich unmittelbar der letzte Satz in Kap. 15: „Ihr wißt, daß eure Arbeit nicht vergeblich ist im Herrn.“

Dieser unbedingten, dankbaren Gewißheit der Auferstehung, die auf der Botschaft von der Auferstehung Christi beruht, sind die erklärenden Abschnitte von Vers 20–53 zu und untergeordnet. Sie können nur auf das Wunder der Auferstehung hinweisen; verständlich machen können sie sie nicht. Die Auferstehung gründet auf dem eine neue Menschheitsepoche beginnenden Werk Christi (20–22), dessen letztes Ziel die Vernichtung des Todes ist (23–28), „damit Gott alles in allem sei". Auf die Frage, wie die Toten auferstehen (35–49), kann Paulus nur mit Metaphern antworten; direkt ist diese Frage nicht zu beantworten, denn „es wird gesät in Verweslichkeit, es wird auferweckt in Unverweslichkeit" (42; 50–53). Die von Paulus in diesem Kapitel entfaltete Botschaft von der Auferstehung, mit der der Glaube an Christus steht und fällt, kann recht nur auf dem Hintergrund des Alten Testaments gehört werden, insbesondere von dem Preis der aus der Gewalt des Todes Erretteten in den Dankpsalmen, der Gewißheit der dem Tode Preisgegebenen (Ps 73; Hiob 19), den Liedern vom Gottesknecht her, dessen stellvertretenden Tod Gott bestätigte (Jes 53). Wie das Alte Testament in der Botschaft von der Auferstehung des Gottesvolkes gipfelt (Ez 37), so das Neue in der Botschaft von der Besiegung des Todes in der Auferstehung Christi (1 Kor 15, 1–11; 54–58).

16 Briefschluß

1– 4: Die Sammlung für Jerusalem
5–12: Ankündigung des Besuches in Korinth; Timotheus und Apollon
13–18: Schlußmahnung
19–24: Grüße und eigenhändiger Schluß

Der zweite Korintherbrief

Der 2 Kor spiegelt in äußerst bewegter Weise die Kämpfe des Paulus um seine Gemeinde in Korinth. Für den heutigen Leser wirkt das Auf und Ab von Bekämpfung und Versöhnung verwirrend; was eigentlich zwischen Paulus und der Gemeinde vorging, kann man aus dem jetzigen Gang des Briefes nicht erkennen. Dieser soll zunächst dargestellt und dann ein Versuch wiedergegeben werden, die hinter den Teilen des Briefes stehenden Geschehnisse zu ordnen.
Der ganze Brief ist bestimmt von der Erklärung und Verteidigung des Apostelamtes des Paulus. Die Vollmacht dieses Amtes wurde von den Gegnern in Korinth angegriffen; Paulus ist darum genötigt, in der Weise für die Botschaft, die er zu bringen hat, einzutreten, daß er sein Amt und sein Wirken verteidigt. Mehrfach sagt er, daß ihm dieser Umweg, für seine Botschaft einzutreten, nur von den Gegnern in Korinth aufgenötigt ist. In Kap. 1–7 entfaltet er den Sinn und die Aufgabe seines Apostelamtes, wobei in 1–2 und 7 der Ton froher Dankbarkeit für die Versöhnung mit der korinthischen Gemeinde vorherrscht. Die Kap. 8 und 9 handeln nur von der Kollekte für Jerusalem, Kap. 10–13 sind eine scharfe und erregte Auseinandersetzung mit der Gemeinde, die hier im Begriff scheint, Paulus ganz abzusagen.

1–7: Das Apostelamt des Paulus

1, 1–2: Eingangsgruß
3–11: Lob des Gottes allen Trostes (Errettung aus Lebensgefahr)
12–14: Ruhm d. Apostels (ihr mein – ich euer Ruhm)
15–2, 4: Warum Paulus nicht nach Korinth kam
2, 5–11: Abschließendes Wort z. Bestrafung d. Beleidigers

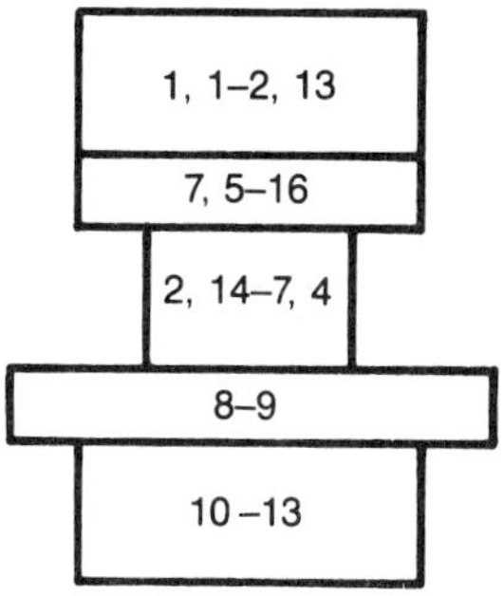

2, 12–13: Sehnsüchtiges Erwarten des Titus in Troas
2, 14–17: Der Dienst des Paulus ein Geruch zum Leben und zum Tod
3, 1– 3: Ihr seid unser Empfehlungsbrief
4–11: Diener des neuen Bundes
12–18: Die Decke ist fortgenommen
4, 1– 6: Wir predigen das Ev. v. d. Herrlichkeit Christi
7–12: tragen dabei sein Sterben an unserm Leib
13–18: in der Gewißheit der ewigen Herrlichkeit
5, 1–10: Wir sind der Heimat bei dem Herrn gewiß
11–21: Gesandte für Christus im Dienst d. Versöhnung
6, 1–13: Schlußmahnung: Nehmt mich an! dazu 7, 2–4
3–10: den Diener Gottes in viel Trübsalen
6, 14–7, 1: Warnung vor Gemeinschaft mit Ungläubigen
7, 5–7 u. 13–16: Freude über die gute Botschaft Titus' in Troas
8–13: Die fruchtbare Betrübnis durch den Tränenbrief

8– 9: Die Kollekte für Jerusalem

10–13: Der Kampf des Paulus um seine Gemeinde

10, 1– 6: Paulus muß sich verteidigen gegen den Vorwurf, er wandle nach dem Fleisch
7–18: Er kann sich nur dessen rühmen, was Christus durch ihn getan hat
11, 1–15: Die Überapostel sind falsche Apostel
7–12: Warum Paulus ohne Entgelt wirkte
11, 16–12, 13: Reden in Torheit: der Ruhm des Paulus
22–33: Die Leiden des Paulus im Dienst Christi
12, 1– 6: Eine geheime Offenbarung
7–10: Der Pfahl im Fleisch und Leiden um Christi willen
11–13: Paulus steht d. ‚Überaposteln' nicht nach
12, 19–13, 10: Paulus kündigt für sein drittes Kommen schonungsloses Durchgreifen an
11–13: Schlußmahnung und Schlußwunsch

Schon die bloße Übersicht läßt drei Teile (außer den beiden Kollektenkapiteln) klar heraustreten: Von der Versöhnung mit der Gemeinde handelt 1, 1– 2, 13 mit 7, 5–16; vom Aposteldienst des Paulus 2, 14–6, 13; vom Kampf des Paulus um seine Gemeinde 10–13. Die ersten beiden Teile sind miteinander verwoben; man erkennt das ohne Schwierigkeit daran, daß 7, 5ff. unmittelbar an 2, 12–13 anschließen. Dazwischen ist der Teil 2, 14–7, 4 eingefügt, ein in sich geschlossenes Stück, das mit der Schlußmahnung 6, 1–13 (mit 7, 2–4) abschließt. – Eine besondere Schwierigkeit liegt darin, daß der scharfe und bittere Ton des Paulus in 10–13 schwer im gleichen Brief verständlich ist, der in 2–4 in so dankbarer Freude über die vollzogene Versöhnung mit der Gemeinde beginnt. Zur Lösung dieser Schwierigkeit (und anderer) ist vorgeschlagen (G. Bornkamm), in unserem 2 Kor eine zum Weitergeben an andere Gemeinden bestimmte nachträgliche Zusammenstellung mehrerer Paulusbriefe bzw. Briefteile zu sehen, die in ihrem Nacheinander die Vorgänge zwischen Paulus und der Korinthergemeinde besser erklären können: Der zeitlich am frühesten verfaßte Teil wäre danach 2, 14–7, 4, der den Aposteldienst des Paulus darstellt. Nach diesem Brief besuchte Paulus die Gemeinde und traf sie in vollem Abfall von ihm an. In Sorge und Schmerz um seine Gemeinde schrieb er dann den ‚Tränenbrief', Kap. 10–13 (daß diese Kapitel den von Paulus in 7, 8–13 erwähnten unter Tränen geschriebenen Brief ganz oder einen Teil daraus darstellen, wurde schon lange angenommen). Dieser Brief und der auf ihn folgende Besuch des Titus (2, 12f.) bewirkten eine Wandlung, und diese bezeugt in dankbarer Freude der ‚Versöhnungsbrief' 1, 1–2, 13 mit 7, 5–16. Diese Briefe oder Briefteile wurden dann später in der Korinthergemeinde selbst zu einem Paulusbrief zusammengestellt, der zum Weitergeben an andere Gemeinden bestimmt war.

Die persönliche Erfahrung der Rettung aus einer tödlichen Gefahr steht für Paulus in unlösbarem Zusammenhang mit seiner Verkündigung des Sieges Christi über den Tod; vgl. 2, 14–17.

1–2 und 7 Der Versöhnungsbrief. Nach dem Eingangsgruß berichtet Paulus der Gemeinde, daß er unterwegs in Kleinasien aus einer Lebensgefahr errettet wurde. Auch dieses Ereignis stellt er in den Zusammenhang seines Dienstes an der Gemeinde: er wurde getröstet, damit er anderen an diesem Trost teilgeben könne (1, 3–11). Auch seinen Ruhm, daß er seinen Dienst in der Lauterkeit Gottes getan hat, will er nicht für sich haben; „wir sind euer Ruhm wie auch ihr der unsrige" (12–14). Daß er nicht, wie angekündigt, nach Korinth gekommen ist, geschah nur, um die Gemeinde zu schonen; darum hat er den Brief geschrieben ‚unter vielen Tränen' (1, 15–2, 4). Nachdem der Mann, der Paulus beleidigt hatte, bestraft worden ist, möge die Gemeinde ihm nun vergeben wie Paulus auch (2, 5–11). Paulus hat sich nach Nachricht aus Korinth so gesehnt, daß er Titus entgegenreiste (2, 12–13); als er ihn dann in Mazedonien traf, empfing er Freude und Trost in den Nachrichten, die jener aus Korinth brachte (7, 5–7; 13–16). So hat der Tränenbrief, auch wenn er zunächst Betrübnis brachte, doch Buße und dadurch Frucht zum Guten bewirkt.

2, 14–7, 4 Der Aposteldienst des Paulus. Weil es im Dienst des Paulus um das lautere Gotteswort geht, geht es für die Hörer darin um Tod und Leben (2, 14–17); Empfehlungsschreiben hat Paulus dafür nicht nötig, die Gemeinde selbst ist sein Empfehlungsbrief (3, 1–3). Nun beschreibt Paulus sein Apostelamt nach zwei Seiten: a) Es ist Dienst des neuen Bundes in der Freiheit des Geistes; b) es ist Dienst, in dem sich Sterben und Auferstehen Christi verkörpern. a) Paulus ist Diener des neuen Bundes, „nicht des Buchstabens, sondern des Geistes"; wenn schon der Dienst des alten Bundes Herrlichkeit hatte (Mose), wie dann erst der des neuen (3, 4–11)! Die Decke (Mose) ist fortgenommen für die, die an Christus glauben, „wo aber der Geist des Herrn ist, da ist Freiheit" (3, 12–18). b) Das Aufstrahlen der Herrlichkeit Gottes in Christus geht im Dienst des Paulus weiter (4, 1–6): in der äußeren Gestalt dieses Dienstes trägt Paulus das Leiden und Sterben Jesu an sich (4, 7–12); in der Gewißheit der Auferweckung aber schafft alle Trübsal einen überreichen Ertrag an Herrlichkeit (13–18), denn wir sind der ewigen Heimat gewiß (5, 1–10). Sterben und Auferstehen Jesu werden so wirksam im Dienst des Gesandten für Christus, der ein Dienst der Versöhnung ist (5, 11–21). – In einer Schlußmahnung bittet Paulus die Korinther, ihn aufzunehmen, so wie sich sein Herz weit aufgetan hat für sie (6, 1–13 und 7, 2–4); sie sind es ja, in deren Gemeinschaft er Trost und Freude findet in seinen schweren Bedrängnissen: „als die Sterbenden und siehe, wir leben" (die erschütternden Antithesen 6, 3–10). – Wahrscheinlich später hinzugefügt ist die Warnung vor Gemeinschaft mit Ungläubigen 6, 14–7, 1.

Paulus bezieht sich auf den Begriff „Herrlichkeit Gottes" im AT im ganzen.

Zu 6, 2 ist Jes 49, 8 in seinem Zusammenhang gemeint. 6, 3–10: bei den Antithesen ist zu beachten, daß Paulus seinen Weg, den Weg seines Dienstes mit seinen Höhen u. Tiefen beschreibt, nicht einen immer gleichen Zustand.

8–9 Die Kollekte für Jerusalem. Die Gemeinden von Mazedonien haben gern und reichlich gegeben (8, 1–6), bewährt nun auch ihr eure Liebe in bereitwilligem Geben (7–15)! Die Übermittlung der Gabe liegt in guten Händen (16–24). Paulus sendet Boten für das Zurüsten der Gaben voraus (9, 1–5). Mahnung zu fröhlichem Geben zum Lobe Gottes (9, 6–15).

10–13 Der Tränenbrief. Der Kampf des Paulus um seine Gemeinde. Paulus wendet sich entschieden gegen die Leute in Korinth, die ihm einen verwerflichen Wandel vorwerfen; er muß vielmehr im Gehorsam gegen Christus gegen Gedanken kämpfen, die sich gegen die Erkenntnis Gottes erheben (10, 1–6). Man sagt von ihm, er gebe sich bloß in den Briefen vollmächtig, sein persönliches Auftreten aber wirkte schwächlich. Dem entgegnet Paulus: er will sich nicht wie die Gegner ins Maßlose rühmen, sondern verweist auf das, was vor Augen liegt: seine Missionsarbeit, die Christus durch ihn getan hat (7–18).

Der Brief, den Paulus „unter vielen Tränen" schrieb: Für Paulus, der im Phil zur Freude „allewege" ruft, gehört der Wechsel von Freude u. Schmerz zu seinem Leben u. seinem Dienst wie bei jedem Menschen.

Er steht den ‚Überaposteln' in Korinth in nichts nach; im Gegenteil: wenn sie einen anderen Christus predigen und einen anderen Geist vermitteln als Paulus, sind sie Verführer und falsche Apostel (11, 1–15). Dabei muß sich Paulus sogar gegen eine böse Auslegung seiner Ablehnung eines Entgeltes vonseiten der Korinthergemeinde wehren; seine Absicht dabei war nur, der Gemeinde in keiner Weise beschwerlich zu fallen (11, 7–12 und 12, 14–18). Eingeschlossen in diese beiden Abschnitte ist die Antwort des Paulus an seine Gegner, die sich ihm gegenüber rühmen, in einem bewußt törichten Sich-Rühmen, das aber darauf hinauskommt, daß er sich allein seiner Schwachheit rühmt (11, 16–12, 13). Paulus könnte sich dessen rühmen, was er ist (21–23); er will sich aber nur seiner Leiden im Dienst Christi rühmen (23–33). Er könnte sich hoher Offenbarungen rühmen (12, 1–6); er will sich aber nur des ‚Pfahles im Fleische' rühmen (7–10), von dem ihn der Herr trotz seiner Bitten nicht befreit hat. In *diesem* Sinn will Paulus es verstanden wissen, wenn er den Überaposteln nicht nachsteht (11–13).

Hier erhalten die Leiden eines Mannes im Dienst Christi eine Sprache, die keiner Erklärung bedarf.

12, 19–13, 13: Abschluß des Briefes. Nach dem jetzigen Stand muß Paulus befürchten, in Korinth schlimme Zustände anzutreffen (12, 19–21). Für diesen Fall kündigt er schonungsloses Eingreifen an, wenn er nach Korinth kommt (13, 1–4). Er hofft aber, daß es dazu nicht komme; er hat ja seine Vollmacht nicht zum Zerstören, sondern zum Aufbauen (5–10). Zum Schluß ermahnt er die Gemeinde, Frieden zu halten, „so wird der Gott der Liebe und des Friedens mit euch sein" (11–13).

Wie bei den Brüdern in der Familie (Gen 25–36), wie bei den Jüngern Jesu gehört auch für die junge Christenheit die streitende Auseinandersetzung zur Existenz.

Der Galaterbrief

Den Brief an die Galater schrieb Paulus im Jahr 53 von Ephesus aus. Es ist ein Rundschreiben an mehrere Gemeinden in der Landschaft Galatien, etwa in der Gegend des heutigen Ankara, die Paulus gegründet hatte (Apg 16, 6). Er sieht diese Gemeinden von einer judenchristlichen Heilslehre bedroht, in der anscheinend Gesetz und Beschneidung weiterhin als heilnotwendig galt. Christus und seine Taufe wurden anscheinend als Vollendung der Gesetzesreligion verstanden, die den Christen mit der Welt und Schicksal bewegenden Ordnung verband. Die Verkündigung des Evangeliums als des Endes des Gesetzes und den apostolischen Anspruch des Paulus lehnte man hier schroff ab. Von daher ist die Schärfe des Tones zu verstehen, in dem Paulus zu seiner Gemeinde spricht. Es geht nicht um eine andere Lehrmeinung, sondern um das Bleiben bei Christus. In Kap. 1–4 erklärt Paulus Ursprung und Art des Evangeliums, das er den Galatern verkündet hat; in Kap. 5–6 spricht er von der Verwirklichung der Freiheit, zu der dieses Evangelium befreit.

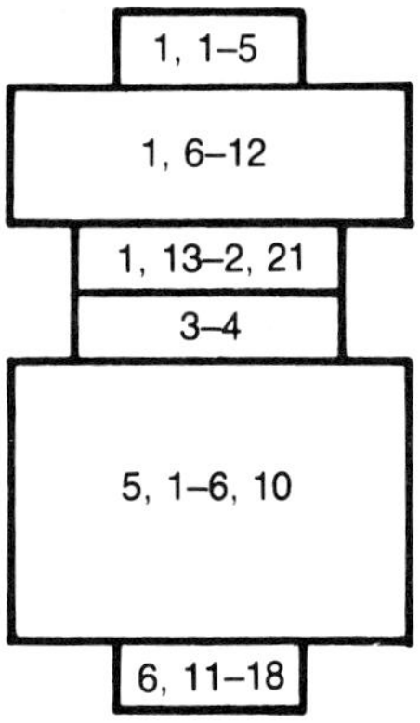

1–2 Das von Paulus verkündete Evangelium

1, 1– 5: Briefeingang, Friedensgruß
6–10: Verflucht, wer ein anderes Evangelium verkündet!
11–12: Das rechte Evangelium ist nicht menschlicher Art und nicht menschlichen Ursprungs

1, 13 – 2, 21 Nicht menschlichen Ursprungs

1, 13–24: Wie Paulus zum Boten des Evangeliums wurde
2, 1–10: Paulus wurde von den Säulen in Jerusalem als Heidenapostel anerkannt
11–21: Paulus hat das freie Evangelium auch Petrus gegenüber verteidigt

Der Fluch über den Verfälscher des Evangeliums, mit dem der Brief einsetzt (1, 6–10), zeigt den tödlichen Ernst, mit dem Paulus hier um seine Gemeinde kämpft. Es geht um die Wahrheit des Evangeliums. Paulus hat die Botschaft, die er den Galatern verkündete, unmittelbar von Christus empfangen, er, der selbst vorher die Christen verfolgt hatte (1,

13–24). Daß er wirklich das Werk Jesu Christi unter den Heiden wirkte, wurde von den Aposteln in Jerusalem anerkannt; sie bestätigen selbst Paulus in seinem Apostelamt an den Heiden, ohne ihm irgendwelche Bindungen aufzuerlegen (2, 1–10). Ja, Paulus trat der Inkonsequenz des Petrus gegenüber offen für die Freiheit des Evangeliums ein, „damit wir aus Glauben gerechtgesprochen würden und nicht aus Werken des Gesetzes". Käme die Gerechtigkeit durch Werke, so wäre Christus umsonst gestorben (2, 11–21).

3–4 Nicht menschlicher Art

Die hier zitierte Verheißung Gen 12, 3 ist aus ihrem weiteren Zusammenhang zu verstehen.

3, 1– 5: Appell an die eigene Erfahrung der Galater
6–14: Abraham; Fluch und Segen scheidet sich am Glauben
15–29: Abrahams Erben gemäß der Verheißung
4, 1– 7: Wir sind als die Erlösten Erben
8–20: Appell an die Erfahrung der Galater
21–31: Kinder der Sklavin und Kinder der Freien

Die die Gemeinde begründende Verkündigung war Botschaft von dem, was geschehen ist, vgl. Apg 3, 12–26 oder 13, 16–41.

Mit einem Appell an die Galater beginnt und schließt dieser Abschnitt. Paulus erinnert sie daran, wie ihnen „Jesus Christus vor die Augen gemalt wurde als Gekreuzigter"; er fragt sie: „So Großes habt ihr vergeblich erfahren?" (3, 1–5). Er erinnert sie daran, wie sie damals ihn aufgenommen haben trotz seiner Predigt in Schwachheit und alles für ihn getan hätten (4, 8–20), sie, für die Paulus jetzt noch einmal Geburtswehen erleidet. – Es geht in dem Evangelium, das er verkündet, um eine Scheidung bis auf den Grund: die mit Abraham glauben (vgl. Röm 4), gehören auf die Seite des Segens, die unter dem Gesetz auf die Seite des Fluches (3, 6–14); die durch den Glauben Söhne geworden sind (3, 26 –4, 7), sind nicht mehr Sklaven, sondern Erben. Damit aber ist die andere Scheidung aufgehoben: „Ihr alle seid *einer* in Jesus Christus", was ihr auch vorher gewesen seid. – Der in 4, 21–31 noch nachgetragene Schriftbeweis ist uns in der Art der Auslegung des Alten Testaments fremd; er fügt dem Vorigen nichts wesentlich anderes hinzu.

Vgl. Rö 4; in Gal 4, 21–31 macht Paulus Gebrauch von der allegorischen Auslegung.

5–6 Die Verwirklichung der Freiheit

5, 1– 6: Christus hat uns zur Liebe befreit
7–12: Nochmaliger Appell an die Gemeinde
13–15: Freiheit zur Liebe
16–26: Werke des Fleisches und Frucht des Geistes
6, 1– 5: Einer trage des anderen Last
6–10: Was der Mensch sät, das wird er auch ernten
11–18: Eigenhändiger Briefschluß

In 5, 1–6 ist das Anliegen des Paulus in diesem Brief in wenige Sätze zusammengedrängt: Es gibt nur ein Entweder-Oder; die Bejahung des Gesetzes als Heilsweg bedeutet die Lösung von Christus. Der Glaube an Christus aber ist dazu da, daß er sich in der Liebe wirksam erweise. „Ihr seid zur Freiheit berufen", sagt Paulus den Galatern; aber diese Freiheit gibt es nur im Ernstnehmen des Liebesgebotes (5, 13–15). Bei der Gegenüberstellung der Werke des Fleisches und der Früchte des Geistes (5, 16–26) beginnt die Aufzählung der letzteren: „Die Frucht des Geistes ist Liebe . . ." Wenn Paulus in seinem eigenhändigen Schluß noch einmal beschwörend vor den Irrlehrern warnt, so spricht darin seine Liebe zu der Gemeinde der Galater, die er am Schluß der Gnade des Herrn befiehlt.

In einer eigentümlich feierlichen, z. T. liturgisch geprägten Sprache handelt dieser Brief vom Wunder und Geheimnis der Juden und Heiden umgreifenden, in kosmische Dimensionen hineinragenden Kirche Christi, im ersten Teil (1–3) unter dem Gesichtspunkt des Lobpreises, im zweiten (4–6) dem der Paränese. Von den konkreten Verhältnissen der Gemeinde, von persönlicher Beziehung des Apostels zu ihr, von Freude oder Schmerz hinüber und herüber ist in ihm wenig zu spüren. Manches in der Sprache, den Vorstellungen, den theologischen Begriffen ist anders als in den sonstigen Paulusbriefen, manches aber klingt sehr deutlich an sie an. Viele Ausleger nehmen deshalb an, daß der Brief von einem Paulusschüler in dessen Geist geschrieben ist, daher ihm in den Mund gelegt (ein der damaligen Zeit entsprechendes Sich-Berufen und die Autorität des Betreffenden; von ‚echt' und ‚unecht' sollte man hier überhaupt nicht reden).

1–3: Lobpreis, Danksagung und Fürbitte

1, 1– 2: Eingangsgruß
3–14: Danksagung
15–23: Fürbitte
2, 1–10: Er hat die Toten lebendig gemacht
11–22: Er hat die Fernen nahe gebracht
3, 1–13: Er hat das Geheimnis durch das Apostelamt verkündigen lassen
3, 14–21: Fürbitte und Lobpreis

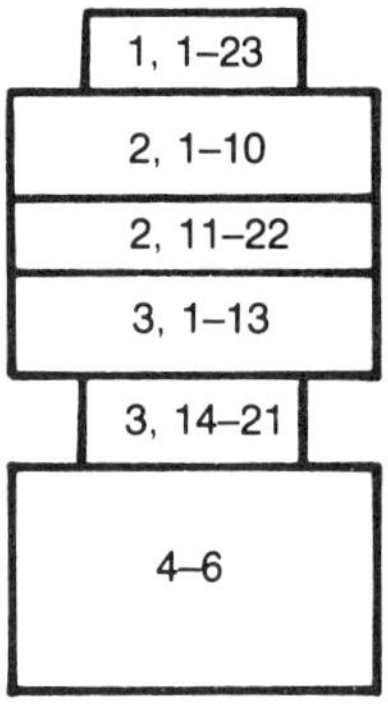

4–6: Paränese

4, 1– 6: Mahnung zur Einheit
7–13: Christus hat seiner Gemeinde die Gnadengaben verliehen
14–16: durch sie sollen die Glieder zum Haupt hin wachsen
17–24: Ihr sollt den neuen Menschen anziehen!
25–32: Mahnungen für den Alltag
5, 1–21: Trennung von der Finsternis, Wandel im Licht
5, 21–6, 9: Christliche Haustafel
6, 10–17: Die Waffenrüstung des Christen
18–20: Mahnung zur Fürbitte
21–24: Briefschluß

1–3 Mit einem Gotteslob setzt der Brief nach dem Eingangsgruß ein; gelobt wird Gott über seinem Erlösungswerk durch Christus für uns, damit wir etwas seien zum Lobe seiner Herrlichkeit (1, 3–14). Darauf richtet sich auch die Fürbitte des Apostels: daß die Gemeinde die ganze überreiche Tiefe des Geheimnisses ihrer Berufung erkenne, die ihr am Himmel und Erde umfassenden Werk Christi teilgab (1, 15–23). Dieses Werk Christi wird nun in 2, 1 –3, 13 entfaltet: a) Die durch ihre Sünden dem Tode Zugehörigen sind in das Erlösungswerk hineingenommen, sie sind mit Christus auferweckt und erhöht (2, 1–10); b) Christus hat die Scheidewand zwischen Juden und Heiden zerbrochen, um die zwei einander fernen Teile der Menschheit zu *einem* neuen Menschen zu machen. Beide wachsen auf dem Grunde der Apostel und Propheten zu einem neuen Bau (2, 11–22). Das Geheimnis dieses Erlösungswerkes ist ‚den heiligen Aposteln und Propheten' offenbart; sie sollen es den Heiden kundtun als frohe Botschaft, und die himmlischen Mächte bekommen daran teil (3, 1–13). Nach dieser Entfaltung des Heilswerkes Christi werden Fürbitte (3, 14–19) und Lobpreis (20–21) wieder aufgenommen; die Fürbitte entspricht 1, 15–23 und in das Lob der Herrlichkeit Gottes (wie 1, 3–14) münden die letzten Worte wieder ein.

In ein Gotteslob (V 3.12.14) ist die Botschaft von der Erlösung in Christus gefaßt; in V 12 ist das Leben der Christen in das Gotteslob einbezogen; dazu 3, 20–21.

Das Fundament der Kirche ist das Gotteswort des AT u. des NT.
Die Fernen u. die Nahen, vgl. Jes 45, 20–25.

4–6 Die Mahnung zur Einheit, mit der der paränetische Teil beginnt, entspricht dem vorher von der Kirche Gesagten; hier steht eines der stärksten und klarsten Worte des Neuen Testaments zur Einheit der Kirche (4–6): „Ein Herr – ein Glaube – eine Taufe . . .“ Dieser Einheit dient die Mannigfaltigkeit der Gaben, die Christus für seine Kirche erworben hat durch seinen Erlösungsweg in die Höhe und in die Tiefe (4, 7–13). Diese Gaben sollen der Auferbauung des Leibes Christi dienen. Dem Bild vom Haus (2, 20f.) entspricht hier das vom Leib (4, 14–16).

Der Sinn von 4, 8 = Ps 68, 19 ist unsicher.

Für den einzelnen Christen erwächst daraus die Mahnung, nicht mehr zu wandeln wie die Heiden, sondern den neuen Menschen anzuziehen (4, 17–24), und dies wird nun in vielen Einzelmahnungen konkretisiert (25–32). Alles heidnische Wesen gehört der Finsternis an, die Christen aber sollen Kinder des Lichts sein (5, 1–21). Hier ist wahrscheinlich ein urchristliches Tauflied zitiert: „Wach auf, der du schläfst, und steh auf von den Toten, so wird Christus dir als Licht aufgehen!“ (5, 14). – Die Mahnungen für die Stände in der Gemeinde sind in eine Haustafel gefaßt, wie es sie damals auch sonst gab (5, 21 –6, 9); hierbei ist das Verhältnis Christi zur Kirche mit der Ehe verglichen. Den Abschluß des paränetischen Teils bildet das breit ausgeführte Bild von der Waffenrüstung des Christen für den Kampf wider die Gewalten und Mächte (6, 10–17). Mit einer Aufforderung zur Fürbitte, der Ankündigung des Tychikus und dem Friedensgruß schließt der Brief (6, 18–24).

Die Haustafel zeigt, daß in der seßhaft werdenden christlichen Kirche die Familie Bedeutung erhält. Neben der allegorischen Deutung (V 32) wird Gen 2, 24 als die Liebe von Mann u. Frau begründend angesehen.

Der Philipperbrief

Der Brief ist wahrscheinlich aus der Gefangenschaft des Paulus in Ephesus (2 Kor 1, 8) geschrieben. Philippi ist die erste christliche Gemeinde, die Paulus auf europäischem Boden gründete (im Jahr 49/50; Apg 16, 11–40). Der Anlaß des Briefes ist eine Kollekte, die die Gemeinde ihm durch Epaphroditus übersandt hatte (2, 25–30); er war bei dem Aufenthalt bei Paulus schwer erkrankt, und Paulus sendet ihn nun mit dem Brief nach Philippi zurück. Das Verhältnis des Paulus zu dieser Gemeinde ist ein besonders freundliches, der Ruf zur Freude durchzieht den ganzen Brief. Paulus will in diesem Brief der Gemeinde zu Philippi für die Gabe danken, die sie ihm durch Epaphroditus übersandt hatte. Dieser Dank steht aber erst am Ende des Briefes (4, 10–20); er beginnt damit, daß er von seinem Ergehen in der Gefangenschaft berichtet; dieser Bericht jedoch weist von ihm weg auf Christus hin, und so steht in der Mitte des Briefes der Christushymnus in 2, 5–11.

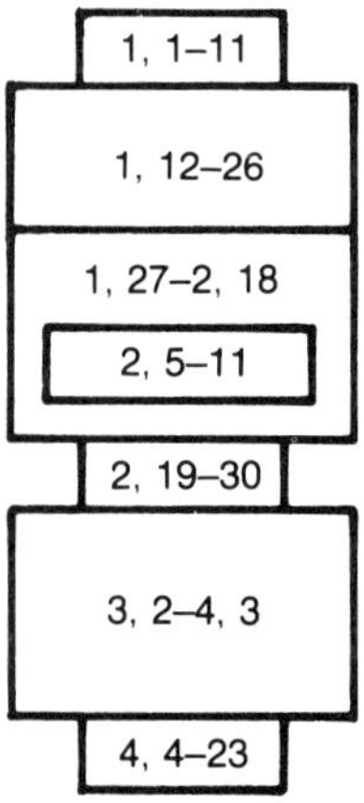

1, 1– 2: Eingangsgruß
3–11: Dank und Fürbitte für die Gemeinde in Philippi
1, 12–26: Paulus berichtet von seinem Ergehen
12–18: Seine Gefangenschaft dient der Förderung des Evangeliums
19–26: Christus wird durch mich verherrlicht werden, es sei durch Leben oder durch Tod (dazu 2, 17f.)
1, 27 –2, 18: Mahnung an die Gemeinde
27–30: Wandelt würdig des Evangeliums!
2, 1– 5: den Sinn auf Einigkeit gerichtet
5–11: wie unser Herr (Christushymnus)
12–16: Wandelt würdig dieses Herrn!
2, 19–30: Sendung des Timotheus, Rückkehr des Epaphroditus
3, 2– 4, 1: Warnung vor den Feinden des Kreuzes Christi
2– 3: Bezeichnung dieser Feinde
4–14: Persönliches Bekenntnis des Paulus
15 –4, 1: Stehet fest im Herrn!
2–3: Persönliche Mahnungen

4, 4– 9: Schlußmahnungen und Friedensgruß (dazu 3, 1)
10–20: Dank für die Gabe der Philipper
21–23: Grüße und Schlußwunsch

1, 1–11 Der Dank und die Fürbitte des Paulus (1, 3–11) geben schon den Grundton dieses Briefes an: „in allem meinem Beten für euch alle mit Freuden"; in froher Gewißheit denkt Paulus an die Philipper: Gott wird das gute Werk, das er bei ihnen angefangen hat, vollenden.

1, 12–26 Im Bericht von seinem Ergehen lenkt Paulus vom ersten Satz an fort und von den harten Fakten seines Gefängnisses hin zu dem, was Gott daraus gemacht hat: gerade dadurch läuft die Botschaft weiter. Und mögen bei den Boten auch sehr menschliche Motive beteiligt sein, es kommt nur darauf an, daß auf jede Weise Christus verkündigt wird (1, 12–18). Wenn er aber in die Zukunft sieht, weiß Paulus, daß Christus durch ihn verherrlicht werden wird, ob durch seinen Tod oder durch sein Weiterleben (1, 19–26).

Das Leitmotiv der Freude (1, 4.18 u. ö.) ist verbunden mit dem Gotteslob (1, 11), dem auch die Verkündigung (1, 18), u. der Dienst des Paulus (V 19–26) dient.

1, 27 –2, 18 Nach dem Bericht von seinem Ergehen geht Paulus schon zur Mahnung an die Philipper über; aber die Mahnung, des Evangeliums und des Herrn würdig zu wandeln, führt zur eigentlichen Mitte des Briefes, dem Lied von Christus (2, 5–11). Es ist eingeleitet: „Seid unter euch auf das gerichtet, was auch in Christus Jesus (geschah)"! (anders als die Lutherübersetzung). Es ist ein schon älterer und vielleicht im Gottesdienst der frühesten christlichen Gemeinden geprägter Hymnus auf die Erniedrigung und die Erhöhung Christi und deren letztes Ziel. In 12–16 wird die Mahnung noch einmal aufgenommen und eng mit dem Ergehen des Paulus verbunden (17–18), so daß sie ausmünden kann in den Ruf: „Freuet euch mit mir!".

Das Lied entspricht dem berichtenden Lob in den Psalmen, nicht dem „Hymnus".

2, 19–30 Die Ankündigung des Timotheus und die Rücksendung des Epaphroditus trägt den Grundklang der Freude auch in diese einfachen Mitteilungen hinein; es gibt für Paulus im Verkehr mit seinen Gemeinden nichts noch so Geringfügiges, was nicht irgendwie hineingehörte in den Lauf des Evangeliums.

3, 2 –4, 1 In einem ganz anderen Ton (3, 1a wird unmittelbar in 4, 4 weitergeführt) warnt Paulus in diesem Zwischenstück vor Feinden des Kreuzes Christi, die in die Gemeinde hineinwirken. Sie bestehen auf der Beschneidung (Juden oder Judaisten?) und lassen sehr materielle Interessen erkennen (3, 19). Paulus weist ihnen entgegen auf seine eigene Person und auf seinen Weg, er verschweigt auch hier nicht, daß er einmal die Christen verfolgte; aber jetzt hält er das ihm damals Wesentliche für Unrat, um Christi willen, der ihm nun das einzige Ziel geworden ist (3, 7–14). Dasselbe wünscht Paulus bei den Philippern, die ihm Freude und Ruhmeskranz sind und ruft sie zum Festbleiben in Christus (3, 15 –4, 1).

4, 4–23 Die Schlußmahnung setzt wieder beim Ruf zur Freude ein, einer Freude, die von Sorgen frei ist, weil sie weiß: Der Herr ist nahe! Zwischen die Friedenswünsche des Briefschlusses ist der Dank für die Gabe der Philipper gefügt; auch sie weiß Paulus in den großen Zusammenhang des Christuswerkes zu stellen. Und er befiehlt die Gemeinde dem Bewahren Gottes: „Und der Friede Gottes, welcher höher ist als alle Vernunft, bewahre eure Herzen und Sinne in Christus Jesus."

Zu dem Leitmotiv der Freude (s. o.) gehört auch das Vertrauen zum Schöpfer (V 6); vgl. Mt 6, 25–34.

Der Brief an die Gemeinde in Kolossä (im Lykostal in Kleinasien), die wahrscheinlich von Paulusschülern gegründet wurde (1, 7: Epaphras), ist in der Spätzeit des Paulus geschrieben, vielleicht aus Rom. Paulus kennt die Gemeinde persönlich nicht (2, 1), doch weiß er sich mit ihr verbunden. Der Brief hat viel stärker als der Epheserbrief den Charakter persönlicher Anrede (die Annahme, daß der Kol wie der Eph nicht von Paulus selbst, sondern von einem Schüler stamme, ist hier nicht so klar begründet). Der Brief warnt vor einer Irrlehre, die Engelmächte als Begründer und Hüter der Weltordnung ansieht und die Respektierung dieser Mächte und ihrer Ordnungen fordert in Askese, Beachtung heiliger Zeiten und Reinheitsvorschriften. Sie erinnert in manchem an (jüdisch beeinflußte) Mysterienreligionen. Der Brief stellt dagegen die Alleinherrschaft Christi, die sich auch auf alle Mächte erstreckt, wie sie von den Christen bei der Taufe bekannt wird. So steht in der Mitte des Kolosserbriefes das Taufbekenntnis (1, 12–20), seine Erläuterung und die Ermahnung, die auf ihm aufbaut.

In diesem späteren Brief zeigt sich das Bestreben, das Werk Christi mit dem Wirken des Schöpfers zu verbinden wie im Johannesprolog Joh 1, 1–18.

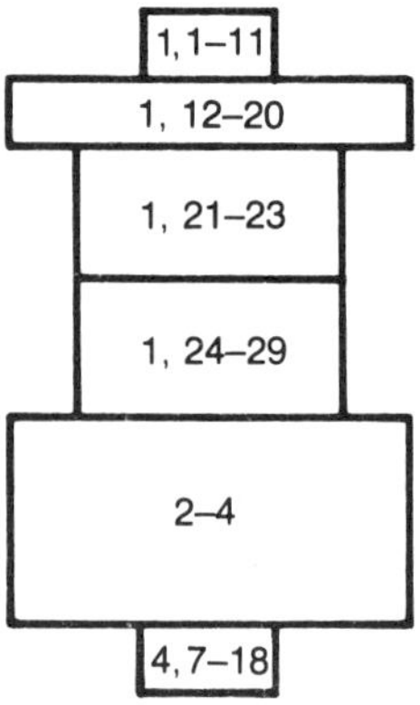

1, 1– 2: Eingangsgruß
3–11: Danksagung und Fürbitte
12–20: Taufbekenntnis zum Erlösungswerk Christi
21–23: an dem die Gemeinde teilbekommen hat
24–29: das d. Apostel in seinem Dienst weiterträgt
2–4: Paränetischer Teil
2, 1– 7: Bleibt in dem, was ihr empfangen habt und nehmt darin zu
8–23: Warnung vor der Irrlehre
9–15: Triumph Christi über die Mächte
3, 1–17: Mahnungen für das Leben im Namen des Herrn Jesus (dazu 4, 5f.)
3, 18–4, 1: Christl. Haustafel
4, 2– 4: Mahnung zur Fürbitte
4, 7–18: Briefschluß

In der Mitte des Danksagungs- wie des Mahnungsteiles des Kolosserbriefes steht ein das Erlösungswerk Christi beschreibendes Wort: 1, 12–20 und 2, 9–15. Beide werden in der neueren Auslegung als Bekenntnis oder Hymnus der urchristlichen Gemeinde bestimmt, 1, 12–20 wahrscheinlich als Taufbekenntnis, das Paulus hier wörtlich oder wenig abgeändert in seinen Brief übernimmt. Vergleicht man beide miteinander und nimmt noch den Christushymnus Phil 2, 5–11 hinzu, so ist deutlich zu sehen, wie in der Urgemeinde in großer Freiheit das Erlösungswerk Christi bekannt werden konnte. In 1, 12–20 ist es mit der Schöpfung und Erhaltung der Welt (15–17) wie auch mit deren endgültiger Erlösung (19–20) in Verbindung gebracht (Anklang an das Apostolicum!). In 2, 9–15 ist das Erlösungswerk Christi als Sieg und Triumph über alle himmlischen und irdischen Mächte dargestellt, an dem die Christen, die in der Taufe mit ihm begraben und mit ihm auferweckt werden, teilbekommen. Das ist im Blick auf die Irrlehre gesagt, vor der Paulus die Gemeinde bewahren will: Nach diesem Sieg des Christus kann es Herrschaft irgend anderer Mächte nun nicht mehr geben; „denn in ihm wohnt die ganze Fülle der Gottheit leibhaftig“ (2, 9). Dem Taufbekenntnis 1, 12–20 geht Eingangsgruß, Danksagung und Fürbitte voraus (1, 1–11); ihm folgt ein Blick auf die Gemeinde: die einst fern und feind waren, haben an dieser Versöhnung teilbekommen (21–23); und ein Blick auf den eigenen Dienst: in ihm trägt der Apostel die Leiden und die Herrlichkeit Christi weiter und verkündet das nun offenbar gewordene Geheimnis (24–29).

Auch hier wird das Werk des Christus in kosmischem Horizont gesehen.

Das Leiden Christi ist nicht nur Faktum der Vergangenheit, sondern bestimmt den gegenwärtigen Weg seiner Diener.

Nun beginnt schon der paränetische Teil. Nach einer allgemeinen Mahnung, bei dem Empfangenen zu bleiben und darin zu wachsen (2, 1–6), warnt der Apostel die Gemeinde vor der sie bedrohenden Irrlehre. Sie wird vor dem Christushymnus bezeichnet

als eine Weltweisheit, die es mit Naturmächten zu tun hat (2, 8); danach werden ihre Forderungen angedeutet, die aber für die an Christus glaubende Gemeinde keine Gültigkeit mehr haben können (2, 16–23).
Es folgen Mahnungen für das Leben des Christen. Den mit Christus Auferweckten wird zugerufen: „Sucht, was droben ist, wo Christus ist!“ (3, 1–4) und in einer Fülle einzelner Mahnungen wird das konkretisiert (3, 5–17). Sie werden am Ende zusammengefaßt: „Alles, was ihr tut . . . das tut alles in dem Namen des Herrn Jesus, indem ihr Gott, dem Vater, durch ihn dankt!“ – Eine Haustafel (3, 18 –4, 1) geht auf die Aufgaben der Stände in der Gemeinde ein, in deren Mitte der Satz 3, 17 noch einmal wiederholt wird, und daran schließt eine Mahnung zur Fürbitte, auch für Paulus, wobei das vom Amt des Paulus in 1, 24ff. Gesagte noch einmal anklingt. Der Briefschluß enthält eine Fülle wechselseitiger Grüße und vor dem Schlußgruß den sehr menschlichen und unmittelbaren Stoßseufzer: „Gedenket meiner Fesseln!“

Der Gottesebenbildlichkeit (Gen 1, 26–28) entspricht die universale Christusbotschaft.

Der erste Thessalonicherbrief

Der 1 Thess ist der älteste der uns erhaltenen Paulusbriefe; Paulus hat ihn wenige Monate nach der Gründung der Gemeinde im Jahr 49 geschrieben (2, 17). In Sehnsucht nach der Gemeinde hat Paulus den Timotheus zu ihr geschickt und von ihm gute Nachricht erhalten (2, 17 –3, 8). Unter ihrem Eindruck ist der Brief geschrieben; so ist es zu erklären, daß er nur aus einer sehr erweiterten Danksagung (1–3) und einer Paränese (Briefschluß 4–5) besteht.

Zu der Einleitung: Die kleinen Briefe zeigen deutlich, daß die missionarische Verkündigung des Paulus nicht in den Briefen enthalten, sondern vorausgesetzt ist.

Das Gebet ist in den Briefen des NT ein selbstverständlicher Bestandteil des Wirkens der Apostel u. ihres Verkehrs mit den Gemeinden; es ergibt sich aus beidem.

Hier u. an vielen anderen Stellen ist das Erzählen voneinander, vom Ergehen u. von Erfahrungen ein Lebenselement der Gemeinden.

1–3 Danksagung

1, 1: Eingangsgruß
1, 2–10: Dank an Gott für den guten Stand der Gemeinde
2, 1–12: Das Wirken des Paulus in Thessalonich
13–16: Dank für die Aufnahme des Wortes unter Verfolgungen
2, 17–3, 8: Besuch des Timotheus
3, 9–13: Bitte um Wiedersehen und Wachsen der Gemeinde

In einer schönen Unmittelbarkeit spiegelt dieser Brief die Freude des Paulus an der Gemeinde, die unter viel Trübsal das Wort aufnahm mit Freude, deren Glaube, Liebe und Hoffnung gesund sind und von der in anderen Gemeinden Gutes erzählt wird (1, 2–10 und 2, 13–16). Eingeschlossen in diesen Dank kann Paulus auch dankbar an seinen Dienst in Thessalonich zurückdenken (2, 1–12). Diese Verbindung mit der Gemeinde in Thessalonich hilft ihm in seiner gegenwärtigen schweren Lage (3, 7f.); und so erwächst aus dem Dank die Bitte um ein Wiedersehen und um das Wachsen dessen, was Gott dort angefangen hat (3, 9–13).

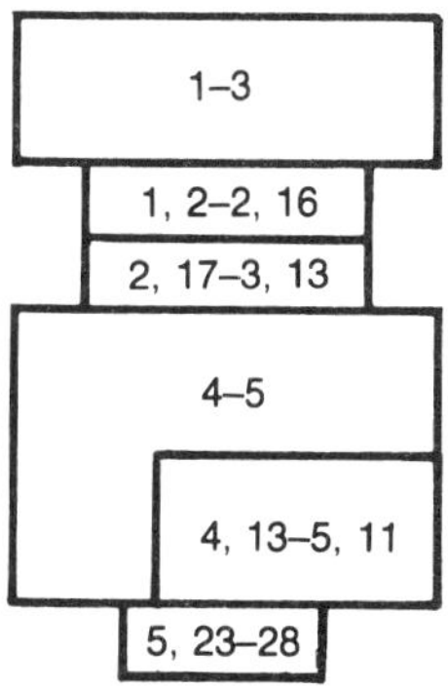

4–5 Paränese (Briefschluß)

4, 1– 2: Mahnung zum Fortschreiten auf dem angetretenen Weg
3– 8: Gottes Wille ist eure Heiligung in der Zucht
9–12: Mahnung zur Liebe, zu stiller Arbeit und Wohlanständigkeit
13–18: Über die Entschlafenen
5, 1– 3: Der Tag des Herrn
4–11: Mahnung zu Wachsamkeit und Nüchternheit
12–22: Verschiedene Mahnungen
23–28: Briefschluß

Wieder zeigt sich das Seßhaftwerden der Gemeinde, zu der jetzt die bürgerliche Wohlanständigkeit gehört.

Die Beantwortung dieser Frage setzt die baldige Erwartung der Wiederkunft Christi voraus; ebenso 5, 1–3.

Alle Mahnungen, die Paulus in diesem Schlußteil an die Gemeinde richtet, sind durchklungen von der dankbaren Gewißheit, daß die Thessalonicher den rechten Weg beschritten haben und Paulus nur wünschen kann, daß sie in der eingeschlagenen Richtung weitergehen. Daher fehlt ihnen alle Schärfe. Auch was er zwischen den Mahnungen vom Schicksal der Entschlafenen sagt (4, 13–18), hat den Klang des Trostes. Auch die schon vor dem Wiederkommen Christi Gestorbenen werden mit ihm vereint werden; der Tag seines Wiederkommens läßt sich nicht voraussehen, er wird plötzlich kommen (5, 1–3; vgl. Mt 24, 42–44). Die Gemeinde kann diesem Tag getrost entgegensehen, wenn sie wachsam und nüchtern bleibt. „Der euch beruft, ist treu, er wird es auch ausführen."

Der zweite Thessalonicherbrief

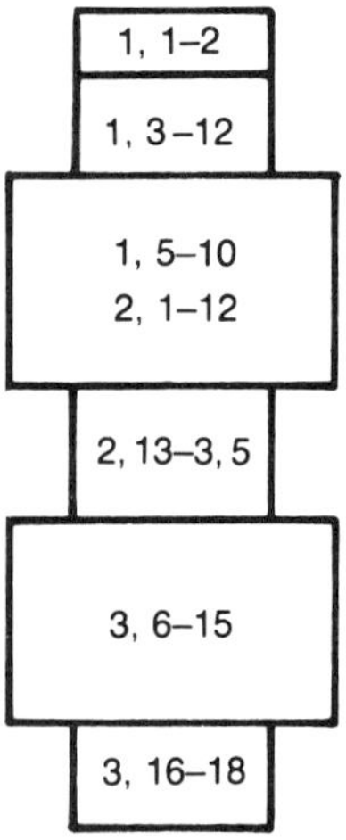

1, 1– 2: Eingangsgruß
3–12: Dank und Fürbitte für die Gemeinde
5–10: Das Endgericht
2, 1–12: Die Wiederkunft Christi
13–14: Wiederaufnahme des Dankes
15–17: Mahnung und Schlußwunsch
3, 1– 5: Bitte um Fürbitte und Schlußwunsch
6–15: Gebot der Trennung von den Unordentlichen
16–18: Schlußwunsch

Ähnlich wie beim 1 Thess geht der zweite nach dem Eingangsgruß von der Danksagung aus und kehrt später wieder zu ihr zurück, um dann gleich zum Briefschluß überzugehen. Ähnlich ist auch, daß der Abschnitt dazwischen von der Wiederkunft Christi handelt. Aber dem 2 Thess fehlt die Wärme und die den ganzen Brief durchstrahlende Dankbarkeit des ersten, die Worte des Dankes und der Fürbitte klingen nicht so persönlich. Auch darin ist ein Unterschied, daß hier von deutlich erkennbaren Vorzeichen des Wiederkommens Christi gesprochen wird, gegen ein aufgeregtes Warten der Gemeinde auf den unmittelbar bevorstehenden Tag der Wiederkunft (2, 1–12). Bei deren Schildung wird ein besonderes Gewicht auf das Gericht an den Gottlosen gelegt (1, 5–10 und 2, 10–12). Vor dem Wiederkommen Christi kommt der Widersacher (oder Frevler), er wird aber jetzt noch zurückgehalten. Falsche Vorstellungen vom Ende haben bei einigen einen ‚unordentlichen Wandel' bewirkt, vor dem der Brief nachdrücklich warnt (3, 6–15). Manche Ausleger nehmen an, daß der Brief im Namen des Paulus und um dessen Erbe zu wahren von einem Späteren geschrieben ist; jedenfalls ist er später als der erste und in eine andere Situation hinein geschrieben.

Dieser frappierende Unterschied zu 1 Thes entspricht einem ebenso deutlichen Unterschied in der späten Prophetie, in deren einer Richtung Gottes Vergeltung an den Feinden des Gottesvolkes im Vordergrund steht.

Die Pastoralbriefe (1 Tim; 2 Tim; Tit)

Die drei Briefe an Timotheus und Titus werden seit dem 18. Jahrhundert unter der Bezeichnung ‚Pastoralbriefe' als eine Einheit gesehen. Sie sind an Schüler des Paulus adressiert und durch sie an einen großen Kreis von Gemeinden (in Kleinasien und Kreta) gerichtet. Sachlich stimmen sie außer in der Sprache und der Situation der Gemeinden in den drei Themen überein: a) Bekämpfung der Irrlehre, b) Gemeindeordnungen, c) Paränesen. Dabei fällt ein deutlicher Abstand zu den übrigen Paulusbriefen auf: a) Statt leidenschaftlicher, auf die Argumente der Gegner eingehender Argumentation genügt hier der Hinweis des Abweichens von der rechten Lehre; b) die Gemeindestruktur zeigt deutlich eine spätere Stufe an: die Ämter (Episkopen, Presbyter, Diakonen) sind fest eingerichtet und bestimmen ganz das Gemeindeleben; c) in den Ermahnungen zeigt sich die Atmosphäre bürgerlicher Rechtschaffenheit. Von den Auslegern, die Paulus als Verfasser der Pastoralbriefe ansehen, werden sie daher in dessen letzte Jahre verlegt. Von vielen Auslegern werden sie als eine Nachbildung, am Anfang des 2. Jahrhunderts in Kleinasien entstanden, angesehen, deren hohe Bedeutung es ist, zu dieser Zeit gegen eindringende Irrlehren die Autorität des Paulus in wesentlichen Grundzügen seiner Theologie vergegenwärtigt zu haben. Sie sind so ein Zeugnis für das Hineinragen der Verkündigung des Paulus in eine schon erheblich gewandelte Situation der frühen Kirche.

Die Pastoralbriefe bezeugen, wie aus der missionarischen die seßhafte Kirche wird. Unter den vielen Mahnungen fehlt die Mahnung zur Mission; keines der Ämter hat den Auftrag zur Mission.

Der erste Timotheusbrief

1, 1– 2: Eingangsgruß
3–11: Warnung vor Irrlehrern
12–17: Dank für den dem Paulus anvertrauten Dienst
18–20: Mahnung an Timotheus angesichts der Irrlehrer
2, 1–15: Weisungen für das Gebet in der Gemeinde
8–15: Unterordnung der Frau
3, 1– 7: Ordnung des Bischofsamtes
8–13: Ordnung des Diakonenamtes
14–16: Abschluß mit Christushymnus (6, 14–16)
4, 1– 5: Warnung vor Irrlehrern
6–11: Mahnung an Timotheus angesichts der Irrlehre
12–16: Mahnung für Timotheus in seinem Amt (und 5, 1–2)
5, 3–16: Ordnung für die Witwen
17–22: Ordnung für die Ältesten
6, 3–10: Warnung vor den Irrlehrern
11–21: Mahnung an Timotheus angesichts der Irrlehre
Einzelmahnungen: 5, 23–25; 6, 1–2; 6, 17–19

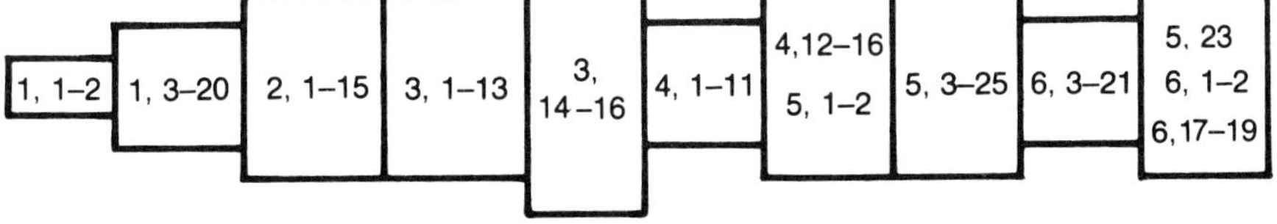

Die Gefahr von innen ist jetzt größer geworden als die Gefahr von außen.

a) Warnung vor Irrlehrern. Gleich nach dem Eingangsgruß setzt die Warnung vor den Irrlehrern ein, die ein, wenn nicht der Hauptzweck des Briefes ist. Sie begegnet dreimal; an allen drei Stellen (Kap. 1; 4 und 6) folgt ihr eine Mahnung an Timotheus angesichts der Irrlehrer. Damit ist deutlich zum Ausdruck gebracht: die eigentliche Gegenwehr gegen die Irrlehre wird jetzt nicht mehr bei der Gemeinde selbst gesucht, sondern beim Amt, beim Träger des leitenden Amtes. Zugleich wird dadurch der Zusammenhang der beiden Hauptthemen der Pastoralbriefe deutlich: Bekämpfung der Irrlehre und Festigung der Ämter in der Gemeinde.

In 1, 3–11 ist zwar dem Timotheus deutlich geboten, der fremden Lehre entgegenzutreten, diese selbst aber ist nur angedeutet; sie bietet ‚Fabeln', ‚endlose Geschlechtsregister', ‚nichtiges Geschwätz' und ‚Gesetzeslehre' (also eine jüdisch-gnostische Irrlehre); dem werden das Gebot der Liebe, ungeheuchelter Glaube und die gesunde Lehre entgegengestellt. Das Gesetz aber ist nicht für die Gerechten, sondern für die Gesetzlosen (Lasterkatalog 9f.) bestimmt. In 4, 1–5 wird hinzugefügt, daß es sich um die für die Endzeit geweissagte Irrlehre handelt und ihren Speiseverboten wird entgegnet, daß nichts von Gott Geschaffenes verwerflich ist, wenn es mit Danksagung genossen wird. Noch viel unbestimmter ist die Beschreibung der Irrlehrer in 6, 3–10; „eine krankhafte Sucht nach Streitfragen und Wortgezänk" wird ihnen vorgeworfen, dazu Aufgeblasenheit und Geldgier. Dagegen wird auf die der Frömmigkeit gemäße Lehre hingewiesen, die genügsam ist.

Die Mahnung an Timotheus angesichts der Irrlehre (1, 18–20), einen guten Kampf zu kämpfen im Bewahren des Glaubens und guten Gewissens – im Gegensatz zu Hymenäus und Alexander, die dem Satan übergeben sind – ist von Paulus dem Sohn Timotheus anvertraut. Damit ist zum Ausdruck gebracht, daß das Amt des Timotheus aufruht auf dem Dienst des Paulus, für den in 1, 12–17 gedankt ist; und dieser Dienst wiederum gründet darauf, „daß Christus Jesus in die Welt gekommen ist, um Sünder zu retten". Der Abschnitt schließt mit einer Doxologie. Die Mahnung an Timotheus angesichts der Irrlehre ist fortgesetzt in 4, 6–11, wo dem Timotheus die Lehrvollmacht gegeben wird („Dies gebiete und lehre!"), den heillosen Altweiberfabeln und äußerlichen Satzungen der Irrlehrer das zuverlässige Wort und die gute Lehre entgegenzusetzen. – In 6, 11–21 schließlich wird dem Timotheus zugerufen: O Timotheus, bewahre das anvertraute Gut! Kämpfe den guten Kampf des Glaubens und halte an dem Bekenntnis fest, das du vor vielen Zeugen abgelegt hast! Von dieser Mahnung gerahmt ist der Teil eines Christusliedes (6, 14–16).

Eine klare, einfache Formulierung des christlichen Glaubens; vgl. dazu 2, 4: die Rettung in Christus zielt auf *alle* Menschen.

b) Gemeindeordnungen. Sie beginnen in 2, 1–15 mit Weisungen für das Gebet in der Gemeinde. Zur Fürbitte und Danksagung wird gemahnt, an erster Stelle für die Obrigkeit, „damit wir ein ruhiges und stilles Leben führen können"; angefügt ist in 9–15 eine Ordnung für die Frauen in der Gemeinde. Es folgen die Ordnungen für das Bischofs- und das Diakonenamt (3, 1–7; 8–13), wobei beidemal die Voraussetzungen für die Ausübung des Amtes moralischer, nicht kirchlich-theologischer Art sind. Im Abschluß beider Stücke wird das ‚Geheimnis der Frömmigkeit' in einem Christushymnus beschrieben:

Die Gemeindeordnungen hier u. im Folgenden bezeichnen den Weg zur institutionellen Kirche.

In allen kurzen bekenntnisartigen Zusammenfassungen des christlichen Glaubens bezieht dieser sich auf ein Geschehen bzw. eine Geschehensfolge, wie das „geschichtliche Credo" Dtn 26 im AT.

> Der geoffenbart im Fleisch
> als gerecht erwiesen im Geist
> erschienen den Engeln
> gepredigt unter den Heiden, geglaubt in der Welt
> aufgenommen in Herrlichkeit.

In 4, 12–16 werden Timotheus Weisungen für sein Amt, die Leitung der Gemeinde (ohne Nennung einer Amtsbezeichnung), gegeben. Daß er Vorbild der Gläubigen in Wort und Wandel sei und festhalte an der rechten Lehre, ist auch hier das Wesentliche. Nur erwähnt werden Schriftlesung, Ermahnen und Lehre. Die Gemeindeordnung wird beschlossen durch die Anweisungen für die Witwen und die Ältesten. Die Witwen (5, 3–16) gehören hier einem Stand in der Gemeinde mit besonderen Diensten an. Dazu sollen die nicht gehören, die noch Angehörige zu versorgen haben, das geht vor (4–8). Ebenso sind jüngere Witwen abzuweisen (11–14). Vers 9f. werden Voraussetzungen für den Eintritt in den Witwendienst genannt, es wird aber nicht gesagt, worin er besteht. Auch die Anweisungen für die Ältesten (5, 17–22) sagen über das Amt fast gar nichts.

Ein- und angefügt sind verschiedene Einzelmahnungen 5, 23–6, 2; 6, 17–19, darunter Worte zu den Sklaven und den Reichen.

Der 2 Tim ist als ganzer eine Mahnung für Timotheus in seinem Amt. Es geht in ihr um a) die Bewahrung der überkommenen Frömmigkeit, b) die Aufforderung zur Leidensnachfolge, c) das Festhalten an der gesunden Lehre, d) das Weitergeben des ihm Anvertrauten. Dazu kommt, ganz in diese Mahnung verwoben, die Warnung vor der Irrlehre. Dies sind die beiden Hauptmotive des Briefes; damit verbunden sind Hinweise auf das Werk Christi und den Dienst des Paulus, dazu Nennung einiger, die zu Paulus hielten und die ihn verließen. Diese wenigen Motive sind aber im 2 Tim so zusammenhanglos aufgereiht, daß einen sinnvollen Aufbau des Briefes zu erkennen nicht gelingt. Man wird darum am besten den Brief nach den genannten Motiven durchgehen; dazu mag die hier folgende Tabelle eine Hilfe geben.

	1a	b	c	d	2	3	4	5	
Kap. 1	1, 3–7	8 12	13–14			8–10	11–12	15–18	1, 1–2: Eingangsgruß, Dank und Fürbitte
Kap. 2		3–13	15 22–26	2, 1–2	2, 14 16–18 19–21	8–13	8–10		
Kap. 3		10–12	14–17		3, 1–9 13		11		
Kap. 4				4, 1–5			6–8 9–18	10–16	19–22: Schlußgruß

Die Tradition tritt jetzt so stark in den Vordergrund, daß sie zwei Religionen zu überbrücken vermag. Vgl. das Verhältnis der Religion Israels zur Väterreligion.

Hier ist Christus Retter zum Tod, wie er in 1 Tim 1, 15 Retter von der Sünde ist.

Die Mahnung, nicht zu streiten, hebt sich seltsam ab von den scharfen Streitgesprächen des Paulus z. B. im Galaterbrief.

Zu der Mahnung des Bleibens vgl. Joh 15. – Das AT ist die heilige Schrift der Christen geworden.

1. Mahnung für Timotheus in seinem Amt
   a) Bewahrung der überkommenen Frömmigkeit
   b) Aufforderung zur Leidensnachfolge
   c) Festhalten an der gesunden Lehre
   d) Weitergeben des Anvertrauten
2. Warnung vor der Irrlehre
3. Das Werk Christi
4. Der Dienst des Paulus
5. Treue und untreue Gemeindeglieder

Die Besonderheit des 2 Tim ergibt sich daraus, daß er als ganzer eine an Timotheus gerichtete Mahnung ist; so ist er als ganzer stärker persönlich gehalten als 1 Tim, enthält keine ausführlichen Gemeindeordnungen, und das von Paulus Gesagte ist stärker persönlich als sachlich bestimmt. Dem Brief eigentümlich ist die Aufforderung zur Leidensnachfolge. Damit setzt die eigentliche Paränese in 1, 8 ein; diese Leidensbereitschaft entspricht dem Werk des Christus (8–10) und dem Vorbild des Paulus (11–12). In 2, 3–13 ist diese Mahnung breit ausgeführt: „Leide mit mir als ein guter Streiter Christi!" wiederum in engster Beziehung zum Werk Christi (8) und dem Vorbild des Paulus (9f.). In den anderen Motiven steht der 2 Tim dem 1 Tim nahe; auffällig ist die Begründung der Paränese auf den Glauben, den Timotheus von seiner Großmutter und Mutter überkommen hat (ebenso wie Paulus! 1, 3–5); hier wird der christliche Glaube als eine direkte Fortsetzung des jüdischen gesehen. Es zeigt sich, welch einen traditionellen Glaubensbegriff die Pastoralbriefe vertreten. – Schließlich ist für den 2 Tim charakteristisch, wie die Scheidung zwischen treuen und untreuen Gemeindegliedern in den Vordergrund tritt. Der Abschnitt 4, 6–22 ist so persönlich-direkt, daß er Teil eines von Paulus selbst geschriebenen Briefes sein könnte (so Bultmann).

Der Titusbrief

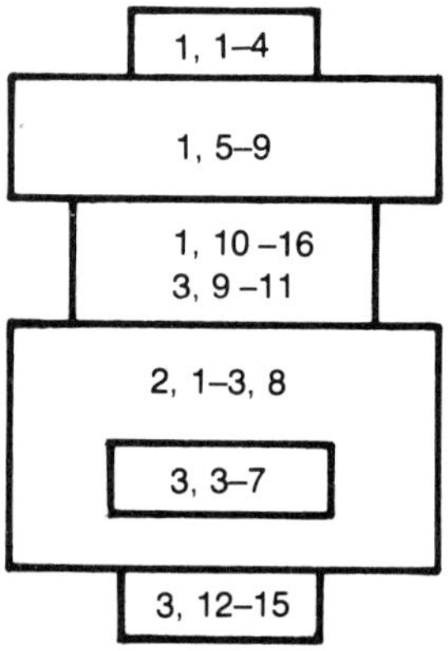

In der Abwehr der Irrlehre (1, 10–16) ist aus der frohen Botschaft in den Pastoralbriefen die „gesunde Lehre" geworden.

Diese Haustafel setzt die hohe Bedeutung der Familie in den seßhaft gewordenen Gemeinden voraus.

1, 1– 4: Eingangsgruß
1, 5– 9: Ordnung für Älteste (Bischöfe)
10–16: Warnung vor den Irrlehrern
2, 1–10: Haustafel
11–15: begründet in einem Bekenntnis
3, 1– 2: Einzelmahnungen
3– 7: begründet in einem Taufbekenntnis
8: unterstreichende Mahnung
9–11: Warnung vor Irrlehrern
12–15: Briefschluß

Der Titusbrief steht dem 1 Tim näher als dem 2 Tim, wie schon der Überblick zeigt. Hier sind klar kenntliche Abschnitte, die in deutliche Beziehung zueinander gebracht sind. Auf den Eingangsgruß folgt ohne Übergang eine Ordnung für Älteste, die zugleich für Bischöfe gilt (oder ist es das gleiche Amt?). Wie in 1 Tim hat das Amt die Irrlehre abzuwehren (letzter Satz von 1, 9), die nun in 1, 10–16 dargestellt wird. Die Haustafel (2, 1–10) erteilt Mahnungen an die Alten (Männer und Frauen) und die Jungen (nur Männer) und die Sklaven (nicht die Herren!), begründet in einer bekenntnisartigen Zusammenfassung des christlichen Glaubens (2, 11–15): „Denn es ist erschienen die heilsame Gnade Gottes allen Menschen . . ." Entsprechend werden die wenigen Einzelmahnungen 3, 1–2 in der Umschreibung eines Taufbekenntnisses begründet (3, 3–8). Hervorgehoben ist dabei die Mahnung zum Gehorsam gegen die Obrigkeit (Röm 13). Mit einer zweiten Warnung vor den Irrlehrern (3, 9–12) kommt der Brief zum Schluß (persönliche Bemerkungen, Grüße, Schlußgruß, 3, 12–15).

Der Philemonbrief

Der persönliche Brief eines alten Mannes; man halte ihn dem Galaterbrief gegenüber u. vergleiche ihn mit Ps 71, dem Psalm eines alten Mannes.

1– 3: Eingangsgruß
4– 7: Dank und Fürbittenversicherung
8–20: Bitte um freundliche Aufnahme des Onesimus
8– 9: Paulus will nicht gebieten, sondern um der Liebe willen bitten; ein alter Mann und ein Gefangener um Christi willen
10–11: Um Onesimus, in seinen Fesseln gezeugt
12–14: Paulus sendet ihn zurück, um ihn nicht ohne das Einverständnis des Philemon in seinem Dienst zu behalten
15–16: Er ist nun auch für Philemon ein Bruder geworden
17–20: Paulus bittet um freundliche Aufnahme und will allen Schaden ersetzen, der dem Philemon entstanden ist
21–25: Briefschluß: Paulus hat so im Vertrauen auf Philemon geschrieben. Er hofft auf baldiges Wiedersehen, sagt Grüße und schließt: „Die Gnade des Herrn Jesus Christus sei mit eurem Geiste!"

Die übrigen Briefe

Der Hebräerbrief

Der Hebr ist ein aufrichtendes, mahnendes und erklärendes Wort an eine Gemeinde (oder eine Gruppe), die in der Gefahr ist, abzugleiten (2, 1), die müde und angefochten ist (3, 6.14; 10, 35; 12, 12). Sie wird in der Weise zum Festhalten am Bekenntnis gerufen (4, 14), daß ihr – vom ersten bis zum letzten Satz des Briefes – Christus groß gemacht wird. Das geschieht in der Auslegung einer Reihe alttestamentlicher Worte und Zusammenhänge, die alle die Hoheit der Person und des Werkes Christi erweisen sollen. Darin, daß ihm Christus groß gemacht wird, erfährt das wandernde Gottesvolk Stärkung und Weisung, darin wird es auf sein Ziel gewiesen, die Ruhe am Ende der Wanderung.
Der Titel ‚An die Hebräer' ist dem Brief erst nachträglich gegeben worden. Er beginnt ohne jede Briefeinleitung, nur der Schluß, 13, 18–25 hat deutlichen Briefcharakter. Wir kennen weder den Verfasser noch die Adressaten; der Brief ist erst spät in den Kanon gekommen. Seine wesentliche Bedeutung liegt in der Darlegung des Amtes Jesu Christi als aufhebende Erfüllung des alttestamentlichen Priestertums und Opferdienstes.

Zur Einleitung: Der Hebr setzt das AT als ganzes voraus u. legt es auf Christus aus. Wesentlich ist dabei nicht die Art der Auslegung, die sich wandeln kann, sondern die Begründung der Botschaft von Christus auf das AT. Der Verfasser des Hebr faßt das AT in der Weise als Ganzheit, daß er Gottesdienst (4–10) u. Geschichte (11) miteinander verbindet.

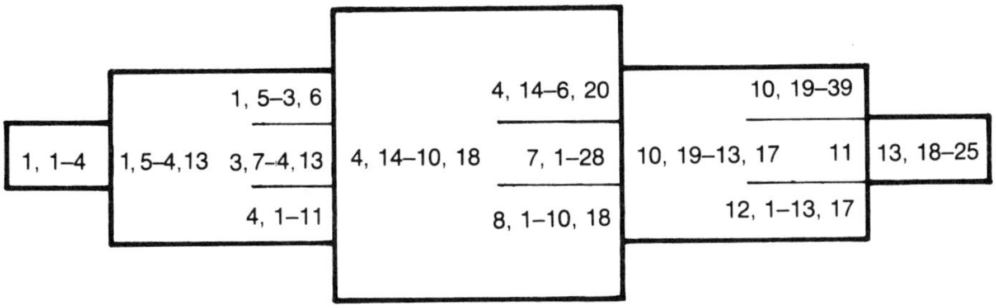

1, 1– 4: Gott hat sein endgültiges Wort gesprochen in seinem Sohn, den er nach dem Erlösungswerk zu seiner Rechten erhöht hat
5–14: Christus nach der Schrift über die Engel erhöht
2, 1– 4: Mahnung zur Achtung vor diesem Wort
2, 5–10: Um seines Leidens willen ward er verherrlicht (Ps 8)
11–18: Er ist unser Bruder geworden, um uns zu befreien
3, 1– 6: Als Sohn ist er auch über Mose erhaben
3, 7–4, 13: Warnung vor dem Unglauben (Ps 95, 7–11)
4, 1–11: Am Ende unseres Weges wartet die Ruhe
4, 14–10, 18: In Christus ist das Priestertum und der Opferdienst erfüllt
4, 14–16: Wir haben einen Hohenpriester, der mit uns fühlt
5, 1–10: Wir haben einen, der von Gott eingesetzt und bestätigt ist (Ps 2)
5, 11–6, 20: Die schwache Gemeinde, die starke Verheißung
7, 1–28: Christus Priester nach der Ordnung Melchisedeks
1–10: Priestertum Melchisedeks dem der Leviten überlegen
11–24: das der Leviten ist durch Christus aufgehoben
25–28: Dies hat er *einmal* getan
8, 1–13: Christus Mittler des *neuen* Bundes (Jer 31)
9, 1–28: Der alte und der neue Zutritt zum Heiligtum

9, 1–10: Zutritt zum alten Heiligtum
11–22: Zutritt durch das eigene Blut Christi
23–28: ein für allemal
10, 1–18: Die Opfergabe Christi ein für allemal
10, 19–13, 17: Mahnung: So lasset uns nun hinzutreten!
10, 19–25: Laßt uns das Bekenntnis der Hoffnung festhalten!
26–31: Der Rückfällige verfällt dem Gericht
32–39: Werfet eure Zuversicht nicht weg!
11, 1–40: Die Geschichte des Glaubens
12, 1– 3: Laßt uns auf den Anfänger und Vollender des Glaubens sehen!
4–11: Züchtigung, Zeichen der Vaterliebe
12–29: Mahnungen zum Durchhalten
13, 1–17: Verschiedene Mahnungen
18–25: Briefschluß

Der Hebräerbrief ist sorgfältig durchdacht in drei Teilen aufgebaut: der erste stellt die Erhabenheit Jesu Christi dar (1, 1–4, 13), enthält aber dabei schon das Motiv, das zum zweiten Teil überleitet: dieser Hohe hat sich zu uns herabgeneigt, um unser Bruder zu werden; und von seinem Heilswerk an uns spricht der mittlere Teil 4, 14–10, 18, vom Alten Testament her dargestellt: Priesterdienst und Opfer kommen in Christus zur Erfüllung. Damit hat uns Christus den Zugang zum Heiligtum geschaffen; der dritte Teil ruft nun zum Hinzutreten auf, zur Annahme des Heilswerkes Christi, zum Festhalten am Bekenntnis zu ihm (10, 19–13, 17). Damit sind die wichtigsten Umrisse bezeichnet; zum Verständnis des Hebr aber ist wesentlich, noch eine Klammer zu beachten, die das Ganze zusammenhält: Der Prolog 1, 1–4 faßt das ganze Heilswerk Christi unter den Begriff des *Wortes:* Christus ist das endgültige Wort Gottes an die Welt; und dem entspricht der große Ruf zum *Glauben* durch die Darstellung der Geschichte der Glaubenden in Kap. 11. Christus ist das endgültige Wort Gottes an die Welt; ebendarin ist er „der Anfänger und Vollender des Glaubens“ (12, 2).

1, 1–4, 13 Die Erhabenheit Jesu Christi. 1, 1–4 hat den Charakter eines Prologs: in wenigen Worten wird das ganze Heilswerk Christi dargestellt mit dem Ton auf seiner Erhöhung. In diesem Werk hat Gott zu uns durch seinen Sohn gesprochen. Es ist das schlechthin endgültige Wort Gottes, nicht aber das erste, denn Gott hat vorher „zu vielen Malen und auf vielerlei Weise zu den Vätern geredet“. Um das Verhältnis des endgültigen zu den vorgängigen Worten Gottes geht es im Hebräerbrief.

Die Erhabenheit Christi sowohl über die Engel (1, 5–14) wie über Mose (3, 1–6) kann aus der Schrift erwiesen werden (die erste nach Ps 2; 110 u. a.; die zweite nach dem Sohnesnamen). Zwischen diese beiden Abschnitte ist in 2, 5–18 die Erhöhung Christi mit seiner Erniedrigung in Verbindung gebracht: er ist „um seines Todesleidens willen mit Herrlichkeit und Ehre gekrönt“; denn dies war der geziemende Weg, „den Anfänger ihres Heils durch Leiden hindurch zur Vollendung zu führen“ (2, 5–10). Dasselbe ist in 2, 11–18 von der Seite der Menschen her gezeigt: er ist in seinem Heilswerk unser Bruder geworden (Ps 22, 23); „deshalb mußte er in allem seinen Brüdern gleich werden“. – Auf die beiden Teile, die die Erhabenheit Christi über die Engel und über Mose zeigen, folgt je eine Mahnung, sich dieser Hoheit zu beugen (2, 1–4 und 3, 7–4, 13). In 3, 7ff. geschieht das in einer Auslegung von Ps 95, 7–11: „Heute, so ihr seine Stimme hört, verstockt euer Herz nicht . . .!“ Das wandernde Gottesvolk des neuen Bundes wird an das des alten Bundes (3, 15–18) erinnert und durch es gewarnt vor dem Zurückbleiben, dem Abfall im Unglauben, dem Verfehlen des Zieles, nämlich der Ruhe am Ende des Weges. Der erste Teil schließtmit einem warnenden Hinweis auf die lebendige Kraft des Wortes Gottes (vgl. 1, 2).

Die Zitate aus den Königspsalmen sind aus Funktion u. Gesamtzusammenhang der Königsps im AT u. ihrer nachträglichen messianischen Deutung zu verstehen.

Zur Hoheit Christi u. seiner zeitweiligen Erniedrigung im Leiden vgl. Ps 113, bes. V 5–6.

Der Verfasser nimmt Ps 95, 7–11 auf, weil in ihm die Wüstenzeit für eine spätere Generation zur Warnung vergegenwärtigt wird.

4, 14–10, 18 Erfüllung von Priesterdienst und Opfer in Christus. In 4, 14–5, 10 sind einleitend die beiden Vorbedingungen für die Erfüllung des Heilswerkes vorangestellt: Wir haben einen Hohenpriester, der mit uns fühlen kann, weil er in allem versucht ist gleich wie wir (4, 13–16 und 5, 7–8); die Würde seines Hohenpriesteramtes aber hat Christus sich nicht selbst genommen, sie ist ihm

Der Verfasser versucht, gerade weil er in den Evangelien kaum eine Rolle spielt, den für das AT so wichtigen Got-

vielmehr von Gott gegeben, wie das die auf Christus gedeuteten Psalmen 2 und 110 zeigen. An 5, 10 schließt direkt 7, 1ff.; zunächst folgt eine große Einschaltung (5, 11–6, 20), die die in 7–10 folgende eigentliche Mitte des Briefes vorbereiten will durch einen Blick auf die Hörer. Eigentlich sind sie noch nicht in dem Stand, dies zu erfassen (5, 11–14); dennoch will der Verfasser (merkwürdig das ‚darum' in 6, 1) von diesen großen Zusammenhängen zu ihnen reden, „überzeugt, daß ihr dem Heil nahe seid" (6, 9). Mitten in diesem Abschnitt 6, 1–10 steht als schärfster Kontrast zu dieser Nähe zum Heil die Ablehnung einer zweiten Buße für die einmal Abgefallenen (4–8). An diesem Punkt hat z. B. Luther dem Hebräerbrief scharf widersprochen. Der Schluß der Einschaltung 6, 11–20 nimmt die Mahnung von 4, 14 wieder auf: das geduldige Ausharren wird gewiß belohnt werden; Gott hat sich in einem Schwur an seine Verheißung (Gen 22, 16f.) gebunden.

tesdienst auf das Werk Christi hin zu deuten.

Christus als Hohenpriester zu bezeichnen, ist äußerst kühn, weil die Gestalt Jesu in den Evangelien nichts mit ihm gemein hat. Es geht bei dem Vergleich um den Zugang zum Heiligtum; vgl. Ex 19.

In 7–10 wird das Heilswerk Christi nach zwei Seiten entfaltet: 1. 7–8: Christus ist Hoherpriester nach der Weise Melchisedeks. Das wird aus Ps 110, 4 gelesen (5, 6 und 6, 20), wird in 7, 1–10 nach Gen 14 geschildert und die Überlegenheit über das levitische Priestertum gezeigt. Sofern das Priestertum Melchisedeks auf einem Schwur Gottes (Ps 110, 4) beruht, ist Jesus auch Bürge eines besseren Bundes geworden (7, 11–28). Das führt Kap. 8 näher aus, wobei die Belegstelle Jer 31, 31–34 vollständig zitiert wird.

Er hat diesen Zugang durch sein Leiden eröffnet.

Vgl. Gen 14, 18–20; BK I/2 S. 239–245.

2. In Kap. 9–10 ist der neue dem alten Gottesdienst gegenübergestellt. Für das alte Heiligtum ist die Trennung des Heiligen vom Allerheiligsten bezeichnend; der Zugang wird auch durch den Opferdienst des Hohenpriesters nicht frei, denn er muß Jahr für Jahr dort für die Sünden des Volkes opfern (9, 1–10). Christus aber ist durch sein eigenes Blut *einmal* in das Heiligtum hineingegangen, und zwar nicht in das von Händen gemachte, sondern das ewige, den Himmel. Die Verbindung mit dem alten Gottesdienst liegt nur darin, daß hier wie dort Reinigung von Sünden nur durch Blut möglich ist (11–28). Der Ton liegt dabei auf der Einmaligkeit des Opfers. Diese wird in 10, 1–18 noch unterstrichen und dabei die Überlegenheit des Opfers Christi daran gezeigt, daß schon im Alten Testament auf die Grenze des Tieropfers hingewiesen wird (Ps 40, 7–9; 51, 18). Auch dieser Abschnitt schließt mit dem Hinweis auf die Verheißung des neuen Bundes in Jer 31.

Das so stark betonte „einmal" meint, daß an die Stelle des stetigen Priesterdienstes die einmalige geschichtliche Rettungstat Gottes in Christus getreten ist.

10, 19–13, 17 Der Schlußteil nimmt in 10, 19–25 die Eingangsmahnung des Mittelteils wieder auf (10, 23 = 4, 14), diese Mitte zusammenfassend in 19–21 und in die Einzelparänese in 24–25 hinüberführend. Sie wird unterbaut in einer Drohung (10, 26–31) und in einer Verheißung (32–39). In jener wird die Ablehnung einer zweiten Buße wiederholt: „Schrecklich ist es, in die Hände des lebendigen Gottes zu fallen!"; in dieser, erinnernd an die schon durchstandenen Leiden im Blick auf die Ewigkeit ermuntert: „Werfet euer Vertrauen nicht weg, welches eine große Verheißung hat!"

Um die Müden wiederaufzurichten, wird nun der Blick auf die ‚Wolke von Zeugen' (11) gerichtet: die ganze Geschichte des alten Gottesvolkes wird als eine Geschichte des Glaubens dargestellt, wobei im letzten Teil (35–38) das Leiden um des Glaubens willen hervorgehoben wird. Liest man dieses Kapitel sorgfältig Satz für Satz, geht einem auf, wie sehr die Christengemeinde, in der dieser Brief entstand und gelesen wurde, im Alten Testament lebte und die Geschichte des Alten Bundes als die Geschichte Gottes mit seinem Volk verstand. Die Mahnung zum Durchhalten (10, 19–25) wird in 12, 1–3 wieder aufgenommen mit dem Hinweis auf das Ziel der in Kap. 11 dargestellten Geschichte: „Laßt uns hinblicken auf den Anfänger und Vollender des Glaubens: Jesus!". Im Blick auf sein Leiden kann auch die Züchtigung der ihm Nachfolgenden als ein Zeichen der Vaterliebe angenommen werden (12, 4–11); „darum richtet die erschlafften Hände und die ermüdeten Kniee wieder auf!" – so werden die nun den Brief beschließenden Mahnungen eingeleitet (12–17), wobei die Offenbarung am Sinai die des himmlischen Jerusalem entgegengesetzt wird (18–29). In der Mitte der Mahnungen 13, 1–17 steht der das Werk Christi monumental zusammenfassende Satz (13, 8): „Jesus Christus, gestern und heute, und derselbe auch in Ewigkeit." In diesem Wort werden die großen Zusammenhänge von Vergangenheit, Gegenwart u. Zukunft, die der HebrB zeigt, noch einmal zusammengefaßt.

Das Zusammenfassen der Geschichte Israels unter dem Glaubensbegriff ist der Versuch, die Geschichte Gottes mit seinem Volk als einen Zusammenhang zu deuten.

In der Paränese findet auch noch die Weisheit des AT ihren Ort: V 5f. = Spr 3, 11f.

Hier wird ein weiträumiger Zusammenhang aufgezeigt, der vom Sinai (Ex 19) über den Zion zum himmlischen Jerusalem u. der Wiederkunft Christi führt.

Der Brief ist eine Lehr- und Mahnschrift (Paränese), die einer lau und nachlässig werdenden Christenheit (diese ist mit den zwölf Stämmen in der Zerstreuung 1, 1 gemeint) ins Gewissen reden, sie zu ernstem und ganzem Gehorsam rufen will. Die Briefform ist hier nur noch Einkleidung, von der Situation der Gemeinden, an die er gerichtet ist, wird Konkretes und Einzelnes gar nicht gesagt. Auffällig ist vor allem das fast völlige Fehlen des Redens von den grundlegenden Heilstaten (etwa im Unterschied zu 1 Petr), der Name Christi ist fast nie erwähnt. Die Mahnungen werden ohne erkennbaren Zusammenhang aneinandergereiht; aber es läßt sich ein Grundzug erkennen in dem häufigen Hinweis auf die Verwirklichung des Glaubens in der Tat.

Der Brief beginnt mit der Bitte um Weisheit; der ganze Brief steht der Weisheit nahe, z. B. 1, 19 = Spr 17, 27; 4, 6 = Spr 3, 34 u. ö.

zu 2, 1–13; 5, 1–6 vgl. Armut u. Reichtum in der Weisheit, in der Prophetie u. der Verkündigung Jesu.

Zu 2, 14–26 vgl. Paulus, besonders den Gal u. die entgegengesetzte Deutung von Gen 15, 6 in Rö 4.

3, 1–12 stammt fast Wort für Wort aus der Spruchweisheit; daher in V 13–18 die Reflexion über die Weisheit.

Das ist die Sprache der Vergleichssprüche Spr 25; 26; vgl. Mk 4, 26–29.

1, 1: Eingangsgruß
2–16: Bewährung in der Versuchung
19–27: Seid Täter des Wortes, nicht bloß Hörer!
2, 1–13: Verachtet die Armen nicht!
14–26: Glaube ohne Werke ist tot
3, 1–12: Warnung vor dem Drängen nach dem Lehramt; die Macht der Zunge
13–18: Warnung vor Zanksucht
4, 1–10: Freundschaft mit der Welt ist Feindschaft mit Gott!
11–17: Warnung vor Nachrede und falsche Sicherheit
5, 1– 6: Anklage gegen die Reichen
7–11: Harret geduldig!
12–20: Verschiedene Mahnungen

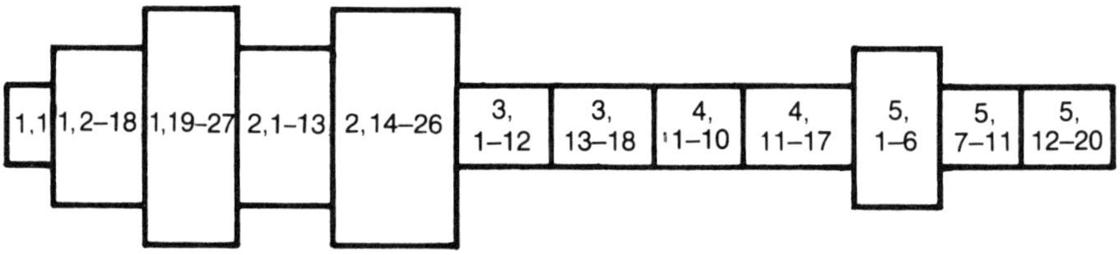

Der Jakobusbrief vertritt, was man heute ‚praktisches Christentum' nennt; wie dieses hat er offenbar an Theologie gar kein Interesse. Von der Gefahr einer Irrlehre enthält der Brief keine Spur, die Gefahr liegt allein im mangelnden oder verkehrten Handeln der Christen. In 2, 14–26 tritt er einer Haltung entgegen, die sich auf den Glauben beruft, um sich dem gehorsamen Handeln zu entziehen. Er spricht hier offenkundig gegen eine mißverstandene oder entstellte paulinische Lehre und zieht dabei aus dem Beispiel Abrahams den entgegengesetzten Schluß wie Paulus in Röm 4. Die Abneigung Luthers gegen den Jak ist von da aus durchaus zu verstehen. Es ist dabei zu bedenken, daß Jakobus in einer veränderten Situation und angesichts eines verderbten Paulinismus spricht; aber er selber hat anscheinend auch kein Verständnis mehr für das, was Paulus meinte, auch wenn sein Ruf zum Bewähren des Glaubens im Handeln als solcher durchaus berechtigt ist.
Ein besonderer Ton liegt auf dem Eintreten für die Armen in 2, 1–13 und der Anklage gegen die Reichen in 5, 1–6. Sie setzt voraus, daß zur Zeit des Jakobusbriefes (etwa um 100) soziale Abstände innerhalb der Christenheit bedrohlich zu werden beginnen. Hier ist das Reden des Jak ein echter, tapferer Bußruf, ebenso wie in seinem Warnen vor Zanksucht und jeglicher Form des Auseinanderredens (3, 13–18). Die Worte von der Macht der Zunge (3, 1–12) klingen eigentümlich an die alttestamentliche Weisheit an, die auch in anderen Worten zu spüren ist.

Der erste Petrusbrief

Der Brief ist an Gemeinden in Kleinasien gerichtet und wahrscheinlich aus Rom geschrieben (Babylon, 5, 13). Ob der Apostel Petrus der Verfasser ist, ist umstritten, manche Ausleger nehmen an, daß er unter der Autorität des Petrus von dem in 5, 12 genannten Silvanus geschrieben sei. Gleich nach dem Eingangsgruß (1, 1–2) und dem Lobpreis Gottes (3–12) setzt er in 1, 13 mit der Paränese ein, und eine Mahnrede bleibt er bis zum Briefschluß (5, 12–14). Eingefügt sind in die Mahnungen mehrfach lied- oder bekenntnisartige Stücke, die von Christus und seinem Werk sprechen, dazu ausführliche Hinweise auf das Alte Testament. Innerhalb der Mahnungen ist ein durchgehendes Motiv der Aufruf zur Leidensbereitschaft und die tröstende Zusage da hinein.

Alle im 1 Petr angeführten Texte des AT sind so verstanden, wie wir sie heute auch verstehen.

1, 1– 2: Briefeingang
3–12: Lobpreis Gottes
3– 5: Wiedergeboren zu einer lebendigen Hoffnung
6– 9: Durch das Feuer der Trübsal bewährt
10–12: Die Propheten wiesen auf diese Erfüllung hin
13–25: Mahnung zu heiligem Wandel und Bruderliebe
13–17: Umgürtet eure Lenden!
18–21: Ihr seid teuer erkauft (Werk Christi)!
22: Liebet einander von Herzen!
23–25: Wiedergeboren durch das lebendige Wort (Jes 40, 6–8)
2, 1–10: Tretet hinzu zu dem lebendigen Stein!
1– 3: Ruf zu völligem Neuanfang
4–10: begründet in der jetzt erfüllten Verheißung Jes 28, 16: Ihr seid d. heilige Volk . . . (Ex 19f.)
2, 11–3, 7: Standesmahnungen
2, 11–12: (einl.) Führet einen guten Wandel unter den Heiden!
13–17: Mahnung zum Gehorsam gegen die Obrigkeit
18–25: Mahnung an die Sklaven
21–25: Christus hat für euch gelitten! (Jes 53)
3, 1– 7: Mahnung an die Ehegatten
3, 8–5, 9: Allgemeine Mahnungen, insbesondere für das Leiden
3, 8–12: Suchet Frieden u. jaget ihm nach! (Ps 34, 13–17)
13–17: Selig sind die Leidtragenden!
18–22: Das Werk Christi, zugeeignet in der Taufe
19f: auch für die Toten (4, 6)
4, 1– 6: das dadurch gewandelte Leben
7–11: Verschiedene Mahnungen (das Ende ist nahe)
4, 12–19: Freuet euch, die ihr als Christen leidet!
5, 1– 4: Mahnung an die Alten
5– 9: Mahnung an die Jungen:
„Seid nüchtern, wachet! Euer Widersacher . . .!“

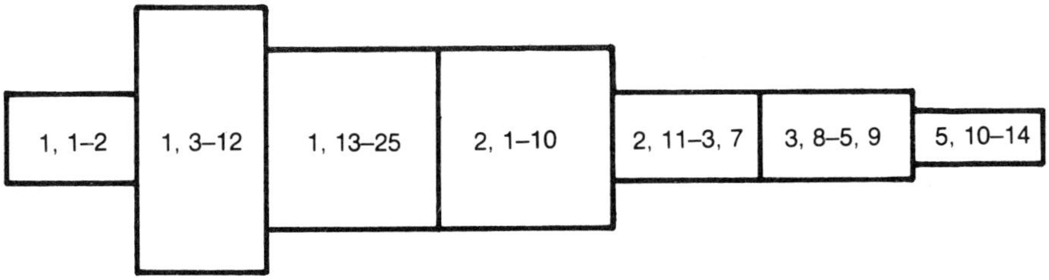

5, 10–14: Briefschluß
10–11: Der Gott aller Gnade ... er wird ...!
12–14: Schlußwort, Grüße, Friedensgruß

Der ganze Brief ist in das Gotteslob gefaßt: 1, 3; 4, 11; 5, 11.

Zu dem Zitat aus dem Heiligkeitsgesetz s. Marg. zu Lev 19.

Zu 1, 24 Jes 40, 6–8, aus dem Prolog des Dtjes s. da; ebenso zu 2, 6 = Jes 28, 16 u. zu 2, 24 = Jes 53, 6.

In dem Lobpreis Gottes am Anfang (1, 3–12) klingen alle tragenden Motive des Briefes an: 1. Gott wird gelobt für das, was er in Christus an uns gewirkt hat. Er hat uns wiedergeboren zu einer lebendigen Hoffnung (3–5); zu diesem ,wiedergeboren' kehrt der erste Abschnitt in 1, 23–25 wieder zurück. Der nächste Teil ruft zum Neuanfang aufgrund der jetzt erfüllten Verheißung (2, 1–10) und in 3, 18–22 wird als dieser Neuanfang ausdrücklich die Taufe bezeichnet (daran schließt 4, 1–6, das gewandelte Leben). Man hat im Blick auf dieses den 1 Petr stark bestimmende Motiv den ganzen Brief als eine Taufpredigt oder Taufparänese verstehen wollen; aber das wäre wohl eine zu enge Fassung, weil ja durch den Brief hindurch nicht ein einzelner Christ, sondern die Gemeinde angeredet ist. Doch ist die in der Taufe bezeugte Wiedergeburt ein wesentliches Fundament der Paränese des 1 Petr.
Sie ist ermöglicht „durch die Auferstehung Jesu Christi von den Toten" (1, 3–5). Diesen Glauben bekennt die Gemeinde und an ihn erinnert der Apostel: „Ihr seid mit dem kostbaren Blute Christi erkauft" (1, 18–21). Er erinnert gerade die Sklaven daran (2, 21–25): „Christus hat für euch gelitten und euch ein Vorbild hinterlassen ..." und hier folgt wieder eine Darstellung des Heilswerkes Christi, die Verheißung Jes 53 aufnehmend. Eine weitere Zusammenfassung dieses Heilswerkes ist mit dem Ruf zur Leidensbereitschaft 3, 13–17 in 18–22 verbunden, in manchen Wendungen schon deutlich an das Apostolicum anklingend; hier auch die das ,niedergefahren zur Hölle' begründende Stelle (3, 19f. und 4, 6).
Die Bewährung des Glaubens durch das Leiden (1, 6–9) ist das zweite durchgehende Motiv. Hierbei hat die Paränese ganz den Ton freundlichen, tröstenden Zuspruches; besonders in 3, 13–17 im Aufnehmen der Seligpreisung für die Leidenden. Es ist dabei wahrscheinlich vor allem an Verfolgungen gedacht, aber die Mahnung an die Sklaven zeigt in 2, 19–21, daß darüber hinaus jegliches Leiden in der Nachfolge Christi im Blick steht. Wie wichtig dem Apostel gerade diese Seite des Christseins ist, unterstreicht der Abschnitt 4, 12–19, wo nach einem vorläufigen Abschluß dieser tröstende Zuspruch noch einmal ausführlich aufgenommen wird. Der Christenname in 4, 16 („leidet aber jemand als Christ ...") begegnet nur hier und Apg 11, 26; 26, 28. Schließlich weist noch die letzte Mahnung an die jungen Männer auf das Zugehören des Leidens zum Christsein hin: „Ihr wißt, daß die gleichen Leiden eure Bruderschaft in der ganzen Welt treffen" (5, 8f.).

Das Leiden für Christus dient der Verherrlichung Gottes; vgl. Joh 12, 23 u. den Begriff Herrlichkeit im AT.

Die Propheten haben über die Geschichte Israels hinaus gewiesen.

Das den Christen geschenkte, jetzt offenbarte Heil gründet auf der Verheißung des Alten Testaments, besonders der Propheten (1, 10–12). Dieser Verweis auf das Alte Testament geht durch den ganzen Brief: das lebendige Wort Gottes, das die Wiedergeburt bewirkt, ist das, von dem der Prolog Jes 40, 1–11 spricht; die Mahnung ,lasset euch aufbauen als ein geistliches Haus' gründet auf dem Wort vom Eckstein in Jes. 28, 14–22; dazu tritt Ex 19, 5f. (2, 1–10); das Christusbekenntnis in 2, 21–25 beruht auf dem Gottesknechtslied Jes 53 und die allgemeine Mahnung 3, 8–12 zitiert Ps 34, 13–17. Und das sind nur die wichtigsten und auffälligsten alttestamentlichen Zusammenhänge, die der 1 Petr heranzieht. Dabei ist zu beachten, daß dies an allen genannten Stellen ohne jede Künstelei oder Umdeutung geschieht; jedes dieser Worte des Alten Testaments können wir heute genau so verstehen.
Die Entfaltung der Paränese im einzelnen braucht hier nicht ausgeführt zu werden, weil sie der sonstigen Briefparänese ganz entspricht.

Der zweite Petrusbrief

Dieser Brief ist in seiner griechisch bestimmten Sprache u. Begrifflichkeit besonders weit vom AT entfernt.

Die Geschichten des AT werden zu Exempeln.

1, 1– 2: Eingangsgruß
3–11: Mahnung zum Mehren und Fördern der Frömmigkeit
12–15: Testament angesichts des nahen Todes
16–21: Es geht um die Wiederkunft Christi
2, 1–22: Ankündigung von Irrlehrern
(entspr. Jud 3–18)

Jud 4 entspricht 1– 3: Es werden Ketzer auftreten und viel Nachfolge haben
5–7 entspricht 4– 9: Gott wird sie bestrafen gemäß den früheren Strafgerichten
8–10 entspricht 10–11: Sie lästern sogar die Engel
11 entspricht 12–16: Sie begehen alle Schändlichkeiten
12–16 entspricht 17–22: Die Verdorbenen kehren in ihren Schmutz zurück

3, 1–18: Die Wiederkunft Christi
1– 4: Die Frage der Spötter: Wo bleibt die Wiederkunft?
5– 7: Der Flutkatastrophe am Anfang entspricht die Feuerkatastrophe der Endzeit
8– 9: Sein Zögern ist Langmut (tausend Jahre wie ein Tag)
10: Der Tag des Herrn kommt wie ein Dieb
11–15: Rüstet euch für die Endzeit!
15–16: Die Frist ist unser Heil, wie auch Paulus sagt
17–18: Schlußmahnung und -doxologie

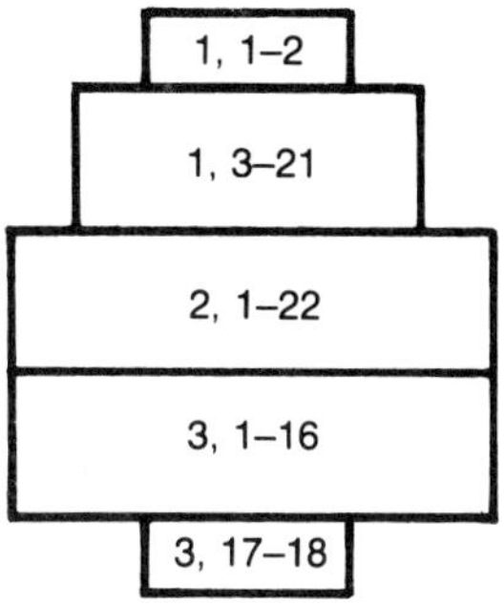

Von fast allen Auslegern wird der 2 Petr einer späten Zeit zugeschrieben: er spricht eine hellenistisch geprägte Sprache (z. B. 1, 4: ‚der göttlichen Natur teilhaftig', der Tugendbegriff), setzt schon den Kanon der Paulusbriefe voraus, auf die sich die Irrlehrer fälschlich berufen und gibt in Kap. 2 Jud 3–18 umschreibend wieder. Die Absicht, des Briefes ist, gegen gnostische Irrlehrer, die er in Kap. 2 beschreibt, die Wiederkunft Christi als gewiß zu bezeugen. Die Irrlehrer fragen spottend, wo die Wiederkunft denn bleibe; der 2 Petr stellt dagegen den Gott, bei dem tausend Jahre wie ein Tag sind. Die Frist, die er noch läßt, ist uns zum Heil; darin stimmen alle Apostel überein, auch Paulus, dessen Schriften in vielem schwer verständlich sind und auf den sich die Irrlehrer anscheinend berufen. – Der Tag des Herrn wird wie ein Dieb kommen (wie Mt 24, 43f.); es gilt, sich auf diesen Tag zu rüsten.

3, 1–4 wie bei den Propheten; vgl. Jer 17, 14.

Das Gottesgericht am Anfang u. am Ende 3, 5–7.

Wie anders klingt dieses Wort hier 3, 8–9 als in Ps 90!

Vgl. zu 3, 13 Jes 65, 17.

Der Judasbrief

1– 2: Eingangsgruß
3: Ermahnung, für den überlieferten Glauben zu kämpfen
4–16: Die Irrlehrer 17–19: von den Aposteln angekündigt
20–23: Mahnung: Erbaut euch auf euren heiligsten Glauben!
24–25: Doxologie

Der erste Johannesbrief

Ohne Briefeingang mit einem Prolog einsetzend ist der 1 Joh ein Mahnschreiben an eine Gemeinde oder eine Gruppe von Gemeinden, die in Gefahr vor dem Einbruch einer Irrlehre ist. Diese ist in 2, 18–27 deutlich bezeichnet als gnostische Irrlehre. Sie bestreiten, daß der wohl auch von ihnen bekannte Christus der wirkliche Mensch Jesus war (4, 2f.) sie halten sich für vollkommen und sündlos (1, 10) und meinen daher, an Gebote nicht gebunden zu sein (2, 4).

Angriffspunkte der Irrlehrer geben die Hauptmotive des Briefes ab. Dadurch wird auch verständlich, daß der Prolog (1, 1–4) wie eine Umschreibung von Joh 1, 14 anmutet: die Fleischwerdung ist die von den Irrlehrern angegriffene Mitte des Glaubens.

Der Prolog und die Sprache des ganzen Briefes stehen dem Johannesevangelium so nahe, daß sie sehr wahrscheinlich vom gleichen Verfasser, mindestens aber aus dem gleichen Kreis stammen. Dasselbe gilt auch für 2 Joh und 3 Joh, die deutlicher als wirkliche Briefe kenntlich sind.

1, 1– 4: Wir bezeugen das Wort zum Leben (Prolog)
1, 5–2, 17: Die Botschaft vom Licht
1, 5–2, 2: Im Licht wandeln – Bekennen der Sünden

Die Botschaft hat hier 1, 5 nicht etwas, das geschehen ist (so 1, 2), sondern etwas, was ist, zum Gegenstand; wieder anders 3, 11.

Die „Welt“ wird nur negativ gesehen. Es ist dabei nicht an die Welt gedacht, die Gott geschaffen hat. Anders Joh 3, 16.

2, 3–11: Gott erkennen – seine Gebote halten
7–11: Das alte – neue Gebot der Bruderliebe
12–17: Ihr habt erkannt – erkennt den Vater!
2, 18–29: Warnung vor der Botschaft der Widerchristen
18–19: Kinder, es ist die letzte Stunde!
20–23: Ihr kennt die Wahrheit und erkennt den Lügner,
22: der leugnet, daß Jesus der Christus ist
24–29: Bleibt in dem, was ihr von Anfang gehört habt!
3, 1–24: Bleiben in Gott – Bleiben in der Liebe
1–10: Wer in ihm bleibt, sündigt nicht

Außer der Erwähnung dieses Exempels 3, 12 begegnet in den JohannesB kein Wort aus dem AT.

11–18: Wer nicht liebt, bleibt im Tode
19–24: Wer seine Gebote hält, bleibt in ihm
Gott ist größer als unser Herz
4, 1– 6: Warnung vor den Irrlehrern
4, 7–21: Gott ist Liebe – laßt uns lieben!
5, 1– 5: Unser Glaube überwindet die Welt in der Liebe
6–12: Die Bezeugung Christi durch Geist, Wasser und Blut
13–15: Briefschluß: Gewißheit der Erhöhung unseres Betens
16–21: Nachtrag: Sünde zum Tode und nicht zum Tode

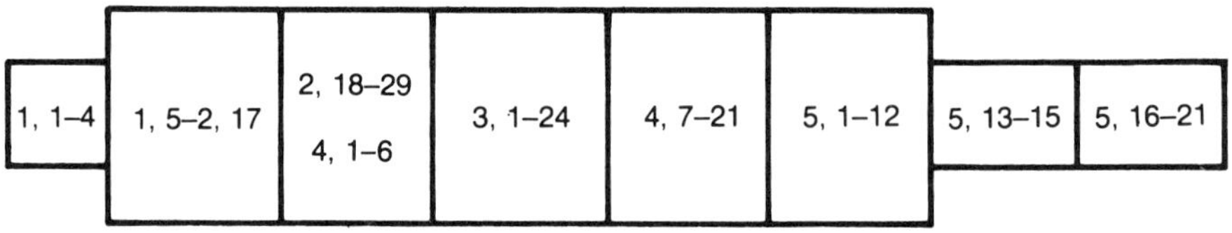

Der höchst eigenartige Stil dieses Briefes ist nur im Zusammenhang mit dem Evangelium und von ihm her zu verstehen. Es sind eigentlich nur wenige Aussagen und Aufforderungen, die kaleidoskopartig immer wieder ein wenig anders gewendet, immer wieder in anderer Wechselbeziehung zueinander sich durch den ganzen Brief ziehen. Dazu kommt die besondere Eigenart der johanneischen Rede, in immer neu gewendeten paradoxen Kontrasten zu reden, so daß der Leser immer wieder stutzt bei den überraschenden Übergängen und den rein logischen Widersprüchen zweier einander im Wortlaut widersprechender Aussagen wie der zwischen 1, 8 und 3, 6. Was die Sünde für den Glaubenden bedeutet, kann nur so paradox ausgedrückt werden.

Der zweite und dritte Brief des Johannes

Als Absender ist in beiden ‚der Älteste‘ angegeben; der 2 Joh ist an eine Gemeinde, der 3 Joh an einen einzelnen, Gajus gerichtet. – Der 2 Joh warnt – nach Briefeingang (1–3), Dank und Fürbitte (4–6; ganz in der Sprache des 1 Joh) – vor den gleichen Irrlehrern wie der 1 Joh (2, 18–29) und fordert zu strenger Scheidung von ihnen auf (7–11). Im Briefschluß (12–13) kündigt der ‚Älteste‘ seinen baldigen Besuch an. – Der 3 Joh lobt den Gajus für das Aufnehmen von Brüdern (3–8) und tadelt den Diotrephes, der das nicht tut und auch den Schreiber des Briefes ablehnt. Vielleicht ist er der Vertreter einer bischöflichen Leitung der Gemeinde (9: ‚der auf seinen Vorrang Bedachte‘) gegen die charismatischen Wanderapostel. Der Briefschluß (13–15) ist dem des 2 Joh ganz ähnlich.

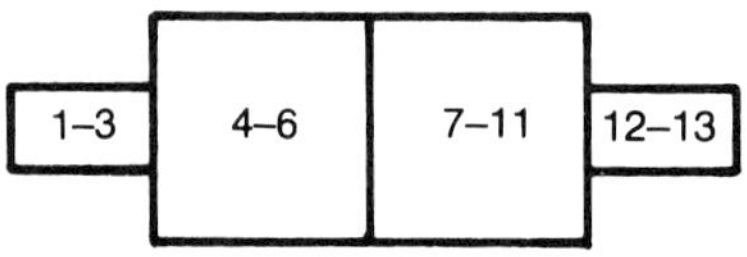

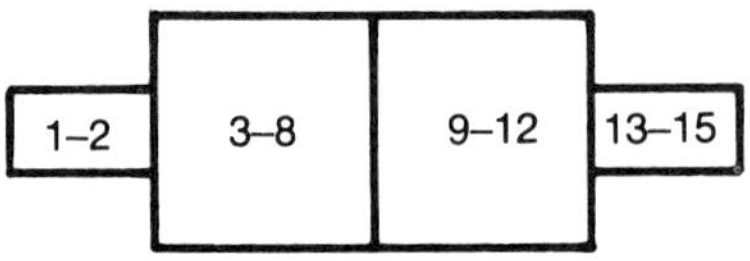

Die Offenbarung des Johannes

Die Offenbarung des Johannes gehört der großen Schriftengruppe der Apokalypsen an, deren es im Spätjudentum sehr viele gab und zu denen im Alten Testament der zweite Teil des Danielbuches, die kleine Jesaja-Apokalypse (Jes 24–27) und die Visionen des Sacharja (Sach 1–6) gehören. Auch manche Teile des Ezechielbuches enthalten apokalyptische Züge. Im Neuen Testament sind ihr die ‚synoptischen Apokalypsen' (s. o.) an die Seite zu stellen.
Ihren besonderen Charakter bekommt sie durch die Zusammenfügung der Gesichte von der Endzeit (4–22) mit den sieben Briefen an Gemeinden in der Provinz Asia (2–3); beidem vorangeschickt ist der Berufungsbericht (1). Das Ganze ist als Brief eingeleitet (1, 4) und beschlossen (22, 21), ist also als Anrede an die Gemeinden gemeint, die in einer beginnenden Verfolgungszeit gestärkt und getröstet werden sollen durch das Aufweisen der großen Zusammenhänge, in denen die jetzige Zeit der Anfechtung steht und das Hinweisen auf das Ziel dieser gewaltigen Bewegungen: der endgültige Sieg Jesu Christi in seiner richtenden und erlösenden Wiederkunft.
Die Apk ist nach übereinstimmender Meinung der Forscher gegen Ende des 1. Jahrhunderts geschrieben worden; ob von dem Jünger oder einem kleinasiatischen Presbyter oder einem unbekannten Johannes, ist seit alters umstritten. Auch die Aufnahme der Apk in den Kanon des Neuen Testaments ist lange umstritten gewesen. Ihre Bedeutung im Ganzen des Neuen Testaments liegt vor allem darin, daß das Christusgeschehen hier in den weitesten zeitlichen und räumlichen Horizont gestellt wird.

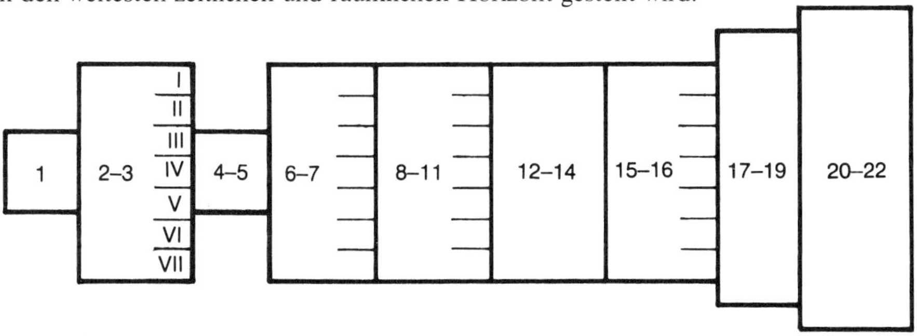

1: Die Berufungsvision des Sehers Johannes
- 1– 3: Erweiterte Überschrift
- 4– 8: Briefeingang, erweitert zur Doxologie
- 9–20: Berufungsvision auf der Insel Patmos
  - 9: Einl.: Johannes, verbannt nach Patmos
  - 10–11: Auftrag an die sieben Gemeinden, dazu 19f.
  - 12–16: Vision des Menschensons
  - 17–18: Fürchte dich nicht, ich bin . . .

Die Offenbarung ist als schriftlich vorliegend gedacht.

Die Ankündigung der Wiederkunft Christi gründet auf der Botschaft Deutjes: Jes 44, 6; 48, 12.

1, 9–20 Die Berufungsvision des Sehers Johannes erinnert Zug für Zug an die Prophetenberufungen (Jes 6; Jer 1; Ez 1–3). In ihr begegnet dem Menschen Gott (bzw. der erhöhte Christus) in seiner Heiligkeit; der Mensch erschrickt vor dieser Erscheinung zu Tode und hört dahinein den durch die ganze Bibel sich ziehenden Zuspruch: ‚Fürchte dich nicht!'. Aus dieser Begegnung erfolgt die Sendung (vgl. die Gliederung von Jes 6!). In dieser Begegnung ist die *eigentliche*, die schlechthin grundlegende Offenbarung enthalten: Christus offenbart sich selbst: „Ich bin der Erste und der Letzte und der Lebendige . . ." (damit ist die Doxologie des Briefeingangs 4–8 aufgenommen). Das ganze Buch der Offenbarung ist nur eine Entfaltung dieser Selbstoffenbarung Christi. So folgt denn auch unmittelbar in dem auf sie folgenden Auftrag (19; 10–11 aufnehmend) eine Zusammenfassung des ganzen Buches:

Vgl. zu 1, 9–20 besonders die Berufungsvision Ez 1–3.

Schreibe,
was du gesehen hast, = 1 die Berufungsvision
was ist = 2– 3 die Sendschreiben
und was geschehen soll! = 4–22 die Zukunftsschau

2–3 Die sieben Sendschreiben
2, 1– 7: Der Gemeinde in Ephesus
8–11: Der Gemeinde in Smyrna
12–17: Der Gemeinde in Pergamon
18–29: Der Gemeinde in Thyatira
3, 1– 6: Der Gemeinde in Sardes
7–13: Der Gemeinde in Philadelphia
14–22: Der Gemeinde in Laodicea

Vgl. zu 2, 22–23 das Erbarmen Gottes Ps 103, 8–13.

Alle diese Sendschreiben an die sieben Gemeinden enthalten die gleichen Elemente: Auf den gegenwärtigen Stand der Gemeinde gesehen lobende Anerkennung und tadelnde Zurechtweisung („Ich weiß deine Werke . . . Aber ich habe wider dich . . .“), in ihrem Verhältnis zueinander bei allen Gemeinden verschieden; von ganz geringem (Pergamon) bis zu sehr hartem Tadel (Laodicea). Nur bei Smyrna fehlen Lob und Tadel ganz; hier ist nur die Anfechtung der Gemeinde genannt. Auf die Zukunft gesehen enthalten die Schreiben Ankündigungen über das weitere Schicksal der Gemeinden, Mahnung zur Buße mit Gerichtsdrohungen bei einigen; alle aber münden in Heilsverheißungen aus. Durch alle Schreiben geht der Ruf zum Ausharren und Durchhalten: „Sei getreu bis in den Tod, so will ich dir den Kranz des Lebens geben!“ (2, 10; ähnlich 3, 11). Der in diesen Botschaften zu den Gemeinden Sprechende ist Christus selbst; die einleitenden Worte nehmen die Beschreibung des Erhöhten in der Vision Kap. 1 auf.

Von der Verfolgung der Apostel ist die Verfolgung der Gemeinden zu unterscheiden, bei der es oft um die Existenz von Familien geht.

4–22 Die Offenbarung
4– 5: Die Thronvision: Der Thronende und das Lamm
6– 7: Die sieben Siegel
8–11: Die sieben Posaunen
10–11, 14: Zwischenstück: Buch und Stab
12–14: Das Drama der Endzeit
15–16: Die sieben Schalen
17–19: Gericht und Sieg über Babylon
20–22: Das Friedensreich und das neue Jerusalem

Zusammenhang und Sinn dieses großen Gefüges der Offenbarung, die dem Johannes zuteil wurde, ist äußerst schwierig und wird bis heute sehr verschieden gedeutet; so können die hier gezeigten wenigen Linien nur ein Versuch sein: Die Thronvision Kap. 4 und 5 hat den Charakter einer Einleitung: Alles, was der Seher zu künden hat, geht aus von der Begegnung mit Gott dem Herrn in seiner Majestät (4) und in seinem Erbarmen (5). Die Vision des Thronenden entspricht bis in die Einzelheiten Jes 6 und Ez 1; in der Mitte steht die Anbetung der Majestät Gottes durch die himmlischen Wesen nach Jes 6: ‚Heilig, heilig, heilig . . .‘ Das mit 7 Siegeln verschlossene Buch in seiner Hand deutet den die Weltgeschichte umspannenden Plan Gottes an; das Rätsel der Geschichte aber ist verschlossen (die 7 Siegel) und bliebe für immer geschlossen – im Weinen des Sehers (5, 4) ist das Leid der Kreatur unter der Verborgenheit des Handelns Gottes in der Geschichte angedeutet –, wenn nicht das Lamm die Siegel des Buches gelöst hätte: Christus in seinem Überwinden durch sein Leiden und Sterben (5. 9f.). So schließt nun der ewige Lobpreis Gottes Christus und sein Werk ein: 11–14; alle Kreatur jubelt am Ende: „Dem, der auf dem Thron sitzt und dem Lamm gebührt das Lob und die Ehre . . .“

In den Apokalypsen wird das Handeln Gottes ins Universale ausgeweitet: Bei dem verschlossenen Buch geht es um die in ihrem Sinn verschlossene Weltgeschichte, bei seinem Öffnen (V 9–10) um die weltgeschichtliche Bedeutung des Werkes Christi. Zu Kp 4 vgl. Jes 6 u. Ez 1.

Zum Verständnis des nun Folgenden ist vorauszusetzen, daß die antike Urkunde in vielen Fällen zweiteilig war: sie enthielt einen offenen, für jeden lesbaren und einen versiegelten Teil (G. Bornkamm u. a.). Die 7 Siegelvisionen Kap. 6–7 stellen den einen Teil des Buches (5, 1) dar; sie bilden die Ouverture der *eigentlichen* Eröffnung der

Zu 6, 1–8 u. V 9–11 vgl. Sach 1, 1–17.

Urkunde mit der Öffnung des 7. Siegels in 8, 1: „Und als es das 7. Siegel öffnete, entstand eine Stille im Himmel . . .“. Was nun folgt, von 8, 2–22, ist das dem Seher eröffnete Siebensiegelbuch. Es beginnt mit den sieben Posaunenvisionen 8–11. Mit dem Ertönen der Posaunen beginnt das jüngste Gericht. Während die ersten 6 Posaunen (8–9) die verschiedenen Akte des Vernichtungsgerichtes ausrufen, ist mit der 7. die andere Seite, das Kommen des ewigen Heils angedeutet (11, 15–19). Aber eine Einfügung zwischen der 6. und 7. Posaunenvision (10, 1–11, 14) verbindet in bildhaften Andeutungen die Geschichte des Gottesvolkes mit dem Geschehen der Endzeit: in 10, 1–11, 14 ist das größere, ganz in sich geschlossene Zwischenstück 12–14 eingeleitet, das in gewaltigen, mythisch eingekleideten Bildern das Schicksal des Gottesvolkes in seiner Geschichte mit den Akten der Endgeschichte verklammert: das Weib in Kap. 12 stellt das Gottesvolk dar, ihr Kind den Messias; der Drache und die beiden Tiere Kap. 12f. die Weltmächte, die das Gottesvolk tödlich bedrohen. Von der Endgeschichte her ist die Geschichte des Gottesvolkes in Kap. 12–14 in ganz wenige, große Linien gebracht.

Das Endgericht wird unter Verwendung von mythischen Motiven dargestellt.

Auch das Schicksal des Gottesvolkes im Endgeschehen ist in mythischen Bildern dargestellt.

Nun folgen in 15–16 die sieben Visionen von den Schalen des Zorns, die über die gegen Gott sich empörende Welt ausgegossen werden. Hierbei ist zu beachten, daß sie den sieben Posaunen-Visionen genau entsprechen, bis in die Einzelheiten hinein. Damit soll angedeutet werden, daß hier nicht ein feststellbares Nacheinander, sondern ein geheimnisvolles Ineinander geschaut wird.

Zu den Schalen des Zornes 15–16 vgl. Jer 25, 15–31.

die sieben Posaunen		die sieben Schalen
Vorbereitung:	8, 2–6	15, 1–5; 16, 1
erste	8, 7	16, 2
zweite	8, 8f.	16, 3
dritte	8, 10f.	16, 4(–7)
vierte	8, 12	16, 8f.
fünfte	9, 1f.	16, 10f.
sechste	9, 14f.	16, 12(–16)
siebte	11, 15–19	16, 17(–21)

Jetzt erst, in 17–19, beginnt der Schlußakt. Die antichristliche Weltmacht ist dargestellt in der großen Dirne, der ‚großen Hure Babylon‘, die sich noch einmal zu furchtbarer Höhe erhebt: „Und ich sah das Weib trunken vom Blute der Heiligen und vom Blute der Zeugen Jesu“ (17) –, dann aber von ihrer Höhe gestürzt wird (18) „Gefallen, gefallen ist die große . . .“; (Jes 21, 9). Es wird ausgemalt, wie die ganze Welt, vor allem Handel und Verkehr von diesem Sturz der Weltmacht betroffen werden (die Kaufleute 18, 11–17; die Schiffsleute 17–19). Im Himmel aber wacht in diesem Augenblick der Jubel des Sieges auf: „Der Herr unser Gott hat die Herrschaft angetreten!“ (vgl. die Thronbesteigungspsalmen). Mit diesem Siegesjubel in Kap. 19 wird nun übergeleitet zur Schilderung der Vollendung in Kap. 20–22: Jetzt ist das Friedensreich nach den furchtbaren Wehen der Endzeit angebrochen! Noch ein letzter Ansturm des Satans (20, 7ff.), dann wird er für immer vernichtet: „Und ich sah einen neuen Himmel und eine neue Erde . . . „Und ich sah das neue Jerusalem . . .“ (Kap. 21, 1ff.). Diese neue Welt Gottes bringt endlich die endgültige Erfüllung aller Verheißungen, den Frieden:

Vgl. zu 17–19 die Völkersprüche über Babylon.

Alles, was hier vom ewigen Heil u. dem neuen Jerusalem gesagt wird, ist Heilsworten des AT entnommen; z. B. V 1 Jes 65, 11; 66, 22; V 3 Ez 43, 2; V 4 Jes 25, 8 (die Jes-Apokalypse 24–27); V 24–26 Jes 60, 3–5.

> Siehe da: die Hütte Gottes bei den Menschen!
> Er wird bei ihnen wohnen und sie werden sein Volk sein,
> und Gott selbst wird bei ihnen sein.
> Und er wird alle Tränen abwischen von ihren Augen.
> Und der Tod wird nicht mehr sein.
> Und kein Leid noch Geschrei noch Schmerz wird mehr sein.

Es ist für die Apk bezeichnend, daß diese monumentale Schilderung des ewigen Heils völlig aus Worten des Alten Testaments besteht. Hier erst zeigt sich ganz das Zusammengehören der beiden Testamente: was dem Volke Gottes auf seinem langen Weg durch die Geschichte verheißen war, – endgültig verwirklicht wird es erst durch den endgültigen Sieg des Christus bei seinem Wiederkom-

Diese Ankündigung ist von der vorangehenden Schilderung zu unterscheiden.

men, das der Macht des Todes und der Sünde ein Ende setzt. Was dem Abraham verheißen war: „In dir sollen gesegnet werden alle Geschlechter der Erde" (Gen 12, 1–3), das bringt der letzte Sieg Christi zur letzten Erfüllung. Darum lebt seine Gemeinde, die Gemeinde in der Bedrängnis, wie sie in den Sendschreiben angeredet war (2–3), im Warten auf ihren Herrn (22, 20):

Es sagt der, welcher dieses bezeugt:
Ja, ich komme bald.
Amen, ja komm, Herr Jesus!

Notizen

Notizen